Werner Haupt
Heeresgruppe Nord 1941–1945

Werner Haupt

Heeresgruppe Nord 1941–1945

DÖRFLER·VERLAG

Genehmigte Lizenzausgabe für DÖRFLER VERLAG GmbH,
Eggolsheim

Alle Rechte vorbehalten.
Kein Teil des Werkes darf in irgendeiner Form (durch Fotokopie,
Mikrofilm oder ein ähnliches Verfahren) ohne die schriftliche
Genehmigung des Verlages reproduziert oder unter Verwendung
elektronischer Systeme verarbeitet, vervielfältigt oder verbreitet
werden.

Verantwortlich für den Inhalt ist der Autor.

Im Internet finden Sie unser Verlagsprogramm unter:
www. doerfler-verlag.de

VORWORT

Die militärische Geschichte des Zweiten Weltkriegs wird durch das Fehlen der notwendigen Unterlagen von deutscher Seite kaum umfassend dargestellt werden. Es ist nicht anzunehmen, daß sich eine amtliche Stelle findet, die eine Fortsetzung des Reichsarchivwerkes — wie wir es vom 1. Weltkrieg kennen — veröffentlichen kann. So bleibt die deutsche Kriegsgeschichtsschreibung — abgesehen von Werken allgemeinen Inhalts — auf Schlachtbeschreibungen, Memoiren und Truppengeschichten beschränkt.

Der Autor will aufgrund langjähriger Quellen- und Literaturstudien erstmals den Versuch wagen, die militärische Geschichte eines größeren Kriegsschauplatzes zu schildern. Es sei von vornherein festgestellt, daß dieses Werk keine politische oder ideologische Deutung des Geschehens sein kann, da es nur die militärischen Fakten beider kriegführenden Mächte aufzeichnet.

Zur Fertigstellung der Geschichte der „Heeresgruppe Nord" zog der Verfasser alle greifbare deutsche und russische Literatur, sowie die in deutschen Archiven liegenden Kriegstagebücher u. a. m. der eingesetzten Truppenteile als Unterlagen heran. Ferner haben ehemalige Angehörige der Heeresgruppe — vom Oberbefehlshaber bis zum Geschützführer — dem Autor bei der Klärung einzelner Fragen durch brieflichen bzw. mündlichen Rat geholfen.

Der Verfasser — der den Krieg als Soldat und Offizier selbst im Nordabschnitt der Ostfront erlebte — dankt an dieser Stelle allen Institutionen, Bibliotheken und Privatpersonen, die ihm beistanden, ein Kapitel des 2. Weltkrieges zu schildern.

Werner Haupt

INHALTSVERZEICHNIS

1. **Der Kriegsschauplatz** — 9
   Das Land — das Volk — die Geschichte

2. **Der Aufmarsch** — 14
   Deutsche und sowjetische Maßnahmen

3. **Der Angriff** — 25
   Die deutsche Offensive 1941

4. **Die Verteidigung** — 106
   Stellungskrieg und Kämpfe 1942 — 1943

5. **Der Rückzug** — 177
   Die sowjetische Offensive 1944

6. **Das Meer** — 248
   Der Kampf um die Flanke zur See

7. **Das Hinterland** — 268
   Militär- und Zivilverwaltung — Partisanenkrieg

8. **Die Kapitulation** — 291
   Der Endkampf in Kurland 1945

9. **Anlagen**
   1. Deutsche Befehlshaber — 323
      a) Das Heeresgruppenkommando Nord
      b) Die Oberbefehlshaber der Heeresgruppen
      c) Die Chefs des Generalstabs der Heeresgruppe
      d) Die Oberbefehlshaber der Armeen und Luftflotte
      e) Die Befehlshaber der rückwärtigen Gebiete

2. Gliederung der Heeresgruppe Nord 326
   a) 22. Juni 1941
   b) 30. Juni 1942
   c) 30. Juni 1943
   d) 13. Oktober 1944
   e) 1. März 1945

3. Rückwärtige Dienste der Heeresgruppe Nord 329
   a) Verbände des Oberquartiermeisters 1941 — 1944
   b) Verbände des Generals zbV 1941 — 1944
   c) Verbände des Höheren Nachrichtenführers 1941 — 1944

4. Gliederung der Luftflotte 1 330
   a) 22. Juni 1941
   b) 31. März 1942
   c) 22. Juni 1943
   d) 1. Oktober 1944
   e) Stellenbesetzung der Luftflotte am 22. 6. 1941 und Ende September 1944
   f) Stellenbesetzung und Erfolge des Jagdgeschwaders 54

5. Gliederung der Kriegsmarine im Ostseeraum 334
   a) 22. Juni 1941
   b) Juni 1944 — Mai 1945

6. Gliederung der Roten Armee im Nordabschnitt 336
   a) 22. Juni 1941
   b) 30. September 1942
   c) 20. November 1944
   d) Stellenbesetzung der Fronten und Armeen am 31. 12. 1941
   e) Stellenbesetzung der Luftarmeen 1942 — 1944

7. Gliederung der Baltischen Rotbannerflotte am 22. 6. 1941 340

8. Statistische Angaben 341
   a) Iststärke der Heeresgruppe am 1. Juni 1944
   b) Verluste und Ersatz der Heeresgruppe im Jahr 1942
   c) Verluste und Ersatz der Heeresgruppe im Jahr 1943
   d) Munitionsverbrauch der Heeresgruppe 1942/43
   e) Deutsche Gefangene nach der Kapitulation 1945
   f) Von den Sowjets nach der Kapitulation erbeutetes Material
   g) Iststärke der Sowjets im Januar 1944
   h) Sowjetische Verluste Oktober 1944 — Mai 1945

9. Das Reichskommissariat Ostland 344
   a) Die Verwaltungsbezirke, Stand 1. 1. 1944
   b) Die Behörde des Reichskommissars
   c) Generalkommissare und Chefs der Landeseigenen Verwaltung
   d) Stab Wehrmachtsbefehlshaber Ostland

10. Abkürzungen 346

11. Literaturverzeichnis 348

DER KRIEGSSCHAUPLATZ
Das Land – das Volk – die Geschichte

Der Krieg im Osten 1941 — 1945 sprengte die bisherigen militärischen Auseinandersetzungen der Staaten. Der Kampf spielte sich nicht allein auf dem Schlachtfeld, sondern ebenso im wirtschaftlichen und ideologischen Bereich ab. Das Ringen war ferner nicht nur auf maschinelle, technische und politische Kräfte abgestellt, es mußte sich auch mit dem riesigen Land und seinen Eigenarten befassen.

Der Kriegsschauplatz im Norden der Ostfront umfaßte drei geographische Räume, die durch ihre landschaftliche Beschaffenheit und durch ihre Geschichte unterschiedlichen Charaker trugen. Das waren Baltikum, Ingermanland und das Wolchow/Ilmenseegebiet.

Dieser gewaltige Landkomplex wird im Westen von den Wassern der Ostsee umspielt. Die Grenze im Norden ist die Newa und der Ladogasee. Wolchow und Ilmensee schließen nach Osten den Raum ab. Die Begrenzung nach Südwesten läuft entlang der ehemaligen deutschen Reichsgrenze, während nach Südosten das Land in die Sümpfe und Moore Wolhynies übergeht.

Das gesamte Gebiet liegt im Bereich der eiszeitlichen Endmoränen. Nur ein schmaler Küstenstreifen zeigt fruchtbares Ackerland, bis auf die sandigen Steilabfälle und steinigen Buchten Estlands. Eine Moränenlandschaft führt in das Innere. Hier wechseln unendliche Wälder mit lieblichen Wiesen, fruchttragende Felder mit sandigen Ebenen, blaue Seen mit tiefen unergründlichen Sümpfen.

Das Baltikum wird von den drei Anliegerstaaten der Ostsee Litauen, Lettland und Estland gebildet. Land und Leute dieser einst selbständigen Republiken gehören eindeutig zu Osteuropa, während Kultur und Geschichte nach Mitteleuropa weisen. Die geographische Struktur des Baltikums ist das Bindeglied zwischen diesen beiden europäischen Großräumen. Das hügelige Land, das mit dem Munamäggi in Südestland und dem Gaising in Nordlettland eine Höhe von 300 m nicht überschreitet, erinnert in allem an Ostpreußen. Kiefern, Fichten, Eichen, Linden, Ulmen und Eschen gehören zu seinen Wäldern. Je weiter man nach Osten kommt, umso trostloser wirkt das Land mit den Sümpfen, Sandwegen, Mooren, Urwäldern und armseligen Siedlungen. Ein Übergang in die Weiten Zentralrußlands ist nirgends spürbar.

Die großen Verkehrswege verlaufen allgemein in west-östlicher Richtung. Die Hauptstraßen führen von Riga über Dünaburg nach Moskau und von Schaulen über Riga nach Pleskau. Die Schienenwege gehen diesen Straßen parallel. Der einzige große Strom, auf dem Schiffahrt möglich ist, ist die Düna. Dieser Fluß sucht sich seinen Weg durch ein tief eingeschnittenes Tal, das die Grenze zwischen Kur- und Livland bildet. Die Verkehrsadern sind kaum dem Handel nutzbar gemacht, der zum größten Teil in den Seehäfen abgewickelt wird. —

Das baltische Land, eingebettet zwischen den menschenleeren Räumen Osteuropas und den dichtbesiedelten Gebieten Mitteleuropas, stand seit Urzeiten im Zwiespalt dieser Gegensätze und der sich jeweils dort bildenden Staaten.

Das Baltikum trat mit der Ankunft hansischer Kaufleute im 12. Jahrhundert in das Blickfeld der Geschichte. Das Land wurde zu dieser Zeit von finno-ugrischen (Esten) und baltisch-indogermanischen Stämmen (Lettgaller, Selen, Semgaller, Litauer, Kuren, Prussen) bewohnt. Diese sich befehdenden Stämme waren bisher zu keiner staatlichen Einheit gelangt. Die von den Letten besiedelten Ostgebiete wurden Beute der Fürsten von Polozk und Pleskau, während der Süden den kriegslüsternen Litauern gehörte.

Deutsche Kaufleute erreichten auf der Suche nach der Handelsmetropole Nowgorod die Dünamündung und errichteten da 1184 die erste christliche Kirche. 17 Jahre später gründeten sie die Stadt Riga. Die Kämpfe zur Christianisierung und Unterwerfung der hier wohnenden Stämme währte zwei Jahrhunderte, dann gebot der „Deutsche Ritterorden" über ein Land, das von der Weichsel bis zum Finnbusen reichte. Nur ein schmaler litauischer Keil schob sich zwischen das preußische und livländische Besitztum und verhinderte eine feste Verbindung zwischen den baltischen und deutschen Staaten.

Die Zwietracht unter den Oberherren — dem Orden, den Bischöfen und der Stadt Riga — wurde vom Fürsten von Moskau ausgenützt, der von seiner Feste Iwangorod ins Ordensland einfiel. Der „Deutsche Orden" konnte 1502 das russische Heer zurückschlagen, unterlag aber 1560 endgültig dem Ansturm aus dem Osten. Estland fiel an Schweden, Livland an Polen, und Kurland wurde selbständiges Herzogtum.

Schweden, die damals stärkste Ostseemacht, erweiterte ihr Hoheitsgebiet bis zur Düna. Rußland, das immer mächtiger wurde, nahm schließlich nach der Schlacht von Poltawa Besitz vom gesamten Baltikum. Livland und Estland wurden 1721 russisch, Kurland folgte im

Jahre 1795. Der Zar mischte sich kaum in die inneren Belange, die einmal vom Landmarschall von Livland, vom Ritterschaftshauptmann von Estland und vom Landesbevollmächtigten von Kurland für die jeweiligen Provinzen vertreten wurden. Diese Tatsache förderte eine zunehmende deutsche Einwanderung, vorwiegend von Kaufleuten und Akademikern.

Die Russifizierung des Baltikums begann unter der Herrschaft Zar Nikolaus I. Kirche, Schule, Justiz und Verwaltung erhielten nach und nach russisches Gepräge. Der deutsche Einfluß, der bis dahin besonders auf geistigem und kulturellem Gebiet zu spüren war, ging merklich zurück. Dagegen verstanden es die Russen, das langsam wachsende Nationalbewußtsein der baltischen Völker zu stärken und diese im Gegensatz zu der deutschen Oberschicht zu bringen.

Diese Entwicklung erhielt eine Beschleunigung, als der 1. Weltkrieg ausbrach und das Baltikum Kriegsgebiet wurde. Die deutschen Truppen besetzten in den Jahren 1915 — 1917 das Land bis zur Düna sowie die Baltischen Inseln. Nach dem Sturz des Zaren mußte eine Neugestaltung des Baltikums durchgeführt werden. Doch jetzt stießen sich deutsche, baltische und russische Interessen, die weder von der Regierung in Berlin noch von den neuen Machthabern in Petersburg durchgesetzt werden konnten.

Litauen, Lettland und Estland konstituierten sich mit Hilfe der Westmächte zu selbständigen Republiken, die 1920 auch von der Sowjetunion anerkannt wurden. Diese Selbständigkeit währte genau zwei Jahrzehnte, dann begann der 2. Weltkrieg und das Ränkespiel der Großmächte Deutschland und UdSSR um den Besitz dieser Gebiete. Die Sowjets stellten schließlich am 17. 6. 1940 mit der überraschenden Besetzung des Baltikums ein „fait accompli", das mit einem Schlage das politische Gleichgewicht im Ostseeraum veränderte. —

Die Geschichte Ingermanlands ist nicht weniger abwechslungsreich. Der weite Raum zwischen Peipus-, Ladoga- und Ilmensee hat seinen Namen nach Ingegard, einer schwedischen Königstochter, erhalten. Sie bekam nach ihrer Vermählung mit dem Großfürsten Jaroslaw von Nowgorod das Land als Leibgedinge.

Die Bevölkerung dieses Raumes war finnischen Ursprungs. Die vielen Wasserwege ermöglichten eine frühzeitige Verbindung mit anderen Stämmen und Völkern. Da konnten Reibereien und Kriege nicht ausbleiben, die im Laufe der Jahrhunderte die finnische Urbevölkerung langsam dezimierte. Die Slawen drangen vom 7. Jahrhundert an aus dem Süden vor. Sie übervölkerten die Wikinger, die sich vom 9. Jahrhundert an am Ladoga- und Ilmensee festgesetzt hatten.

Die Stadt Nowgorod, an dem Ausfluß des Wolchow aus dem Ilmensee, wuchs zum politischen und wirtschaftlichen Zentrum und beherrschte schließlich ganz Ingermanland. Diese Herrschaft dauerte vier Jahrhunderte, bis sich der Großfürst von Moskau 1478 das Land untertan machte.

Die Geschichte änderte sich, als der Ordensstaat zerfiel und Schweden von Estland aus weiter nach Osten drängte. König Gustaf Adolf zwang im Frieden von Stockholm 1617 die Russen zur Abtretung ihrer Ostseebesitzungen. Das Ingermanland wurde schwedisch. Die neuen Herren konnten allerdings ihren politischen und kulturellen Einfluß mit Hilfe der Lutherischen Kirche nicht auf die Kleinbauern ausdehnen, die ihrem orthodoxen Glauben und ihren russischen Sitten treu blieben.

Zar Peter der Große gewann 1703 die Gebiete zurück. Er gründete Petersburg als Tor zur See und zum Westen. Diese Stadt, jetzt Metropole des großen Russischen Reiches, formte bis zum 1. Weltkrieg das Land und seine Menschen. Die Zaren behandelten Ingermanland als Besatzungsgebiet, vertrieben den einheimischen Adel und erklärten die Bauern zu Leibeigenen. Diese drakonischen Maßnahmen vermochten trotz allem nicht, das Volk zu russifizieren. Noch im Jahre 1926 machten die ansässigen Finnen, Esten, Ishoren, Juden und Deutschen 42% der Bevölkerung zwischen Newa und Ladogasee aus!

Petersburg, das 1917 in Leningrad umgetauft worden war, verlor zwar unter der Sowjetherrschaft seine politische Bedeutung. Die Einwohnerzahl sank von 2,3 Millionen im Jahr 1914 auf 700 000 im Jahr 1922. Die günstige Lage zur See und damit zur Welt schufen schließlich die Grundlage für einen neuen enormen wirtschaftlichen Aufschwung der Stadt. Leningrad zählte bei Ausbruch des 2. Weltkriegs 3,2 Millionen Einwohner. Die 700 000 in den Industriewerken beschäftigten Arbeiter stellten 12,5% der gesamten industriellen Erzeugnisse der Sowjetunion her. —

Leningrad saugte wie ein Schwamm Menschen mit ihren technischen und geistigen Fähigkeiten an. Das riesige Gebiet zwischen Ladoga- und Ilmensee war deshalb — selbstverständlich bis auf die Städte und Verkehrswege — so geblieben, wie es vor Jahrhunderten von der Natur seine Form erhalten hatte.

Die Landschaft wurde einst von den Ablagerungen der eiszeitlichen Gletscher gebildet. Die versumpften und vermoorten Niederungen wechseln mit bewaldeten Hügeln, die alle von einer Vielzahl kleiner und größerer Seen durchsetzt sind. Die höchste Erhebung erreicht das Land mit der 321 m hohen Waldaihöhe südostwärts des Ilmensees. Das Höhengebiet ist Sitz der Quellen von Wolga, Dnjepr und Düna. Diese Ströme waren nicht nur die Verkehrsadern zum Kaspischen Meer, zum Schwarzen Meer und zur Ostsee, sie waren ebenso Leitlinien für die Ausbreitung des in diesem Raum entstandenen Russentums!

Die Flüsse waren im 20. Jahrhundert bedeutungslos geworden. Es gab kaum Industrie und Verkehr im Wolchow/Ilmenseegebiet. Die Städte Nowgorod und Staraja Russa, nördlich und südlich des Ilmensees, einst Ausgangspunkt des Russentums, waren auf das Niveau europäischer Mittelstädte gesunken. Sie lagen in einem Land, das bei Beginn des Ostfeldzuges genau noch so archaiisch anmutete wie hundert Jahre vorher.

Urwald, Moore und Sümpfe nahmen $^4/_5$ der Gesamtfläche ein. Die Dörfer und Fahrwege fanden sich längs der vielen Flüsse. Das gesamte Gebiet beiderseits des Wolchow und südlich des Ilmensees war ein riesiger flacher Sumpf mit wenigen trockenen Stellen. Da aber stand wiederum ein mit Unterholz verfilzter Wald, der wenig Platz für die Roggen-, Kartoffel- und Flachsfelder ließ.

Die menschlichen Siedlungen sahen arm und öde aus, die Häuser klein und wacklig. Sie waren aus Holz gebaut, das der Wald den Bewohnern lieferte. Die Menschen lebten von und aus der Natur. Sie pflanzten Flachs, der ihnen das Leinen für Hemden und Kittel gab. Die Häute der von ihnen geschlachteten Tiere wurden zu Schuhen und Pelzen verarbeitet. Das Schwemmland der Flüsse brachte den Lehm zur Herstellung von Herd und Kamin, und der Wald bot das Material für Möbel, Wagen und Werkzeuge.

Der Sommer ließ das Land offen und freundlich erscheinen, im Frühjahr und Herbst versank es in Schlamm, und im Winter kehrte mit Eis und Schnee der Tod ein.

DER AUFMARSCH
Deutsche und sowjetische Maßnahmen

Adolf Hitler war nach dem Fehlschlag seiner „Friedensbemühungen" um Großbritannien kurz nach dem Westfeldzug entschlossen, das Inselreich endgültig in die Knie zu zwingen. Er mußte schnell handeln, denn die Zeit arbeitete gegen das Deutsche Reich. Die Regierung der Vereinigten Staaten ließ immer deutlicher erkennen, daß sie über kurz oder lang an die Seite Englands treten würde. Die Machtausdehnung der Sowjetunion nach Mitteleuropa bedeutete gleichzeitig eine Gefahr, die zwar augenblicklich noch nicht akut war.

Die Besetzung des Baltikums durch die 3., 8. und 11. Sowjetarmee und die Eingliederung der litauischen, lettischen und estnischen Republiken in die Völkerfamilie der UdSSR stellte eine eventuelle Bedrohung der deutschen Schiffahrtsverbindungen mit Skandinavien und seinen für die Kriegsführung wichtigen Erzen dar. Das Verlangen Moskaus, in Bessarabien Fuß zu fassen, mußte als ein Wunsch auf die rumänischen Ölfelder angesehen werden, die für das Deutsche Reich ebenso kriegsnotwendig waren.

Hitler glaubte im Sommer 1940, der Sowjetunion keineswegs mehr entgegenkommen zu können. Er lehnte die Forderung Moskaus nach größeren Einfluß in Finnland und Rumänien brüsk ab. Er faßte nun den Plan, die Sowjetunion aus dem Kräftespiel um Europa gänzlich auszuschalten!

Der Oberste Befehlshaber der Wehrmacht ließ sich in einer Lagebesprechung am 13. 7. 1940 über die militärische Situation an der deutschen Ostgrenze Bericht erstatten. Daraufhin befahl er acht Tage später dem OKH, das „russische Problem in Angriff" zu nehmen. Der Chef des Wehrmacht-Führungsstabes erteilte am 29. 7. 1940 den Auftrag, „... die ständige bolschewistische Drohung auszuschalten!" Am selben Tag wurde der Chef des AOK 18, das sich zu dieser Zeit als höchste deutsche Kommandobehörde in Ostpreußen befand, beauftragt, eine Studie über eine Offensive gegen die UdSSR auszuarbeiten.

Der — nach seinem Verfasser genannte — „Marcks-Plan" sah ein offensives Vorgehen gegen die UdSSR in vier Phasen vor. Diese Studie wurde verworfen. Der OQu I des OKH, Gm. Paulus (der spätere Feldmarschall), arbeitete bis Februar 1941 den Operationsplan aus, nach dem dann im Sommer angetreten wurde.

Die militärischen, wirtschaftlichen und politischen Pläne für den Feldzug gegen Osteuropa liefen im Winter 1940/41 unter Einbehaltung möglichster Tarnung auf Hochtouren. Es ist hier nicht Aufgabe, diese Pläne darzustellen. Sie sollen nur so weit erwähnt werden, wie sie die deutschen Kräfte betreffen, die später im Nordabschnitt der Ostfront kämpften.

Hitler drängte vom Herbst 1940 an immer energischer, die militärischen Vorbereitungen — Lagespiele, Verlegung der Truppen von Frankreich nach Ostpreußen und in das Generalgouverment, Einrichtung von Versorgungsbasen usw. — intensiver und schneller durchzuführen. Die vorbereitenden Maßnahmen blieben nicht allein auf deutsches Territorium beschränkt. So befahl Hitler im Oktober dem OB der Luftwaffe, Luftaufklärung bis weit in die Sowjetunion hinein zu betreiben.

Die Luftwaffe stellte einen Fernaufklärerverband unter Oberstlt. Rowehl zusammen, der den Auftrag erhielt, Westrußland aus großer Höhe im Luftbild aufzunehmen. Zwei der insgesamt vier Staffeln, die im Winter ihren Einsatz begannen, waren in Ostpreußen (Seerappen, Insterburg) stationiert. Die 1. Staffel startete mit Maschinen vom Typ He-111, die mit Spezialhöhenmotoren ausgerüstet waren, um sowjetische Truppenansammlungen, -unterkünfte, Verkehrswege u. a. m. in Weißrußland zu photographieren. Das Gebiet von der Memel bis zum Ilmensee war Operationsraum der 2. Staffel, die mit ihren Maschinen Do-215 B in 9000 m Höhe flogen.

Es war noch nicht ein halbes Jahr nach der ersten Auftragserteilung Hitlers an den Generalstab vergangen, als bereits die Operationsanweisung für den „Fall Barbarossa" — den Angriff auf die Sowjetunion — unterschrieben wurde. Die Weisung Nr. 21 (OKW/WFSt,/Abt. L (I) Nr. 33 408/40) vom 19. 12. 1940 brachte für die im Norden der Front vorgesehene Heeresgruppe folgende Richtlinie:

„... aus Ostpreußen in allgemeiner Richtung Leningrad operierenden nördlichen Heeresgruppe die im Baltikum stehenden feindlichen Kräfte zu vernichten. Erst nach Sicherstellung dieser vordringlichen Aufgabe, welcher die Besetzung von Leningrad und Kronstadt folgen muß..."

Diese Weisung umriß die Aufgabe der auf Leningrad angesetzten deutschen Armeen nur flüchtig. Sie wurde am 31. 1. 1941 durch die endgültige Aufmarschanweisung genauer skizziert:

„Heeresgruppe Nord hat die Aufgabe, die im Baltikum kämpfenden feindlichen Kräfte zu vernichten und durch Besetzen der baltischen

Häfen, anschließend durch Besetzung von Leningrad und Kronstadt der russischen Flotte ihre Stützpunkte zu entziehen. Zusammenwirken mit starken von Heeresgruppe Mitte auf Smolensk vorzutreibenden schnellen Kräften wird vom OKH zeitgerecht veranlaßt werden.
Im Rahmen dieser Aufgabe durchbricht Heeresgruppe Nord die feindliche Front, Schwerpunkt in Richtung Dünaburg, und treibt ihren starken rechten Flügel — schnelle Truppen über die Düna hinaus — baldmöglichst in den Bereich nordostwärts Opotschka vor mit dem Zweck, den Abmarsch kampfkräftiger russischer Kräfte aus dem Baltikum nach Osten zu verhindern und die Voraussetzung für weiteres rasches Vorgehen in Richtung Leningrad zu schaffen."

Damit stand fest, daß die Heeresgruppe Nord nicht die Hauptaufgabe der Offensive zu lösen hatte. Diese war der Heeresgruppe Mitte mit der Einnahme von Moskau erteilt. Die im Nordraum operierenden Verbände mußten hierfür den Flankenschutz übernehmen. Diese Aufgabe konnte nur im Zusammenwirken mit der Kriegsmarine gelöst werden, denn allein die Inbesitznahme der Häfen hätte diese Abschirmung nicht gewährleistet.

Die Kriegsmarine hatte sich dem Vorgehen des Heeres anzuschließen und die Herrschaft in der östlichen Ostsee anzustreben. Diese Pläne stießen vorerst nicht auf Gegenliebe des OKM. Die Marine und besonders ihr OB waren der Ansicht, daß für sie der Mittelmeer- und Nordafrikaraum zur Niederkämpfung der britischen Versorgungslinien wichtiger sei. Alle Maßnahmen der Kriegsmarine richteten sich auf eine Kriegsführung gegen Großbritannien. Ein offensiver Einsatz in der Ostsee und im Schwarzen Meer mußte notgedrungen zu einer Zersplitterung der an und für sich schon schwachen Flottenverbände führen.

Diese Gedanken kamen in einer Lagebeurteilung der Skl zum Ausdruck:
„Der Schwerpunkt des Einsatzes der Kriegsmarine bleibt auch während eines Ostfeldzuges eindeutig gegen England gerichtet. Die Aufgaben in der Ostsee sind Sicherung der eigenen Küste, Verhinderung des Ausbrechens russischer Streitkräfte aus der Ostsee; dabei Vermeidung eigener größerer Seeoperationen vor der angestrebten baldigen Ausschaltung russischer Stützpunkte. . . . Sicherstellung des vollen Seeverkehrs in der Ostsee und des Nachschubs über See für den nördlichen Heeresflügel. . . ."

Die Vorbereitungen der Kriegsmarine für den geplanten Einsatz waren dabei noch von einem Kapitel bereichert, das sich aufgrund des 1939 zwischen Deutschland und der Sowjetunion geschlossenen Vertrags ergab. Der 1939 vom Stapel gelaufene Kreuzer „Lützow" wurde im Mai 1940 an die UdSSR zum weiteren Ausbau und zum dortigen Verbleib übergeben. Das Deutsche Reich stellte hierzu nicht nur das gesamte Material, sondern auch die Bauleitung (Fachleute für Schiffbau, Maschinen, Elektrotechnik, Waffen, Bürokräfte) und die Montageleitung (6 Ingenieure, 15 Werkmeister, 56 Monteure) der „Baltischen Werft" in Leningrad zur Verfügung. (Der Kreuzer „Lützow" nahm später als schwimmende Festung an der Verteidigung der Stadt teil.)

Die defensive Haltung zur Offensive gegen die Sowjetunion behielt die Kriegsmarine — von einigen Ausnahmen (Besetzung der Baltischen Inseln, Minenkrieg im Finnbusen u. a. m.) — bis zum Herbst 1944 bei. Damit standen von vorherein gegenteilige Auffassungen der beiden Oberkommandos fest, die während des Verlaufs des Feldzuges 1941 zu manchen Schwierigkeiten führen mußten.

*

Die Vorbereitung des Heeres lief im Höchsttempo. Der Eisenbahnaufmarsch wurde vom Januar 1941 an erheblich forciert. Die Aufstellung deutscher Divisionen entlang der gesamten Ostgrenze verdichtete sich von Monat zu Monat. Während im Juni 1940 die Zahl der hier eingesetzten Großverbände noch 17 betrug, änderte sie sich bis zum Februar 1941 auf 38, im April auf 56 und im Mai auf 72.

Hitler befahl am 13. 3., daß ca. vier Wochen vor Beginn der Operationen die Befehlsbefugnisse geregelt werden sollten. Im Aufmarschraum Ostpreußen befanden sich als Kommandobehörde das AOK 18 und der Stab „Unterabschnitt Ostpreußen". Das Heeresgruppenkommando „C" erhielt am 1. 4. 1941 die Bezeichnung Heeresgruppenkommando Nord und wurde mit der Befehlsführung im Nordabschnitt der Ostfront beauftragt. Der Stab traf am 22. 4. in Elbing ein und übernahm den Befehl über die hier stationierten Fronttruppen.

Die Gliederung sah zu diesem Zeitpunkt wie folgt aus:

Unterabschnitt Ostpreußen (HQu. Bartenstein)
II. AK. (HQu. Gumbinnen)
32., 121. ID.
X. AK. (HQu. Hethberg)
122., 123., 126., 206., 253. ID.
AOK 18 (HQu. Königsberg)
I. AK. (HQu. Königsberg)
1., 11., 21., 254., 290. ID.
XXVI. AK. (HQu. Tilsit)
61., 217., 269., 291. ID.

Festungsstab XXXVIII. (HQu. Elbing)
Festungsstab XXIII. (HQu. Marienburg)
Pz. Gruppe 4 (HQu. Allenstein)
    1., 6. PD.
Komm. Gen. rückw. Heeresgebiet 101 (HQu. Stargard)
    207., 281., 285. Sich. D.

Die Heeresgruppe verfügte Mitte April 1941 über 16 Infanterie-, 3 Sicherungs- und 2 Panzerdivisionen. Der Einsatzraum umfaßte Ostpreußen und das Hinterland der Danziger Bucht. Der Grenzabschnitt von 230 km Breite wurde von vier Infanteriedivisionen bewacht. Die hierzu eingesetzten Verbände lagen noch weit hinter der Grenze. Sie hatten nur Feldwachen und Patrouillen bis zur Grenze vorgeschoben.

Die in Ostpreußen stehenden Truppen wurden weiterhin verstärkt. Neue Verbände des Heeres trafen aus dem Reich ein und schoben sich in die Front. Die Grenzsicherungskräfte wuchsen. Die Frontbreiten der Divisionen wurden kürzer. Mitte Juni war die Heeresgruppe auf 6 Korps-, 3 Festungskommandos, 20 Infanterie-, 3 Panzer-, 3 Sicherungs-, 2 motorisierte und 1 SS-Division angewachsen.

Die zur Unterstützung der Heeresgruppe bereitgestellten Einheiten der Luftwaffe unterstanden der Luftflotte 1 (HQu. Norkitten). Das Gen.Kdo. I. Flieger-Korps befehligte die fliegenden Verbände. Ferner gehörten 4 Luftnachrichten- und 3 Flakregimenter zur Luftflotte. Die fliegenden Einheiten waren als operative Einsatzgruppe der Lage entsprechend auf die gesamte Heeresgruppenbreite verteilt, während die Aufklärungs- und Kurierstaffeln auf Zusammenarbeit mit den beiden Armeen und der Pz. Gruppe angewiesen wurden.

Die Kriegsmarine begann in der zweiten Hälfte Juni ihre Aufmarschpositionen einzunehmen. Der Befh. der Kreuzer war verantwortlich für die Auslegung der Minensperren, den U- und S-Booteinsatz. Der Befh. der Sicherungsstreitkräfte Ost trug die Verantwortung für die vorbereiteten Maßnahmen zur Verhinderung des Ausbrechens russischer Flottenstreitkräfte aus der Ostsee. Die Zusammenarbeit mit der finnischen Marine wurde in einer Besprechung am 6. Juni sichergestellt. Der FdT ging als Befh. der deutschen Seestreitkräfte in Finnland nach Helsinki, von wo er den Krieg im Finnbusen führen sollte.

*

Die militärischen Kriegsvorbereitungen und der Aufmarsch starker deutscher Kräfte entlang der Westgrenze der Sowjetunion konnte selbstverständlich der Moskauer Regierung nicht verborgen bleiben. Der Oberste Sowjet erließ am 1. 8. 1940 die Verordnung zur „Anlage von Staatsreserven und Vorräte für die Mobilmachung". Diese alljährlich durchgeführte Maßnahme stand 1940 — nach der Besetzung des Baltikums und der Nordbukowina — ganz im Zeichen einer drohenden Kriegsgefahr.

Der Ausbau der Westbefestigung entlang der Flußläufe und der ehemaligen polnischen Grenze („Stalinlinie") wurde in Angriff genommen und die Grenzwachttruppen verstärkt. Eine Reorganisation der Armee und Flotte — die Luftwaffe war kein eigener Wehrmachtsteil — erfolgte im Dezember 1940 nach den Erfahrungen aus dem sowjetisch-finnischen Winterkrieg und den Erkenntnissen des Westfeldzugs. Die Flotte erhielt im Februar 1941 erste Direktiven für eine bevorstehende direkte Auseinandersetzung mit Deutschland.

Der Aufmarsch der deutschen Wehrmacht wurde im März von der Spionageorganisation „Rote Kapelle" auf dem Funkwege von der Schweiz aus der sowjetischen Regierung gemeldet und ihr sogar — bis auf zwei Tage genau — der Angriffstermin mitgeteilt!

Die Sowjets richteten von nun an ihre politischen Maßnahmen auf einen kriegerischen Waffengang aus. Der Vizepräsident der Komintern, Manuilskij, sprach im März von der Unvermeidbarkeit des Krieges. Der deutsche Botschafter berichtete am 2. 5., daß sich die Spannung in Moskau und die Gerüchte über einen bevorstehenden Krieg verstärkten. Diese Gerüchte wurden nicht mehr vom Kreml unterdrückt. Der britische Premierminister und der amerikanische Präsident hatten zu diesem Zeitpunkt der Moskauer Regierung bereits mitgeteilt, daß die deutschen Truppen kriegsbereit an der sowjetischen Westgrenze ständen!

Stalin hielt am 5. 5. eine bemerkenswerte Rede vor den Offizieren der obersten Kommandobehörden. Hierbei führte er u. a. aus:

„Mit einem deutschen Angriff in nächster Zeit muß man rechnen. Deshalb: Bereit sein! . . . Die Rote Armee ist noch nicht stark genug, die Deutschen ohne weiteres zu schlagen. . . . Die Sowjetregierung will versuchen, den Konflikt bis zum Herbst hinauszuzögern. . . . Wenn es gelingt, wird der Krieg unvermeidlich im Jahre 1942 stattfinden. . . ."

Das sowjetische Hauptquartier stellte sich auf einen deutschen Angriff ein, nachdem eindeutig Truppentransporte nach Schweden und Finnland festgestellt wurden und Aufklärungsflugzeuge der Luftwaffe bis weit in die östliche Ostsee einflogen. Einheiten der Kriegsmarine überführten seit Anfang Mai laufend Menschen und Kriegsgerät nach Skandinavien. Von Stettin, Oslo und Aalsborg waren bis Mitte Juni insgesamt 43 000 Mann über die Ostsee geschafft.

Die „Baltische Rotbannerflotte" — die stärkste Flotteneinheit der sowjetischen Marine — kontrollierte und meldete diese Bewegungen genau. Die Marinebasen Reval, Libau und Hangö wurden intensiv ausgebaut, die Befestigungen auf den Baltischen Inseln und längs des Finnbusens erweitert. Die Stützpunkte auf den Inseln und Libau faßte man zur „Baltischen Marinebasis" zusammen und unterstellte diese im Mai dem Baltischen Besonderen Militärbezirk.

Die Befehlsführung über die Landstreitkräfte lag zu dieser Zeit beim sowjetischen AOK 8. Die Aufstellung der Armee mußte aufgrund eines ausdrücklichen Befehls Stalins äußerst vorsichtig durchgeführt werden. Die Masse der Truppen wurde bis zu einer Entfernung von 100 km hinter die Grenze zurückgezogen. Längs der Küste zwischen Reval und Libau verblieben nur zwei Schützendivisionen, während auf den Inseln drei Schützenbrigaden standen. Die an der Grenze aufgestellten Kräfte, die sich in den Maiwochen noch durch Neueinstellungen auffüllten, hatten die Grenze zu sichern und zu verteidigen. Die weiter rückwärts stehenden starken Verbände, darunter die mechanisierten und Panzerbrigaden, sollten den eventuell durchbrechenden Feind in die Flanke stoßen und vernichten.

Das AOK 8, das dem Baltischen Besonderen Militärbezirk unterstand, befehligte Anfang Juni 1941 10 Schützendivisionen, 1 Panzer- und 4 mechanische Brigaden in Litauen; 8 Schützen-, 2 Kavalleriedivisionen, 2 Panzer- und 2 mechanische Brigaden in Lettland. Das Oberkommando des Militärbezirks hatte seine Reserven, darunter das I. Pz.K., im Raum Pleskau - Ostrow - Dno bereitgestellt. 650 000 sowjetische Soldaten, deren Bewaffnung sich allerdings keineswegs mit der des kommenden Gegners vergleichen ließ, standen „Gewehr bei Fuß".

*

Von Mitte Juni an rollte der deutsche Aufmarsch, der sich in einer Größenordnung vollzog, wie sie bisher die Kriegsgeschichte noch nicht gezeigt hatte. Kein deutsches Schiff durfte ab 14. 6. mehr in die mittlere und östliche Ostsee auslaufen. Dagegen wurden die in deutschen Häfen befindlichen 40 russischen Handelsschiffe unter den verschiedensten Vorwänden zurückgehalten.

Die Ostsee war bereits Kriegsgebiet, noch bevor der erste Schuß fiel! Die Skl hatte angeordnet, daß schon vor Ausbruch der Feindseligkeiten eine Minensperre zwischen Öland und der litauisch-lettischen Grenze geworfen werden sollte.

Die Minenschiffe „Preußen", „Grille", „Skagerrak" und „Versailles" liefen am Nachmittag des 18. 6. mit 3 300 Minen an Bord von

Pillau aus. Das Legen dieser ersten Minensperren des Ostfeldzugs (Wartburg-Sperre) fand planmäßig in der Nacht zum 19. 6. statt. Die Sperre wurde in den nächsten beiden Nächten noch erweitert und erhielt mit dem Legen der letzten Minen in der Nacht vor Kriegsausbruch ihren Abschluß.

Neue Minensperren waren im Finnbusen vorbereitet. Hierzu hatte die Kriegsmarine seit 12. 6. Schiffseinheiten nach Finnland kommandiert. Zwei Schiffsgruppen — Gruppe COBRA (K.Kapt. Dr. Brill) mit den Minenschiffen „Cobra", „Kaiser" und „Königin Luise"; Gruppe NORD (F.Kapt. von Schönermark) mit den Minenschiffen „Tannenberg", „Brummer", „Hansestadt Danzig" — warfen in der Nacht zum 21. 6. die Apolda-Sperre im Seegebiet zwischen Fanö-Fjord und der Nordspitze Dagö sowie die Corbetha-Sperre im Seegebiet zwischen Kallbada-Grund und Pakerort.

Sowjetische Flotteneinheiten beobachteten diese Unternehmungen, ohne einzuschreiten. Lediglich ein Aufklärungsflugzeug beschoß nordwestlich Dagö Minenschiff „Brummer" und das Räumboot „R-35", ohne Schaden anzurichten. Die ersten Schüsse des — noch nicht begonnenen — Ostfeldzuges waren gefallen.

*

Der Krieg schien auf See zu entflammen. Das Oberkommando der „Baltischen Rotbannerflotte" hatte angesichts der zu erwartenden deutschen Operationen eine Rückwärtsbewegung seiner schwimmenden Einheiten angeordnet. Leichte Seestreitkräfte und Teile der U-Boote liefen von Libau aus. Die Linienschiffe verlegten von Reval nach Kronstadt. Diese Maßnahmen erfolgten aufgrund einer Anweisung des Volkskommissars der Roten Flotte ab 19. 6. Die geheime Mobilmachung wurde am 21. Juni, 23.37 Uhr — als schon im Finnbusen und in der östlichen Ostsee deutsche Minen ins Wasser fielen — in Kriegsbereitschaft (Alarmstufe I) umgewandelt.

Die vier U-Boote „M-97", „M-81", „M-83" und „L-3" bezogen Positionen vor Libau. Das Minensuchboot „Fuges" legte Minen vor der Hafeneinfahrt. „L-3" (Kpt. 3. Ranges Griščenko) nahm Kurs auf Memel. Dieser erste Einsatz eines russischen U-Bootes vor der deutschen Küste führte zur vorübergehenden Verminung der Memeler Hafeneinfahrt.

Doch genau wie zur See waren auf dem Lande die „Würfel gefallen". Das ostpreußische Land wurde in diesen Nächten vom Geräusch der Panzermotore, vom Stampfen der Hufe und vom Tappen vieler Soldatenstiefel erfüllt. Die Heeresgruppe Nord vollendete am 18. 6. ihren Aufmarsch. Die Divisionen schlossen enger an die Grenze heran.

50 Kraftwagenkolonnen und 10 mot. Nachschubkompanien schafften in diesen Nächten Munition, Lebensmittel und Gerät nach vorn. Die Versorgung für die Heeresgruppe war in zwei großen Abschnitten aufgeteilt, die jeweils von einem dem Generalquartiermeister unterstelltem Nachschubführer geleitet wurden.

Der Versorgungsraum Nord (Tilsit) verfügte über:
14 949 to. Munition,
18 435 to. Verpflegung,
19 671 cbm Betriebsstoff.
Der Versorgungsraum Süd (Gumbinnen) hatte zur Verfügung:
12 854 to. Munition,
26 223 to. Verpflegung,
20 228 cbm Betriebsstoff.

Ferner gehörten zu jedem Versorgungsbezirk Pionier-, Infanterie-, Artillerie-, Nachrichten- und Geräteparks. Sanitäts- und Veterinärbasen waren in Königsberg eingerichtet. Die Großtransporträume für Munition, Verpflegung und Betriebsstoff lagen in den Räumen westlich Königsberg, Elbing und Mohrungen.

Die Funk- und Fernsprechstellen der Heeresgruppe Nord hörten am 21. Juni gegen 13.00 Uhr das Stichwort „Düsseldorf". Kommandeure, Adjutanten und Ordonnanzoffiziere sahen sich sekundenlang an, dann hoben sie die Hand an den Stahlhelm. Befehle wurden gegeben. Wachoffiziere nahmen die Hörer der Feldfernsprecher auf, die Kräder der Meldefahrer sprangen an, die Ordonnanzen stoben mit ihren Pferden davon...

Der Befehl war da! Der Befehl, der alle Unruhe der letzten Tage und Wochen mit einem Schlage auslöschte. Der Befehl, der die Gewißheit brachte: Krieg mit der Sowjetunion!

Als sich der Abend dieses schwülen Sommertages auf die Memelniederung, auf die Rominter Heide und auf die Masurischen Seen senkte, setzte sich das deutsche Ostheer in Marsch. Panzermotore heulten, Lkws ratterten, Pferde wieherten, Gleisketten der schweren Zugmaschinen knirschten, Metall und Waffen klirrten, halblaut wurden Befehle gegeben. Die Sicherungsposten dicht an und hinter der Grenze faßten Maschinenpistolen und Karabiner fester, sie wiesen die Pionierstoßtrupps ein, die sich mit Flammenwerfern und Floßsäcken durch das Gebüsch schoben. Die ersten scharfen Granaten wurden in die Geschützrohre geschoben.

Drüben auf der anderen Seite, nur wenige Meter jenseits der Schlagbäume, der Grenzflüsse und -wälder, blieb die Nacht ebenfalls nicht lautlos...

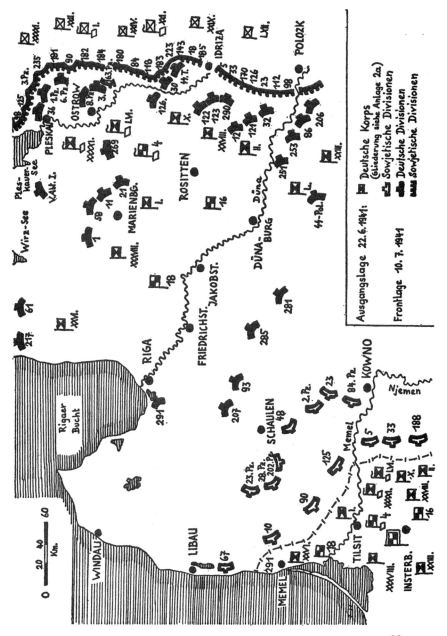

Das Oberkommando der Roten Armee gab am 22. 6., 0.30 Uhr, eine Weisung an die Befehlshaber der Militärbezirke und Flotte durch. Diese besagte, daß sich die im Grenzgebiet befindlichen Truppen zur Verteidigung bereitstellen mußten:

„Im Laufe der Nacht zum 22. 6. 1941 sind die Feuerstellungen der befestigten Zonen an der Staatsgrenze unauffällig zu besetzen.

Am 22. 6. 1941 vor Morgengrauen ist auf den Feldflugplätzen die gesamte Luftwaffe, einschließlich der beigegebenen Truppenverbände unter sorgfältiger Tarnung zu verteilen.

Alle Einheiten sind in Gefechtsbereitschaft zu versetzen. Die Truppen sind in zerstreuter Aufstellung und getarnt zu halten.

Die Luftverteidigung ist in Gefechtsbereitschaft zu versetzen, ohne den zugeteilten Bestand zusätzlich zu erhöhen. Alle Maßnahmen für die Verdunklung der Städte und Anlagen sind vorzubereiten.

Ohne besondere Verfügung sind keine andere Maßnahmen durchzuführen...."

Stalin und sein Oberkommando glaubten zu diesem Zeitpunkt trotz aller Nachrichten der Agenten und Meldungen der Frontbefehlshaber nicht, daß sich die deutsche Armee zum Angriff bereitgestellt habe. Die nach Mitternacht eingegangene Weisung aus Moskau befahl zwar erhöhte Alarmbereitschaft, brachte aber noch keinen Hinweis auf den bevorstehenden Krieg. Die Kommandeure an der Front konnten mit diesem Befehl praktisch nichts anfangen, denn das, was verlangt wurde, war seit langem getan.

Schon heulten die Motore der deutschen Kampfmaschinen....
Schon liefen die Motore der Panzer warm....
Schon klackten die Verschlüsse der Geschütze ein....
Schon sahen die deutschen Stoßtruppführer auf das Leuchtzifferblatt ihrer Armbanduhren....

Da klingelten die Telefone in den sowjetischen Stabsunterkünften, und da tickten die Morseapparate in den sowjetischen Funkstellen noch einmal. Es war 2.32 Uhr, als der letzte Befehl aus Moskau eintraf:

„Keinen irgendwie gearteten Provokationen nachgehen, welche bedeutende Komplikationen herbeiführen könnten ... und einem Überraschungsangriff der Deutschen mit allen zur Verfügung stehenden Kräften zu begegnen."

Der Morgen des 22. Juni 1941 war angebrochen...

DER ANGRIFF
Die deutsche Offensive 1941

Noch wallte Frühdunst über die Wälder, Wiesen und Täler, als am 22. Juni 1941, 3.05 Uhr, die deutschen Geschütze ihre Feuerschlünde öffneten, um Eisen und Tod nach Rußland hineinzutragen. Der Feuerschlag an der 120 km breiten Front der Heeresgruppe dauerte nur wenige Minuten. Dann erhoben sich die Infanteristen und Pioniere aus ihren Deckungen und stürmten über die Grenze einem unbekannten Feind entgegen.

Gleichzeitig war die Luft erfüllt vom Gedröhne deutscher Flugzeuge, die ihren Weg nach Osten nahmen. Die Luftflotte 1 startete mit 270 Kampf- und 110 Jagdflugzeugen. Ihre Aufgaben waren die Vernichtung sowjetischer Stützpunkte, Flugzeuge und Verkehrswege zwischen Memel und Düna. Das JG.54 hatte folgenden Auftrag: 1. Freikämpfen des Luftraumes, 2. Begleitschutz für die Kampfstaffeln, 3. Freie Jagd, 4. Tiefangriff auf Kolonnen und später Bekämpfung des Schiffsverkehrs.

Die Heeresgruppe trat mit 18 Divisionen auf ganzer Front an. Der Schwerpunkt lag selbstverständlich bei der Pz.Gr. 4 und hier besonders beim XXXXI. AK. mot. Die Pz.Gruppe war u. a. durch 5 Art.-Abt., je 3 Pz.Jäg.- und Flak-Abt., 3 Pi.-Btl. verstärkt. Doch bevor die motorisierten Kräfte zum Einsatz gelangten, mußten die Infanteriedivisionen den Weg freikämpfen.

Die sowjetischen Grenzposten wurden fast überall geworfen und die Grenze ohne Gegenwehr überschritten. Nur dort, wo entschlossene Offiziere und Kommissare befehligten, kam es zu teilweise erbittertem Widerstand. Die 7./IR. 501 traf nördlich der Memel auf eine sowjetische Feldwache, die sich hart verteidigte. Lt. Weinrowski fiel in der ersten Minute des Feldzuges als erster Soldat der Heeresgruppe!

Deutsche Führungsstäbe konnten sich gegen 4.00 Uhr ein Bild der Lage machen. Das Heeresgruppenkommando erhielt 4.40 Uhr von den AOKs und der Pz.Gruppe eine Orientierungsmeldung. Der Lagebericht der Heeresgruppe verzeichnete 6.00 Uhr:

16. Armee:
12. ID. etwa 7,5 km ostwärts Schloßberg;
32. ID. ist in Wald 5 km ostwärts Vistytis eingedrungen;
121. ID. hart westlich Wirballen, Häuserkampf in Kybartei;
122. und 123. ID. in Linie 3 km ostwärts Naumiestis —
8 km nordwestlich Sintautai;
126. ID. 12 km west-südwestlich Sakiai;
30. ID. 3 km südwestlich Jurbarkas.
Pz.Gruppe 4:
8. PD. hat Jurbarkas genommen;
290. ID. im Übergehen über Mitwa 12 km nordwestlich Jurbarkas;
269. ID. 12 km nördlich Wischwill;
6. PD. 4 km südlich Tauroggen;
1. PD. hart westlich Tauroggen.
18. Armee:
11. ID. hat Naumiestis genommen;
61. ID. Brücke bei Gargzdai genommen;
291. ID. im Ortskampf in Kretinga.

Die Heeresgruppe besaß drei Stunden nach Angriffsbeginn Meldungen von der Masse ihrer Divisionen. Lediglich die 18. Armee hatte erst die Lage von drei Divisionen berichtet. Hier sah das Bild so aus: Die 21. ID. — Schwerpunktdivision der Armee, verstärkt durch eine Art.Abt.mot., ein Heeres-Fla-Btl. und eine Sturmgesch.-Abt. — kämpfte sich auf 8 km Frontbreite auf Tauroggen vor und mußte erheblichen Widerstand niederringen. Die links benachbarte 1. ID. traf dagegen genau auf die Naht der 90. und 125. Schtz.D. und kam zügig voran. Die Verbindung zwischen I. und XXVI. AK. war durch das IR. 374 (207. Sich.Div.) gewährleistet. Das Regiment ging mit sechs starken Stoßtrupps über die Grenze, um die Schwerpunktbildung zu verschleiern.

Die sowjetischen Dienststellen, soweit sie bereits Meldung vom deutschen Angriff hatten, zeigten sich überrascht von der Masse der angreifenden Divisionen, die bis 6.00 Uhr im Durchschnitt 12 km auf russisches Territorium vorgedrungen waren! Die Flugzeuge der Roten Luftwaffe barsten in den ersten Stunden dieses Sommertages unter den Bomben deutscher Kampfmaschinen. Die Sowjets verloren am Vormittag des 22. 6. nahezu 100 Maschinen!

Es war den tapferen Feindpiloten nur zweimal gelungen, deutsches Gebiet zu erreichen. Acht Flugzeuge griffen 5.45 Uhr die Brücke bei Wischwill und den Bahnhof von Eydtkau an, ohne jeweils Schaden zu verursachen. Das sowjetische AOK 8 erteilte 7.15 Uhr einen Befehl an seine Luftstreitkräfte:

„... Mit mächtigen Angriffen der Bomber- und Schlachtfliegerverbände ist die Luftwaffe auf den Flugplätzen des Gegners zu vernichten und die Hauptgruppierungen seiner Landtruppen durch Bomben zu zerstören. Die Luftangriffe sind in die Tiefe des deutschen Territoriums bis zu 100 — 150 km zu richten. Königsberg und Memel sind durch Bomben zu zerstören ..."

Dazu kam es nicht mehr; denn der deutsche Vormarsch rollte! Die sowjetische Abwehr versteifte sich zwar stellenweise von Stunde zu Stunde, doch konnten nirgendswo Panzer und Infanteristen aufgehalten werden. Gegen Mittag war überall der Grenzwiderstand gebrochen. Die Divisionen strebten auf ihre Tagesziele zu.

Der Angriff entwickelte sich bei trockenem und heiterem Wetter besonders beim LVI. AK.mot. (Gen.d.Inf. von Manstein) außerordentlich günstig. Die 8. PD. (Gm. Brandenberger) gelangte im Laufe des Nachmittags an die Dubyssa und bildete abwärts Ariogala den ersten Brückenkopf. Damit stand die Division am Abend dieses Tages 80 km in Feindesland.

Die Mitte der Heeresgruppe war am weitesten nach vorn gedrungen. Doch genau so rasant wie hier entwickelte sich am äußersten linken Flügel der Vormarsch. Die erheblich verstärkte 291. ID. (Glt. Herzog), die direkt dem AOK 18 unterstand, überwand unweit der Küste schnell den Widerstand der Grenztruppen. Das IR. 505 (Ob. Lohmeyer) durchbrach am Vormittag die Linien der sowjetischen 67. Schtz.D. und stürmte unbekümmert um seine Flanken nach Norden. Das Regiment erreichte bereits mittags sein Tagesziel, besetzte Skuodas und überschritt als erste Einheit der Heeresgruppe die lettische Grenze. Die ostpreußischen Infanteristen hatten an einem Tag 65 km kämpfend zurückgelegt!

Die deutsche Luftaufklärung ergab am 22. 6. noch keinerlei Anhaltspunkte für die Aufstellung der „Roten Armee" und ihre eventuellen Gegenmaßnahmen. Es wurden lediglich Befestigungsarbeiten entlang der Düna zwischen Dünaburg und Jakobstadt festgestellt, so daß der Chef des Generalstabes, Gen.Ob. Halder, in sein Tagebuch schrieb:

„Russen haben vorher Rückzug hinter Düna vorbereitet. Vielleicht, weil wir Litauen nach Vertrag beanspruchen ..."

Aufklärungsflugzeuge entdeckten nördlich der Düna keine Truppenbewegungen. Südlich des Flusses wurden Lkw-Kolonnen südwestlich Schaulen, nordwestlich Telche und Kedainiai sowie südlich Riga festgestellt. Sofort angesetzte Bombenangriffe zerstörten bei Schaulen

40 Lkw und zerschlugen die hier marschierende 48. Schtz.D., die dadurch als erste sowjetische Division fast aufgerieben wurde!
Das sowjetische Oberkommando gab am Abend des 22. Juni den beiden AOKs 8 und 11 (Gm. Sobennikov, Glt. Morosov) den Befehl, den Vormarsch des Gegners aufzuhalten. Gen.Ob. Kusnecov, OB des „Baltischen Besonderen Militärbezirks", erkannte die Gefahr, die mit dem Durchbruch des LVI. deutschen AK.mot. zur Dubyssa gegeben war. Hier hatte die 8. PD. genau die Naht der beiden Armeen getroffen!
Der erste sowjetische Heeresbericht wurde gegen 22.00 Uhr bekanntgegeben. Er lautete kurz und bündig:

„Im Laufe des Tages haben reguläre deutsche Truppen unsere Grenztruppen angegriffen und in mehreren Abschnitten kleinere Erfolge erzielt. Am Nachmittag, als Reservekräfte der Roten Armee an der Front eintrafen, wurden die Angriffe der deutschen Truppen in den meisten Abschnitten mit schweren Verlusten für den Gegner zurückgeschlagen!"

Dieser Heeresbericht traf in seiner Aussage keineswegs auf die Lage an der Nordfront zu. Hier waren bis jetzt noch nirgendswo sowjetische Reserven eingetroffen, um die Deutschen zurückzuwerfen. Das Oberkommando in Riga hatte inzwischen seine erste Überraschung überwunden. Es befahl, die deutsche Panzerspitze in den Flanken anzugreifen und zu vernichten. Das XII. mech.K. sollte dabei aus dem Raum Schaulen nach Südosten verstoßen, während das III. mech.K. von Kedainiai nach Nordwesten anzugreifen hatte. Als der Befehl an die Korps hinausging, wußte man in Riga nicht, daß das XII. mech.K. bereits von deutschen Kampfflugzeugen so weit angeschlagen war, daß es sich nicht für den geplanten Angriff bereitstellen konnte!
Das Heeresgruppenkommando Nord war sich am Abend des ersten Schlachttages weder über die eigenen noch über die gegnerischen Absichten klar. Es ließ sich vorläufig nur übersehen, daß die feindlichen Kräfte vor der 16. Armee in fortlaufender Linie kämpften. Dagegen schienen die Sowjets vor Pz.Gruppe 4 und 18. Armee zersplittert. Das Heeresgruppenkommando gab deshalb folgenden Befehl:

„Heeresgruppe greift in bisheriger Gliederung an, um den vor ihr ausweichenden Feind noch vorwärts der Düna zu stellen und zu vernichten!"

Die Nacht war nur kurz. Der Kampflärm kam nirgendswo zum Erliegen. Als der Morgen des 23. 6. graute, befanden sich die Aufklärungsmaschinen längst über dem feindlichen Raum. Die Piloten meldeten das Ausweichen der sowjetischen Kräfte an der gesamten Front. Zwar berichteten sie auch von motorisierten Kolonnen auf der Straße Jonava — Kedainiai und von Schaulen nach Norden. Eine genaue Stärke dieser Kolonnen konnte allerdings nicht festgestellt werden, so daß die Heeresgruppe zu einer falschen Lagebeurteilung kam, die sich 24 Stunden später unliebsam bemerkbar machte. Die deutschen Führungsstellen nahmen an, daß es sich um Panzerverbände handelte, die auf dem Rückzug waren.

Inzwischen ging der Vormarsch in ganzer Breite weiter. Panzerfahrer, Kradschützen, Kanoniere, Infanteristen, Pioniere und Nachrichtenmänner blieben dem Gegner „auf den Fersen". Es kam an vielen Stellen zu hinhaltenden Gefechten. Doch gelang es, die Verteidiger zu werfen. Der deutsche Angriff rollte. Das XXXXI. AK.mot., das durch die Kämpfe um Tauroggen und am Jura-Abschnitt etwas aufgehalten worden war, fand nach einem 100 km raumgewinnenden Marsch den Anschluß an das vorgeprellte LVI. AK.mot. Die Infanteristen hielten trotz Wege- und Geländeschwierigkeiten noch Schritt mit den motorisierten Abteilungen.

„Die Litauer riefen uns ihren Gruß „Sweiks gyos" entgegen und reichten uns Blumen. Vor den Häusern luden Tische mit Milch, Kaffee, Eiern, Butterbrot und Kuchen zum Imbiß ein. Und der Landser griff zu, hatte auch Brocken der einheimischen Sprache gelernt und sagte dankend: „Sweiks gyos, Marijana!" *)

Der Ostfeldzug, so glaubten anfangs viele der deutschen Landser, schien wiederum ein „Blumenkrieg" zu werden. Der russische Soldat belehrte ihn bald eines Besseren. Energische Offiziere und Kommissare scharten die Männer um sich und kämpften teilweise bis zur letzten Patrone. Es gab wenig Gefangene! Größere Verbände zogen sich abseits der Straßen ordnungsgemäß zurück.

So wich das XVI. sowj. Schtz.K. mit der 5. und 33. Schtz.D. geschickt vor dem nachdrängenden II. AK. (Gen.d.Inf. Graf von Brockdorff-Ahlefeldt) am äußersten rechten Flügel der Heeresgruppe aus. Das Korps hatte nach der Eroberung von Marjampol eine Vorausabteilung unter Ob. Holm gebildet. Diese sollte so schnell wie möglich nach Kowno durchstoßen. Doch hier versteifte sich zusehends der sowjetische Widerstand. Die Infanteristen, Panzerjäger und Radfahrer blieben 18 km vor der Stadt liegen.

Die litauische Bevölkerung begann gegen die sowjetischen Besatzungstruppen aufzumucken. Es kam zu turbulenten Szenen. Einige

---

*) 290. Infanterie-Division. 1940 — 1945. [Auslfg.] Bad Nauheim: Podzun 1960. 428 S.

Zivilisten gingen mit Waffen gegen die Rotarmisten und Verwaltungsbeamten vor. Einheimischen Freischärlern gelang es am 23. 6., den Sender zu besetzen. Ein Vertreter des „Litauischen Heereskommandos" verlas 19.30 Uhr einen Aufruf mit der Bitte an das deutsche Oberkommando, die Stadt Kowno und die zurückgehenden Sowjets in der Stadt zu bombardieren!

Die sowjetischen Verbände zogen sich am Mittag des nächsten Tages weiter zurück. Ein Stoßtrupp der AA. 123 unter Lt. Floret war bereits am Morgen durch die feindlichen Linien nach Kowno gedrungen. Hier konnte die Verbindung mit den litauischen Freischärlern aufgenommen und der Sender besetzt werden! Die Vorausabteilung Ob. Holm gelangte 17.15 Uhr nach Kowno, von der Bevölkerung freundlich begrüßt.

Kurz danach rückten IR. 89 und IR. 405 sowie die AA. 121 in die einstige litauische Hauptstadt ein. Der Sender Kowno wurde schon am 26. 6. von der PK 501 in Betrieb genommen, die an diesem Tag ein Programm in deutscher Sprache sendete.

Die 16. Armee hatte somit am dritten Kriegstage ein Loch in die feindliche Front gebrochen. Ihr II. und XXVIII. AK. überschritten beiderseits Kowno den Njemen und stellten sich zum weiteren Vormarsch nach Nordosten auf.

Genau wie hier am rechten Flügel kam die deutsche Offensive in der Mitte der Front vorwärts. Doch jetzt rächte sich die falsche Lagebeurteilung. Das XXXXI. AK.mot. (Gen.d.Pz.Tr. Reinhardt) hatte soeben die 125. sowj. Schtz.D. geworfen, als plötzlich feindliche Panzer anrollten. Das III. mech.K. (Gm. Kurkin) griff befehlsgemäß mit 2. Pz.Br. und 48. Schtz.D. die Flanke des deutschen Panzerkeils an. Es war am 24. 6., 15.00 Uhr, als ostwärts Raseiniai die stählernen Kolosse anrollten.

„Die hier auftauchenden Kw-I und II, 46-t-Panzer, waren tolle Brocken! Auf etwa 800 m eröffneten unsere Kompanien das Feuer; es blieb wirkungslos. Näher und näher rollten wir an den Feind, der ebenfalls unbeirrt weiterfuhr. Nach kurzer Zeit stand man sich 50 bis 100 m gegenüber. Ein tolles Feuergefecht entwickelte sich ohne sichtbaren deutschen Erfolg. Die Russenpanzer rollten weiter. Alle Panzergranaten prallten an ihnen ab ... So ergab sich wiederholt die bestürzende Situation, daß Russenpanzer durch die Reihen des Pz.R. 1 auf die eigenen Schützen zurollten und in unser Hinterland durchstießen. Das Panzerregiment machte kehrt und rollte jetzt mit den Kw-I und Kw-II auf gleicher Höhe." *)

---

*) Stoves, Rolf O.: 1. Panzer-Division, 1939—1945. Bad Nauheim: Podzun 1962. 882 S.

Die erste Panzerschlacht im Abschnitt der Heeresgruppe Nord hatte begonnen! Es war die erste Panzerschlacht des Ostfeldzuges! Es war gleichzeitig die einzige Panzerschlacht, die zwischen starken Panzerverbänden von Freund und Feind im Nordabschnitt der Ostfront ausgetragen wurde!

Die Sowjets hatten am 24. Juni einen gewaltigen Vorteil. Ihre Panzer waren viel schwerer, als überhaupt von deutscher Seite angenommen wurde. Es war unmöglich, diesen Stahlkolossen mit den vorhandenen Panzerabwehrwaffen Schaden zuzufügen. Die 3,7-cm-Granaten der Pak prallten einfach an den Stahlwänden ab. Die russischen Kampfwagen fuhren unbekümmert dieses Abwehrfeuers weiter, überwalzten die Panzerjäger, drangen bis zu den Artilleriestellungen vor. Nur dort, wo die 8,8-cm-Flakgeschütze rasch genug abprotzen konnten oder wo eigene P III und P IV sich den Sowjets entgegenstellten, blieben die überschweren Kolosse brennend liegen.

Die feindliche Führung konnte diese Überlegenheit nicht ausnutzen. Der Angriff traf nicht, wie beabsichtigt, die Flanke des XXXXI. AK. mot., sondern genau die Front. Zwar wurde hier die vorgeprellte 6. PD. (Gm. Landgraf) in arge Bedrängnis gebracht, aber nicht zurückgedrückt.

Gen.d.Pz.Tr. Reinhardt setzte sofort seine übrigen Divisionen zum Gegenstoß an, um eventuell die feindlichen Kräfte zu umfassen. Die 1. PD. (Glt. Kirchner), die bereits ostwärts der Dubyssa Boden gewonnen hatte, wurde angehalten und um 180 Grad gedreht. Die 36. ID.mot. (Glt. Ottenbacher) schob sich nach Nordwesten und übernahm den Flankenschutz. Die 269. ID. (Gm. von Leyser) zog hinter der liegengebliebenen 6. PD. nach Osten über die Dubyssa und griff nach Norden an. Damit war die Bewegung zum Kessel um das sowjetische Korps eingeleitet.

Die Kämpfe wogten am 25.6. hin und her. Doch langsam gewannen die Deutschen die Oberhand. Pz.R. 1 (Oberstlt. Kopp) und I./Schtz.R. 113 (Mj. Dr. Eckinger) traten am nächsten Tag 4.00 Uhr zum entscheidenden Durchbruch an. Die Panzer der 1. und 6. PD. trafen 8.38 Uhr bei Sokaiciai aufeinander. Der Ring war geschlossen!

Die erste Panzerschlacht des Ostfeldzuges endete mit einer Niederlage der Sowjets. Sie mußten 186 Panzer — darunter 29 vom Typ Kw-I —, 77 Geschütze, 23 Pak und etwa 600 Kraftfahrzeuge als Wracks zurücklassen. Der Sieg hatte aber auch ein Janusgesicht. Das XXXXI. AK.mot. wurde durch das III. mech.K. für zwei Tage an Ort und Stelle gebunden. Damit war der Anschluß an das LVI. AK.mot. verlorengegangen.

Die Pz.Gruppe 4 hatte ihren beiden Korps schon am zweiten Feldzugstag befohlen, so schnell wie möglich nach Dünaburg Raum zu gewinnen. Da das XXXXI. AK.mot. vom Gegner zum Kampf gestellt wurde, konnten nur General von Mansteins schnelle Truppen weiterrollen. Sie vollbrachten einen „Husarenritt", der an die alten Kavallerieattacken erinnerte.

Die Spitzen des Korps erreichten am 24. 6. die Gegend um Wilkomierz. Die Vorausabteilung der 8. PD. gewann nach Zurückschlagung schwächerer feindlicher Gegenangriffe die Straße nach Dünaburg. Die Sowjets zogen sich überrascht nach Norden und Osten zurück. Deshalb konnten die Regimenter der 3. ID.mot. (Glt. Jahn) den Panzern dichtauf folgen. 8. PD. und 3. ID.mot. gelangten am 25. 6. nach Ukmerge und darüber hinaus!

Dünaburg lag greifbar vor den deutschen Soldaten.

Eine Sondergruppe der 8./Lehr-Rgt. „Brandenburg" (Regiment der deutschen Abwehr) unter Oblt. Knaak meldete sich in der Nacht bei Gm. Brandenberger. Dieser setzte die kleine Gruppe verwegener Männer, die in russische Uniformen gekleidet waren, am nächsten Morgen in zwei Beute-Lkw in Marsch. Der waghalsige Vorstoß gelang! Oblt. Knaak fuhr mit seinen Leuten mitten durch die sowjetischen Kolonnen, erreichte die beiden großen Dünabrücken. Hier sprangen die Landser von den Lkw, stürzten sich auf die russischen Brückenwachen und gingen in Stellung.

Sie hielten aus, bis gegen 5.00 Uhr die Spitze der V-Abt. 8. PD. unter Major Wolff (je 1 Schtz.-, Panzer-, Sfl- und Pi.Kompanie) eintraf. Oblt. Schneider, Chef 3./Pi.Btl. 59, übernahm das Kommando an den Brücken. Die Eisenbahnbrücke brannte. Die Männer mit den schwarzen Kragenspiegeln kämpften in zwei Stunden trotz feindlicher Gegenwehr das Feuer nieder und hielten die Brücke.

Als die Masse der 8. PD. gegen Mittag anrollte, konnten Panzer, SPW, Zugmaschinen und Kräder ungehindert über die Düna. Die Spitze des Korps Manstein stand 300 km von der Reichsgrenze entfernt. Der erste Brückenkopf an der Düna war gebildet!

Das Heeresgruppenkommando befahl am Abend des 26. 6.:

„Heeresgruppe hält unter starker Aufklärung nach Osten Brückenkopf bei Dünaburg. Linker Flügel Pz.Gr. 4 (XXXXI. AK. mot.) stößt über Linie Raguva — Panevezys auf und über die Düna vor. Armeen setzen den Angriff in Richtung Düna fort. 16. Armee mit Schwerpunkt im Zuge der Straße Kowno — Dünaburg, 18. Armee mit dem rechten Flügel in allgemein ostwärtiger Richtung, mit dem linken Flügel in Richtung Joniskis zur Verfolgung des westlich der Straße Schaulen — Mitau zurückgehenden Feindes."

Die sowjetischen Grenztruppen waren zu diesem Zeitpunkt geworfen. Das Oberkommando des „Baltischen Besonderen Militärbezirks" wurde durch die Schnelligkeit des deutschen Vormarsches genauso verblüfft wie Stalin in Moskau. Da eine straffe Führung fehlte, operierten die beiden AOKs getrennt. Das AOK 8 zog selbstverständlich seine Armeen nach Norden in Richtung Düna zurück, während sich die Verbände der 11. Armee nach Osten auf Drissa zu bewegten.

Erst als das sowjetische Oberkommando diese auseinanderlaufenden Operationen und den genau auf die Lücke angesetzten Angriff der Deutschen beobachtete, griff es energischer ein. Das noch in Reserve stehende AOK 27 (Gm. Bersarin) wurde nach vorn gewiesen. Hierzu erhielt es das I. mech.K. — die bisherige Reserve des Militärbezirks — unterstellt. Die 27. Armee sollte den Schutz der Düna von Lievenhof bis Dünaburg sicherstellen. Doch bevor es dazu kam, waren Mansteins Panzer da!

Diese gefährliche Situation wurde nun auch von Moskau gesehen. Stalin befahl die im Raum Witebsk stehende 22. Armee (Glt. Jerschakov) vor in Richtung Kowno. Hier sollte die neue Armee die weichenden Truppen der 11. Armee auffangen und eine Riegelstellung in den Sümpfen vorwärts der Düna beziehen.

Die sowjetische Front festigte sich zusehends vor den anmarschierenden Divisionen der 16. deutschen Armee. Gen.Ob. Busch mußte infolge dieser Tatsache mehr und mehr seine Korps nach Osten weisen, statt sie hinter den vorgeprellten Panzertruppen nach Norden zu führen.

Dagegen gelang es den Infanteristen des äußersten linken Flügels, sich freie Bahn zu schaffen. Die Ostpreußen der 291. ID. standen schon am zweiten Kriegstage 50 km vor Libau. Dort versteifte sich der Widerstand des Gegners erheblich, so daß Ob. Lohmeyer gezwungen war, mit seinem Regiment das Aufschließen der 291. ID. abzuwarten.

Glt. Herzog ließ am 25. 6., 1.30 Uhr, seine Division zum Sturm auf Libau antreten. Die Sowjets, Teile der 67. Schtz.D. und Marineinfanterie, verteidigten sich so hartnäckig, daß der Angriff am Vormittag liegenblieb. Die Gegner wagten einen Ausbruchsversuch aus der Umzingelung nach Norden und Nordosten. Beide nicht einheitlich angesetzte Bewegungen führten zwar zu vorübergehenden Krisen beim II./IR. 504 und III./IR. 506, blieben aber schließlich unter dem Direktfeuer des AR. 291 hängen. Die Sowjets gaben nicht auf und wiederholten am 27. 6. ihren Durchbruchsversuch. Es gelang ihnen, mit kleineren Gruppen unter hohen Verlusten in den freien kurländischen Raum auszubrechen. Die Masse der 67. Schtz.D. wurde aber von den ostpreußischen Soldaten aufgehalten und systematisch in die Stadt zurückgedrängt. Das IR. 505 (Ob. Lohmeyer), die Marinestoßtrupp-

Abt. (Kaptlt. von Diest) und das Marinesonderkommando (Kaptlt. Bigler) drangen von Süden her in die Befestigungswerke Libaus ein.
„Der Häuser- und Straßenkampf wurde mit äußerster Erbitterung geführt. Aus getarnten Schießscharten spritzte das feindliche MG-Feuer heraus. Der Widerstand konnte schließlich nur durch vorgezogene schwere Infanteriegeschütze aus offener Feuerstellung sowie durch die Granaten der schweren Feldhaubitzen und Mörser gebrochen werden." *)
Der harte und erbitterte Kampf um Libau, das am 28. 6. endgültig besetzt wurde, brachte zum erstenmal im Bereich der Heeresgruppe die Erkenntnis, daß der russische Soldat fanatisch und erbarmungslos zu kämpfen bereit war!

*

Die Einnahme Libaus bedeutete für die Kriegsmarine die Gewinnung eines wertvollen Stützpunktes. Der Stab des Marinebefh. „C" (K.Adm. Claasen) übernahm hier schon wenige Tage später seine Dienstgeschäfte. Die Kommandantur der Seeverteidigung und die Hafenkommandantur wurden eingerichtet, eine Marine-Abt. (K.Kapt. Gläser) und die Marine-Nachr.Abt. 1 mot. (K.Kapt. Neuendorff) bezogen ihren neuen Standort.

Die ersten sowjetischen Schiffe konnten zerstört oder beschädigt geborgen werden. Es handelte sich um den durch Bomben schwer getroffenen Zerstörer „Lenin" sowie die durch ihre eigenen Besatzungen versenkten U-Boote „S-1", „M-76", „M-83", „Ronis" und „Spidola". Die „Baltische Rotbannerflotte" hatte mit diesen fünf U-Booten bereits einen Verlust von neun U-Booten zu beklagen.

Der Krieg in der Ostsee brachte anfangs keinerlei Angriffsunternehmungen der beiden Flotten. Von deutscher Seite operierten nur Minensuch-, Räum- und Schnellboote, während die U-Boote U-140, U-142, U-144, U-145 und U-149 ihre Positionen zwischen Memel und den Baltischen Inseln einnahmen.

Die Sowjets begannen bei Kriegsbeginn, ihre Gewässer zu verminen. Die Masse der Minenschiffe wurde dabei am Ausgang des Finnbusens eingesetzt. Der Kreuzer „Maksim Gorkij" und die Zerstörer „Gnevnyj", „Gordyj" und „Stereguščij" waren zum Schutz dieser Unternehmungen abgestellt. Dabei geriet der Zerstörer „Gnevnyj" bereits am 23. 6. in eine Minensperre, wurde schwer beschädigt und mußte später versenkt werden. Der Kreuzer „Maksim Gorkij" selbst

---

*) Conze, Werner: Die Geschichte der 291. Infanterie-Division, 1940 — 1945. Bad Nauheim: Podzun 1953. 119 S.

lief ebenfalls auf eine Mine und konnte nur mit Mühe Kronstadt erreichen.
Diese ersten Verluste blieben nicht allein. Das deutsche U-144 (Kaptlt. von Mittelstedt) versenkte am 23. 6. durch Torpedoschuß westlich Windau das sowjetische U-Boot „M-78". Das Schnellboot „S-35" zerstörte mit Wasserbomben „S-3"; ebenfalls durch Wasserbomben deutscher Schnellboote ging „S-10" verloren, und „M-80" sank als viertes U-Boot durch Minentreffer in der Irbenstraße.
Das sowjetische Flottenkommando gab in der ersten Kriegswoche die kurländische Küste auf. Die schwimmenden Einheiten zogen sich ganz auf die Baltischen Inseln oder in den Finnbusen zurück. Kurland lag frei vor den deutschen Truppen.

*

Das Heeresgruppenkommando hatte inzwischen die Divisionen des zweiten Treffens in Marsch gesetzt. 58., 86., 206., 251., 253. und 254. ID. überschritten die Reichsgrenze. „Beim Überschreiten der Grenze kommt es uns vor, als ob wir in eine andere Welt einträten. Die Wege sind schlecht, die Wälder beiderseits der Vormarschstraße ungepflegt und mit Buschwerk durchsetzt, die Häuser der Ortschaften ärmlich und zerfallen." *) Das Generalkommando L. AK. — bisher Heeresreserve — wurde mit 86. und 206. ID. an den rechten Flügel der 16. Armee verlegt. Hier zeigte sich der hartnäckigste Widerstand der Sowjets.
Der Vormarsch entwickelte sich vor der übrigen Front der Heeresgruppe bei glühender Sonne und gewaltigen Staubwolken weiterhin günstig. Die Luftflotte 1 hatte eindeutig die Luftherrschaft erstritten und die sowjetischen Fliegerverbände in die Defensive gedrängt, da sie ihre Feldflugplätze oft „Hals über Kopf" räumen mußten. So gelang z. B. 2./Pi.Btl. 21, 1. und 14./IR. 3 (alle 21. ID.), auf dem Flugplatz Schaulen 40 einsatzbereite sowjetische Flugzeuge zu erbeuten. Die Kampfgruppen begannen ab 27. 6. die feindlichen Verkehrswege nördlich der Düna zu bombardieren, da sich südlich des Flusses keine nennenswerten Ziele mehr fanden. Der Schwerpunkt des fliegerischen Einsatzes verschob sich langsam vor die Front der 18. Armee und konzentrierte sich hier vornehmlich auf die Anlagen rings um Riga.
Die sowjetischen Luftstreitkräfte kamen in den ersten Tagen kaum zu nennenswerten Erfolgen. Es gelang ihnen lediglich in der Nacht zum 24. 6., ca. 50 Luftminen in den Hafen von Memel zu werfen.

---

*) Zydowitz, K. von: Die Geschichte der 58. Infanterie-Division. Bad Nauheim: Podzun 1952. 159 S.

Die feindlichen Jagdflieger waren gegen die pausenlos geführten deutschen Angriffe trotz allen opferbereiten Einsatzes machtlos. Die Unterleutnante Shukov, Sdorpwzew und Charitonov eines bei Leningrad stationierten Jagdfliegerverbandes erhielten als erste Angehörige der „Roten Armee" die Auszeichnung „Held der Sowjetunion".

Die Lage vor der Front der Heeresgruppe ergab am sechsten Kampftag das Bild, daß die sowjetische Front in zwei Teile auseinandergerissen war. Das Oberkommando des „Baltischen Besonderen Militärbezirkes" erkannte selbstverständlich diese Situation. Der gefährdetste Punkt war nach wie vor Dünaburg, um das sich heftigste Kämpfe entwickelten.

Hitler befahl am 27. 6. dem OKH die Zusammenfassung der Pz.-Grupppe 4 in Richtung Dünaburg. Gerade an diesem Tag war die Pz.Gruppe fast lahmgelegt, da das Heeresgruppenkommando einen mehrstündigen Stopp angeordnet hatte, um dem X. AK. mit 30., 122. und 126. ID. Gelegenheit zu geben, die Vormarschstraße zu kreuzen.

Die 8. PD. stand bis jetzt als einziger Großverband im Brückenkopf Dünaburg. Nur die 3. ID.mot. (Glt. Jahn) schob sich langsam an den Fluß heran. Dagegen waren 290. ID. (Glt. Frhr. von Wrede) und die soeben unterstellte SS-T-D. (SS-Gruf. Eicke) durch den befohlenen Stopp festgehalten und konnten vorerst nicht aufschließen.

Der Kampf um den Brückenkopf, der mit Hilfe der 3. ID.mot. bis auf 10 km Tiefe erweitert wurde, gestaltete sich immer schwieriger. Die Sowjets führten das V. Luftlande-K. (Gm. Schadow) und das XXI. mech.K. (Gm. Leljuschenko) mit Unterstützung der 8. Luft- und 61. Jagdflieger-Br. zum Gegenstoß vor. Die Soldaten des Generals von Manstein wehrten sich verbissen ihrer Haut. Sie schossen am 28. 6. zwar 74 Feindpanzer ab, mußten aber schwere Verluste in Kauf nehmen. Die SS-T-D. verlor in diesen Tagen ein Drittel ihrer Kampfkraft und löste später sogar ein Regiment auf!

Das LVI. AK.mot. blieb allein an der Düna. Die beiden nachfolgenden Infanteriekorps — X. und XXVIII. AK. — waren noch zu weit ab. Das XXXXI. AK.mot. folgte nicht in Richtung Dünaburg. Das Korps formierte sich nach der Panzerschlacht von Kedainiai, überschritt am 27. 6. die litauisch-lettische Grenze und drang, ohne großen Widerstand zu finden, in Richtung Jakobstadt vor. Die Stadt fiel am 28. 6. in die Hand der 1. PD. (Glt. Kirchner).

Die Wegnahme der Dünabrücken gelang nicht. Eine vorgeworfene Abteilung des Lehr-Rgt. „Brandenburg" kam um Minuten zu spät. Die Brücken flogen vor den Augen der deutschen Landser in die Luft. Das II./Schtz.R. 113 (Major von Kittel) setzte in Floßsäcken trotz feindlichen Feuers über. Die Soldaten der Pi.Btl. 37, 52. mot. und Brücken-Bau-Btl. 26 schlugen innerhalb 9½ Stunden eine 20-t-Brücke über die

166 m breite Düna! Schützen, Panzerjäger und Pioniere der Division stießen weiter und dehnten den Brückenkopf aus. Zwei Tage später gewannen die Vorausabteilungen der 6. PD. (Gm. Landgraf) bei Lievenhof ebenfalls einen Brückenkopf.

Die Heeresgruppe Nord hatte damit auf breiter Front ihr erstes Angriffsziel erreicht, obgleich keine strategische Entscheidung herbeigeführt worden war. Die Sowjets verstanden, vor der Heeresgruppe auszuweichen, ohne von ihr vorwärts der Düna gestellt und geschlagen zu sein. Der Feind verlor bis zu diesem Tag im Abschnitt der 16. und 18. Armee insgesamt 478 Panzer, 190 Geschütze und 6 200 Gefangene (darunter die Kommandeure der 67. und 90. Schtz.D.).

Das Heeresgruppenkommando entschloß sich, dem Gegner keine Ruhepause zu gönnen. Es erließ eine Weisung an die Pz.Gruppe:

„Pz.Gruppe 4 bereitet den weiteren Vorstoß über Opotschka — Ostrow zunächst bis in die Gegend nordostwärts Opotschka vor. Sind bei Erreichen dieses Zieles noch Feindteile im Abfluß von Westen südlich des Peipussees vorbei nach Osten, so ist weiterer Abmarsch zu verhindern!"

Die beiden AOKs erhielten Befehl zum beschleunigten Vorgehen in Richtung Düna. Das AOK 18 hatte am 27. 6. bereits eine Kampfgruppe des I. AK. unter Ob. Lasch zusammengestellt, die den Flußübergang bei Riga sperren sollte. Der Marsch der Kampfgruppe erfolgte noch am selben Tag von Schaulen aus. Die V-Abt. 1, 11, 21, das III./IR. 43, Radf.Btl. 402, schw.Art.Abt. 536, Sturmgesch.Abt. 185 und 2./Fla-Btl. 604 überschritten den Musa-Abschnitt und drangen in Bauske ein.

Der Sturmangriff auf Riga nahm von hier am 29. 6., morgens 3.10 Uhr, seinen Anfang. Die drei Marschgruppen stürmten ungeachtet des Feindwiderstandes in die lettische Hauptstadt.

Die Spitzengruppe — fünf Sturmgeschütze der 3./Sturmgesch.Abt. 185 unter Oblt. Geißler, drei Fla-Geschütze, eine 3,7-cm-Pak, eine Gruppe der 10./IR. 43 und eine Gruppe des Pi-Zuges IR. 43 — raste über die 600 m lange Eisenbahnbrücke, gewann das Feindufer ... da flog hinter ihr die Brücke in die Luft. Die nachfolgende Kampfgruppe (Major Helbig) kam nicht mehr heran. Sie mußte sich selbst am diesseitigen Dünaufer einigeln.

Denn jetzt griffen die Sowjets an. Es waren Teile der nach Riga ausgewichenen 10., 11. und 90. Schtz.D., die von nun an in einem zweitägigen Kampf die vorgeprellten Soldaten des Ob. Lasch in heikle Situationen brachten. Die abgeschnittene deutsche Kampfgruppe schlug immer wieder die verbissen geführten Gegenstöße der Sowjets zurück.

9 Offiziere und 82 Unteroffiziere und Mannschaften fielen im Straßenkampf in Riga.

Dann erreichten die rasch vorgeworfenen Teile des I. AK., V-Abt. der 61. ID. (Glt. Haenicke) und Teile des Pi.Rgt. 667 (Ob. Ullersperger) die Düna. Die Pioniere setzten in der Nacht zum 1. 7. in Sturmbooten und Fähren über den Fluß.

Kein Gegner fand sich mehr in der Stadt. Die Sowjets hatten in der Nacht Riga geräumt. Die lettische Bevölkerung umsäumte die Straßen und begrüßte die einrückenden deutschen Truppen als Befreier. Die Stadt selbst zeigte Bilder des entsetzlichen Kampfes. Die Wahrzeichen der Stadt — das Schwarzhäupterhaus, Rathaus und die Petrikirche — brannten wie lodernde Fackeln.

Die Heeresgruppe stand Anfang Juli bei Riga, Jakobstadt und Dünaburg an und über der Düna. Die Rückzugswege waren dem Gegner abgeschnitten, obwohl die Infanteriedivisionen noch nicht in breiter Front den Fluß gewonnen hatten. Einige abgesprengte Feindkräfte konnten nicht mehr auf das rettende Nordufer der Düna gelangen. Diese Gruppen und Grüppchen lösten sich hinter der deutschen Front nicht auf, sondern trieben Krieg auf eigene Faust.

Der Komm.Gen. des rückw. Heeresgebiets setzte unverzüglich seine Sicherungsdivisionen in Marsch, um das Hinterland der Armeen zu säubern. Es war u. a. nämlich abgesprengten Kräften der 67. Schtz.D. inzwischen gelungen, vorübergehend Skuodas zu besetzen. Die 207. Sich.D. (Glt. von Tiedemann) übernahm den Schutz des Hinterlands der 18. Armee. Die 281. Sich.D. (Glt. Bayer) zog auf der großen Straße Eydtkau — Kowno der vormarschierenden 16. Armee nach.

Das Heeresgruppenkommando, das inzwischen sein Hauptquartier nach Kowno verlegt hatte, befahl die Vorbereitungen zum Angriff aus den Dünabrückenköpfen. Die Pz.Gruppe 4 hatte in diesen Tagen noch schwere Angriffe, die sich besonders gegen Dünaburg richteten, abzuwehren. Die sowjetischen Fliegerverbände griffen wiederholt in die schweren Kämpfe ein. Das JG. 54 (Major Trautloft) verlegte am 30. 6. mit seiner II. und III. Gruppe auf einen Feldflugplatz südlich der Stadt. Die Sowjets wiederholten ihre Luftangriffe am 1. 7. Doch diesmal trafen sie auf die „Me 109". Achtmal stiegen die Maschinen mit dem Eisernen Kreuz hoch und warfen sich den überlegenen feindlichen Bomberstaffeln entgegen. Als sich der Abend dieses Tages auf das Land senkte, lagen 65 sowjetische Kampfflugzeuge ausgebrannt oder als Wracks am Ufer der Düna! Der Luftraum über dem LVI. AK.mot. war freigekämpft!

Die erste Phase der Offensive der Heeresgruppe Nord war am 1. Juli 1941 abgeschlossen. Die Düna erreicht. Der Feind aus Litauen und Kurland vertrieben. Die Küste bis Riga befand sich fest in deutscher Hand. Die sowjetischen Seestreitkräfte, die in diesen Tagen den Zerstörer „Smely", das Sicherungsschiff „Ciklon", das Minensuchboot „T-299" und das U-Boot „M-81" verloren, räumten endgültig das Seegebiet vor der kurländischen Küste.

Es galt nun, dem vorwärts der Düna nicht geschlagenen Feind auf den Fersen zu bleiben. Die Vorbereitungen zur zweiten Phase der Offensive liefen an. Versorgungsstützpunkte wurden an den zwei wichtigsten Verkehrswegen für 18. Armee (Tilsit — Tauroggen — Schaulen — Bauske) und 16. Armee (Eydtkau — Kowno — Ukmerge — Dünaburg) angelegt. Die motorisierten Nachschubkolonnen konnten bald durch die ersten Transportzüge entlastet werden. Schon am 24. 6. verließ deer erste Zug Tauroggen mit Ziel Schaulen, und am 27. 6. wurde der Bahnhof Kowno in Betrieb genommen.

*

Die sowjetische Regierung war von der Gewalt der deutschen Offensive zunächst überrascht und erschüttert. Doch bald legte sich die Überraschung. Moskau unternahm konkrete Maßnahmen, um den drohenden Gefahren zu begegnen. Der Rat der Volkskommissare der UdSSR und das ZK der KPdSU erließen am 29. 6. eine gemeinsame Direktive, die u. a. lautete:

„Der verräterische Überfall des faschistischen Deutschlands auf die Sowjetunion dauert an. Das Ziel dieses Überfalls ist die Vernichtung der sowjetischen Gesellschaftsordnung, die Eroberung sowjetischer Gebiete, die Versklavung der Völker der Sowjetunion, die Ausplünderung unseres Landes. . . . Der Feind ist bereits weit in sowjetisches Gebiet eingedrungen, hat einen großen Teil Litauens, einen Teil Lettlands erobert . . .

Wir fordern von Euch:

Im erbarmungslosen Kampf gegen den Feind jeden Fußbreit sowjetischen Boden zu verteidigen; bis zum letzten Blutstropfen um unsere Städte und Dörfer zu kämpfen . . ."

Die Moskauer Regierung, Parteidienststellen und militärische Kommandobehörden begannen, teilweise durch drakonische Maßnahmen, das gesamte Volk zur Verteidigung zu mobilisieren, Industrieanlagen in Sicherheit zu bringen, eilig Reserve- und Milizeinheiten aufzustellen und in den Kampf zu werfen. Die Zivilbevölkerung baute überall entlang der Flüsse und vor den großen Städten Verteidigungswälle. Die ersten Partisaneneinheiten hinter der Front wurden aufgestellt und ausgebildet.

Ein fester Wille und ein Plan waren vorhanden!

Wie sah es auf deutscher Seite aus?

Hitler war durch die schnelle Inbesitznahme Dünaburgs so beeindruckt, daß er befahl, die Heeresgruppe Nord wieder vorrangig zu behandeln und sie sobald wie möglich durch schnelle Kräfte der Schwerpunkt-Heeresgruppe Mitte zu verstärken. Hitler wollte damit drei Ziele gewinnen: die Ostseeflotte der Sowjets ausschalten, den Vormarsch der Finnen erleichtern und die linke Heeresflanke für einen späteren Vormarsch auf Moskau freibekommen.

Als sich die Heeresgruppe Nord zum Beginn der zweiten Offensivphase bereitstellte, war von diesen Gedankengängen Hitlers nichts bekannt. Es gab naturgemäß keine Zeit, den neuen Aufmarsch bis in alle Einzelheiten vorzubereiten und zu gestalten. Der Angriff mußte praktisch aus der Bewegung erfolgen.

Die Lage der Heeresgruppe in der Nacht zum 2. Juli sah wie folgt aus:

18. Armee (HQu. Birsen)
XXVI. AK. stand mit 61. und 217. ID. um Riga,
I. AK. befand sich mit 1., 11., 21. ID. um Friedrichstadt.
Pz.Gruppe 4 (HQu. Utena)
XXXXI. AK. mot. verhielt mit 1., 6. PD., 3. ID. mot. und
    269. ID. im Raum Jakobstadt — Lievenhof,
Das LVI. AK. mot. kämpfte mit 8. PD., 3. ID. mot., SS-T-D.
    und 290. ID. im Brückenkopf Dünaburg.

Diese Truppen standen am Morgen des 2. 7. im Kampf mit dem Gegner. Die 16. Armee marschierte fast ohne Feindberührung zur Düna auf. Lediglich eine Kampfgruppe des II. AK. war zum Druksiu-See als Flankenschutz abgedreht. Das bisher am rechten Flügel führende L. AK. wurde zurückgenommen. Seine beiden Divisionen — 86. und 206. ID. — verließen den Nordabschnitt und traten zur Heeresgruppe Mitte über.

Der Schwerpunkt der Offensive lag selbstverständlich wieder bei der Pz.Gruppe 4. Feldmarschall Ritter von Leeb traf am 1. 7. auf dem Gefechtsstand der Pz.Gruppe ein. Nachdem Gen.Ob. Hoepner seine Angriffsabsichten vorgetragen hatte, bemerkte der OB der Heeresgruppe:

„Es könnte sodann die Aufgabe herantreten, daß die Pz.Gruppe als Ostpfeiler des Gesamtangriffs ostwärts des Ilmensees herumfassen muß!"

Diese Bemerkung stand ganz im Gegensatz zur Auffassung der Pz.Gruppe, deren bisherige Richtung über Opotschka — Ostrow mit dem Fernziel Leningrad angegeben war. Die Führung der Pz.Gruppe ließ sich nicht beirren und trat gemäß Heeresgruppenbefehl am 2. 7. morgens 3.00 Uhr an. Luftwaffenunterstützung konnte an diesem Tag nicht erfolgen, da der am Abend vorher eingesetzte Regen die Feldflugplätze in Schlammbahnen verwandelt hatte. Das seit Wochen anhaltende heiße und sonnige Wetter, das ein schnelles Vormarschieren ermöglichte, war mit einem Male Regen und verschlammten Straßen gewichen.

Der Gegner hatte in den letzten zwei Tagen seine Front erheblich verstärkt. Reserven waren aus dem Raum Moskau — Staraja Russa nach vorn geschoben worden. Vier Armeen standen jetzt vor der Front der Heeresgruppe Nord, nachdem sich die 22. sowj. Armee (Glt. Jerschakov) mit LI. und LXXII. Schtz.K. links von der 11. Armee im Raum Polozk einschob. Der Oberbefehl der sowjetischen Truppen im Nordabschnitt war von Gm. Sobennikov übernommen worden, der das AOK 8 an Glt. Iwanow übergab. Der bisherige OB des „Baltischen Besonderen Militärbezirks", Gen.Ob. Kusnecov, war seines Postens enthoben.

Der Widerstand der Sowjets konzentrierte sich an der Straße Dünaburg — Rositten und vor Kraslawa. Die 8. PD. und die SS-T-D. gewannen deshalb kaum Boden. Erst als die vom Nachbarkorps abgedrehte 6. PD. auf Rositten angesetzt wurde und dem Gegner in den Rücken stieß, gaben die Sowjets nach.

Das XXXXI. AK.mot. (Gen.d.Pz.Tr. Reinhardt) traf auf keinen nennenswerten Widerstand. Die 1. PD. stürmte westlich des Lubaner Sees vorbei und gewann nach einer tollen Marschleistung von 100 km Balvi. Die V-Abt. der Division gelangte bis zum Abend auf 50 km an Ostrow heran! Die deutschen Kompanien wären womöglich noch in die Stadt gekommen, wenn nicht Regen die Straßen und Wege in Schlammpfühle aufgeweicht hätte. Überall waren Marschstockungen aufgetreten — ein neuer Gegner hatte sich angemeldet: Schlamm!

Der nächste Tag brachte besseres Wetter. Die Schwere der Kämpfe hielt an. Es war unmöglich, daß der rechte Flügel des LVI. AK. mot. vorwärts kam. Die am nächsten stehende 121. ID. wurde beschleunigt über die Düna geholt, um der SS-T-D. weiterzuhelfen. Der Kdr. der 121. ID., Gm. Lancelle, fiel bei diesem Einsatz als erster General der Heeresgruppe.

Der gegnerische Widerstand brach erst am Nachmittag des 3. 7. zusammen. Gm. Brandenbergers 8. PD. nutzte die Schwäche aus und stieß sofort auf Rositten durch. Die 3. ID.mot. drang bis zur Nacht noch 25 km darüber hinaus und gewann Ludsen.

Der Hauptteil des Tageserfolges konnte vom XXXXI. AK.mot. errungen werden. Die 6. PD. ging westlich der Straße nach Opotschka vor und schnitt bei Karsawa und Gauri die weichenden Sowjets von ihrer Rückzugsstraße ab. Die 1. PD. näherte sich bis auf 12 km Ostrow. Eine ihrer Kampfgruppen gewann die Welikaja-Brücke bei Tishina, 10 km westlich Ostrow. Die altrussische Grenze war überschritten!

Die Sowjets hatten zwar die Gefahr des deutschen Angriffs richtig erkannt, waren aber nicht in der Lage, diese zu bannen. Das bisher als Reserve des Militärbezirks zurückgehaltene I. mech.K. (Gm. Tscherjawskij) wurde mit dem XXXXI. Schtz.K. (Gm. Korssobuzkij) eilig in den Raum Pleskau geworfen, um mit dem hier fechtenden XX. mech.K. (Gm. Schestopalow) Reinhardts Panzern in die Flanke zu stoßen.

Die Schwerfälligkeit russischer Führungseigenschaften und die Langsamkeit der Truppenbewegungen wirkten sich aus. Die 1. PD. gewann Ostrow und nahm Eisenbahn- und Straßenbrücke in Besitz. Die 6. PD. kämpfte in 15 Stunden die sowjetischen Verteidigungsstellungen um Gauri nieder und stellte am Nachmittag des 5. 7. die Verbindung mit der 1. PD. her.

Die Division hatte bereits die Kampfgruppe Ob. Krüger auf Pleskau angesetzt. Diese geriet allerdings in den feindlichen Gegenangriff. Die russischen Panzer überrollten unsere Pak und wurden nur von den Geschützen der III./AR. 73 (Major Söth) abgewehrt. Damit fand der Angriff des I. mech.K. sein Ende.

Die Lage beim benachbarten LVI. AK. mot. sah dagegen alles andere als gut aus. Hier war es weniger der Feind, der den Divisionen Widerstand leistete, als vielmehr die trostlose Landschaft mit ihren versumpften Wegen, vermoorten Wiesen und verfilzten Wäldern. Die Panzer und Schützenpanzer kamen nur ruckweise voran. Die Infanteristen quälten sich Meter für Meter durch Urwald und Sumpf. Da entschloß sich Gen.Ob. Hoepner, das Korps anzuhalten und mit Ausnahme einer Division auf Ostrow umzudrehen. Die 3. ID.mot. zog als erster Verband in die neue Richtung, während sich die 8. PD. mühsam durch das versumpfte Gelände bis in Höhe von Krasnoj vorarbeitete.

Das sowjetische Oberkommando wollte den deutschen Brückenkopf bei Ostrow auf alle Fälle ausschalten. Hier hatten Reinhardts Panzer bereits die sogenannte „Stalinlinie" durchbrochen! Der Gegner führte neue Truppen in die Enge zwischen Pleskau und Ostrow. 1. und 3. Pz.Br., 143., 181., 183. und 184. Schtz.D. brandeten immer wieder gegen die Stellungen der 1. PD. Die Situation besserte sich erst, als Teile der 6. PD. und 36. ID.mot. herankamen.

Die Zeit drängte, wenn die Deutschen noch zu einem Erfolg gelangen sollten. Die Sowjets — das AOK 11 übernahm die Befehlsführung im Abschnitt Pleskau — wurden zusehends stärker. Noch stand das XXXXI. AK.mot. allein. Vom Korps Manstein war bisher nur die 3. ID.mot. auf dem Schlachtfeld eingetroffen. Da hielt General von Manstein sogar die SS-T-D. an und drehte sie abseits der allgemeinen Vormarschrichtung in Richtung Sebesh. SS-Gruf. Eicke sollte hier eine weiche Stelle in der feindlichen Front finden!

Die Division fehlte jetzt bei Ostrow. Sie kam überhaupt nicht voran. Die deutsche Führung sah sich deshalb sogar gezwungen, die im zweiten Treffen marschierende 290. ID. nach Sebesh zu schicken, um der SS-T-D. weiterzuhelfen. Beide Verbände fielen von nun an für einen konzentrischen Stoß der geschwächten Pz.Gruppe aus!

Gen.Ob. Hoepner glaubte am 6. 7., als der sowjetische Widerstand bei Pleskau zu erlahmen begann, allein mit dem XXXXI. AK. mot. in die Stadt stoßen zu können. Die 1. und 6. PD. traten am Morgen des 7. 7. an. Gerade rechtzeitig erschienen die ersten Bataillone der 3. ID. mot., die den Flankenschutz bei Ostrow übernahmen.

Panzer und SPW der 1. PD. rollten beiderseits der Straße nach Pleskau. Die Spitzengruppe unter Ob. Westhoven kam bis auf 12 km an die Stadt heran und nahm den Flugplatz! Die Kampfgruppen der 6. PD. gewannen die Straßengabel bei Solotuchina, halbwegs zwischen Ostrow und Porchow. Die 36. ID.mot., weit nach links rückwärts gestaffelt, schloß sich dem Angriff der Panzerdivisionen an und erreichte mit ihren Vorausabteilungen das Gelände 40 km südwestlich Pleskau.

Die Verteidigungskraft des Gegners ließ merklich nach. Da das Wetter wieder sonnig und sommerlich warm geworden war, bildete es eine gute Voraussetzung zur Fortführung des deutschen Angriffs. Die 36. ID.mot. kam in einem Gewaltmarsch vom Westen her nach Pleskau und besetzte die Stadt! Das IR. 118 mot. (Ob. Casper), das sich seit Tagen auszeichnete, war allen voran. Es gelang allerdings den Sowjets, gerade noch die 200 m lange Welikajabrücke zu sprengen. Die 1. PD., die südostwärts der Stadt nach Nordosten angriff, kam ebenfalls schnell weiter. Die Division rastete am Abend bereits 20 km ostwärts von Pleskau. Die 1. Schtz.Br. unter Ob. Krüger nahm im Handstreich die unbeschädigte Brücke über die Tserjoha. Die 6. PD. drang in gleicher Richtung vor, obwohl sie gerade schwere Angriffe der 3. sowj. Pz.Br. abzuwehren hatte.

Die Pz.Gruppe 4 stand am Abend des 8. Juli am Peipussee! Sie hatte damit ihr zweites Operationsziel erreicht. Die „Stalinlinie" war durchbrochen! Die Luftaufklärung meldete keinerlei Anzeichen, daß weiter im Osten oder Norden eine zweite Befestigungslinie vorhanden sei. Der russische Widerstand schien, von örtlichen Ausnahmen abgesehen, schwächer zu werden.

Die Heeresgruppe Nord hatte die Ausgangsposition gefunden, von der aus sie ihr Operationsziel Leningrad zu Fall bringen konnte. Feldmarschall Ritter von Leeb unterschrieb am 8. 7. folgenden Befehl:

Oberkdo. der H.Gr. Nord
Ia Nr. 1660/41 g.Kdos.

Heeresgruppenbefehl

1. Der Versuch des Feindes, an der ehemaligen russischen Reichsgrenze eine neue Abwehrfront aufzubauen, ist gescheitert. Sie ist durchbrochen.
2. Heeresgruppe Nord greift weiter in Richtung Leningrad an und nimmt Leningrad.
3. ...
4. Panzergruppe 4 stellt sich zwischen Ilmensee und Pleskau zum Vorstoß auf Leningrad bereit. ...
   a) Sie schließt Leningrad zwischen Ladoga-See und Kronstädter Bucht ab.
   b) Sie hat bis zum Herankommen der 16. Armee ihren Rücken gegen Feind ostwärts des Ilmensees selbst zu schützen.
   c) Sie verhindert durch Besetzen der Narwa-Übergänge ... ein Entweichen des Feindes aus Estland.
5. 16. Armee stößt zum Schutz der Ostflanke und des Rückens der Pz.Gruppe 4 weiter in nordostwärtiger Richtung vor, erreicht zunächst Gegend Cholm — Gegend Porchow und scheidet eine rechte Flügelstaffel in Richtung Welikije Luki aus.
6. 18. Armee greift, soweit notwendig, in die Kämpfe der Pz.-Gruppe 4 bei und südlich Pleskau ein. Sie schwenkt im übrigen nach Erreichen des Gebietes westlich der Straße Ostrow—Pleskau nach Norden, ostwärts des Peipussees, ein, um hinter dem linken Flügel der Pz.Gruppe 4 zu folgen. Die Aufgaben zur Säuberung Estlands und die Wegnahme von Reval und Baltisch Port bleiben bestehen. ..."

Dieser Befehl ließ deutlich erkennen, daß die beiden Armeen nicht mit der Pz.Gruppe Schritt halten konnten und an diesem Tag noch weit zurückhingen. Die 18. Armee ging mit ihren drei Korps — I., XXVI., XXXVIII. — in Eilmärschen von Riga und Stockmannshof in allgemein nordöstlicher Richtung vor. Die Infanteristen mußten sich mehr mit den schlechten Straßen, den dichten Wäldern und den kilometerlangen Staubfahnen abmühen als mit dem Feind.

Das XXVI. AK. (Gen.d.Art. Wodrig) drehte dicht hinter Riga von der Vormarschstraße ab und wandte sich mit seinen beiden Divisionen nach Norden, um Estland „zu säubern". (Daß aus dieser „Säuberung" schließlich ein wochenlanger erbitterter Kampf wurde, wußten zu dieser Zeit die deutschen Soldaten nicht.) Die 217. ID. (Glt. Baltzer) marschierte entlang der Küste des Rigaer Meerbusens mit Ziel Pernau. Eine motorisierte V-Abt. der Division erreichte am Abend des 7. 7. den Raum südlich des Hafens. Oblt. Stephani, Chef 3./Pi.Btl. 660, schnitt im feindlichen Feuer die brennenden Zündschnüre einer Brücke durch und ermöglichte damit das rasche Herankommen der V-Abt.

Die ostpreußische 61. ID. (Glt. Haenicke) verließ hinter Wenden die Pleskauer Straße und rückte ebenfalls nach Norden. Die Division erreichte am 7. 7. Wolmar und trieb ihre V-Abt. bis in Höhe des Wirz-Sees vor. Noch war nirgendswo der Feind gestellt. . . .

Das I. AK. (Gen.d.Inf. von Both) folgte in pausenlosen Märschen dem XXXXI. AK. mot. Die 11. (Glt. von Böckmann) und 21. ID. (Gm. Sponheimer) legten in elf Tagen 350 km Wegstrecke zurück, konnten aber den weit entfernten Panzerverbänden keinerlei Hilfestellung beim Kampf um Pleskau geben. Das XXXVIII. AK. (Gen. d.Inf. von Chappuis) stand mit 1. (Gm. Kleffel), 58. (Glt. Heunert) und 254. ID. (Glt. Behschnitt) noch zurück.

Die Divisionen der 16. Armee zogen zwar schnell den davongefahrenen Panzertruppen nach, konnten aber nicht mit den motorisierten Verbänden Schritt halten. Das X. AK. (Gen.d.Art. Hansen) focht auf der Vormarschstraße nach Ostrow. Doch auf halbem Wege zwischen Düna und Ostrow mußte das Korps mit seinen beiden Divisionen — — 126. ID. links (Glt. Laux) und 30. ID. rechts (Glt. von Tippelskirch) — nach Osten einschwenken, um den Flankenschutz für die Pz.Gruppe zu gewährleisten.

Das XXVIII. AK. (Gen.d.Inf. Wiktorin) befand sich längst mit Front in dieser Richtung. 122. ID. (Gm. Machholz) und 123. ID. (Glt. Lichel) wehrten die ersten größeren Angriffe der neu auf dem Schlachtfeld eintreffenden Teile der 22. Sowjetarmee ab. Das II. AK. (Gen.d.Inf. Graf von Brockdorff-Ahlefeldt) marschierte mit allen drei Divisionen — von links nach rechts: 12. ID. (Gm. von Seydlitz-Kurzbach), 121. ID. (Gm. Wandel), 32. ID. (Gm. Bohnstedt) — nördlich der Düna, ebenfalls mit Front nach Osten. Die 32. ID. lehnte dabei ihren Flügel am steilen Flußufer an.

Der stärkste Feindwiderstand zeigte sich an der rechten Flanke. Die 22. sowjetische Armee baute zwischen Idriza und Polozk einen tiefen Abwehrriegel auf und verhinderte den Durchbruch der hier angreifenden nördlichen Divisionen der Heeresgruppe Mitte. Da es Aufgabe der 16. Armee war, die Verbindung mit dieser Heeresgruppe nicht abreißen zu lassen, wurden weitere eigene Kräfte an den rechten Flügel verschoben. Es handelte sich hierbei um das L. AK. (Gen.d.Kav. Lindemann) mit der 251. (Glt. Kratzert) und der 253. ID. (Glt. Schellert). Die Front der Heeresgruppe Nord war in der ersten Juliwoche bereits so weit auseinandergezogen, daß die eingesetzten fliegenden Verbände der Luftflotte 1 nur noch an den Schwerpunkten der Offensive Verwendung fanden. Das Hauptziel des I. Flieger-K. waren nach wie vor die feindlichen Flugplätze. Die Sowjets büßten vom 1. — 8. 7. insgesamt 209 Flugzeuge in Luftkämpfen ein; auf deutscher Seite gingen 12 Maschinen verloren.

Die Luftflotte war den Heerestruppen gefolgt und hatte Feldflugplätze zwischen Kowno — Dünaburg — Ostrow — Schaulen belegt. Die Flakabteilungen standen mit der Masse im Abschnitt der Pz.Gruppe 4. Lediglich je zwei Abteilungen befanden sich im Hinterland der Armeen. Die I./51 und I./111 verblieben bei der 18. Armee; I./13 und I./411 kämpften am rechten Flügel der 16. Armee.

Die Kriegsmarine erhielt mit der Inbesitznahme der Küste bis zur Düna eine Erweiterung ihres Stützpunktbereichs. Die 31. Minensuch-Flottille (K.Kapt. Conrad) hatte bis zum 3. 7. den Weg nach Libau minenfrei gemeldet. Die 5. Minensuch-Flottille (K.Kapt. Klug) räumte mit den Sperrbrechern „6" und „11" am nächsten Tag den Weg nach Windau. Die Sperrbrecher „11" und „36" erkämpften sich am 6. 7. die Einfahrt nach Dünamünde. Sie mußten allerdings vorher einen schneidig geführten Angriff der zwei sowjetischen Zerstörer „Serdityj" und „Silnyj" abwehren.

Der Marine-Befh. „C" übernahm ab 11. 7. seine Dienstgeschäfte in Riga. Seine vordringlichste Aufgabe war u. a. die Sicherstellung des Geleitverkehrs über die Ostsee. Die Heeresgruppe ersuchte das OKM, den Nachschubtransport für das Heer über See zu leiten, da sich die Anmarschwege für die eigenen Nachschubkolonnen, vor allem bei Regenwetter, als vollkommen ungenügend erwiesen.

Die Kriegsmarine bildete Mitte Juli die Dienststelle des „Geleitchefs Ost" (K.Kapt. Schröder). Seine Aufgabe war die Sicherung der Seetransporte zwischen Deutschland und den kurländischen Häfen einschließlich Riga. Die 3. Vorposten-, 15. und 17. Minensuch- und 11. U-Jagdflottille wurden als Sicherungskräfte eingesetzt.

Das Heeresgruppenkommando erkannte nach Abschluß der zweiten Operationsphase, daß ein rasches Erreichen des Zieles Leningrad nicht mehr möglich war. Die Lage änderte sich anfangs Juli kräftemäßig zu Ungunsten der Deutschen. Die Sowjets hatten zwar die wichtigen Verkehrszentren Pleskau und Ostrow verloren; doch stellten Luftaufklärer fest, daß im Vorfeld von Leningrad — im sogenannten Lugaabschnitt — neue Befestigungslinien im Bau waren. Die Frontlage verschlechterte sich zusehends vor allem am rechten Flügel. Hier war die 16. Armee bereits menschen- und materialmäßig unterlegen.

*

„Dieser Krieg ist der große Krieg des ganzen Sowjetvolkes!" Das war der markanteste Satz einer Rundfunkrede Stalins am 3. Juli, mit der er alle Völker der UdSSR zum Widerstand aufrief. Das vier Tage vorher in Moskau neuerrichtete Staatliche Verteidigungskomitee konzentrierte jetzt alle politischen und militärischen Kräfte. Neue Oberkommandos wurden an der Front eingesetzt, um die Verteidigungsmaßnahmen zu stärken.

Marschall Woroschilow übernahm den Oberbefehl der „Roten Armee" im Baltikum und Nordwestrußland. Das Oberkommando Nordwest — dessen Hauptquartier nach Nowgorod verlegt wurde — befehligte ab 10. 7. über alle sowjetischen Verbände des Heeres, der Marine und Luftwaffe in Nord-, Nordwestrußland und auf dem Nordmeer.

Die russischen Kräfte konnten von nun an führungstechnisch besser geleitet und eingesetzt werden. Das AOK 8, dem der OB der „Baltischen Rotbannerflotte" auf Zusammenarbeit zugeteilt wurde, hatte mit dem X. und XI. Schtz.K. Estland zu verteidigen. Die Armee sollte damit sicherstellen, daß die eigenen Marinestreitkräfte in der östlichen Ostsee weiterhin operieren konnten. Mittlere und kleinere Flottenverbände griffen wiederholt Schiffe in der Rigaer Bucht an. Ein Zerstörerverband unter F.Kapt. Abaschwili verlegte sogar im Innern der Bucht eine Minensperre.

Die deutschen Führungsstellen konnten vorerst diese ständige Bedrohung von See her nicht ausschalten. Die Inbesitznahme weiterer Küstenstreifen oder gar der Baltischen Inseln wurde zwar mehrmals geplant, mußte aber infolge der eigenen Kräftebemessung für später zurückgestellt werden. Das Heeresgruppenkommando durfte keineswegs die Verbände zersplittern, sondern mußte sie zu dem befohlenen Stoß auf Leningrad zusammenhalten.

Der Schwerpunkt lag nach wie vor im Raum Pleskau. Die Sowjets hatten hier ebenfalls die Masse ihrer Korps aufmarschieren lassen. Das AOK 11 befehligte über das I. mech.K., das XXII., XXIV. und XXXXI. Schtz.K., die zwischen Pleskau und Noworscheff eingesetzt waren.

Gleichzeitig mit der Neuorganisation der Roten Armee wurde eine Verbesserung der Schlagkraft der Luftwaffe erreicht. Die Luftstreitkräfte erhielten nicht nur ein eigenes Oberkommando, sondern wurden gänzlich reorganisiert. Die fliegenden Verbände faßte man zu Luftdivisionen mit je zwei Regimentern zusammen. Gm. Nowikov, OB der

Luftstreitkräfte beim Oberkommando Nordwest, verfügte darüber hinaus über das Jagdfliegerkorps PVO, das laufend Verstärkungen erhielt und um Leningrad stationiert wurde.

Glt. Popov, OB der Nordwestfront, bekam den Befehl, einen Verteidigungsstreifen in 250 km Länge entlang der Luga anzulegen. Es entstanden in dem unübersichtlichen, mit viel Wald und zahlreichen Bächen durchsetzten Gelände, das sich ca. 10 m über der Landschaft erhob, Verteidigungsgräben, Panzersperren, Geschützstellungen, Unterstände u. a. m. Diese sogenannte „Lugastellung" war nur der vorderste Teil einer Verteidigungsanlage, die in den nächsten Wochen und Monaten rings um Leningrad heranwuchs.

Die Linie erstreckte sich von Staraja Russa über Schimsk und Luga bis Narwa. Eine zweite Stellung wurde zwischen Krasnowardeisk und Sluzk erbaut, und die dritte verlief unmittelbar an der Stadtgrenze von Leningrad. Soldaten, Männer, Frauen und Kinder erbauten innerhalb zweier Monate eine 900 km lange Verteidigungsstellung, die Leningrad vor dem Zugriff der Deutschen schützen sollte. Die Soldaten und Zivilisten errichteten nicht unter Zwang diese Gräben, Bunker und Stellungen. Die eigene Propaganda hatte ihnen die schrecklichen Gefahren beschrieben, die auf sie zukämen, wenn einmal deutsche Soldaten erschienen. Hitler selbst war es, der am 8. 7. befahl, Moskau und Leningrad durch die Luftwaffe dem Erdboden gleichmachen zu lassen!

Das sowjetische Oberkommando Nordwest bildete die „Operative Gruppe Luga" unter Glt. Pjadyschev. Diese Armeegruppe wurde rechts rückwärts hinter die 11. Armee geschoben, um die Lugastellung zu halten und zu verteidigen. Vom 10. Juli an rückten die ersten vier Schtz.D. und drei neugebildete Volkswehr-D. in die Stellungen ein. Das VII. Jagdflieger-K. übernahm den Luftschutz.

*

Diese Situation — den deutschen Führungsstellen kaum bekannt — lag vor, als die dritte Offensivphase der Heeresgruppe ihren Anfang nahm. Die Weisung der Pz.Gruppe 4 lautete kurz und bündig:

„Es kommt nunmehr darauf an, den Durchbruch zu vollenden und nach Leningrad zu kommen!"

Die Pz.Gruppe 4 stand zu diesem Zeitpunkt mit ihren Divisionen noch allein ost- und nordostwärts von Pleskau und Ostrow. Das I. AK. folgte zwar so rasch es bei den schlechten Wegeverhältnissen ging, doch konnten die ostpreußischen Regimenter in den nächsten fünf Tagen kaum heran sein. Das Heeresgruppenkommando Nord sah sich allerdings gezwungen, das XXXVIII. AK. hinter dem I. AK. nachzuschieben, um wenigstens die infanteristischen Kräfte der Pz.Gruppe zu verstärken. Eine V-Abt. des I. AK. befand sich bereits hart westlich Pleskau.

Das OKH griff zu diesem Zeitpunkt mit einer Entscheidung in die Offensive ein, die der Heeresgruppe eine Beschränkung auferlegte. Das OKH sah sich nicht mehr in der Lage, weitere Divisionen der Heeresgruppe zu unterstellen und erließ am 9. 7. eine Weisung:

„. . . mit den zur Verfügung stehenden Kräften auskommen, weitere Kräfte in Estland einsetzen, keine Mitwirkung schneller Verbände der Heeresgruppe Mitte. Pz.Gruppe 4 am rechten Flügel entlang Wolchow!"

Der Schwerpunkt der neuen Offensive war an den rechten Flügel gelegt. Das hieß also, daß die Pz.Gruppe ein Korps zu einem Stoß in Richtung Ilmensee — Wolchow bereitzustellen hatte. Da hier später das zweite Korps nachziehen mußte, bedeutete diese Bewegung eine Streckung der an und für sich schon sehr langen Front der 16. Armee, die ja den Anschluß nicht verlieren durfte. Diese Bedenken bewogen das Kommando der Pz.Gruppe, nach besseren Möglichkeiten zu suchen. Ob.i.G. Châles de Beaulieu, Chef des Generalstabes der Pz.Gruppe, erkannte aufgrund intensiver Kartenstudien, daß das Gelände am rechten Flügel vollkommen panzerunmöglich war. Gen.Ob. Hoepner schloß sich den Gedankengängen seines Stabschefs an und entschied einen Angriff seiner Gruppe an der linken Frontseite. Die bereits im Vorgehen zur Luga befindlichen 1. und 6. PD. wurden angehalten und nach Norden gedreht. Die Divisionen wühlten sich durch versumpfte Wegstrecken fast 180 km in die neue Richtung. Das I./Schtz.R. 113 (Major Dr. Eckinger) hatte bereits die erste Lugabrücke bei Sabsk gestürmt.

Das Heeresgruppenkommando war mit der Maßnahme der Pz.Gruppe einverstanden, auch wenn diese nicht den Weisungen des OKH entsprach. Während sich die Panzer und motorisierten Divisionen an der unteren Luga zu neuer Offensive versammelten, griff das OKH erneut ein. Der Generalstabschef, Gen.Ob. Halder, notierte in sein Tagebuch:

„Unverständlich ist die Nachricht von dem Vorwärtskommen des linken Flügels Hoepner auf Narwa, während gleichzeitig der rechte Flügel auf Nowgorod vordringt. . . ."

Das OKH hielt die eingeleiteten Bereitstellungen an und forderte ausdrücklich eine Schwerpunktbildung rechts. Leningrad sollte jetzt nicht mehr genommen, sondern durch Umfassung von Südosten längs

des Wolchows eingeschlossen werden! Hitler verbot energisch eine Verschiebung des LVI. AK.mot. hinter das XXXXI. AK.mot.!
Die Pz.Gruppe 4 war zu diesem Zeitpunkt auseinandergerissen. Es war der Augenblick, in dem die Sowjets ihre „Lugafront" aufbauten und kampfungewohnte Verbände einschließlich der Volkswehrdivisionen nach vorn brachten. Das XXXXI. AK.mot. fand vor sich kaum Feind. 1. und 6. PD. hatten bereits Brückenköpfe über die Luga gebildet und sich somit Ausgangsbasen für einen Angriff geschaffen. Das Korps von Manstein marschierte inzwischen in eine andere Richtung. Die 3. ID.mot. nahm am 11. 7. Porchow und stieß weiter nach Nordosten auf Borowitschi vor. Die folgende 8. PD. schloß schnell auf und gewann den Szitnja-Abschnitt, 20 km westlich Sholtzy. Das LVI. AK. mot. wies keine Breite auf, da beide Divisionen nur mit je einer Stoßgruppe vorgingen.

*

Die rechte Flanke des Korps und damit der Pz.Gruppe lag offen! Verbindung mit der 16. Armee fehlte vollkommen. Die Armee lag vielmehr mit ihren kräftigsten Verbänden am rechten Flügel im Kampf mit dem starken Feind vor der Naht der beiden deutschen Heeresgruppen. Die einzige in dieser Lücke stehende Division war die SS-T-D., die sich mühsam an den Verkehrsknotenpunkt Dno heranarbeitete. Das noch weit südlich fechtende X. AK. hatte inzwischen ganz nach Osten eingedreht.

Die 16. Armee focht in diesen Tagen mit allen vier Korps einen verbissenen Kampf mit der 22. sowjetischen Armee, die sich in der „Stalinlinie" zwischen Dno und Polozk festgesetzt hatte. Das rechtsstehende L. AK. gewann nur langsam nach Osten Boden, obwohl gerade hier der Gegner teilweise mit verkehrter Front kämpfte, da in seinem Rücken das XXXIX. AK.mot. der Heeresgruppe Mitte vorging. Das II. AK. drängte über die Sarjanka nach Osten. Das XXVIII. AK. lag um Sebesh fest. Der Ort, Knotenpunkt an den Eisenbahnstrecken Riga — Moskau und Pleskau — Polozk, war von den Sowjets stark befestigt worden. Die 290. ID., die die SS-T-D. hier abgelöst hatte, mußte den Widerstand der 113., 163., 170. und 185. Schtz.D. brechen, um überhaupt weiterzukommen. Die 122. und 123. ID. konnten den norddeutschen Soldaten des Glt. Frhr. von Wrede keine Hilfe bringen, da die Seenenge ihren Einsatz nicht zuließ. Beide Divisionen wurden deshalb nach Norden verschoben. Das X. AK. — das Flügelkorps, das eigentlich die Verbindung zur Pz.Gruppe aufrecht zu halten hatte — war beiderseits Opotschka an der Welikaja auf Feind gestoßen, der das Korps nach Südosten abzog. Die 126. ID. marschierte in Richtung Orscha.

Die Division sollte den vor der 30. ID. ausweichenden Feind abschneiden. Die Division — voran das IR. 426 (Oberstlt. Hemmann) — besetzte Orscha und Noworscheff. Der zwischen Orscha und Puschkinsskije-Gory (einst Wohnsitz des russischen Dichters Puschkin) fast eingeschlossene Feind gab sich nicht geschlagen.

„Der Tag begann gegen 5.00 Uhr mit einem unerwarteten, von mehreren 52-t-Panzern unterstützten Angriff der Russen aus der offenen Nordostflanke gegen die Brückenstelle bei Ossinkina . . . Dem tapferen Eingreifen der IV./AR. 126 (Hptm. Jost), die im Feuer kehrt machte und den Feind im direkten Schuß bekämpfte . . . und der 3./Pi.Btl. 126 . . . gelang es, den Feind so lange aufzuhalten, bis im Laufe des Vormittags durch Ob. Rauch mit Teilen des IR. 422 und der AA. 126 eine feste Front aufgebaut werden konnte . . . Besonders unangenehm war es, daß die Verbindung zu den eigenen Versorgungstruppen verloren ging. . . . hat der Feind diese ihm gebotene Chance erkannt und sofort ergriffen und ist mit der Masse seiner an der Welikaja stehenden Verbände der drohenden Einschließung entgangen." *)

Die von Süden kommende 30. ID. geriet in diese Angriffe. Das an der Spitze stehende IR. 46 (Ob. Sieler) mußte zwei Stunden lang um jeden Meter Boden kämpfen, um überhaupt den Sowjets standzuhalten. Erst am nächsten Tag trat die 30. ID. wieder an. „Der zäh und verbissen kämpfende Gegner muß in harten Nahkämpfen überwältigt werden, die sich über ein fast 10 km tiefes Hauptkampffeld erstrecken. Doch ohne den Stellungswechsel der Artillerie abzuwarten, wird der immer von neuem auftretende Widerstand durch das scharfe Zupacken der Infanterie gebrochen, auch die starken Sperrfeuerriegel der russischen Artillerie können den Angriffsschwung nicht hemmen, verursachen jedoch erhebliche Verluste." **)

Die verbissene Gegenwehr der Sowjets, die sich weder durch Flammenwerfer noch durch Fliegerbomben aus ihren Stellungen werfen ließen, fesselte die 16. Armee von Woche zu Woche. Es gab hier in dem Sumpfgelände zwischen Orscha und Polozk keine raumgreifenden Operationen mehr, sondern ein Vorwärtskämpfen von Ort zu Ort, von Wald zu Wald, von Straße zu Straße. Die Entfernung vom linken Flügel der Armee zum LVI. AK.mot. wurde nicht geringer . . .

*

---

*) Lohse, G.: Geschichte der rheinisch-westfälischen 126. Infanterie-Division, 1940 — 1945. Bad Nauheim: Podzun 1957. 223 S.

**) Breithaupt, H.: Die Geschichte der 30. Infanterie-Division, 1939 bis 1945. Bad Nauheim: Podzun 1955. 320 S.

Etwas besser sah es um den Flankenschutz beim XXXXI. AK.mot. aus. Hier waren inzwischen I. und XXXVIII. AK. der 18. Armee herangekommen. Das XXXVIII. AK. erreichte mit 1. und 58. ID. am 12. 7. Pleskau. Die 58. ID. (Glt. Heunert) schob sich auf den grundlos-sandigen Wegen längs der Ostküste des Peipussees nach Norden. Rechts von ihr wurde die 1. ID. der 36. ID.mot. nachgeführt, die wiederum der 6. PD. folgte, die schon südostwärts Narwa kämpfte. Das I. AK. drängte mit 11. und 21. ID. südlich an Pleskau vorbei in Richtung Dno.

Das I. AK. wurde der Pz.Gruppe marschtechnisch unterstellt und nicht über Pleskau — wie geplant — sondern über Porchow befohlen. 11. und 21. ID. sollten in die Südflanke des nördlich und nordostwärts Dno vorgehenden LVI. AK.mot. stoßen, um dieses zu entlasten. Damit schien wenigstens die Pz.Gruppe einigermaßen Entlastung auf beiden Flügeln zu erhalten, obwohl die Lücke zur 16. Armee immer noch 50 km betrug.

Die Situation für die Pz.Gruppe — die auf breiter Front zwischen Narwa und Ilmensee vorging — verschlechterte sich, da es dem sowjetischen Oberkommando gelang, immer mehr Divisionen aus dem Innern des Landes heranzubringen. Die feindliche Luftüberlegenheit nahm von Woche zu Woche zu. Allein am 13. 7. wurden über der Front 354 Feindflugzeuge gezählt, mehr als die Sowjets bei Kriegsbeginn im Baltikum stehen hatten. Der Einsatz der Luftflotte 1 zersplitterte notgedrungen mehr und mehr. Deutsche Kampfflugzeuge griffen Seeziele an, beschossen feindliche Stellungen in Estland, warfen Bomben auf die Lugastellung, bekämpften Transportzüge am Ilmensee, flogen Aufklärung bis zu den Waldaihöhen und fegten im Tiefangriff über die Sümpfe von Cholm.

Da traf am 15. 7., kurz nach 3.00 Uhr morgens, auf dem Gefechtsstand der Pz.Gruppe folgender Funkspruch ein:

„Rückwärtige Dienste 8. PD. bei Opoka, 3 km ostwärts Borowitschi, in der Abwehr eines mit Maschinengewehr und Granatwerfer angreifenden Gegners."

Die Verbindung zur 8. PD. riß ab. Die Pz.Gruppe wußte nicht, woran sie war. Lediglich Funksprüche des Korps baten um eilige Zuführung der SS-T-D. Die Lage der 8. PD. war nicht beneidenswert. Starke Feindkräfte griffen von Norden her auf Soltzy an, und gleichzeitig kam neuer Gegner über den Shelon von Süden her in die Stadt. Die Division wich aus Soltzy und richtete sich zur Abwehr ein.

Am 16. 7. traf ein schnell verlastetes Regiment der SS-T-D. ein. Die SS-Männer gingen sofort mit Bravour gegen die Sowjets vor und bereinigten die Lage am Shelon. Der Feind war immerhin so stark, daß das Korps — nachdem auch die 3. ID.mot. in die Verteidigung gedrängt wurde — liegenblieb. Der rechte Flügel der Pz.Gruppe 4 hatte sich noch vorwärts des Ilmensees festgelaufen!

Die Pz.Gruppe beklagte seit Feldzugsbeginn folgende Verluste:
gefallen: 2 025, darunter 150 Offiziere,
verwundet: 6 450, darunter 280 Offiziere,
vermißt: 315, darunter   6 Offiziere.

Gen.Ob. Hoepner war trotz dieses örtlich bedingten Rückschlages optimistisch, doch noch den endgültigen Stoß auf Leningrad führen zu können. Das XXXXI. AK.mot. hatte mit der Gewinnung der ersten Lugabrückenköpfe die Ausgangsbasis dazu errungen. Die 1. PD. war durch die im schnellen Marsch aufgerückte 269. ID. (Gm. von Leyser) abgelöst und zog näher an die 6. PD. heran. Gen.Ob. Hoepner entschloß sich noch am 15. 7., mit dem XXXXI. AK.mot. allein die 100 km Entfernung bis Leningrad zu schaffen, wenn nur das LVI. AK.mot. wieder frei würde und den Flankenschutz übernehmen könnte. Da die herangekommenen beiden Korps der 18. Armee rückwärts gestaffelt standen, war für den eventuell notwendigen Infanterieschutz Sorge getragen.

Da schaltete sich energischer das OKH ein und verwies auf seine Anweisung „Schwerpunkt rechts". Das Heeresgruppenkommando gab trotz aller Vorstellungen der Pz.Gruppe nach. Feldmarschall Ritter von Leeb erschien am 16. 7. auf dem Gefechtsstand der Pz.Gruppe, um noch einmal die Möglichkeiten eines Angriffs Richtung Leningrad zu überprüfen. Er lehnte den Einsatz des XXXXI. AK.mot. bei Narwa nicht ab, wollte aber auch das LVI. AK.mot. nicht vom Ilmensee lösen.

Das I. AK. traf an diesem Tag ein und wurde der Pz.Gruppe unterstellt. Diese befahl das Korps zur Flankensicherung nach Südosten. Die beiden ostpreußischen Divisionen traten am 17. 7., 15.00 Uhr, zum Angriff ostwärts Porchow an. Der anfängliche Widerstand konnte rasch gebrochen werden. Die 21. ID. gewann schon am nächsten Tag Gelände dicht südlich Dno.

Der Angriffsschwung der zwei Divisionen ließ nicht nach. Die letzten feindlichen Nachhuten wurden aus dem schluchtenreichen, mit viel Buschwald bestandenen Gelände verdrängt. Die Sowjets fanden an manchen Stellen kaum Gelegenheit, sich ordnungsgemäß abzusetzen. Der Gefechtsstand des XXII. Schtz.K. wurde bei Dno im Sturm genommen. Hier konnte nur noch das russische Korps-Nachr.Btl. 415 unter Kommissar Meri hinhaltenden Widerstand leisten. (Meri wurde zum „Helden der Sowjetunion" ausgerufen.)

Der Verkehrsknotenpunkt Dno wurde am Morgen des 19. 7. erreicht und vom IR. 3 (Ob. Becker) besetzt. Die 11. ID. stieß sogar noch weiter und näherte sich dem Shelon oberhalb Soltzy. Dieser 200 m breite Fluß, der in den Südwestzipfel des Ilmensees mündet, bildete nur kurze Zeit ein Hindernis. Die 11. ID. setzte am 21. 7. über und nahm am nächsten Tag Soltzy.

Der Angriff dieser Infanteriedivisionen befreite Mansteins Panzertruppen endgültig aus ihrer bedrohlichen Situation. Die SS-T-D., die inzwischen ebenfalls heran war, hatte die schwer bedrängte 8. PD. abgelöst und griff noch in die Kämpfe auf dem Nordufer des Shelon ein. Das deutsche Vorgehen kam jetzt zum Erliegen. Die Sowjets warfen neue Truppen in den Kampf. Das I. AK. mußte zur Verteidigung übergehen und sich streckenweise zurückziehen. Rjelbitzy ging verloren.

Die Gefahr für den rechten Flügel der Pz.Gruppe war trotzdem gebannt. Das X. AK. der 16. Armee hatte sich seit dem 21. 7. vom Feind bei Orscha freimachen können und strebte eilig nach Norden. Die 126. ID. rückte über Dno auf Rjelbitzy vor, während die rechts benachbarte 30. ID. Morina nahm. Die Lücke zur 16. Armee war geschlossen!

Die Bereitstellungen am linken Flügel der Pz.Gruppe wurden in diesen Tagen erkämpft. Die einsam auf weiter Flur stehende 269. ID. mußte sich schwerer Gegenangriffe erwehren und Pljussa aufgeben. Erst als Teile der 1. PD. und das IR.mot. 118 (36. ID.mot.) zur Unterstützung heraneilten, ebbten die Kämpfe ab. Der Anschluß nach links existierte in dem unübersichtlichen Waldgelände nicht. Eine 80 km breite Lücke klaffte zur 1. PD.! Dieser freie Raum konnte erst ab 14. 7. durch das Aufschließen der 36. ID.mot. notdürftig abgesichert werden.

1. und 6. PD. standen vorerst allein in den kleinen Lugabrückenköpfen südlich der Bahnstrecke Krasnowardeisk — Narwa. Die Sowjets wußten um die Gefährlichkeit dieser Brückenköpfe und karrten an Truppen heran, was möglich war. Die Transportzüge fuhren in Sichtweite auf der unter deutschem Artilleriefeuer liegenden Bahnlinie. Die Truppen luden auf freier Strecke aus und warfen sich gegen die Stellungen der Panzerdivisionen. Die Kadetten und Fähnriche der Leningrader Infanterieschule sowie die Reservisten der 2. Volkswehr-D. lieferten Beispiele aufopfernden Einsatzes.

Die Lage am Peipussee besserte sich dagegen rascher. Das XXXVIII. AK. hatte seine beiden Divisionen nach Norden geführt. Die 58. ID. stieß auf Gdow. Die verstärkte AA. 158 drang am 17. 7. in die Stadt. Die 118. Schtz.D. verteidigte die Häuserblocks energisch und wich erst, nachdem Teile der 36. ID.mot., die am Tage vorher den Flugplatz genommen hatten, in den Straßenkampf eingriffen. 1200 sowjetische Soldaten wurden gefangengenommen.

Die 36. ID.mot. rückte nach der Einnahme von Gdow in die Lücke zwischen 269. ID. und 1. PD. Die 58. ID. verblieb in der Stadt. „An

Nachschub aus Pleskau ist wegen der schlechten Wegeverhältnisse nicht zu denken. Die Division muß sich allein helfen. Es gelingt, eine Motormühle in Gang zu setzen und die Division wie auch die Zivilbevölkerung mit Brot zu versorgen; dafür, daß es nach Petroleum schmeckt, können unsere Bäcker nichts. Der Russe hat die Vorräte, die er zurücklassen mußte, durchweg mit diesem Stoff getränkt. Es ist gut, daß am Peipussee wenigstens ein Salzlager gefunden wird, denn salzloses Petroleumbrot hätte den meisten wohl doch nicht gepaßt." *)

Die 58. ID. stand allein am Ostufer des Peipussees. Weit rechts abgesetzt kämpfte die 1. ID. in undurchsichtigem Waldgelände. Beide Divisionen hatten den Auftrag, sich links neben die 6. PD. auf Narwa vorzuarbeiten. Die 58. ID. trat am 19. 7. nach Norden an, verschob das I./IR. 209 (Major Hartte) nach Westen. Das Bataillon, verstärkt durch die 8./AR. 158 (Oblt. Gohde), sollte am Narwafluß Stellung beziehen und hier das Absetzen der sowjetischen Truppen aus Estland verhindern.

Die Division kämpfte sich weiter nach Norden. Dadurch wurde selbstverständlich die Westflanke immer länger. So mußten andere Infanteriebataillone und Artillerie-Abteilungen an der Narwa in Stellung gehen. Die Angriffsspitze wurde schmäler und schwächer, nachdem die eigene AA. in das Sumpfgelände nach Osten entsandt war, um nach dort zu sichern. Der weitere Marsch gegen heftigen Widerstand, besonders an der Pljussa, gestaltete sich äußerst langwierig.

Der Monat Juli ging bei sonnigem, warmem Wetter langsam zu Ende. Ein Angriff auf Leningrad — von Offizieren und Soldaten erwünscht — kam nicht mehr zustande. Das OKH selbst verzögerte von sich aus ein erneutes Antreten. Es forderte am 23. 7. die Schwerpunktbildung rechts und wollte Teile, wenn nicht das gesamte XXXXI. AK. mot., aus dem Luga-Brückenkopf lösen. Feldmarschall Ritter von Leeb gab diese Weisung gar nicht weiter. Er führte einen Kompromiß herbei und empfahl Gen.Ob. Hoepner, den Angriff des südostwärts Luga bereitgestellten LVI. AK.mot. mehr nach Nordosten auf Ljuban — Tschudowo anzusetzen, statt nach Norden.

Das LVI. AK.mot. selbst erkämpfte sich noch diese Bereitstellung durch den Angriff am Mschaga-Abschnitt. Das I. AK. schloß sich diesem Stoß an. Der Feind war inzwischen so stark geworden, daß weder 3. ID.mot., SS-T-D. noch die beiden ostpreußischen Divisionen vorankamen. Die rechts vorgehende 21. ID. setzte am 22. 7. einen überraschenden Angriff auf Schimsk an, der nicht gelang. Die Verluste stiegen von Tag zu Tag, die Munition wurde weniger, der entspre-

---

*) Zydowitz, K. von: Die Geschichte der 58. Infanterie-Division.
Bad Nauheim: Podzun 1952. 159 S.

chende Nachschub an Menschen und Material blieb aus. Die 21. ID. verzeichnete in den Tagen zwischen dem 15. und 27. 7. den Verlust von 11 Offizieren und 155 Soldaten als Gefallene, 24 Offiziere und 643 Soldaten als Verwundete und 36 Vermißte.

Erst am 27. Juli hatte sich die Lage an der gesamten Front zwischen Narwa und Ilmensee einigermaßen stabilisiert, daß die Heeresgruppe an die Fortsetzung der Offensive gegen Leningrad denken konnte. Es waren bis dahin drei Angriffsgruppen zusammen, die sich wie folgt gliederten:

Gruppe Schimsk: I. AK. mit 11., 21. ID. und Teile 126. ID.;
XXVIII. AK. mit 121., 122. ID., SS-T-D.;
die 96. ID. verblieb als Reserve.
Gruppe Luga: LVI. AK.mot. mit 3. ID.mot.; SS-Pol.-D., 269. ID.
Gruppe Nord: XXXXI. AK.mot. mit 1., 6., 8. PD., 36. ID.mot. und neuunterstellte 1. ID.;
XXXVIII. AK. mit 58. ID.

Der Befehl der Heeresgruppe für die Fortführung der Offensive wurde an diesem Tage erlassen. Er lautete auszugsweise:

„Heeresgruppenkommando Nord H.Qu., 27. 7. 1941
Ia Nr. 1770/41 g.Kdos.

1. Feind vor der 16. Armee ist vernichtend geschlagen. Reste gehen durch das Sumpfgelände südlich des Ilmensees nach Osten zurück. Pz.Gruppe 4 drückte den vor ihr befindlichen Feind weiter nach Nordosten zurück. 18. Armee hat den im Gebiet nördlich Dorpat kämpfenden Feind geschlagen.
2. Die Heeresgruppe greift weiter gegen den Raum Leningrad an...
3. . . .
4. 16. Armee . . . übernimmt rechten Flügel der Pz.Gruppe 4. . . . Außer der Besitznahme der Bahnlinie Moskau — Leningrad ist auch die baldige Besitznahme der von Tschudowo nach Südosten führenden Straße wichtig.
5. Pz.Gruppe 4 . . . gibt I. AK. an 16. Armee ab. . . . Sie setzt das XXVIII. AK. an ihrem rechten Flügel ein. . . . Das Ziel der Pz.Gruppe 4 ist die Abschließung des Raumes von Leningrad. Sie erreicht hierzu die Newa von Schlüsselburg bis Iwanowskoje, weiter etwa die Linie Marjino — vorwärts Krasnowardeisk — Taizy — Wyssozkoje — Peterhof. Gewinnen die schnellen Kräfte einen Vorsprung, so übernehmen diese, soweit möglich, die Abschließung, bis die Infanterie herankommt.

6. Der Angriff im Gesamtraume zwischen Ilmen- und Peipussee wird dann einheitlich vorgetragen werden, sobald das XXVIII. AK. eingeschoben ist. In der Zwischenzeit ist anzustreben, sich überall da vorzuarbeiten, wo es nach eigenem Kräftemaß und Feindwiderstand möglich ist, in eine günstige Ausgangsstellung für den allgemeinen Angriff zu kommen.

7. 18. Armee: Die Aufgaben der Armee bleiben unverändert ..."

*

Der Schwerpunkt zur neuen Offensive — der letzten, wie viele Soldaten glaubten — war befohlen. Das Ziel hieß eindeutig Leningrad. Pz.Gruppe 4 sollte als Stoßkeil vorpreschen, während 16. Armee mit Flankendeckung am Wolchow folgen mußte. Die 18. Armee konnte befehlsgemäß nicht auf Leningrad vorgehen. Ihre Aufgabe war die Säuberung und Besetzung Estlands.

Die Armee war am 7. 7. mit ersten Verbänden nach Estland vorgedrungen. Das XXVI. AK. bildete an diesem Tag eine V-Abt., deren Aufgabe es war, so schnell wie möglich über Fellin nach Norden zu gehen, um die Sowjets von vornherein an einer Verteidigung zu hindern. Die V-Abt. (III./IR. 151, MG-Btl. 10, II./AR. 58, schw.Art.-Abt. 633, Beob.Abt. 12, Pi.Btl. 161, 1./Pi.Btl. 660, 1./Pz.Jäg.Abt. 563, 4./Flak-Abt. 111, 2./San.Abt. 161) besetzte am 8. 7. die Stadt Fellin. Zur gleichen Zeit drang eine weitere V-Abt. unter Ob. Ullersperger entlang der Ostseeküste und nahm überfallartig Pernau.

Die Luftaufklärung erkannte im südlichen Teil Estlands keinen Feind, so daß anzunehmen war, schnell bis Reval durchstoßen zu können. 61. und 217. ID. verließen die Vormarschstraße der 18. Armee, drehten nach Norden zur Besetzung des Landes ein. Das XXVI. AK. blieb allein, da das OKH eine weitere Zuführung von Truppen am 9. 7. untersagte.

Die deutschen Soldaten wurden von der estnischen Zivilbevölkerung herzlich begrüßt. Frauen und Kinder standen an den Straßen, reichten Blumen, Milch, Kuchen und Wein. Die Häuser waren mit der blau-schwarz-weißen Nationalflagge geschmückt. Der einmarschierende Soldat galt als Befreier — aber die Esten wollten selbst etwas für ihre Befreiung von der Sowjetmacht tun.

Estnische Offiziere und Soldaten, die nach der Besetzung ihres Landes durch die „Rote Armee" nach Finnland oder Schweden geflüchtet waren, wurden von der Abteilung Abwehr des OKW auf der Halbinsel Sökö, 40 km westlich Helsinki, gesammelt und für Nachrichtenzwecke ausgebildet. Die erste Gruppe freiwilliger Esten versuchte mit Unterstützung der deutschen 1. S-Bootflottille am 5. 7. in der Kumabucht zu landen, um aktiv an der Befreiung mitzuhelfen. Die Landung scheiterte infolge hohen Seegangs. Ein zweiter Versuch am 7. 7. glückte.

Der estnische Ob. Krug und 40 Mann gingen an Land. Eine Gruppe war unterwegs von sowjetischen Kriegsschiffen gestellt und aufgebracht worden. Nachdem auch ein dritter Landungsversuch von feindlichen Bewachern vereitelt wurde, gab die Abwehr weitere Unternehmungen von der Seeseite auf. Esten bauten im Wald einen provisorischen Flugplatz, auf dem schließlich der Rest der Freiwilligen durch deutsche Transportmaschinen abgesetzt wurde.

Damit hatte das Unternehmen „Erna" begonnen. Die estnischen Freiwilligen wurden durch Funk vom AOK 18 geleitet. Sie mußten wiederum über Funk Lagemeldungen der sowjetischen Truppen erstatten und dafür sorgen, daß die verkehrstechnischen und militärischen Anlagen möglichst unbeschädigt in deutsche Hände fielen. Die Leitung des Unternehmens lag in Händen des K.Kapt. Cellarius.

Die sowjetischen Führungsstellen schalteten schnell und versuchten, die einzeln operierenden Gruppen zu vernichten. Mitte des Monats Juli gab es fünf estnische Trupps, davon befand sich einer in unmittelbarer Nähe des feindlichen Armee-Hauptquartiers in Wesenberg. Die Freiwilligen erhielten Verstärkung durch eine Partisaneneinheit des Ob. Leithamel, die Krieg auf eigene Faust gegen die Sowjets führte.

Das XXVI. AK. setzte in der Nacht zum 10. 7. mit seinen beiden V-Abt. den Stoß nach Norden fort. Die V-Abt. der 217. ID. erreichte am nächsten Tag in Virtsu die Küste des Moonsundes. Der Gegner war durch diesen schnellen Angriff überrascht. Seine Küstenfahrzeuge gerieten in das Feuer deutscher Pakgeschütze. Doch bald tauchten sowjetische Bombenflugzeuge auf. Die Geschütze der I./Flak-R. 111 gingen in Stellung und schossen aus dem ersten Pulk gleich neun Maschinen ab.

Die V-Abt. des XXVI. AK. unter Gm. von Selle konnte zwar die Navestibrücke nehmen, blieb dann bei ungewöhnlich heftigem Widerstand liegen. Sie mußte das Aufschließen der Divisionen abwarten. Die 217. ID. bezog Stellungen um Pernau, die 61. ID. schloß um Fellin auf. Glt. Haenicke entsandte starke Spähtrupps in Richtung Dorpat, die alle von überlegenem Feind zurückgeschlagen wurden. Da entschloß sich das AOK 18, eine V-Abt. des gerade vor Pleskau eintreffenden I. AK. zu bilden und auf Dorpat anzusetzen.

Diese V-Abt. unter Gm. Burdach (AA. 1, AA. 11 und I./IR. 2) rückte noch in der Nacht ab und drang schon am 11. 7. in Dorpat ein. Der Stadtteil westlich des Embachs wurde besetzt; doch weiter ging es nicht. Die Sowjets waren entschlossen, Dorpat zu halten. Die hier stehende 16. Schtz.D. warf Kampfgruppen gegen die Stellungen der Abteilung Burdach, die schwere Verluste hinnehmen mußte.

Das AOK 18 erkannte aus dieser Tatsache, daß es nicht zu einer „Säuberung" Estlands kam, sondern daß der Gegner gewillt war, hier jeden Meter Boden zu verteidigen. Die 254. ID. wurde deshalb auf ihrem Vormarsch westlich Marienburg angehalten und ebenfalls nach Norden abgedreht. Eine vorgeworfene Gruppe dieser Division stieß zwar östlich an Fellin vorbei, wurde aber von den Nachhuten der 11. Schtz.D.mot. zurückgeworfen.

Der feindliche Widerstand wurde schärfer und härter. Die deutschen Soldaten mußten riesige Minenfelder räumen, Straßensperren beseitigen und sich immer wieder vor den anfliegenden Tiefliegern in Deckung werfen. Deutsche Luftwaffenunterstützung war nicht möglich, da die eigenen Bomberstaffeln ausschließlich vor der Pz.Gruppe 4 eingesetzt waren. Die Lage beim XXVI. AK. war alles andere als „rosig".

Die Sowjets standen mit weit mehr Kräften im estnischen Raum, als von der deutschen Aufklärung festgestellt worden war. Das Hauptquartier der befehlenden 8. Armee befand sich in Wesenberg. Der Armee waren zwei Korps unterstellt: Das X. Schtz.K. mit der 10. Schtz.D., der 11. und 22. Schtz.D.mot. sowie Marineinfanterie und das XI. Schtz.K. mit 16., 48. und 125. Schtz.D. Bisher lag lediglich das X. Schtz.K. mit allen Verbänden im Kampf, während sich 48. und 125. Schtz.D. eilig zwischen Narwa und Reval zum Vormarsch Richtung Dorpat bereitmachten.

Die Lage änderte sich auf deutscher Seite nicht. Die Divisionen standen im schweren Abwehrkampf, wobei Boden aufgegeben werden mußte. Die 217. ID. löste sich vom Feinde und wich nach Osten auf Turgel aus. Die 291. ID. wurde deshalb, nachdem sie bis Riga aufgeschlossen hatte, beschleunigt in den estnischen Raum vorgeführt, um die Kampfkraft zu verstärken.

Das trockene, sonnige Wetter war am 16. 7. Regen und Gewittern gewichen, die umgehend die Straßen und Wege unpassierbar machten. Dadurch wurden die deutschen Bewegungen erneut verzögert. Die Lücke zwischen 217. und 61. ID. schloß das Radf.Btl. 402; 254. und 291. ID. rollten langsam heran. Die Verstärkungen ermöglichten, daß das Korps am 17. 7. antreten konnte.

Die Soldaten der 61. ID. gewannen die Straße Oberpahlen — Weißenstein. Die 217. ID. kam über Anfangserfolge nicht hinaus, da sie in starke Luftangriffe geriet. Glücklicherweise trafen um Fellin Teile der 254. ID. ein, während um Pernau die 291. ID. in Stellung ging. Die Division schützte vorerst mit IR. 505, IV./AR. 291, Pz.Jäg.-Abt. 291 und 1./Flak-Abt. 31 einen Abschnitt von 70 km Breite!

Der weitere Angriff wurde am 18. 7. abgeblasen. Es war jetzt klar, daß mit den vorhandenen Kräften kein Erfolg zu erzielen war. Das AOK 18 befahl das Aufschließen der übrigen Divisionen. Die 254. ID. versammelte sich im Rücken der 61. ID. Die 291. ID. räumte ihre Vorfeldstellungen, um sich auf Pernau zu beschränken. Die 93. ID. — die letzte Reserve der 18. Armee — rückte heran.

Es war dem XXVI. AK. nicht möglich, aktiv zu werden. Der Feindwiderstand nahm von Tag zu Tag zu. Die Russen brannten Teile der Wälder nieder, um jeden Angriff illusorisch zu machen. Die Schlechtwetterperiode und die enormen Versorgungs- und Transportschwierigkeiten verhinderten jede raumgreifende Bewegung. Da die sowjetischen Seestreitkräfte laufend von See her die deutschen Stellungen beschossen und dabei erzwangen, daß die in Virtsu aufgestellten Küstenbatterien zurückgenommen werden mußten, war die linke Flanke ständig bedroht. Die Heeresgruppe bat die Marine um entsprechende Abhilfe.

*

Feindliche Zerstörer, Motortorpedo- und U-Boote tauchten öfter im Rigaer Meerbusen auf und störten die notdürftig eingerichteten Schifffahrtsverbindungen. Die Abriegelung des Moonsundes gelang trotz Legens einiger Sperren, teilweise durch Abwurf von Flugzeugen, nicht. Die Kriegsmarine forcierte ihre Transporte. Teile des „Erprobungsverbandes Ostsee" (Marinefährprähmen, Artillerieträger und Küstenmotorschiffe) und Minensuchboote erkämpften sich am 12. 7. trotz schneidigen Angriffs von neun sowjetischen Zerstörern den Weg nach Dünamünde, obwohl die russischen Sperren noch nicht beseitigt waren.

Die Skl (Seekriegsleitung) erkannte, daß auf die Dauer ein Schiffsverkehr nur mit hohen Verlusten erkauft werden würde. Sie entschloß sich, keine Geleitzüge mehr in den Rigaer Busen zu entsenden. Die Transportschiffe liefen jetzt in einem Abstand von 12 Stunden auf flachem Wasser von Windau aus dicht unter der Küste bis Riga und zurück.

Der Kampf gegen die kühn operierenden sowjetischen Zerstörer wurde naturgemäß nur von kleineren Einheiten der Kriegsmarine geführt. Die eigenen Verluste hielten mit denen des Gegners Schritt. Vom 10. — 31. 7. verloren die beiden Flotten: Deutsche = je 1 U-Jäger, Minensuch-, Räum- und Sturmboot, 2 Dampfer, 2 Minensuchboote wurden beschädigt; Sowjets = 2 Motortorpedoboote, 1 U-Jäger und 1 Eisbrecher.

Der Kreuzer „Kirov" war von den Sowjets durch den Moonsund gebracht worden. Die Fahrt konnte nur erfolgen durch das vollkommene Leichtern (d. h. Entfernung aller nicht unbedingt zur Erhaltung der Schwimmfähigkeit notwendigen Teile) des Kriegsschiffes. Diese außerordentliche seemännische Leistung wurde allerdings durch schwere Beschädigungen der begleitenden Zerstörer „Smetlivyj", „Grozjaścij" und „Stojkij" bezahlt.

*

Das Heer mußte also ohne fühlbare Entlastung durch die Kriegsmarine weiterkämpfen. Die Heeresgruppe befahl am 21. 7. dem AOK 18:

„... tritt am 22. 7. in Nordestland unter Fesselung des beiderseits am Embach liegenden Feindes über die Linie Oberpahlen — Turgel in ostwärtiger Richtung zum Angriff an, um zunächst den nördlich Dorpat stehenden Feind zu vernichten..."

Das XXVI. AK. griff am 22. 7., 3.00 Uhr, mit 61. und 254. ID. an. Die 61. ID. (Schwerpunktdivision) war durch Sturmgesch.Abt. 185, II./AR. 58, schw.Art.Abt. 511 und 637, Pi.Btl. 622 und Radf.Btl. 402 verstärkt. Die Division gewann mittags Oberpahlen. Die Sowjets verteidigten die Stadt hartnäckig, mußten sich aber am Nachmittag zurückziehen. Die 254. ID. stieß auf weniger Widerstand und drang noch 20 km nordostwärts über Oberpahlen hinaus.

Der Angriff wurde am nächsten Tag fortgesetzt. Der Gegner wehrte sich in und um Jogeva ganz erbittert, um die von Dorpat nach Norden führende Straße freizuhalten. Die 217. ID. schloß sich am 23. 7. dem Angriff an und stieß an Turgel nach Norden vorbei. Die um Dorpat haltenden Feinddivisionen — 48. und 125. — gerieten in Gefahr, gegen den Peipussee gedrückt zu werden. Sie räumten ihre Stellungen am Embach. Die 93. ID. und die Kampfgruppe Burdach folgten dem Gegner.

Der Vorstoß der Deutschen ging weiter. Eine V-Abt. der 61. ID. gewann in der Nacht zum 25. 7. das Ufer des Peipussees, 7 km südlich Mustvee. Der Feind war von Norden her eingeschlossen! Die 254. ID. drang in Mustvee ein und verstärkte den Riegel. Der erste große Erfolg in Estland bahnte sich an. Die Heeresgruppe befahl deshalb am 25. 7.:

„... vernichtet die nördlich Dorpat eingeschlossenen Feindteile unter Deckung gegen den Feind in Nord- und Nordwestestland und bereitet ein konzentrisches Vorgehen mit XXVI. AK. (61. und 254. ID.) rechts und mit XXXXII. AK. (217. und 291. ID.) links auf Reval vor!"

Das Generalkommando XXXXII. AK. (Gen.d.Pi. Kuntze) war am 22. 7. dem AOK 18 unterstellt und von diesem drei Tage später zum Einsatz in Westestland befohlen. Dadurch wurde das Gen.Kdo. des XXVI. AK. entlastet und eine bessere Befehlsteilung möglich. Das XXXXII. AK. befahl über die 291. ID., die trotz aller Versuche in dem unübersichtlichen Wald- und Buschgelände keinen Boden gewann.

Der im Norden Dorpats eingeschlossene Gegner wurde in den folgenden zwei Tagen zusammengedrängt und seine Ausbruchsversuche abgewiesen. Der Kampf ebbte am 27. 7. ab. 8 794 sowjetische Soldaten zogen in Gefangenschaft, 68 Geschütze, je 5 Pak und Flak, 86 MG u. a. m. blieben als Beute auf dem Schlachtfeld am Peipussee.

Die Seeflanke konnte jetzt — wenn auch lückenhaft — von den in Stellung gegangenen Heeres-Küstenbatterien geschützt werden. Bis zum 27. 7. hatten folgende Batterien ihre Stellungen bezogen: Libau, Grobin, Windau, Piso, Mazirbe, Rojen, Markgrafen, Engare, Dünamünde und Ikla. Die 207. Sich.D. hatte inzwischen den Schutz des rückwärtigen Gebietes übernommen und setzte in den estnischen Städten Ortskommandanturen ein.

Versorgungsstützpunkte wurden in Fellin, Pernau, Rujen und Riga eingerichtet. Hier waren am 26. 7. z. B. gelagert: 2 423 t Munition, 819 cbm Betriebsstoff, 4 285 t Verpflegung. Kfz-Instandsetzungslager befanden sich in Pernau, Fellin, Vorbuse und Seredka. Die Rollbahnen Riga — Wenden — Fellin und die Eisenbahnstrecke Riga — Wenden — Wolmar — Wello — Werro — Pleskau wurden als Nachschubwege ausgebaut.

Nachdem sich so der Nachschub einlief und die ersten Verstärkungen zur Fronttruppe gelangten, konnte der weitere Angriff — so wie ihn die Heeresgruppe befahl — vorgetragen werden. Beide Korps traten am 29. 7. aus der Linie Mustvee — Jogeva — Paimure — Turgel zum Vorstoß nach Norden an. Die wiederum im Schwerpunkt angreifende ostpreußische 61. ID. traf auf die inneren Flügel der 11. und 22. Schtz.D., die sich energisch verteidigten. Der Angriff fraß sich zähflüssig nach Norden, wobei sich die Ungunst des wildbewachsenen Waldgeländes mit den vielen Sümpfen und Seen bemerkbar machte. Es entwickelte sich ein wahrer Buschkrieg, in dem der sowjetische Einzelkämpfer überlegen war.

Das XXVI. AK. brach erst nach zweitägigem Kampf in die Front des Gegners ein. Die 254. ID. gewann den Abschnitt um Rakke, die 61. ID. drang in Kuuru ein. Zum Schutz der immer länger werdenden Ostflanke setzte das AOK das Radf.Btl. 402 und das MG-Btl. 10 ein. Da am 31. 7. die Kämpfe um Mustvee abgeschlossen wurden, rückte das IR. 176 (61. ID.) seiner Division nach.

Die 18. Armee gliederte sich Anfang August noch einmal um. Die Weite des Raumes zwang zu besonderer Schwerpunktbildung. Die Divisionen hatten Kampfgruppen aufzustellen. Es begann der Krieg, der bis zur Kapitulation das Gepräge des Einsatzes der Heeresgruppe formte: „Der Armeleutekrieg"! Die Soldaten des Heeres waren fast auf sich allein gestellt, da die sowjetischen Fliegerstreitkräfte die unumschränkte Luftherrschaft besaßen.

Die Stellungen der Heeresverbände bei Monatsbeginn lagen von links nach rechts wie folgt: Kampfgruppe Hippler (verst. IR. 504) sicherte um Pernau. Das XXXXII. AK. (HQu. Weißenstein) befehligte über 217. und 61. ID., die um Turgel aufmarschierten. Das XXVI. AK. mit 254., 291. und 93. ID. stand in der Mitte der Front, während die neugebildete Kampfgruppe Gm. Friedrich (IR. 271, Radf.-Btl. 402, Pz.Jäg.Abt. 161, Pi.Btl. 662, schw.Art.Abt. 536, Sturmgesch.Abt. 185) Sicherung zum Peipusee übernahm. Die beiden Flak-Abt. 111 und 51 hatten den Schutz gegen die laufenden Fliegerangriffe zu gewährleisten. An fliegenden Verbänden stand der Armee zur Zeit nur die Aufkl.St. 4 (H)/21 und die Kurierstaffel 12 zur Verfügung, später wurde das III./JG. 54 in diesen Raum verlegt.

Der Angriff des XXVI. AK. riß die Naht zwischen X. und XI. Schtz.K. auf. Die 254. ID. (Glt. Behschnitt) drang sofort durch, nahm am 4. 8. Taps. Zwei Tage später hatte die Division die halbe Entfernung bis zur Küste zurückgelegt. Die 291. ID. war nicht zurückgeblieben und befand sich im schwungvollen Vorgehen auf der Straße Taps — Wesenberg. Die links angreifende 61. ID. rang die 16. feindliche Schtz.D. in Järva-Jaani und Lehtse nieder und stieß entlang Straße und Eisenbahn in Richtung Reval.

Dieser Angriff entzog den noch am Peipussee haltenden Sowjets den Boden. Sie wichen eilends nach Norden aus. Die Kampfgruppe Friedrich folgte nach und konnte bis 7. 8. noch 1 812 Gefangene einbringen. Das I./IR. 374 (207. Sich.D.) führte die endgültige Säuberung des Seeufers durch. Die Sowjets sprengten am 13. 8. die letzten Boote ihrer Peipusseeflottille.

Die Lage änderte sich zu Gunsten des XXVI. AK., das weiterhin nach Osten angriff. Die 254. ID. erreichte bereits am 7. 8. bei Kunda den Finnischen Meerbusen. Das XI. Schtz.K. wich nach Osten auf Narwa aus, während sich das X. Schtz.K. nach Westen auf Reval zurückzog. Die sowjetischen Truppen in Estland waren auseinandergesprengt!

Die 291. ID. hatte die Stadt Wesenberg genommen. Die hier haltende 118. sowj. Schtz.D. gab fluchtartig das Gelände an der Kunda preis. Nur die 268. Schtz.D. warf sich dem Ansturm noch einmal entgegen. Die 93. ID. drückte indessen die 11. Schtz.D. über die Kunda zurück. Das Korps meldete an diesem Tag die Zahl von 2 500 Gefangenen.

Der erfolgreiche Angriff des XXVI. AK. riß das XXXXII. AK. mit vor. Die gegnerischen Erdtruppen setzten sich ab. Dagegen griffen sowjetische Bomber- und Tieffliegerstaffeln im pausenlosen Einsatz die deutschen Truppen an. 90 Feindmaschinen warfen am 7. 8. Bomben auf den Hafen Pernau. Die Verluste waren hoch; allein eine soeben eingetroffene RAD-Abt. verlor im Hafengebiet 10 Tote und 20 Verletzte.

Die eigenen Luftwaffenverbände waren viel zu schwach, um den feindlichen Bombern ein energisches Halt zu bieten. Da die Geschwader und Gruppen des I. Flieger-K. vor der Mitte der Heeresgruppe benötigt wurden, verblieben nur die Einheiten des „Fliegerführers Ostsee". KGr. 806, Erg.G. JG. 54 und 3./Aufkl.Gr. 125 starteten von Riga aus. Einer Kampfstaffel gelang es, am 8. 8. den sowjetischen Zerstörer „Karl Marks" in der Loksa-Bucht zu vernichten.

Das XXVI. AK. schwenkte ab 8. 8. mit seinen Divisionen nach Osten ein. Das Ziel war Narwa. Der Widerstand des Gegners verstärkte sich. Schwere Artillerie war in der Enge von Narwa aufgestellt. Sie wurde unterstützt von den Geschützen der Zerstörer, die fast unbehelligt im Finnbusen kreuzten. Erst am 13. 8. konnte die um Kunda in Stellung gegangene Heeres-Küstenbatterie 502 einige geringfügige Entlastung bringen. Das Korps hielt die 254. ID. vorwärts Kunda an und ließ sie um 180° schwenken, um gegen Reval Front zu machen.

93. und 291. ID. quälten sich weiterhin gegen Wald, Busch, Sumpf und Feldstellungen. Endlich, nach Tagen schwerer Kämpfe, war eigenes Geschützfeuer aus dem Südosten zu hören. Das waren die Batterien der 58. ID. jenseits des Narwaflusses. Eine V-Abt. der 291. ID. unter Ob. Lohmeyer trat am 16. 8. zum Sturm auf Narwa an und nahm am nächsten Tag die Stadt. Gleichzeitig drang vom Süden her das I./IR. 220 (Mj. Courth) der 58. ID. in Narwa ein. Eine abgezweigte Kampfgruppe gewann Hungerburg an der Narwamündung und bildete einen Brückenkopf.

„Die Grenze des alten Ordenslandes war erreicht. Von der hohen Hermannsfeste ging der Blick weit in das flache, waldige Land im Osten, in dem eine andere Welt begann. Estland mit seinen blauschwarz-weißen Fahnen und den fröhlich offenen Menschen ... blieb zurück; das eigentliche Rußland, fremd und unbekannt, lag vor den Soldaten ..." *)

---

*) Conze, W.: Die Geschichte der 291. Infanterie-Division. Bad Nauheim: Podzun 1953. 119 S.

Das XXVI. AK. rückte am 20. 8. über die Grenze, während sich das XXXXII. AK. am selben Tag zum Angriff auf die letzten Stellungen der 8. Sowjetarmee bereitstellte. Das AOK hatte bereits Reval verlassen und übernahm die Befehlsführung an der Küstenfront vor Oranienbaum. Admiral Tribuc, OB. der „Baltischen Rotbannerflotte", befehligte die um Reval stehenden Heeres-, Marine- und Luftwaffeneinheiten. Das X. Schtz.K. unter Gm. Nikolajev hatte von links nach rechts 22., 16. Schtz.D., 10. Schtz.D.mot. zur Verfügung. 14 Marine- und Baubataillone waren zur Sicherung an der Küste des Rigaer Meerbusens aufgestellt.

Die Sowjets hatten seit Wochen die Hauptstadt Estlands zur Festung ausgebaut. 20 000 Soldaten und 25 000 Zivilisten schafften Tag und Nacht an einer Verteidigungsstellung in einem Umkreis von 25 bis 40 km. Alle Straßen und Wege wurden vermint.

Gen.d.Pi. Kuntze griff mit 254. (rechts), 61. (Mitte) und 217. ID. (links) an. Die Kampfgruppen Gm. Friedrich und Ob. Hippler schützten den linken Flügel von Pernau aus quer durch Nordwestestland. Der Angriff gewann trotz Minensperren und Feldstellungen Boden. Die 254. ID. stand am 25. 8. vor den östlichen Vororten Revals. Die 61. ID. erreichte den Oberem-See und Raesumpf und die 217. ID. Nomme. Die Silhouette Revals, von blutroten Flammen überzuckt, hob sich deutlich gegen den Horizont ab.

„Reval brannte stark; ... Leuchtspurgeschosse fuhren vor dem Stadtrand emsig hin und her, sprühten über Hausdächer, prallten an den Leuchtturm. Die Türme der alten Hansestadt standen schwarz vor dem hellen Nachthimmel, in den zahlreiche dunkle Brandsäulen emporquollen. Als sich am Morgen des 27. August der Bodennebel verzog, begann erneut die heftige Luft- und Artillerietätigkeit. Vom Hafen aus griffen russische Kreuzer und Zerstörer in die Landkämpfe ein, der Erdboden zitterte unter dem Aufprall der 18-cm-Granaten. Unablässig standen über den Versorgungsstraßen die schwarzen Sprengwölkchen der Flak, über die der Gegner reichlich verfügte. Um 6.30 Uhr war IR. 176 gleichzeitig mit IR. 151 angetreten und hatte trotz verbissener Gegenwehr um 8.00 Uhr die Punanestraße am Stadtrand erreicht. ... Am Nachmittag konnten die Regimenter ihre Stellungen noch weiter in den Ostteil der Stadt verlegen; dort richteten sie sich zur Nacht ein. ... Der nach kurzem Feuerschlag am 28. August 8.00 Uhr begonnene Angriff ging jedoch so zügig vorwärts, daß schon 13.30 Uhr das II./IR. 151 durch Funk das Erreichen des Rathauses melden konnte, fast gleichzeitig mit Teilen der 217. ID. Reval war genommen! Major Driedger und seinem Bataillon wurde auf dem Rathaus ein feierlicher Empfang bereitet. Als am Nachmittag die Regimenter in die Stadt einrückten, schlug unseren Soldaten überall der begeisterte Jubel der Bevölkerung entgegen ..." *)

Die Sowjets, deren Aushalten in den letzten Tagen sinnlos wurde, begannen am 27. 8. die Stadt zu räumen. Die Einschiffung war noch im Gange, als auf dem Rathausturm die deutsche Flagge wehte. Die Schiffe hatten sich durch eine Nebelwand abgeschirmt und waren für die Feldgeschütze unerreichbar. Admiral Tribuc verließ mit zwei Geleitzügen Reval. Kreuzer „Kirov", 18 Zerstörer, 6 Torpedo-, 28 Minensuch-, 6 U-Boote, 1 Tanker und 25 Handelsschiffe bildeten das erste Geleit; 6 Minensuch-, 12 Wachboote und 60 Dampfer aller Größen folgten. Der Zerstörer „Minsk", auf dem sich der Stabschef der Flotte, K.Adm. Pantelejev, befand, übernahm als Nachhut die Sicherung der Geleite.

Nicht alle sowjetischen Soldaten und Matrosen konnten entkommen. 11 432 Gefangene, 97 Geschütze, 144 Flak, 91 gepanzerte Fahrzeuge, 304 MG u. a. m. blieben in Reval zurück. Der Minenleger „Amur", das U-Boot „Kalev" und einige Handelsschiffe lagen versenkt im Hafenbecken.

Die davonfahrenden beiden Geleitzüge dampften unterdessen nach Osten. Sieben Bombenflugzeuge „Ju-88" der 2./KG. 77, die unverrichteter Dinge von einem Angriff auf die Schleusen des Weißmeerkanals zurückkehrten, sichteten die Konvois. Ihre Bomben zersprengten die Schiffsansammlungen. Kriegs- und Handelsschiffe stoben mit äußerster Kraft davon und gerieten in die „Juminda-Sperre".

Das deutsche Minenschiff „Cobra" (K.Kapt. Dr. Brill) hatte in diesem Seegebiet am 9. 8. die erste Sperre ausgelegt, die in den nächsten zwei Wochen durch die Minenschiffe „Cobra", „Königin Luise", „Kaiser", „Roland", „Brummer", die 5. Räumbootflottille, die 1. und 2. Schnellbootflottille um 18 weitere Sperren vergrößert wurde. Die sowjetischen Motortorpedoboote und Küstenbewacher griffen wiederholt die deutschen Schiffe an.

Kapt.z.S. Bütow, Führer der Torpedoboote, befahl daraufhin eine Verstärkung der Sperren und die Verringerung der Tiefeneinstellung der Minen. Deshalb konnten nur noch eigene S- und R-Boote die weiteren 12 Sperren legen, da die größeren Schiffe sonst selbst gefährdet würden.

Der erste sichtbare Erfolg der „Juminda-Sperre" zeigte sich am 24. 8., als der sowjetische Zerstörer „Engels" auf eine Mine lief und sank. Dann brach der 29. 8. an ...

---

*) Hubatsch, W.: 61. Infanterie-Division. 2. Aufl. Bad Nauheim: Podzun 1961. 168 S.

Admiral Tribuc führte seine Geleitzüge in die — ihm der Größe nach unbekannte — Sperre. Die ersten Wassersäulen zischten hoch, Explosionen zerrissen die Schiffsleiber, Feuer wälzte sich über die Decks, Dampfer versanken in der schäumenden See. Unbeirrt und stur dampften die Schiffe weiter und erreichten Kronstadt. Nicht alle kamen durch: Die Zerstörer „Sverdlov", „Artem", „Volodarskij", „Skoryj", „Kalinin", das Sicherungsschiff „Sneg", die U-Boote „S-5", „SC-301", „SC-324", Minensucher „T-202", Hilfsschiff „Zeleznorodosnik" und 35 Handelsschiffe waren nicht dabei! Sie lagen explodiert, zerfetzt auf dem Grund des Finnbusen. Das Flaggschiff Kreuzer „Kirov" hatte einen Minentreffer erhalten, gewann aber noch den schützenden Hafen am Eingang Leningrads.

*

Die zweitgrößte Stadt der Sowjetunion bereitete sich auf den Kampf um „Sein oder Nichtsein" vor. Die Bevölkerung war bereits kurz nach Kriegsbeginn für die Verteidigung mobilisiert. 160 000 Männer und 32 000 Mädchen und Frauen meldeten sich in den ersten Kriegswochen als Freiwillige zum Kriegsdienst!

Die erste Freiwilligen-Division rückte am 4. 7. in die Lugafront. Wenige Tage später folgten die 2. und 3. Volkswehr-D. Der neue OB. Nordwest, Marschall Woroschilow, und sein Kriegskommissar, der Chef des ZK der KPdSU in Leningrad, Shdanow, erließen am 14. 7. einen Aufruf:

> „Die direkte Drohung einer feindlichen Invasion hängt nun über Leningrad, der Wiege der proletarischen Revolution. Während die Truppen der Nordfront tapfer die Horden der Nazis und die finnischen Schützenkorps auf der ganzen Strecke von der Barents-See bis Reval und Hangö bekämpfen und jeden Zoll unseres geliebten Sowjetlandes verteidigen, sind die Truppen der Nordwestfront oft nicht in der Lage, die feindlichen Angriffe abzuschlagen . . ."

Die Bevölkerung wurde durch diese schonungslose Offenheit zum bedingungslosen Einsatz aufgerufen. Eine Sonderkommission unter Parteisekretär Kusnecov trug die Verantwortung für den Ausbau eines Verteidigungssystem im Vorfeld der Millionenstadt. Männer, Frauen, Kinder, Betriebe, Straßenkollektivs und Schulen bauten entlang der Flüsse und Straßen, durch Wälder und Wiesen, an Stadt- und Dorfgrenzen 4 000 Feuerstellungen, 650 MG-Nester, 24 000 Eisenbetonhöcker für Panzersperren, 4 600 Bunker, 700 km Panzergräben, 300 km

Baumsperren und 17 000 Schießscharten. Die nicht einsatzfähige Bevölkerung, Kranke und Greise — ca. 656 000 Menschen — wurden mit der Eisenbahn nach Osten transportiert.
Leningrad war Mitte August 1941 Festung geworden!

„Wie ein Mann werden wir zur Verteidigung unserer Stadt stehen, unserer Heime, Familien, Ehre und Freiheit. Wir wollen unsere heilige Pflicht als Sowjetpatrioten erfüllen und werden im Kampfe gegen den grausamen und verhaßten Feind nicht zu bändigen sein. Wachsam und gnadenlos wollen wir den Kampf gegen Feiglinge, Panikmacher und Deserteure aufnehmen. Die strengste revolutionäre Ordnung wollen wir in unserer Stadt einführen. Bewaffnet mit eiserner Disziplin und bolschewistischer Organisation werden wir dem Feinde mannhaft entgegentreten und ihm eine vernichtende Abfuhr erteilen!"

Diese Worte leuchteten in jenen Tagen von den Plakatsäulen in Leningrad. Marschall Woroschilow und Gebietskommissar Shdanow richteten am 20. 8. einen Aufruf an das Leningrader Parteiaktiv, der kurz und bündig lautete:

„Entweder wird die Arbeiterklasse Leningrads versklavt und in ihren besten Teilen ausgerottet, oder wir werden Leningrad zum Grab der Faschisten machen!"

Das war die Situation auf sowjetischer Seite: Ein Aufruf zur totalen Kriegführung unter Einsatz aller Mittel! Es war die gleiche Zeit, in der die deutschen Führungsstellen erste Zweifel an einem schnellen Erfolg bekamen. Der Chef des Generalstabes des Heeres notierte in sein Tagebuch:

„Zusammenarbeit mit Heeresgruppe funktioniert schlecht. (22. 7.) Heeresgruppe meldet: Der Russe sei mit operativen Erfolgen nicht zu schlagen. Er muß Stück für Stück in kleiner, taktisch zu wertender Umfassung zerbrochen werden. (26. 7.) Das, was wir jetzt machen, sind die letzten verzweifelten Versuche, die Erstarrung in Stellungskrieg zu vermeiden. Der Koloß Rußland ist von uns unterschätzt! (11. 8.)"

Die drei Wochen, die Anfang und Ende dieser Eintragungen umfassen, bezeichnen eine Krise in den Ansichten der Heeresgruppe betreffs des endgültigen Stoßes nach Leningrad. Der deutsche Angriffstermin wurde allein in diesen Tagen mehrmals verschoben. General d.

Pz.Tr. Reinhardt, der mit seinem XXXXI. AK.mot. schon am 22. 7. zur Fortsetzung der Offensive antreten wollte, notierte resignierend:

„Entsetzlich! ... Die endgültige Gelegenheit verpaßt!"

Die Heeresgruppe stand bei Beginn des Monats August so weit, daß nun doch mit einem Wiederantreten gerechnet werden konnte. Da gemäß Weisung des OKH südlich des Ilmensees nur eine Verteidigungsflanke zu bilden war, konnte der befohlene „Schwerpunkt rechts" stärker betont werden. Das AOK 16 übernahm den Befehl über I. und XXVIII. AK., die in einem 50 km breiten Gefechtsstreifen vorgehen sollten. (Die gesamte Frontbreite der Armee betrug ca. 190 km.) Das LVI. AK.mot. stellte sich vor Luga, das XXXXI. AK.mot. in den beiden Luga-Brückenköpfen und das XXXVIII. AK. zum Angriff auf Narwa-Kingisepp bereit.

Das I. Flieger-K. hatte vor der Pz.Gruppe 4 einzugreifen, während das VIII. Flieger-K. der 16. Armee den Weg „freiboxen" sollte. Das Korps des Gen.d.Flieger Frhr. von Richthofen war besonders für den Erdkampf geeignet. Es war bis jetzt bei der Heeresgruppe Mitte eingesetzt und konnte nicht schnell genug im neuen Operationsgebiet eintreffen.

Diese Verzögerung und die Transportschwierigkeiten bei der 16. Armee waren u. a. der Anlaß, das zwischen 22. 7. und 6. 8. der geplante Offensivtermin fünfmal wechselte. Als schließlich der 7. 8. als Angriffstag vorgesehen war, änderte sich das Wetter, so daß kein Flugzeug starten konnte.

Gen.Ob. Hoepner protestierte energisch gegen eine neue Verschiebung. Die Angriffsvorbereitungen in den beiden Luga-Brückenköpfen waren so weit gediehen, daß sie nicht mehr anzuhalten waren. Die Heeresgruppe gab diesem Protest insofern nach, als das XXXXI. AK. mot. nun am 8. August angreifen sollte, die anderen Korps aber einen weiteren Termin abwarten müßten.

Regen, Regen und nochmals Regen kennzeichnete den Morgen des 8. August. Ungeduldig sahen Kommandeure, Offiziere und Mannschaften der 1., 6. PD., 36. ID.mot. und 1. ID. auf ihre Uhren und an den Himmel. Sollte der Angriff noch einmal verschoben werden, da der Regen alle Straßen in Schlammwege umwandelte und kein eigenes Kampfflugzeug Hilfe bringen konnte?

Da endlich — wenige Minuten vor 9.00 Uhr — zerriß ein Feuerschlag deutscher Geschütze den grauen Morgen. Als die Zeiger der Uhren auf 9.00 vorrückten, erhoben sich die Infanteristen und Pioniere. Die Schützen schwangen sich auf ihre Kräder und die Panzer rollten an...

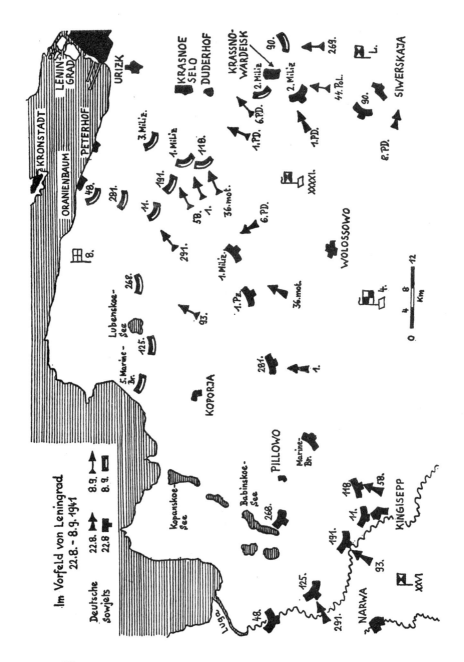

Der deutsche Angriff auf Leningrad hatte begonnen!
Der Gegner war vorbereitet. Er setzte sich verbissen zur Wehr, so daß schon in den ersten Stunden die Angreifer erhebliche Verluste erlitten. Lediglich die 1. PD. konnte nach Nordosten Boden gewinnen. Die Soldaten der benachbarten 1. ID. kamen nur meterweise vorwärts. Der Angriff von 6. PD. und 36. ID.mot. stieß auf entschlossene Gegenwehr, die von stärkster Artillerie unterstützt war. Nur 3 — 5 km betrug der Raumgewinn, dann war es zu Ende.
Die Pz.Gruppe befahl:

„XXXXI. AK.mot. geht unter Halten der erreichten Linie und unter erforderlichen Stellungsverbesserungen zur Verteidigung über."

Das Heeresgruppenkommando schaltete sich ein und wollte den Angriff mit Schwerpunkt rechts durchführen. Gen.Ob. Hoepner ließ sich von seinem Entschluß nicht abbringen, den Hauptstoß mit dem XXXXI. AK.mot. weiterhin zu führen. Er bestand allerdings darauf, daß nun das LVI. AK.mot. bei Luga vorgehen sollte.
Da war es die 1. PD., die am 9. 8. in die sowjetische Front einbrach. Die Division kam nach Norden voran und stieß somit dem vor der 6. PD. haltenden Feind in die Flanke. Nach zwei Tagen stand die 1. PD. im freien Gelände und im Rücken des Gegners! 1. ID., 6. PD. und 36. ID.mot. gewannen Luft. 1. ID. und 6. PD. machten Front nach Osten, während 36. ID.mot. hinter den Divisionen an die offene linke Flanke durchzog. Die 8. PD., jetzt dem XXXXI. AK.mot. unterstellt, rückte an den rechten Flügel. Am 14. 8. war von allen Divisionen der Waldgürtel überwunden, die Eisenbahnlinie Kingisepp — Krasnowardeisk unterbrochen und der Gegner geworfen.
Es konnte weitergehen!
Das vor Luga aufmarschierte LVI. AK.mot. (von links nach rechts: 269. ID., SS-Pol.-D., 3. ID.mot.) trat am 10. 8. mit den beiden linken Divisionen an. Nach anfänglichem Geländegewinn blieb der Angriff vor einem gut und tiefgestaffelten Verteidigungswall des XXXXI. sowj. Schtz.K. liegen. Da auch die nächsten Tage keinen Erfolg brachten, wurde das Korps angehalten. Die 3. ID.mot. sollte beschleunigt dem XXXXI. AK.mot. unterstellt werden, um hier den erfolgten Durchbruch zu verstärken.
Es war am 15. 8., als der OB. der Heeresgruppe auf dem Gefechtsstand der Pz.Gruppe eintraf, um eine Klärung herbeizuführen, nach der die gesamte Pz.Gruppe geschlossen über Krasnowardeisk auf Leningrad vorzugehen hatte. Feldmarschall Ritter von Leeb stimmte diesen Ansichten bei, versagte aber jede Zuführung neuer Divisionen.

Der Tag war noch nicht zu Ende. Da traf gegen 18.00 Uhr ein Befehl ein, der alle Pläne ins Wasser warf. Das Gen.Kdo. LVI. AK. mot. mußte unverzüglich mit 3. ID.mot. und SS-T-D. dem AOK 16 zur Verfügung gestellt werden, um hier eine Krisenlage zu bereinigen. Dieser Befehl, der auf dem Gefechtsstand Gen.Ob. Hoepners wie eine Bombe platzte, führte zu folgender Aktennotiz:

„So werden der Pz.Gruppe an dem Tage, an dem der Angriffsflügel der Gruppe sich nach langen, immer wieder äußerst tapfer vorgetragenen, aber auch verlustreichen Angriffen durchgerungen hat und der Feind endgültig weicht, die letzten, mühsam bereitgestellten Reserven ... genommen. ... Damit ist die Pz.Gruppe zum zweiten Mal vor Erreichen ihres Zieles von der Heeresgruppe angehalten worden!"

Gen.Ob. Hoepner mußte seinen Divisionen den Befehl geben, ihre Kräfte zu schonen und die Linie Wolossowo — Biegunizy nicht zu überschreiten. Die 1. PD. besetzte gegen geringe Feindabwehr am 16. 8. Wolossowo, 40 km südwestlich Krasnowardeisk. Das Korps Reinhardt durfte infolge der geringen Kampfstärke nur 10 km täglich Boden gewinnen, obwohl ein einheitlich geführter Widerstand der Sowjets nicht mehr zu spüren war. 1., 6. PD. und 36. ID.mot. erreichten bis 21. 8. den Raum südwestlich Krasnowardeisk und gingen auf 150 km Breite zur Verteidigung über. Lediglich die 8. PD. wurde nach Süden umgedreht.

Der linke Flügel des Korps war insofern geschützt, als es der 58. ID. gelang, von Süden her die Verbindung mit der 1. ID. aufzunehmen. Die 1. ID. (Glt. Kleffel) drang am 17. 8. von Osten in Kingisepp ein, während IR. 209 (Oberstlt. Kreipe) der 58. ID. aus südlicher Richtung die Stadt ebenfalls erreichte. Der Widerstand war hart; besonders tapfer setzten sich das sowj. MG-Btl. 263 und die Matrosen der Technischen Lehranstalt der Flotte ein.

Das Gen.Kdo. XXXVIII. AK. schied am 18. 8. aus der Unterstellung unter der Pz.Gruppe aus und trat mit 1. und 58. ID. zur 18. Armee über. Gen.Ob. von Küchlers Armee sollte an der Eroberung Leningrads mitbeteiligt werden. Sie hatte die linke Flanke des Angriffskeils zu bilden.

*

Wie sah es an der rechten Flanke aus?
Die 16. Armee hatte Ende Juli mit ihrem Flügel den Anschluß an die Pz.Gruppe gewonnen. Das I. AK. (11. und 21. ID.) war in Rich-

tung Ilmensee angesetzt. Das XXVIII. AK. zog mit 121. und 122. ID. hinter dem Ostpreußerkorps weg, um sich näher an die Pz.Gruppe zu schieben.

Der Ilmensee, dieses dreiecksförmige fischreiche Gewässer — Größe 659 qkm bei Niedrig- und 2230 qkm bei Hochwasser — teilte die 16. Armee, deren II. und X. AK. in weitauseinandergezogener Front südlich des Sees verblieben. Die Sowjets waren sich der Bedeutung dieses Raumes bewußt. In Nowgorod, am Nordzipfel des Ilmensees, lag das Hauptquartier von Marschall Woroschilow. Die 48. Armee des Glt. Akimov erhielt den Auftrag, das westliche Seeufer zu verteidigen. Von links nach rechts stellten sich 70., 237. Schtz.D. und 1. Volkswehr-D. auf, um den Ansturm der Deutschen zu erwarten.

Das I. AK. kam schnell. Die 21. ID. und die 126. rheinisch-westfälische ID. (letztere zum X. AK. gehörend) erreichten gleichzeitig die Südwestecke des Ilmensees. Die 21. ID. nahm Schimsk, während von der 126. ID. nur das IR. 424 über den Shelon setzte und sich direkt am Seeufer nach Norden vorarbeitete. Der gemeinsame Angriff entlang der Küste mit Ziel Nowgorod begann am 12. 8., 5.00 Uhr. 21. ID. ging links, IR. 424 rechts der großen Straße vor. Die 11. ID. zog noch weiter links und unterbrach am dritten Angriffstag die Eisenbahnstrecke Luga — Nowgorod.

Die Soldaten der 21. ID. (Glt. Sponheimer) und des verstärkten IR. 424 (Oberstlt. Hoppe) kämpften sich über die vielen Zuflüsse des Ilmensees nach Nordosten. Am Morgen des 15. 8. tauchte vor den Augen der deutschen Soldaten das vieltürmige Nowgorod auf.

Nowgorod, eine der ältesten Siedlungen des großen russischen Reiches, war Ziel der 21. ID. Die Stadt wurde schon von Rurik zur Zeit Karls d. Großen gegründet, erhielt im Mittelalter das Lübecker Stadtrecht. Es hatte eine reiche Geschichte hinter sich und war bisher nur einmal — im 17. Jahrhundert — von einem Gegner im Kampf gestürmt worden. Das sowjetische AOK 48 funkte am 15. 8. an die Verteidiger von Nowgorod, 305. Schtz.D., 128. Schtz.D.mot. und 21. Pz.Br.:

„Nowgorod ist bis zum letzten Mann zu halten!"

Es war 16.00 Uhr an diesem Tag. Gen.Ob. Busch, OB. der 16. Armee, traf beim IR. 424 ein. Gleichzeitig erdröhnte das Heulen der Stukamotore. Die Maschinen des VIII. Flieger-K., die die Befestigungen von Nowgorod sturmreif bombardieren sollten, rauschten durch die Luft.

Die letzte Stukastaffel flog 17.30 Uhr heran. Dann quollen Qualm, Rauch und Feuer auf. Eine graue Wand schien sich vor die Stadt zu schieben, aus der Explosionen auflohderten. Die Batterien schleuderten neues Feuer in das todwunde Nowgorod.

Als die Uhrzeiger auf 18.00 vorrückten, stürmten die Infanteristen los, brachen mit aufgepflanztem Bajonett und unter Handgranatenwürfen in den ersten russischen Wall ein, erkämpften sich den Zugang zum Panzergraben und erreichten keuchend, blutend, schwitzend die Südvorstadt Troitki.

Das I. AK. entschloß sich in der Nacht, Nowgorod nur abzuschließen, mit der Masse aber westlich vorbei auf Tschudowo loszumarschieren. IR. 3 (Ob. Becker) der 21. ID. und IR. 424 (Oberstlt. Hoppe) der 126. ID. sollten den Kampf um Nowgorod durchstehen. Beide Kommandeure dachten, ihre Aufgabe offensiv zu lösen.

„Die 1./IR. 424 (Oblt. Richter) drang am 16. 8., nach 4.00 Uhr, in Nowgorod ein und fand den durch Stukas zerstörten Weg ins Haupttor des Kreml unbesetzt. Gegen die abziehende Nachhut der Russen besetzte die Kompanie sofort das Innere der Festung, und die mit der Kompanie eingedrungenen PK-Berichterstatter Kaufmann und Greven hißten um 7.00 Uhr die Fahne auf dem Hauptturm. Der Regimentskommandeur meldete an die 21. ID.: IR. 424 hat um 6.00 Uhr Nowgorod und den Kreml genommen!" *)

Das nachfolgende IR. 3 wurde an Nowgorod vorbeigezogen, um nördlich der Stadt über den Wolchow zu gehen, einen Brückenkopf zu bilden und von hier aus Nowgorod-Ost und die Wolchow-Insel zu besetzen. Dieser Plan gelang am 17. 8. nicht. Das IR. 3 kam wohl bei Stininka über den Fluß, blieb aber mit zwei Bataillonen vor dem Nordostrand der Stadt liegen, während I./IR. 3 um Sarelje nach Osten sicherte.

IR. 424 und das II./IR. 23 wurden in den Brückenkopf geschoben, um am nächsten Tag den Angriff zu unterstützen. Die Bereitstellung erfolgte am Vormittag des 18. 8. Doch als die Zeit für den Angriff herankam, entluden sich ein Gewitter und ein wolkenbruchartiger Regen, der sich als Dauerregen fortsetzte und das Gelände in eine Schlammwüste verwandelte. Da, gegen 17.00 Uhr, tauchten Stukas auf. Als die letzte Bombe fiel, stiegen die Soldaten, naß und verschmiert, aus ihren Löchern und griffen an. II./IR. 424 (Major Schilling) und II./IR. 23 (Major Spiethoff) warfen die Sowjets aus ihren Gräben und standen zwei Stunden später in Nowgorod-Ost. Das III./IR. 424 (Hptm. Cappel) übernahm den Flankenschutz nach Osten, marschierte zum Mal-Wolchow und besetzte am nächsten Tag das Kloster.

Der erste Wolchowbrückenkopf entstand! Der Gegner, besonders das Schtz.R. 19., griff in den nächsten Tagen mehrmals die Klosterbastion

---

*) Lohse, G.: Geschichte der rheinisch-westfälischen 126. Infanterie-Division. Bad Nauheim: Podzun 1957. 223 S.

— die den Namen „Alcazar" erhielt — an. Der deutsche Brückenkopf bei Nowgorod hielt!

Das I. AK. beauftragte die 11. ID., nachdem diese auf grundlosen Wegen Wjatschitschi erreichte, hinter der 21. ID. nachzuziehen und fächerförmig zum Wolchow einzuschwenken. Die 11. ID. übernahm die Befehlsführung im Brückenkopf Nowgorod und nördlich davon. IR. 44 stand rechts, IR. 2 in der Mitte und IR. 23 im Norden.

Die Front am Wolchow war gebildet!

Eine Front, die zu den trostlosesten in Rußland gehörte; eine Front, die sechs Monate Winter und sechs Monate Sumpf kannte; eine Front, in der die Natur seit ihrer Schöpfung stehengeblieben schien; eine Front, die von keiner Kesselschlacht wußte, aber noch hielt, als der Krieg für Deutschland längst verloren war!

Die 21. ID., Spitzendivision des I. AK., marschierte nach Norden, um die wichtige Eisenbahnlinie Leningrad — Moskau bei Tschudowo auszuschalten. Eine vorgeworfene Kampfgruppe unter Major von Glasow (AA. 21, II./AR. 37, Sturmgesch.Battr. 666, H.Fla-Btl. 272, Nebelw.Abt. 9, Radf.Schw. IR. 24 und 45) wurde auf Tschudowo angesetzt. IR. 45 folgte eilig nach und nahm Luka, südostwärts der Stadt.

Die Division sammelte zum letzten Sturm in Gluschiza am Polistj. Die AA. 21 stürmte auf Korpowo am Kerestj und gab Flankenschutz nach Westen. IR. 24 kämpfte ostwärts Tschudowo, während IR. 45 (Ob. Chill) frontal die Stadt angriff. Die 2. Kompanie war zuerst am Kerestj. Ofw. Feige gewann mit seinem Zug gegen Mittag die Straßenbrücke. Lt. Kahle besetzte die unbeschädigte Eisenbahnbrücke. IR. 24 (Ob. Heinrichs) erstritt sich die übrigen Brücken in Tschudowo. Das II./IR. 45 (Oberstlt. Matussik) wurde am Nachmittag des 20. 8. nach Osten angesetzt, überrannte die Sowjets zwischen Sloboda und Wolchowo, nahm die große Eisenbahnbrücke und bildete den zweiten deutschen Brückenkopf auf dem Ostufer des Wolchow!

Das sowj. Schtz.R. 311 konnte keinen Widerstand mehr leisten und wich eilig auf Kirischi aus. Die 21. ID., die den Hauptteil der bisherigen Kämpfe trug — sie verlor in den letzten zehn Tagen 215 Gefallene und 602 Verwundete — gruppierte um und zog weiter. Nach sechs Tagen war der Wolchow bei Grusino erreicht. Hier ging die Division zur Verteidigung über. Jetzt standen von Nowgorod bis Grusino 11., 126. und 21. ID.

Die Wolchowfront hatte sich gefestigt. Das XXVIII. AK. war dem Vorstoß des I. AK. links gefolgt. Es griff mit 122. (links) und neu zugeführter 96. ID. (rechts) nach Nordwesten an, während 121. ID. nach Nordosten marschierte, mit der 21. ID. die Eisenbahn Leningrad — Moskau sperrte und Tossno besetzte. Damit war der Flankenschutz nach Osten für die Pz.Gruppe 4 gegeben, die nach Leningrad stürmen konnte.

*

Das sowjetische Oberkommando sah die Gefahr, die mit dem Vorstoß entlang des Wolchow gegeben war und Leningrad von Zentralrußland abzuspalten schien. Die bisherige Nordfront — die ausschließlich den Kampf gegen Finnland führte — wurde aufgelöst. Es entstanden die Karelische Front und die Leningraderfront, letztere erhielt Befehlsgewalt über die Truppen im Vorfeld der Millionenstadt. Glt. Popov wurde OB., Shdanow Mitglied des Kriegsrates.

Das Oberkommando Nordwest wurde in Nordwestfront umgewandelt. Marschall Woroschilow trat zurück. Das Oberkommando übernahm Gm. Sobennikov. Er war verantwortlich für die Kampfführung am Wolchow und im Ilmenseeraum. Zur Sicherung der Naht zwischen Leningrader und Nordwestfront schoben sich zwei neue Armeen in Stellung. Es waren 52. Armee unter Glt. Klykov und 54. Armee unter Marschall Kulik, der bis dahin Stabschef bei Marschall Budjonny in der Ukraine gewesen war. Beide Armeen blieben Moskau direkt unterstellt.

Die deutsche Seite nahm zur selben Zeit Umgruppierungen vor. Das OKH erkannte, daß mit den vorhandenen Kräften die Heeresgruppe Nord nicht mehr imstande war, Leningrad zu nehmen. Es befahl daher am 16. 8., daß das XXXIX. AK.mot. mit 12. PD., 18. und 20. ID.mot., von der Heeresgruppe Mitte in den Nordraum zu verlegen sei.

Das XXXIX. AK.mot. (Gen. d.Pz.Tr. Schmidt) traf vom 24. 8. an im Bereich der Heeresgruppe Nord ein. Die 18. ID.mot. (Gm. Herrlein) war der erste Großverband, der bereits an diesem Tag bei Tschudowo Feindberührung hatte. Die 20. ID.mot. und 12. PD. marschierten noch zwischen Schimsk und Nowgorod auf.

Die deutsche Front erhielt somit im Südosten eine erhebliche Verstärkung, die es ermöglichte, daß der vom OKH lange geforderte „Schwerpunkt rechts" zur Einschließung Leningrads in die Tat umgesetzt werden konnte. Der Plan der Heeresgruppe Nord war folgender: 16. Armee schloß die Front am Wolchow und südlich des Ilmensees im Raum der Waldaihöhen nach Osten ab. Die neugebildete „Gruppe Schmidt" (XXXIX. AK.mot. und XXVIII. AK.) vollendete die Einschließung Leningrads von Südosten, die Pz.Gruppe 4 von Süden und die 18. Armee vom Westen.

Noch befand sich die Mitte der südlichen Angriffsfront weit zurück, nachdem der linke Flügel bereits vor Krasnowardeisk und der rechte bei Tschudowo standen. Die sowjetischen Verbände kämpften noch in der Lugastellung! Es verging geraume Zeit, ehe das L. AK. die Bereitstellungen für den frontalen Angriff auf die Lugastellung eingenommen hatte.

Die beiden Divisionen — 269. ID., SS-Pol.D. — lagen wenige Kilometer südlich und südwestlich von Luga. Die SS-Pol.D. (SS-Brig.Fhr. Mülverstedt) schob sich sogar bis dicht an die Luga unweit der Stadt vor und stürmte mehrere Bunker. Links der 269. ID. waren Teile der 285. Sich.D. eingerückt, die die Verbindung zur 8. PD. aufrechthielten. Die 122. ID. des XXVIII. AK. hatte sich in der ersten Angriffsphase zu beteiligen, um die Stadt Luga vom Osten her einzuschließen.

Das L. AK. (Gen.d.Kav. Lindemann) begann am 22. 8. den Sturm auf das Kernstück der Lugastellung. Das Vorankommen gestaltete sich schwierig. Die Sowjets mußten buchstäblich aus ihren Bunkern und Stellungen herausgeschossen werden. Die 269. ID. (Gm. von Leyser) kämpfte sich langsam westlich von Luga im Flußknie nach Norden, während die SS-Pol.D. Luga direkt anging.

Das XXXXI. sowj. Schtz.K. wehrte sich erbittert und ging sogar mit Panzern zum Gegenangriff über. Das L. AK. schoß bis zum 24. August 43 Feindpanzer ab und stürmte 115 Bunker. Die SS-Pol.D. nahm am selben Tag die Stadt Luga und brachte 500 Gefangene ein. Die Verluste der SS-Pol.D. waren so hoch, daß die Division kräftemäßig nicht mehr in der Lage war, den Angriff am 25. 8. fortzusetzen.

Das frontale Vorgehen wurde erleichtert durch das Einschwenken der 8. PD. (Gm. Brandenberger). Die Division — selbst nur noch ein Drittel ihrer früheren Kampfstärke zählend — gewann Siwerskaja an der Eisenbahnstrecke Luga — Krasnowardeisk. Die 8. PD. schwenkte um fast 180° nach Süden, um dem L. AK. entgegenzukommen. Gleichzeitig kamen 122. und 96. ID. vom Osten. Die 122. ID. wurde am 28. 8. nordostwärts Luga angehalten, um in Richtung Tossna weiterzuziehen.

Die 96. ID. (Glt. Schede) erhielt am 24. 8. den Auftrag, unverzüglich von ihrem Lugabrückenkopf bei Oredesh nach Nordwesten weiterzugehen, um den aus Luga weichenden Sowjets den Rückweg nach Norden zu sperren. Die Division erreichte trotz strömenden Regens und vollkommen aufgeweichter Marschwege — nur der Infanterist selbst kam weiter, Fahrzeuge und Geschütze blieben rettungslos im Schlamm stecken — am 27. 8. den Bahnhof Nowinka und verlegte damit die letzte Ausweichmöglichkeit für den Gegner.

Die sowjetische Führung befahl den eingeschlossenen drei Divisionen, sich möglichst in kleine Kampftruppen aufzulösen, die einzeln den Durchbruch nach Norden in Richtung Leningrad erzwingen sollten. Der Stab 8. PD. übernahm auf deutscher Seite die Führung auf dem Gefechtsfeld. Die eigenen Kräfte für diesen Kampf waren sehr schwach, da nach und nach alle Regimenter und beweglichen Aufklärungsabteilungen herausgelöst wurden. Sogar Nachschubkompanien mußten eingesetzt werden, um den Lugakessel zu bereinigen. Der Kessel selbst wurde am 7. 9. aufgespalten, und am 15. 9. brach der letzte Widerstand zusammen. 20 000 Gegner gingen in Gefangenschaft. Der Rücken für die Einschließungsfront von Leningrad war freigekämpft!

Die deutschen Armeen näherten sich von drei Seiten der Stadt Peters des Großen oder der „Wiege der Oktoberrevolution". Der Angriff des XXXIX. AK.mot. (Gen.d.Pz.Tr. Schmidt), der Leningrad praktisch den „Todesstoß" versetzen sollte, kam über Anfänge nicht hinaus. Die 18. ID.mot. hatte sich, statt nach Westen, nach Norden zu wenden. Die Sowjets griffen von hier aus mit erheblichen Kräften die Eisenbahnlinie Ljuban — Tschudowo an, um diese lebenswichtige Bahnlinie zurückzuerobern. Die Division wurde — um klare Befehlsverhältnisse zu schaffen — dem I. AK. unterstellt.

Mittlerweile war die 12. PD. (Gm. Harpe) heran und stieß über die 121. ID., die Ljuban am 25. 8. besetzte, nach Westen hinaus. Die Infanteriedivision wich von der Rollbahn, um den Panzerkräften den Weg freizumachen. Die 12. PD. gelangte noch bis Ishora und nahm am 28. 8. den Ort. Dann blieb sie liegen. Ihre Kräfte reichten nicht weiter.

Die dritte Division des XXXIX. AK.mot. — die 20. ID.mot. (Gm. Zorn) — konnte der 12. PD. keinerlei Unterstützung geben. Die Division war mit unterstelltem IR. 424 (126. ID.) nach Norden zur Newa eingesetzt, um gegen den Ladogasee zu sichern. Es stand damit am 31. 8. fest, daß das XXXIX. AK.mot. infolge der Feindlage von einem Angriff auf Leningrad ausfiel!

Das Ziel der Heeresgruppe Nord lag Ende August so fern wie vor vier Wochen!

*

Das Operationsgebiet der Heeresgruppe Nord umfaßte nicht nur Baltikum und Ingermanland. Der große, teilweise unbekannte Raum südlich des Ilmensees gehörte dazu. Der rechte Flügel der 16. Armee stand Anfang August in breiter, weit auseinandergezogener Front westlich des Lowatj, der in fast genau süd-nördlicher Richtung in die Südostecke des Ilmensees fließt. Am äußersten rechten Flügel ging nördlich Newel das L. AK. mit 251. und 253. ID. vor. (Das Korpskommando wurde später an die Lugafront verlegt, die beiden Infanteriedivisionen kamen zur Heeresgruppe Mitte.) Das II. AK. schloß mit seinen drei Großverbänden — 12., 32. und 123. ID. — an Cholm heran.

Der langanhaltende Regen lähmte alle Bewegungen, so daß zur Verteidigung übergegangen werden mußte.

Das X. AK. (Gen.d.Art. Hansen) befand sich südlich des Sees im langsamen Vorgehen nach Osten. Die sowjetischen Stellungen westlich von Staraja Russa stellten sich als gewaltiger und tiefgegliederter heraus als gedacht. Das XXII. Schtz.K. verteidigte mit 180., 183., 237., 254. Schtz.D. und 1. Pz.Br. das wald- und wasserreiche Gelände.

AOK 16 befahl, Staraja Russa frontal anzugreifen. 126. ID. (Glt. Laux), 30. ID. (Glt. von Tippelskirch) und 290. ID. (Glt. Frhr. von Wrede) stellten sich von links nach rechts bereit. Der erste Angriffstag verlief erfolgreich, doch schon am zweiten blieben die Infanteristen im starken Abwehrfeuer liegen. Nur der Einsatz des VIII. Flieger-K. des Generals Frhr. von Richthofen am 7. 8. machte der 126. ID. den Weg in das brennende Staraja Russa frei. Das III./IR. 426 (Major Bunzel) drang zuerst in die Stadt.

126. und 30. ID. griffen weiter über den Polistj bis zur Redja und Lowatj an. Die 290. ID. schwenkte nach Süden ein, um Flankenschutz zu geben. Zwischen hier und dem noch bei Cholm stehenden II. AK. klaffte eine riesige Lücke. Hierin erkannte das sowjetische Oberkommando seine Chance. Es unterstellte der Nordwestfront die 34. Armee (Gm. Katschanov) mit dem Auftrag, einen Gegenangriff über Staraja Russa auf Dno zu führen, um die gesamte rechte Flanke der Heeresgruppe Nord aufzureißen.

Die 34. Sowjetarmee stürzte sich am 12. 8. mit XXI., XXII., XXIV. Schtz.K. und XXV. Kav.K. — insgesamt acht Divisionen (3., 254., 259., 163., 257., 262., 202., 245. Schtz.D. von rechts nach links) — in die Lücke. Diese starken Verbände warfen im ersten Ansturm die deutschen Sicherungen zurück!

Die Sowjets drängten nicht allein nach Westen, sondern drehten auch nach Norden. Nach 24 Stunden hatten die Panzer mit dem roten Stern 22 km Boden nach Westen gewonnen und verhielten nur 16 km südlich Staraja Russa. Das X. AK. geriet in Gefahr, eingeschlossen zu werden!

Gen.d.Art. Hansen befahl sofort seiner 126. und 30. ID., kehrtzumachen und sich rechts neben die bedrohte 290. ID., zu legen. Die Gefahr war damit nicht gebannt. Seit dem 15. 8. schoben sich noch vier neue Sowjetdivisionen in die 80 km breite Lücke zum II. AK. An diesem Tag stürmten zwölf Feinddivisionen in die offene rechte Flanke der 16. Armee!

Das Heeresgruppenkommando entschloß sich in dieser gefährlichen Situation, den Vorstoß der Pz.Gruppe zu stoppen und das LVI. AK. mot. beschleunigt nach Dno und Staraja Russa zu führen. Die 3. ID. mot. und SS-T-D. brauchten vier Tage, ehe sie die 260 km lange Strecke von Luga bis Cholm geschafft hatten. Dann griffen sie aus der Bewegung heraus nach Nordosten in die Flanke der 34. Sowjetarmee an.

Es war höchste Zeit — denn schon hatte der Gegner die 30. und 126. ID. auseinandergerissen. Endlich, am 20. 8., reichten sich die Angriffsspitzen der SS-T-D. und die der ihr entgegenkommenden 30. ID. bei Gorki die Hand! Der Feind war geschlagen, das X. AK. frei. Mehr als 10 000 sowjetische Soldaten marschierten als Gefangene ab, 141 Panzer, 246 Geschütze u.a.m. — darunter die erste erbeutete „Stalinorgel" — blieben in deutscher Hand.

Gen.d.Inf. von Manstein setzte mit seinen beiden Divisionen den Angriff nach Osten fort. Das X. AK. schloß sich mit 30. und 290. ID. an. (Die 126. ID. wurde an den Wolchow verlegt.) Es war Plan der Armee, daß die beiden Korps nicht nur die Waldaihöhen nahmen, sondern auch ostwärts des Wolchow nach Nordosten vorzugehen hatten. Das II. AK. sollte über Cholm die Flanke nach Osten abdecken.

Da störte neuer Regen diese Vorbereitungen. Der Schlamm verhinderte den Einsatz der Panzer. Luftaufklärung ergab, daß sich die sowjetische Front zwischen Cholm und Staraja Russa ständig festigte. Jetzt standen hier allein 11., 27. und 34. Armee. Das AOK 16 sah sich deshalb gezwungen, seine erste Operationsabsicht aufzugeben und nur das Vorgehen nach Osten durchzuführen.

Der Angriff begann am 31. 8. Die 290. ID. mußte dabei als linke Flügeldivision schließlich ihre Front bis auf 40 km Breite strecken und kam über die Kolpinka nicht mehr weiter. 30. ID., 3. ID.mot. und SS-T-D. fesselten durch Flankenstöße die 11. und 34. Armee, um dem II. AK., das durch die 19. PD. der Heeresgruppe Mitte verstärkt war, das Vorgehen zu erleichtern. Das II. AK. griff mit vorgeworfener 19. PD. (Glt. von Knobelsdorff) nach Nordosten an.

„Als die Höhen etwa 6 km südlich Demjansk am 7. 9. erreicht waren, wurde das Pz.R. 27 (Oberstlt. Thomale) zum Angriff angesetzt. Das IR. 4 (Ob. Falley) der 32. ID. saß auf den Panzern auf.... Es ging zunächst durch einen großen Wald. Etwa 2 km vor Demjansk stieß die Spitze auf feindliche Panzer, die vernichtet wurden. Gleichzeitig griff russische Infanterie an, so daß unser Infanterie-Regiment von den Panzern mußte und die Russen zurückwarf. Der Panzerangriff lief weiter. Durch gesprengte kleine Brücken und Straßensprengungen hatte er kleine Aufenthalte.... Das Ziel war zunächst die Flußbrücke über den Jawon. Demjansk wurde schnell genommen."*)

Die zweite Division des LVII. AK.mot. — die 20. PD. — war ebenfalls an Demjansk herangekommen und verstärkte die deutschen Kräfte, die unverzüglich nach Osten stießen. Dabei gelangte ein Spähtrupp des IR. 48 (12. ID.) am 8. 9. als erster Trupp der deutschen

---

*) Knobelsdorff, O. von: Geschichte der niedersächsischen 19. Panzer-Division. Bad Nauheim: Podzun 1958. 311 S.

Wehrmacht an die Wolga und nahm deren Quelle in Wolgo-Werschowje in Besitz. 30., 32. ID., 19. und 20. PD. trieben die Sowjets vor sich her. 30. ID. und 19. PD. kesselten dabei eine starke Feindgruppe um Molwotizy ein. Die 12. ID. setzte den Marsch nach Osten fort und erreichte den Seeliger-See.

Ein Erfolg war errungen: Die rechte Flanke der Heeresgruppe war freigeschlagen, die deutsche Front bis an und in die Westausläufer der Waldaihöhen vorgetragen, der Feind in die Verteidigung gezwungen! Die Kämpfe der letzten beiden Wochen hatten die Zahl von 35 000 Gefangenen und die Beute bzw. Vernichtung von 117 Panzern, 254 Geschützen u.a.m. erbracht.

Das OKH befahl nach Abschluß dieser Gefechte, das bis 24. 9. die 19. und 20. PD. unverzüglich zur Heeresgruppe Mitte zurückzukehren hatten. Die 123. ID. (Gm. Rauch) löste die letzten Panzereinheiten ab und weitete die eigene Front bis Ostaschkow aus, der östlichsten und gleichzeitig südlichsten Frontstelle der Heeresgruppe Nord.

Von hier gab es keine Verbindung zur Heeresgruppe Mitte, sondern nur Sumpf, Wald, Seen und nochmals Sumpf.

*

Die Entscheidung des Kampfes in Nordwestrußland erfolgte nicht an den Waldaihöhen, sondern bei Leningrad. Die Moskauer Regierung war gewillt, die Stadt auf jeden Fall und um jeden Preis zu halten.

Die Verteidigungsarbeiten wurden Ende August/Anfang September energischer als bisher vorangetrieben. Glt. Popov, OB. der Leningraderfront, übergab sein Kommando an Marschall Woroschilow. Dieser brachte nicht die notwendige Härte mit, um die Zivilbevölkerung zur letzten Kraftanspornung aufzurufen. Moskau schickte deshalb am 11. 9. Armeegeneral Shukow nach Leningrad und ernannte ihn zum OB. der Leningraderfront. Gleichzeitig mit Shukow traf Gen.Ob. Woronow als direkter Vertreter des sowjetischen Oberkommandos ein.

Armeegeneral Shukow veranlaßte letzte Maßnahmen, um Leningrad als Festung auszubauen. Er beauftragte Gm.Swiridov mit dem Befehl über die schwere Artillerie und bestätigte zum Chef der Seeverteidigung K.Adm. Gren. Gm. Sachwarov wurde Kommandant von Leningrad. Er trug die Verantwortung für die Aufstellung und den Einsatz der Volkswehrdivisionen. Bis September konnten sechs Divisionen marschfertig gemacht werden. Diese Zahl erhöhte sich später auf 20, so daß schließlich 300 000 ungediente Männer aller Berufsgruppen und Jahrgänge unter Waffen standen.

Die äußerste Verteidigungsstellung, die in 25 km Entfernung vom Stadtrand verlief, wurde besetzt. Leningrad selbst in sechs Verteidigungssektoren eingeteilt. Zur Unterstützung der Armee wurden die kommunistischen Parteifunktionäre mobilisiert. Die Sekretäre des ZK der KPdSU; der Gebiets- und Stadtkomitees, Schtykov, Shdanow, Kusnecov, Kapustin und Solowjev, waren beratende Mitglieder des Frontkommandos.

Die heimische Wirtschaft und Industrie arbeitete ausschließlich für die Kriegsproduktion. 92 große Betriebe der Stadt, darunter Kirow- und Ishorawerk, wurden ins Hinterland verlegt. Der Luftschutz der Stadt lag in den Händen des II. Luftverteidigungs- und VII. Jagdflieger-K., denen allein im August noch vier Flieger-Regimenter und im September zwei Fliegergruppen zugeführt wurden. Die sowjetischen Luftstreitkräfte waren zu diesem Zeitpunkt den deutschen überlegen.

Diese Tatsache machte möglich, Fernbomber nach Berlin fliegen zu lassen. Der erste Einsatz dieser Art erfolgte in der Nacht zum 9. August. Fünf Flugzeuge der „Baltischen Rotbannerflotte" vom Typ DB-3 unter Führung des Ob. Preobrazhanskij und der Hauptleute Yefremov, Plotkin, Khoklov und Greshnikov starteten in der Abenddämmerung des 8. 8. von Flugplätzen auf Ösel. Die Maschinen zogen eine weite Schleife über See und näherten sich von Stettin kommend der Reichshauptstadt, wo sie Bomben warfen. —

Die Entscheidung mußte aber auf der Erde fallen.

Die „Rote Armee" stand Anfang September 1941 im Vorfeld Leningrads in folgender Aufstellung von rechts nach links: 5. Mar.Br., 125., 268. Schtz.D., 2. Volkswehr-D., 11., 191., 118. Schtz.D. Diese Verbände besetzten die erste Verteidigungsstellung; in zweiter Linie lagen: 48., 281. Schtz.D., 1. und 3. Volkswehr-D. Die Divisionen hatten keine Feindberührung, da vor ihnen noch 42. Armee (Glt. Ivanov) und 55. Armee (Gm. Lazarev) kämpften.

Die Heeresgruppe Nord nahm in der ersten Septemberwoche die notwendigen Bereitstellungen für die Schlußphase der Offensive auf Leningrad ein. Die Pz.Gruppe 4 lag wiederum im Schwerpunkt. Sie gliederte sich in drei getrennte Gruppen. Das XXVIII. AK. (Gen.d. Inf. Wiktorin) griff mit 122., 96. und 121. ID. (von rechts nach links) beiderseits der Eisenbahn Tschudowo — Leningrad von Osten her an, wobei 122. ID. mit rechtem Flügel an der Newa stand. Das L. AK. (Gen.d.Kav. Lindemann) kam mit 269. ID. und SS-Pol.D. aus dem Raum südlich Krasnowardeisk. Das XXXXI. AK.mot. (Gen.d.Pz.Tr. Reinhardt) befand sich mit 1., 6. PD. und 36. ID.mot. südwestlich derselben Stadt. Die 18. Armee beteiligte sich durch das XXXVIII. AK. (Gen.d.Inf. von Chappuis) vom Westen her am Angriff. 291. ID. hatte Ropscha genommen, südlich davon marschierten 58. und 1. ID. auf.

Die Luftflotte 1 mobilisierte noch einmal alle vorhandenen Kräfte. Das Gen.Kdo. I. Flieger-K. (Gen.d.Fl. Förster) befehligte KG. 1, 4, 76 und 77, JG. 54 und Zerst.G. 26. Die Kampfstaffeln starteten von Dno, Saborowka, Korowje Selo und Roskopolje, Jäger und Zerstörer von Sarudinje aus. Das VIII. Flieger-K. (Gen.d.Fl. Frhr. von Richthofen) beteiligte sich mit KG. 2, Stuka-G. 2, JG. 27, II./KGr. 210 und II. Lehr-G. 2 von Wereten, Rjelbitzy, Spasskaja Polistj, Prichon und Ljuban aus am bevorstehenden Einsatz. Insgesamt standen Anfang September 203 Kampfflugzeuge, 60 Stukas, 166 Jagdflugzeuge, 39 Zerstörer und 13 Aufklärungsflugzeuge zur Verfügung. Eine Luftmacht, die sich in dieser Stärke nie wieder von deutscher Seite über dem Nordabschnitt der Ostfront zeigte!

Der Angriff begann am 9. 9., 9.30 Uhr. Das Ziel hieß nicht mehr Eroberung, sondern Einschließung Leningrads. Luftwaffenunterstützung blieb in den ersten beiden Stunden infolge Bodennebels aus. Infanteristen, Pioniere, Panzerfahrer, Kradschützen, Panzerjäger mußten allein mit dem Gegner fertig werden. Erst gegen 11.00 Uhr waren Stukas und Bomber da und luden ihre verderbenbringenden Lasten ab.

Die in vorderster Front stehende 36. ID.mot. — das IR. 118 mot. als Schwertspitze voraus — drang in die sowjetischen Befestigungen beiderseits Bol. Starokworitzy ein und arbeitete sich vier Kilometer weit auf dem langsam ansteigenden Gelände vor. Die 1. PD. schob sich neben die Division, um am nächsten Tag den Durchbruch zu vervollständigen. Die 1. PD. wurde flankierend vom Gegner angegriffen und mußte sich an der Straße Krasnowardeisk — Krasnoje Selo verteidigen. Dagegen gelang es dem IR. 118 mot. (Ob. Casper) in stundenlangen Gefechten die Duderhofer Kasernen zu nehmen und 20.45 Uhr die Höhe 143 zu stürmen. Damit standen deutsche Soldaten auf dem beherrschenden Höhengelände um Duderhof.

Die 6. PD. kam an beiden ersten Angriffstagen nur langsam voran. Sie hatte erst 32 Bunker und zwei Panzerwerke niederzukämpfen, ehe an ein Vorgehen gedacht werden konnte. Genau so entwickelte sich die Lage beim L. AK. Die SS-Pol.D. blieb am 10. 9. vor Krasnowardeisk liegen. Dagegen gelang es der 269. ID., von Südosten her in die Stadt einzubrechen. Die 42. Sowjetarmee hatte hier starke Kräfte eingesetzt. Der Straßenkampf dauerte noch bis zum 13. 9. mittags, dann war Krasnowardeisk gefallen.

Erfolgreicher und schneller verlief der Angriff auf dem linken Flügel des XXXXI. AK.mot. Die 1. PD. stellte eine Kampfgruppe unter Major Dr. Eckinger zusammen (I./Schtz.R. 113, 6./Pz.R. 1, II./AR. 73), die den Ort Duderhof und die „Kahle Höhe" am 11. 9. nahm. Oblt. Darius, Chef 6./Pz.R. 1, funkte 11.30 Uhr:

„Ich sehe Petersburg und das Meer!"

Der Angriff der noch weiter links vorgehenden 18. Armee entwickelte sich ebenso günstig. 291., 58. und 1. ID. marschierten auf Krasnoje Selo zu. Die 1. ID. erreichte am 11. 9. den Truppenübungsplatz in der Nähe der Stadt. Hier befand sich das Paradefeld der ehemaligen zaristischen Garden — und der innere Ring des zweiten Verteidigungswalles von Leningrad. Die 58. ID. nahm am 12. 9. Krasnoje Selo. Die Männer aus Norddeutschland sahen von hier Leningrad und das Meer.

Die 58. ID. — am 13. 9. von Gm. Dr. Altrichter übernommen — schwenkte nach Nordosten zur Küste ein. Das IR. 209 marschierte auf Urizk zu. Oblt. Sierts, Lt. Lembke und Fw. Pape der 2./IR. 209 waren die Ersten und drangen bis zur Endstelle der städtischen Straßenbahn vor. Die Wegweiser zeigten hier: „10 km bis Leningrad!"

Die 1. ID. wurde hinter der 58. ID. durchgezogen und nach links verschoben. Die Ostpreußen gewannen Boden nach Norden und standen bei Strelnja am Meer! Die sowjetische Front war am 20. 9. durchbrochen! Starke Feindverbände lagen um Peterhof und Oranienbaum hinter der deutschen Front! Die 291. ID. und die zurückstehende 254. ID. drehten ebenfalls ein und verwehrten den Sowjets den Ausbruch aus Oranienbaum.

Der „Oranienbaumer Kessel" war entstanden!

1. PD. und 36. ID.mot. stürmten südlich Krasnoje Selo vorbei und gingen trotz überlegener, von Panzern unterstützter Feindangriffe weiter und gelangten bis zum 15. 9. auf die Höhen von Pulkowo. Leningrad lag greifbar nahe vor den Soldaten des Generals Reinhardt...

Das schnelle Vorwärtskommen der beiden motorisierten Divisionen riß das L. AK. mit. 269. ID. und SS-Pol.D. griffen nach Nordosten an. Puschkin — das frühere Zarskoje Selo, die Sommerresidenz der Zaren — war Ziel dieser Divisionen. Die 1. PD. stellte am 17. 9. noch eine Kampfgruppe ab, um dem SS-Pol.R. 2 bei der Eroberung der Stadt und der Zarenschlösser zu helfen.

Es war der letzte Einsatz und der letzte Erfolg der Pz.Gruppe 4 vor Leningrad! Das AOK 18 war jetzt südlich Leningrad eingetroffen. Gen.Ob. Hoepner übergab den Abschnitt seiner Pz.Gruppe an Gen.Ob. von Küchler.

Die Pz.Gruppe 4 wurde aufgrund der Weisung Nr. 35 vom 5. 9. 1941 der Heeresgruppe Nord genommen. Hitler äußerte sich an diesem Tag zu seinem Generalstabschef, daß der Auftrag bei Leningrad erfüllt sei. Die Stadt solle „Nebenkriegsschauplatz" werden. Das deutsche Heer hätte sich nun auf Moskau zu konzentrieren. Leningrad müßte nur noch im Osten fest eingeschlossen und dabei eine Verbindung mit den Finnen am Ladogasee erstrebt werden.

Das VIII. Flieger-K., das bisher den rechten Flügel der deutschen Angriffsgruppe unterstützte, mußte ebenfalls seine Einsatzhäfen aufgeben und verlegte in den Mittelabschnitt der Ostfront. Das Fliegerkorps hatte der „Gruppe Schmidt" beim Vorstoß in die Verteidigungsstellung Leningrads und zum Ladogasee den Weg gebahnt.

Das XXVIII. AK. war mit seinen drei Divisionen — von rechts nach links: 121., 96. und 122. ID. — entlang der Eisenbahn und Straße Tschudowo — Leningrad vorgedrungen und in die erste Verteidigungslinie zwischen Sluzk und Iwanskoje an der Newa eingebrochen. Sluzk war am 15. 9. im Handstreich von der Sturmgesch.Btтр. 667 (Oblt. Lützow) genommen. An Kolpino kamen die deutschen Soldaten nicht heran. Die Sowjets fuhren hier ihre fabrikneuen Panzerwagen — die überlegenen „T 34", gegen die unsere Pakgeschütze fast machtlos waren — direkt vom Fließband in die Schlacht.

Die Kraft des XXVIII. AK. war erschöpft.

Die vollständige Abschließung Leningrads von der Außenwelt erfolgte durch einen Stoß, der noch weiter im Osten angesetzt wurde. Die um Mga stehende 20. ID.mot. (Gm. Zorn) war am 2. 9. verstärkt worden und bildete zwei Angriffsgruppen, die bis zum Ladogasee gehen sollten. Ob. Graf von Schwerin befehligte die linke Gruppe (II./IR. 76, III./IR. 30, I./AR. 20 u. a. m.), Oberstlt. Hoppe die rechte Gruppe (IR. 424, I./R. 76, I./Pz.R. 29 u. a. m.). Eine Gruppe unter Ob. Thomaschki (I./IR. 424, III./IR. 3, Pz.Jäg.Abt. 126) hatte Flankenschutz nach Osten zu geben.

Der Angriff der drei Gruppen blieb schon am ersten Angriffstag (6. 9.) nach 500 m liegen. Es war unmöglich, in dieser Wald- und Strauchwildnis weiterzukommen. Panzer, Geschütze und Lkw blieben stecken. Als schon alles verloren schien, gelang es der 11./IR. 424 (Lt. Leliveldt), eine Lücke in der feindlichen Front zu finden. Die rechte Kampfgruppe brach durch und besetzte bis zum Abend das später so berühmt gewordene Gleisdreieck nördlich Mga.

Der nächste Tag brachte die Einnahme von Ssinjawino und weiteren Geländegewinn auf den Ladogasee zu. Der Nachschub stockte vorübergehend, da in der Nacht Ssinjawino durch explodierende Munition restlos abbrannte. Als die Morgensonne des 8. 9. über den Horizont stieg, lag Schlüsselburg vor den deutschen Soldaten.

Ein vorgeschobener Spähtrupp stieß auf keine Sowjets mehr. Stukas sollten 8.45 Uhr die Stadt angreifen. Da gab Oberstlt. Hoppe aus freiem Entschluß — Verbindung zur Division und zum Korps war längst verloren — den Befehl zum Sturmangriff. Die Bataillone des IR. 424 griffen 7.00 Uhr an, und bereits 40 Minuten später hißte Fw. Wendt (3./IR. 424) die deutsche Fahne auf dem Kirchturm von Schlüsselburg.

Schon starteten die Stukas des VIII. Flieger-K. Da gelang es 8.15 Uhr den Leutnants Pauli und Fuß nach dreiviertelstündigem Bemühen, mit einem Funkgerät Verbindung mit einer eigenen Batterie bei Gorodok aufzunehmen. Diese gab die Funkmeldung weiter an die 20. ID. mot., der es gelang, die Stukas — bis auf eine Staffel — kurz vor Schlüsselburg anzuhalten.

Leningrad war endgültig abgeriegelt!

*

Drei sowjetische Armeen waren in der Dreimillionenstadt eingeschlossen! Es waren: 23. Armee (Glt. Cerepanov), die an der Newafront zwischen Ladogasee und Kolpino das Flußufer besetzt hielt. Gm. Lazarev befehligte die 55. Armee, die im Zentrum der Front aufgestellt war. Die 42. Armee (Glt. Ivanov, ab 16. 9. Gm. Fedjuninskij) stand im Westen und lehnte ihren rechten Flügel an der Ostsee an.

Die 8. Armee (Gm. Tscherbakov, ab 25. 9. Glt. Schebaldin) blieb im Oranienbaumer Brückenkopf standhaft. Das sowjetische Oberkommando verbot eine Aufgabe dieser Stellung. Der Brückenkopf mußte als Schutz der Häfen Kronstadt und Leningrad angesehen werden, wenn die „Baltische Rotbannerflotte" weiter operieren sollte. Die 8. Armee hatte Ende September / Anfang Oktober von rechts nach links eingesetzt: 5., 2. Marine-Br., 281., 48., 95., 91. Schtz.D., während 116., 80. Schtz.D. in Reserve lagen.

Die sowjetische Flotte zog sich nach dem Verlust ihrer baltischen Stützpunkte ganz in die Kronstädter Bucht zurück. Das Schlachtschiff „Marat" war im Hafen von Kronstadt vor Anker gegangen. Das Schlachtschiff „Oktjabrskaja Revoluzija" lag am Kai der Baltischen Werft in Leningrad. Die Kreuzer „Kirov" und „Maksim Gorkij" standen gefechtsbereit an und in der Newa.

Die Schiffe waren als schwimmende Festungen eingesetzt. Die „Oktjabrskaja Revoluzija" unter Kapt.z.S. Moskalenko beschoß als erste Einheit die deutschen Stellungen bei Peterhof. Die Schiffe bildeten eine latente Gefahr für die Heeresgruppe Nord, konnten aber von den Fernkampfbatterien am Lande nicht bekämpft werden.

Die Versuche der Luftwaffe, die Großkampfschiffe noch im ersten Stadium der Einschließung Leningrads auszuschalten, waren fehlgeschlagen. Das Stuka-G. 2 (Oberstlt. Dinort) des VIII. Flieger-K., das im September nach Tyrkovo südlich Luga verlegte, startete mehrere Angriffe auf die vor Anker liegenden Einheiten. Die III./Stuka-G. 2 (Hptm. Steen) griff am 21. 9. Kronstadt an, wobei Oblt. Rudel die „Marat" mit einer 1 000-kg-Bombe am Bug so schwer traf, daß das Schlachtschiff später abgewrackt werden mußte. Ein zwei Tage später auf den Kreuzer „Kirov" erfolgter Angriff blieb erfolglos.

Stalin selbst war zu diesem Zeitpunkt um seine Schlachtflotte so besorgt, daß er sie außer Dienst stellen wollte. Nur das Eintreten des Volkskommissars Kusnecov und des Chefs des Generalstabes, Schaposchnikov, verhinderte die Abwrackung der „Baltischen Rotbannerflotte", die der Leningrader Front unschätzbare Dienste leistete.

Die Sowjets glaubten Ende September, daß sie die dünne deutsche Front um Leningrad aufreißen könnten, nachdem sie den Abzug der Pz.Gruppe 4 und des VIII. Flieger-K. feststellten. Sie setzten vom 2. Oktober ab mehrere Landungsversuche bei Peterhof an, um hier die deutschen Belagerungstruppen zu überrennen. Diese Unternehmungen waren gleichzeitig mit Gegenangriffen aus Leningrad in Richtung Urizk gekoppelt.

Die Verteidiger ließen sich nicht entmutigen und stellten sich dem Feind entgegen. Der letzte vom Gegner durchgeführte Versuch, bei Peterhof Fuß zu fassen und Urizk durch Angriff von ca. 50 Kampfwagen zu nehmen, scheiterte. Die Sowjets ließen insgesamt 1369 Tote und 294 Gefangene zurück. 35 Panzer, von denen die 2./Flak-Abt. 111 (Hptm. Pizala) 9 abschoß, lagen als brennende Wracks in den Straßen von Urizk.

Während die Regimenter der 42. Sowjetarmee gegen Urizk anrannten, stießen ebenfalls überlegene Verbände gegen Schlüsselburg und Kolpino. Überall suchte der Gegner eine weiche Stelle in der dünnen Front — und überall wurde er von den ermüdeten, ausgebluteten und abgezehrten deutschen Landsern zurückgeworfen.

Die Front stand Ende September/Anfang Oktober zwischen Ladoga-See und Ostsee in Flammen. Die Soldaten mußten sich Tag und Nacht ihrer Haut wehren. In den wenigen Minuten, in denen kein Panzerangriff rollte und kein Feuerüberfall auf die eigenen Stellungen niederging, mußte man zum Spaten greifen und sich in den naßkalten Boden tiefer eingraben. Es entstand die HKL um Leningrad, eine Hauptkampflinie, die sich zwischen steinernen Hochhäusern und niedrigen Holzhütten der Vorstädte Leningrads, durch Parkanlagen und Schlösser um Puschkin, wie durch Sumpf, Wald und am Flußufer dahinzog.

Die Heeresgruppe Nord war nicht mehr stark genug, irgendwelche Frontverbesserungen vorzunehmen. Der Landser grub sich dort ein, wo er gerade stand. Die Heeresgruppe Nord hatte bis zum 1.10. ca. 60 000 Mann Verluste erlitten, von denen allein 25 797 mit Schiffen in die Heimat abtransportiert waren. Fm. Ritter von Leeb versuchte nur einmal noch, die Frontlage zu verbessern. Er gab dem XXXIX. AK.mot. (seit 2. Oktober Pz.K.) den Befehl, die dünne Stellung bei Mga — den sogenannten „Flaschenhals" — in Richtung Wolchowstroj zu erweitern.

Dieser Angriff schlug schon im Ansatz fehl.

Die 8. PD., die als Stoßkeil gedacht war, konnte sich nur mit Mühe gegen den feidlichen Gegenangriff halten. Das XXXIX. Pz.K. blieb liegen.

Das OKH ordnete angesichts dieser üblen Lage Ende September an, daß sofort 20 000 Mann im Lufttransport zur Heeresgruppe zu fliegen waren. Es handelte sich hierbei um die 7. Flieger(Fallschirmjäger)-D. Die zur Heeresgruppe Mitte in Marsch gesetzte 250. ID. — es war die spanische „Blaue Division" — wurde sofort angehalten und nach Norden umgelenkt. Die 72. ID. verlud in Frankreich mit dem Ziel „Leningrad".

Die 18. Armee lag Anfang Oktober 1941 in folgender Aufstellung rings um Leningrad: Das XXVI. AK. stand mit 217. und 93. ID. im Westteil, das XXXVIII. AK. mit 291. und 1. ID. im Ostteil des Oranienbaumer Brückenkopfes. Die Küstensicherung zwischen Peterhof und Urizk hatten IR. 374, Pz.Jäg.Abt. 563 und 8./Führer-Begleit-Btl. übernommen. Das L. AK. befehligte 58., 269. ID. und SS-Pol-D., die zwischen Urizk und Puschkin Stellungen bezogen hatten. Das XXVIII. AK. hatte von links nach rechts zwischen Puschkin und Schlüsselburg eingesetzt: 121., 122., 96. ID. und 7. Fallsch.Jäg.D. Zur Verstärkung dieser Stellungen zogen von Süden heran: 212., 227. und 254. ID.

XXXIX. Pz.K. und I. AK. bauten inzwischen die Front längs des Wolchow aus. Sie erhielten die 250. spanische ID. und die 2. SS-Inf.Br. zugeführt. Der Auftrag für den linken Flügel der 16. Armee hieß nicht mehr „Verteidigung": Das XXXIX. Pz.K. sollte die Vorbereitungen zu einem Angriff nach Nordosten in Richtung Tichwin treffen, um sich am Swir mit der finnischen Armee zu vereinigen.

Der rechte Flügel der 16. Armee südlich des Ilmensees mußte diesen Angriff unterstützen. Die links stehende 290. ID. hatte den Ilmensee ostwärts zu umfassen, um Verbindung mit der 250. ID., die bei Nowgorod lag, aufzunehmen. Die Masse des X. AK. und des II. AK. zielte nach Osten in das Waldaigebirge, um der Heeresgruppe Mitte Flankenschutz zu geben, die am 2. 10. zum Großangriff auf Moskau angetreten war.

Die Vorbereitungen liefen gut an, da die Versorgungslage sich langsam einpendelte, nachdem die Nachschubwege durch den beginnenden Frost besser wurden. Die Heeresgruppe ließ in Luga, Pljussa, Pleskau, Dno, Toropetz, Dünaburg und Riga Versorgungsstützpunkte anlegen, die am 19. 10. insgesamt über 14 214 to. Munition, 2 172 cbm Betriebsstoff und 22 946 to. Verpflegung verfügten. Das AOK 16 hatte eigene Stützpunkte in Ljuban, Schimsk, Staraja Russa, Cholm und Loknja mit 5 297 to. Munition, 1 355 cbm Betriebsstoff und 2 378 to. Verpflegung. Die 18. Armee besaß zur selben Zeit 10 655 to. Muni-

tion, 614 cbm Betriebsstoff und 6 223 to. Verpflegung in den Lagern von Krasnowardeisk, Siwerskaja, Antaschi und Narwa.
Das Hauptquartier der Heeresgruppe lag in Pleskau, das der 16. Armee in Dno und das der 18. Armee in Siwerskaja.
Die nachrichtentechnischen Verbindungen zwischen den Hauptquartieren, den Gefechtsständen der Korps und Divisionen waren von den drei Nachrichtenregimentern und dem Nachr.Rgt.zbV. 598 (OKH) gebaut und instandgesetzt worden. In der Zeit vom 29. Juli bis 16. 10. waren 590 km Kabel und 8 325 km Drahtleitung verlegt. Die Verbindung mit der Luftflotte 1 galt gewährleistet.

*

Die Luftflotte war im Oktober in folgender Gliederung einsatzbereit:

I. Flieger-Korps (Luga) mit 5. (F)/122 [Fernaufkl.St.]
KG. 77 mit I./KG. 77 (Siwerskaja)
KG. 1 mit II./KG. 1 (Seredka)
KG. 4 mit I./KG. 4 (Pleskau), III./KG. 1 u. III./KG. 77 (Dno)
JG. 54 mit I. und III./JG. 54, Erg.J.Gr. 54 (Siwerskaja).

Flieger-Führer Ostsee (Reval)
Aufkl.Gr. 125 (Reval)
K.Gr. 806 (Reval).

Luftgaukdo. I (Ostrow)
I./KGr. zbV. [Transportgruppe] 172 (Riga)
Wettererk.St. 1 (Ostrow)
Verbindungs-St. 54 (Ostrow)
Sanitäts-St. 1 (Ostrow).

Die Luftflotte hatte zwischen 30. 8. und 21. 10. insgesamt 84 Flugzeuge verloren, aber im selben Zeitraum 589 Feindmaschinen abgeschossen oder am Boden zerstört. Das JG. 54 (Oberstlt. Trautloft) verzeichnete von Beginn des Feldzuges bis zum 6. 11. den Abschuß von 1130 sowjetischen Maschinen, darunter 551 Bombenflugzeuge.
Die Aufklärungsstaffeln der Luftflotte verloren vom 1. 8. bis 21. 10. 35 Maschinen und büßten hierbei 19 Offiziere und 40 Mann als Gefallene, 13 Offiziere und 18 Mann als Verwundete ein. Die während dieser Zeit im Operationsgebiet der Heeresgruppe eingesetzten 20 Staffeln wiesen in 2360 Einsätzen eine Flugdauer von 4 903 Stunden und eine Flugleistung von 1 124 945 km auf. Dabei wurden 13 257 m Film

aufgenommen. Die Kurierstaffel 9 und die Verbindungsstaffel 56 meldeten 1382 Einsätze mit 236 557 Flug-km.

Die beiden Flak-Regimenter 36 und 51 waren mit der Masse ihrer Verbände im Raum Leningrad im Einsatz. Die Flak-Abteilungen 75, 291 und I./411 standen an der Wolchowfront; die Batterien 2./745 und 3./245 bei Staraja Russa. Von den vier Heeres-Fla-Btl., befanden sich H-Fla-Btl. 604 und 613 bei Leningrad, H-Fla-Btl. 272 und 280 im Abschnitt Schlüsselburg. Die vier Bataillone vernichteten von Anfang August bis Mitte Oktober 254 Flugzeuge, 93 Panzer und 3 Schiffe.

*

Der Vormarsch der Heeresgruppe Nord im Herbst 1941 war durch die offene Seeflanke stark beeinträchtigt. Die sowjetische Flotte zeigte sich — entgegen der ursprünglichen deutschen Annahme — mit ihren mittleren und kleineren Einheiten sehr aktiv. Es hatten deshalb frühzeitig Maßnahmen getroffen zu werden, um diese „wunde" Stelle auszumerzen. Die Baltischen Inseln, die für die Rotbannerflotte Stützpunkte und Nachschubbasen waren, mußten fallen.

Die Kriegsmarine überführte bis 27. 8. den „Erprobungsverband Ostsee" (Kapt.z.S. Rieve) nach Riga. Dieser Verband war dazu ausersehen, einmal das deutsche Landungskorps auf die Inseln zu bringen. Die erste Landung unternahm in der Nacht zum 10. 9. ein Bataillon des IR. 389 (217. ID.), das die Insel Worms besetzte.

Die Planungen für die Besetzung von Ösel und Moon — „Unternehmen Beowulf" — schlossen Heer und Kriegsmarine am 13. 9. ab. Der Komm.Gen. des XXXXII. AK. (Gen.d.Pi. Kuntze) bestimmte für die Unternehmung die erheblich durch Artillerie und Pioniere verstärkte 61. ID. (Glt. Haenicke). Die Luftwaffe bildete den Einsatzstab „Fliegerführer B" (Gm. von Wühlisch), dem die Einheiten des Flieger-Führers Ostsee, ferner I./KG. 77, II./Zerst.G. 26, Flak-R. 10 und Luft-Nachr.R. 10 unterstellt wurden.

Die Kriegsmarine beteiligte sich zum erstenmal seit Beginn des Feldzuges mit größeren Einheiten. V.Adm. Schmundt leitete als Befh. d. Kreuzer die Unternehmungen auf See. Er hatte zur Verfügung die Leichten Kreuzer „Leipzig", „Emden", „Köln", den „Erprobungsverband Ostsee", die 2. Torpedoboots-, 1. Minensuch-, 1. Räumboot-, 11. U-Jagd-, 2. und 3. Schnellbootflottille. Das finnische Marinekommando stellte außerdem die Panzerschiffe „Ilmarinen", „Väinämöinen", zwei Eisbrecher und mehrere Begleitschiffe.

Die Sowjets arbeiteten seit Juni eifrig an der Erweiterung ihrer Befestigungsanlagen auf den Inseln. Sie bauten längs der Küsten tiefgegliederte Grabenstellungen und vergrößerten die Zahl ihrer Küstenbatterien. Glt. Jelissejev führte den Oberbefehl über die Besatzung. Diese bestand aus der 2. Schtz.D., 3. Schtz.Br., mehreren selbständigen Artillerie- und Flakabteilungen, Marineinfanterie- und Pionierbataillonen. Die Küstenbatterien auf den Inseln Ösel, Dagö und Moon besaßen zwei 28-cm-, elf 18-cm-, neunzeln 13-cm-, vier 15,2-cm-, zehn 12,2-cm-, vier 10,5-cm-Geschütze u.a.m.

Die deutsche Landung auf den Inseln begann am 14. 9., 4.00 Uhr. Das I./IR. 151 ging mit Sturmbooten an der Küste von Moon an Land. Das Bataillon bildete einen kleinen Brückenkopf, blieb dann aber unter starker Gegenwehr liegen. Erst als im Laufe des Tages II./IR. 151 und III./IR. 162 übersetzten, gelang es, den Brückenkopf bis auf 6 km Breite zu erweitern.

Die Landung auf Ösel wurde durch Scheinangriffe der Flotteneinheiten vorbereitet. Die Kriegsmarine führte mit drei Verbänden drei Scheinlandungen durch, auf die die Sowjets hereinfielen. Während die deutschen Schiffe unbehelligt in ihre Ausgangshäfen zurückkehrten, ging das finnische Panzerschiff „Ilmarinen" durch einen Minentreffer verloren. Das Schiff sank in 7 Minuten und nahm 271 Mann mit in die Tiefe.

Die 61. ID. landete am 15. 9. weitere Einheiten, darunter ein estnisches Freiwilligenbataillon. Schon einen Tag später war der Damm zur Insel Ösel erreicht und genommen. Die Sowjets zogen sich nach Süden zurück. Arensburg, die größte Stadt der Insel, fiel am 20. 9. in deutsche Hand.

Die russischen Verteidiger verschanzten sich auf der Halbinsel Sworbe und wichen keinen Schritt mehr. Das IR. 162 erkämpfte wohl am 22. 9. den Zugang zur Halbinsel, lag dann aber vor den feindlichen Stellungen fest. Tagelang zogen sich die Kämpfe hin. Dem Gegner mußte jeder Meter Boden abgerungen werden.

Luftwaffe und Kriegsmarine unterstützten den opfervollen Einsatz der ostpreußischen Soldaten. Die Kreuzer „Leipzig" und „Emden" griffen am 26. und 28. 9. mit ihren Geschützen ein und beschossen die Küstenbatterien auf Sworbe. Die Feindbatterie von Abruku feuerte bis zur letzten Granate. Erst als zwei Kompanien des Pi.Btl. 660 im Nahkampf die Batterie stürmten, schwiegen die Geschütze.

Der Kampf auf Ösel ging am 5. 10. zu Ende. 4 000 sowjetische Soldaten und Matrosen gaben sich gefangen.

Die 61. ID. hatte genau eine Woche Zeit, ihre Verbände neu zu gliedern und umzugruppieren. Die Soldaten des IR. 176 und der AA. 161 wurden von den Fähren und Sturmbooten des „Erprobungsverbandes Ostsee" am 12. 10., 5.30 Uhr, auf Dagö gelandet. Der Kreuzer „Köln", die 2. Torpedoboots-, 1., 4. und 5. Minensuchflottille gaben den notwendigen Feuerschutz um die feindlichen Küstenbatterien niederzuhalten.

Die beiden Kampfgruppen bildeten Brückenköpfe, von denen sie sofort in das Innere der Insel weiterdrangen. Die Regimenter 151 und 162 setzten später auf die Südspitze Dagös über. Der feindliche Widerstand kristalliserte sich jeweils um die Küstenbatterien, die einzeln angegangen und ausgeschaltet werden mußten. Die Sowjets zogen sich langsam auf die Halbinsel Tahkuna und verteidigten sie bis zum 21. 10., ehe sie kapitulierten. 3 388 Mann zogen in Gefangenschaft.

Der Kampf um die Baltischen Inseln, der deutscherseits 2 850 Mann an Toten, Verwundeten und Vermißten kostete, war zu Ende.

Die „Baltische Rotbannerflotte" verschwand aus der Ostsee und zog sich ganz in die Kronstädter Bucht zurück. Die Sowjets räumten Anfang Dezember Hangö, ihren Stützpunkt an der finnischen Küste. Beim Rücktransport der Besatzung wurde der Truppentransporter „Josef Stalin" (12 000 BRT) schwer beschädigt. Er wurde von zwei deutschen Vorpostenbooten gestellt und in einen deutschen Hafen eingeschleppt. Die letzte Insel in der Ostsee — Odensholm — wurde am 5. 12. von einem Marinestoßtrupp kampflos in Besitz genommen.

Die Ostsee schied nunmehr als Kampfgebiet aus, nachdem die schweren Einheiten der „Rotbannerflotte" mit teilweise schweren Beschädigungen in Kronstadt und Leningrad festgestellt waren. Die Kriegsmarine hatte noch im Herbst alle schweren Einheiten in der westlichen Ostsee versammelt, um einen eventuellen Ausbruch der Sowjets gewaltsam zu verhindern. Nach der Eroberung der Baltischen Inseln bestand keine Gefahr mehr. Die deutsche „Baltenflotte" — darunter Schlachtschiff „Tirpitz", Panzerschiff „Admiral Scheer" — wurde aufgelöst, die um Ösel eingesetzten Leichten Kreuzer und Torpedoboote zurückgezogen und in die Nordsee überführt.

Es kam zu keinen Kampfhandlungen und Gefechtsberührungen zwischen deutschen und russischen Schiffen in der östlichen Ostsee mehr. Zwar gelang es wenigen feindlichen U-Booten, die Minensperren zu durchbrechen, die aber keinerlei Störung des deutschen Schiffsverkehrs verursachten. Lediglich der Dampfer „Baltenland" ging durch Torpedoschuß eines russischen U-Bootes verloren. Die übrigen Verluste erfolgten durch Minen, denen von Oktober bis Jahresende fünf Minensuch- und je ein Räum-, Vorpostenboot und U-Jäger zum Opfer fielen.

Die Kriegsmarine übernahm den Schutz der gesamten Küste von Memel bis Leningrad. Die Führung aller Marineeinheiten in diesem Abschnitt unterstand seit August dem Marine-Befh. Ostland (V.Adm. Burchardi), der seine Befehlsstelle in Reval aufschlug. Nachdem Mitte Dezember die letzten Torpedoboote und Minenschiffe ebenfalls in die

Heimat zurückgerufen wurden, verblieben noch nachstehende Verbände im Bereich des Marinebefehlshabers:

Seetransportchef Ostland (F.Kapt. Nicol) mit den Seetransportstellen Reval, Riga, Libau, Windau, Baltisch-Port, Pernau;
Oberwerftstab Ostland (K.Adm. Goehle) in Reval;
Marine-Ausrüstungsstelle Reval (Kapt.z.S. Graef);
Marinewerft Libau (K.Adm. Bettenhäuser);
Küstenschutzgruppe Ostland (F.Kapt. Schur) in Reval;
Kommandant der Seeverteidigung Estland (F.Kapt. Terfloth, ab Dezember 1941: Kapt.z.S. Jörß);
Hafenkommandantur Reval (K.Kapt. Nordmann);
Kommandant der Seeverteidigung Lettland (Kapt.z.S. Kawelmacher);
Hafenkommandantur Riga (K.Kapt. Fromme);
Kommandant der Seeverteidigung Leningrad — Abschnitt von der estnischen Grenze bis zur HKL — (Kapt.z.S. Kopp; ab November: F.Kapt. Boehm);
Marine-Artillerie-Abteilungen 530 (K.Kapt. Schenke) und 531 (F.Kapt. von Beckerath);
Marine-Flak-Abteilungen 239 (K.Kapt. Fürst zu Leiningen) und 711 (K.Kapt. Behn);
Marine-Kraftfahr-Abt. 6 (K.Kapt. Illert);
Marinefestungs-Pionierbtl. 321.

Der Einsatz dieser vorgenannten Dienststellen und Einheiten, soweit sie nicht ortsgebunden waren, erfolgte vordringlich im estnischen Raum. Die Marine-Art.Abt. 531 stand zwischen Narwa und Peterhof, die Marine-Art.Abt. 530 um Reval. Die Marine-Flak-Abt. 239 verlegte ab Oktober ebenfalls in diesen Raum, nachdem sie vorher um Windau in Stellung lag. Die Marine-Flak-Abt. 711 war unmittelbar im Kampfgebiet von Leningrad eingesetzt. Das Marinefestungs-Pi.Btl. 321 befand sich in Estland, während die Marine-Kraftfahr-Abt. 6 Verwendung im Raume Narwa — Peterhof fand.

Die Kriegsmarine hatte für das „Unternehmen Barbarossa" noch eine weitere Dienststelle geschaffen. Es handelte sich um die Oberwerftdirektion Leningrad unter Adm. Feige, die allerdings im November aufgelöst wurde.

*

Mitte Oktober sank überall das Thermometer. Es wurde kälter. Der Boden begann zu frieren. Langsam setzte der Winter ein. Erst fielen leichte Schneeflocken, die noch in Matsch übergingen. Später wurde das Schneetreiben dichter. Die Landschaft bedeckte sich mit einer weißen Schicht, die täglich höher und höher stieg. Menschen, Tiere und Geschütze versanken buchstäblich in Schnee.

Ein neuer Gegner hatte das Schlachtfeld betreten: der strengste Winter seit Menschengedenken hatte eingesetzt.

Dieser Gegner war und wurde nicht in die Pläne des deutschen Generalstabes einkalkuliert!

Das OKH hatte Ende September der Heeresgruppe Nord einige Verstärkungen zugeführt. Damit glaubte man, die Lage zu meistern. In der von Hitler herausgegebenen Weisung Nr. 39 für die Kriegführung stand der Satz:

> „... um nach dem Eintreffen von Verstärkungen die Lage südlich des Ladogasees zu bereinigen ... und die Verbindung mit der finnisch-karelischen Armee herzustellen!"

Danach hatte die Heeresgruppe mit starken Kräften über den Wolchow zu setzen, um einmal über Tichwin zum Swir zu stoßen und hier die von Finnen und Deutschen erstrebte Vereinigung herzustellen. Eine zweite Gruppe sollte längs des Wolchows nach Norden angreifen, um die Sowjets auf den Ladogasee zurückzuwerfen. Wenn diese Operation gelang, war Leningrad endgültig abgeschnitten und konnte — nach Vorstellungen Hitlers — ausgehungert werden.

Die Front am Wolchow verlief Mitte Oktober in einer geraden Linie von Nowgorod entlang des Westufers bis Kirischi. Von hier bog die Stellung scharf nach Nordwesten ab und zog sich bis Schlüsselburg. Es war Plan, von diesem Knickpunkt der Front einen Stoßkeil in nordostwärtiger Richtung vorzuschieben, während gleichzeitig die Flanken nach Süden und Osten vorgetrieben wurden.

Das XXXIX. Pz.K. (Gen.d.Pz.Tr. Schmidt) war mit 8., 12. PD., 18. und 20. ID.mot. als Schwerpunktgruppe ausersehen. Doch bevor die Panzer sich in Bewegung setzen konnten, mußten die Infanteristen erst die Brückenköpfe schaffen, die zu ihrem Ansatz notwendig waren.

Die ostpreußischen 11. und 21. ID. hatten diese Aufgabe zu bewältigen. Als am Morgen des 16. Oktober der erste Schneefall einsetzte, loderte gleichzeitig deutsches Artilleriefeuer zwischen Grusino und Kirischi auf. Die 21. ID. (Glt. Sponheimer) gelangte trotz erbitterten Widerstands der sowjetischen 267. und 288. Schtz.D. mit allen drei Regimentern bis zum Abend über den 300 m breiten Wolchow bei Grusino. Die 9./IR. 45 (Oblt. Pauls) erzwang den Eingang zum Schloß, dem Hauptwiderstandsnest des Gegners.

Der Fährbetrieb konnte allerdings erst am 18. 10. aufgenommen werden. Die 21. ID. sammelte im Norden des Brückenkopfes. Die

Division erhielt den Auftrag, am Ostufer des Wolchows scharf nach Norden zu stoßen. Die 11. ID., die zu gleicher Zeit mit Teilen bei Kirischi über den Fluß ging, hatte sich dem Angriff auf dem Westufer anzuschließen.

Das XXXIX. Pz.K. setzte vom 18. Oktober beginnend bei Grusino über den Fluß und stellte sich in zwei Angriffsgruppen bereit. Das Korps hatte Befehl, mit seinen vier Divisionen nach Tichwin durchzustoßen, um hier die letzte Landverbindung zwischen Nordwest- und Zentralrußland zu zerschneiden. Die 12. PD. (Gm. Harpe) und die 20. ID.mot. (Gm. Zorn) waren links, die 8. PD. (Gm. Brandenberger) und die 18. ID.mot. (Gm. Herrlein) rechts aufgestellt. Zur Gewinnung der hierfür benötigten Ausgangsbasis wurde die 126. ID. (Glt. Laux) der Südgruppe zugeteilt.

Das Vorgehen des XXXIX. Pz.K. kam am dritten Angriffstag in Fluß, nachdem die Brückenköpfe so weit vorgeschoben und gesichert waren, daß Artillerie- und motorisierte Einheiten übergesetzt waren. Leider schlug das Frostwetter in Tauwetter um. Die auf den Karten 1:300 000 eingezeichneten Straßen — bessere Karten hatten die deutschen Stäbe nicht (!) — waren innerhalb weniger Stunden vom Erdboden verschwunden oder nur noch als Schlammbahnen zu erkennen.

Die nördliche Gruppe arbeitete sich langsam an Budogoschtsch heran, während sich die drei südlich stehenden Divisionen Mal. Wischera näherten. Hier war geplant, daß die 8. PD. in einem großen Bogen über die Stadt hinaus Tichwin von Süden angehen sollte. Die Sowjets wehrten sich bei wieder einsetzendem Schneesturm und Kälte ganz erbittert. Die bisher tapfer fechtende 267. Schtz.D. wich auf Mal. Wischera aus.

Das sowjetische AOK 52 führte beschleunigt 25. Kav.D. und 259. Schtz.D. in die Stadt, während 288. Schtz.D., die vor Tagen Grusino verlor, bei Kolpino neue Stellungen bezog. Diese Kräfte waren jetzt rein zahlen- und materialmäßig den Deutschen überlegen. Die 8. PD. konnte deshalb einen Frontalangriff nicht mehr wagen. Die Division scherte nach Norden aus, um Mal. Wischera eventuell von dorther zu umfassen.

Da der Feindwiderstand von Tag zu Tag zunahm, die eigene Front angesichts des bevorstehenden Winters nicht vor der Stadt liegenbleiben konnte, wurde von der Armee der Angriff befohlen. Da die 8. PD. sich bereits mit Teilen herauslöste, um nun die nördliche Gruppe zu unterstützen, verblieben nur 126. ID. und 18. ID.mot. Die 18. ID.mot. mußte aber ihre ganze Kraft nach Süden richten, um die Flanke gegen die anbrandenden Verbände der 25. Kav.D. und der 305. Schtz.D. zu sichern.

Die 126. ID. (Glt. Laux) stellte sich zum Angriff bereit, der am 23. 10. begann. I. und II./IR. 422 unter Major Frhr. von der Goltz griffen im Süden an. Die beiden Bataillone verloren jede Verbindung mit der Division, kämpften auf sich allein gestellt und erreichten gegen Mittag den südlichen Stadtrand. Der Feind warf sich jetzt dieser Gruppe entgegen und gab damit die Stellungen am Westrand der Stadt auf. Die Division nutzte die Chance und stieß nun von der Mitte und von Norden her vor. IR. 426 (Oberstlt. Hemmann) brach in Mal.Wischera ein. Am Abend war die 18 000 Einwohner zählende Stadt in deutscher Hand.

Die eigenen Stellungen wurden von den Rheinländern und Westfalen noch etwas nach Osten verschoben. Die Kraft der 126. ID. reichte allerdings nicht mehr aus, den Angriff fortzusetzen. Die Division wurde aus dem Verband des XXXIX. Pz.K. gelöst und der neugebildeten Korpsgruppe des Gen.d.Inf. von Roques unterstellt.

Gen.d.Inf. von Roques führte den Befehl über alle deutschen Verbände, die am Westufer des Ilmensees einschließlich des Brückenkopfes von Nowgorod lagen. Die 250. ID. — die spanische „Blaue Division" — unter Glt. Muñoz Grandes hatte nach einem 1 000 km langen Fußmarsch die Nowgorod-Front besetzt. Die Division überquerte am 18. 10. mit ihrem IR. 269 (Ob. Esparza) südlich Schewelewo den Fluß, um die Stellungen der 18. ID.mot. zu verstärken. Die Spanier übernahmen im November den rechten Abschnitt dieser Division, die nach Tichwin verlegt wurde.

Die Angriffskraft der südlichen deutschen Gruppe war Ende Oktober erlahmt. Die Bataillone richteten sich zur Verteidigung ein. Der Kampf spielte sich von nun an nicht mehr auf und an den Straßen ab, sondern wurde um Stützpunkte geführt. Die Truppe mußte sich in die Dörfer zurückziehen, um wenigstens einigermaßen die grimmige Kälte, die von Woche zu Woche zunahm, zu überstehen.

Die mittlere Stoßgruppe — 12. PD. und 20. ID.mot. — arbeiteten sich bis Ende Oktober auf halbem Wege an Tichwin heran. Die 12. PD. drängte voran und besetzte am 31. 10. Sitomlja. Die Division erhielt weitere Verstärkungen durch erste Teile der 18. ID.mot., die nach und nach herangeführt wurde. Die 20. ID.mot. kämpfte unterdessen im unwegsamen Gelände südostwärts Budogoschtsch und baute mühsam eine Flankensicherung auf.

Das sowj. AOK 4 (Glt. Jakovlev) führte aus allen Teilen des Hinterlandes neue Verbände heran, um die Gefahr für Tichwin zu bannen. 44., 65., 191. Schtz.D., 27. Kav.D. und 60. Pz.Br. warfen sich den beiden deutschen Divisionen entgegen. Die 12. PD. brach nach Überwindung des Sumpfgebietes am Lebjaskje-See nach Tichwin durch. Die vorausgeworfenen Teile der 18. ID.mot. stürmten gegen starken Feind und starkes Schneetreiben längs der auf keiner(!) deutschen Karte eingezeichneten Eisenbahnlinie ebenfalls auf Tichwin vor. Beide Kampfgruppen drangen in der Nacht zum 9. 11. in die Stadt ein. IR. 51 (Oberstlt. Leyser) nahm Besitz von Tichwin, ohne daß ein Schuß fiel! Die AA. 12 bog nach Nordwesten ab und besetzte den Bahnhof Zwglewo. Das Ziel des XXXIX. Pz.K. war erreicht!

Das OKW gab am folgenden Tag eine Sondermeldung durch:

„Im Zuge der zwischen Ilmen- und Ladogasee über den Wolchow hinweggeführten Operation nahmen Infanterie- und Panzerverbände in der Nacht zum 9. November durch überraschenden Angriff den wichtigen Verkehrsknotenpunkt Tichwin. Zahlreiche Gefangene und große Beute wurden hierbei eingebracht. Der Stab der 4. Sowjetarmee entging der Gefangennahme nur unter Zurücklassung seiner Kraftwagen und wichtiger militärischer Schriftstücke. In den Kämpfen an diesem Frontabschnitt wurden seit dem 16. 10. ca. 20 000 Gefangene eingebracht sowie 96 Panzerkampfwagen, 179 Geschütze, 1 Panzerzug und zahlreiches sonstiges Kriegsmaterial erbeutet."

Das Ziel der dritten Angriffsgruppe lag zu dieser Zeit ebenfalls nahe vor den deutschen Soldaten. Die drei angreifenden Divisionen — 21. (rechts), 11. (Mitte) und 254. ID. (links) — hatten sich trotz Unbilden der Witterung und ständig zunehmender Feindüberlegenheit bis Ende Oktober beiderseits des Wolchows nach Norden durchgeboxt. Die Verluste waren sehr hoch. Die 21. ID. verlor allein in den vier Wochen seit Übergang bei Grusino bis zum 10. 11. an Toten und Verwundeten: 79 Offiziere und 2 522 Mann!

Der Angriff auf Wolchowstroj wurde am 14. 11. befohlen!

Die Sowjets waren vorbereitet! Das befehlsführende AOK 54 (Gm. Fedjuninskij) raffte an Truppen zusammen, was an der Front von Leningrad entbehrlich war, um diese nach Wolchowstroj zu werfen. So kämpften schließlich von rechts nach links: 122. Pz.Br., 285., 281., 292., 311. und 310. Schtz.D. Die 6. Marine-Br. war im heftigsten Sturm mit der Ladogaflottille von Leningrad gekommen und übernahm den Schutz des Wolchow-Wasserkraftwerkes.

Der Vormarsch der 11. und 21. ID. erlahmte Die 254. ID. mußte nach und nach in Richtung Nordwest umdrehen, damit sie den notwendigen Flankenschutz geben konnte. Die VBs des AR. 11 (Ob. von Wrisburg) sahen von Bor aus Wolchowstroj liegen. Noch kämpften die Männer des I./IR. 44 (Major Sudau) um die Ruinen des kleinen Dorfes Bor, da heulten die ersten Granaten der Geschütze hinüber auf Brücken und Straßen der Stadt.

Die AA. 11 brach noch weiter in die Tiefe der feindlichen Stellung und erreichte die Straße Wolchowstroj — Leningrad. Dann war die Kraft der tapferen Ostpreußen am Ende. Jetzt brandeten Tag und Nacht neue, für den Winterkrieg ausgerüstete Feindverbände gegen die Stützpunkte der AA. 11, um diese zu vernichten. Auch die 21. ID. blieb in Schnee und Eis und unter dem Hagel der sowjetischen Geschosse sechs Kilometer vor Wolchowstroj liegen. Es gelang lediglich zwei kleinen Pioniertrupps unter Lt. Funk und Lt. Lessner der 2./Pi.-Btl. 21, sich durch die feindliche Front zu schleichen und bis zur Murmanskbahn im Norden der Stadt vorzudringen. Die Pioniere sprengten diese wichtige Bahnlinie auf 10 km Breite.

Das Ziel der „Gruppe Böckmann" war nicht erreicht!

Es konnte niemals mehr gewonnen werden. Die Ausfälle mehrten sich enorm. Die Ärzte und Sanitäter hatten weniger Schußverletzungen zu verbinden, als sich vielmehr um die Erfrierungen zu kümmern. Die Temperaturen waren erschreckend gefallen. Die Thermometer zeigten ostwärts des Wolchows bis 30° unter Null an. Der Nachschub stockte. Kein Verbandszeug, keine Munition, keine Verpflegung kam mehr in die Schneewüsten, in die Ruinen der Stützpunkte und in die unheimlichen Wälder.

Die deutsche Offensive hatte sich totgelaufen...

Die Heersgruppe Nord versuchte, ihre beiden um Tichwin und vor Wolchowstroj stehenden Gruppen zu verstärken. Die „Gruppe Böckmann" erhielt Zuführung von Teilen der 223. ID. und das SS-IR. 4. Diese Kräfte wurden sofort in den Kampf um die kleinen Dörfer geworfen, die ständig unter Beschuß der feindlichen Artillerie und unter den Bomben der Kampfflieger lagen. Die Landser hielten zwar ihre Stützpunkte in Rundumverteidigung, aber mehr konnten sie nicht tun.

Die Gruppe Tichwin — die Glt. von Arnim führte — war inzwischen durch Teile der 8. PD. und der 61. ID. verstärkt. Die Gruppe verfügte über 12. PD., 18. ID.mot., 61. ID. und Teile der 8. PD. Die 61. ID., die im Luft- bzw. Kraftwagentransport aus dem baltischen Raum kam und gar nicht für den Winterkrieg eingerichtet war, löste die 12. PD. ab und übernahm Ende November die Verteidigung Tichwins. Die 18. ID.mot. schob sich weiter nach Westen, während die Front nach Südosten und Süden nur stützpunktartig von Teilen der 8. PD., der 20. ID.mot. und des IR. 380 (215. ID.) gesichert wurde.

Die Sowjets rissen überall die Initiative an sich. Der bisherige OB. der 4. Armee wurde abgesetzt und Armeegen. Meretzkov mit der Führung der Armee betraut. Er bildete aus seinen Streitkräften Nord- und Südgruppen, um diese konzentrisch zum Gegenangriff anzusetzen.

Gm. Pavlowitsch übernahm die Nordgruppe. Dazu gehörten 44. Schtz.D., 46. Pz.Br., Schtz.R. 1061, ein Pionier- und mehrere Granatwerferbataillone der 7. Sowjetarmee. Eine Zentralgruppe unter Gm. Ivanov stand ost- und nordostwärts Tichwin. Die 191. Schtz.D. war hier durch weitere Schützenbataillone von Reserveeinheiten verstärkt. Südlich der Stadt stellte sich die dritte Gruppe unter Ob. Dewjatov mit der 27. Kav.D. und der 60. Pz.Br. bereit. Eine vierte Gruppe marschierte im Raum Nishnije Sasherze und Petrowskoje auf. Es waren 4. Garde-Schtz.D., 65., 92. Schtz.D. und motorisierte Abteilungen unter Glt. Jakovlev.

Der Plan des sowjetischen Oberkommandos sah vor, die nach Tichwin vorgeprellten Deutschen zangenartig von jeder Rückzugsmöglichkeit zu trennen. Die 54. Armee (Glt. Fedjuninskij) hatte in allgemeiner Richtung Kirischi vorzugehen, um die „Gruppe Böckmann" südlich Wolchowstroj abzufangen. Die 4. Armee (Armeegen. Meretzkov) mußte Tichwin nehmen. Die 52. Armee (Glt. Klykov) sollte direkt nach Westen stoßen und den Brückenkopf Grusino zurückerobern. Als erster Angriffstag war der 1. 12. festgelegt.

Die vorbereitenden Maßnahmen zur Schaffung einer günstigen Ausgangsstellung wurden mit Teilangriffen am 15. 11. eingeleitet. Die Sowjets schickten ihre 46. Pz.Br. mit funkelnagelneuen „T-34" gegen die Stellungen der 18. ID.mot. Infanteristen und Panzerjäger waren gegen diese mit Tarnanstrich versehenen Kolosse machtlos. Die Kampfwagen überrollten die Stützpunkte des IR. 51 und fanden erst Halt vor den Batteriestellungen des AR. 18. Die Feldhaubitzen des Ob. Berger schossen in den nächsten Tagen 50 Feindpanzer ab. Die Division hielt bei 30° Kälte und bei 30 cm hohem Schnee ihre Front!

Der 1. Dezember brachte den Großangriff. Aufklärungs-, Schlacht- und Kampfflugzeuge flogen an. Feuerüberfälle schlugen Tichwin in Trümmer und Schutt. Dann brandete das „Urräh" der russischen Schützen auf. Die deutschen Verteidiger wehrten sich mit dem Mute der Verzweiflung gegen Feind und Kälte. Das Thermometer sank zusehends auf 40° Kälte. Die MGs schossen nicht mehr. Die Verschlüsse der Geschütze ließen sich nicht mehr öffnen. Die Pferde brachen zusammen und waren innerhalb weniger Sekunden zu Eisklötzen gefroren. Die Hände der Infanteristen froren am Karabiner an — und die Sowjets stürmten...

Jede Verbindung nach rückwärts ging verloren. Zwar traf gerade noch rechtzeitig das IR. 30 (18. ID.mot.) von Schlüsselburg her ein. Es war kein Regiment mehr, denn 230 seiner Soldaten blieben unterwegs mit Erfrierungen zurück. Die Verluste der 18. ID.mot. stiegen inzwischen auf 5 000 Gefallene, Verwundete und Vermißte. Jeder weitere Kampf um Tichwin wurde sinnlos...

Glt. Haenicke, Kdr. der 61. ID., entschloß sich, Tichwin am 8. 12. aufzugeben. Das IR. 151 (Ob. Melzer) bildete eine Riegelstellung, hinter der der Abmarsch der Division gelang. Die noch fahrbaren Geschütze wurden im Schutze starken Schneetreibens aus der Stadt gebracht. Das Pi.-Lehr-Btl. sprengte Verpflegungslager, Brücken und Bahnanlagen. Als sich der Abend auf das Land senkte, verließen Nachhuten die Ruinen Tichwins. Die Sowjets fanden bei ihrem Einzug am nächsten Morgen 42 Geschütze, 46 Granatwerfer, 190 MGs und 102 Kraftfahrzeuge vor. Diese waren ausnahmslos gesprengt, von Granaten zerrissen oder zerfetzt.

Hitler befahl noch am 6. 12. bei einer Lagebesprechung im OKH, daß die Stellungen um Tichwin nicht aufzugeben seien. Es müsse nach wie vor Verbindung mit den Finnen versucht werden, und die Abschnürung Leningrads bedeute das Ende der Millionenstadt. Doch, was galten solche Befehle, wenn der Feind und der Frost diktierten?

Feldmarschall Ritter von Leeb gab aus eigenem Entschluß am 9. 12. den Befehl zur Aufgabe des Frontvorsprungs.

Der erste Rückzug der Heeresgruppe Nord begann!

Es wurde ein grausamer Marsch: Die erschöpften, müden, blutenden Soldaten, die seit Tagen keine warme Mahlzeit mehr gesehen hatten und deren Blut bei der kleinsten Verwundung gefror, schleppten sich zurück. Rings um die feldgrauen Kolonnen — es gab nur ganz selten Winterbekleidung (!) — fuhren russische Panzer, ritten sowjetische Kavalleristen und schwärmten feindliche Schützen. Darüber kreisten unablässig Flugzeuge, stießen wie Habichte auf die Kolonnen und rissen durch Beschuß der Bordwaffen neue Lücken.

Die „Gruppe Böckmann" löste sich von Wolchowstroj und rückte auf denselben Wegen zurück, auf denen sie vormarschiert war. Zur Sicherung des Rückzuges wurden III./IR. 489, AA. 269, Pz.Jäg.Abt. 269 und 1./Fla-Btl. 604 ausgeschieden. Das XXXIX. Pz.K. zog durch die Schneewüsten ebenfalls zum Wolchow. Die 18. ID.mot. (seit wenigen Tagen von Ob. von Erdmannsdorff kommandiert) befahl die 11. und 12./IR. 51 unter Oblt. Grosser als Nachhut. Die beiden Kompanien opferten sich bis zum letzten Mann für ihre Kameraden! Auch die Südgruppe um Mal. Wischera mußte zurück. Die 126. ID. gab den wichtigen Ort auf. Das IR. 422 (Oberstlt. von der Goltz) wurde noch einmal eingeschlossen, konnte sich aber durchschlagen. Die rechts benachbarten Teile der 250. ID. — zu denen keine Verbindung bestand — räumten die hart umkämpften Stützpunkte Possad und Otenski. Das hier fechtende spanische IR. 269 verlor in wenigen Tagen 566 Gefallene.

Die angeschlagenen Verbände setzten ab Mitte Dezember 1941 über den Wolchow nach Westen. . . .

Die Zurückgewinnung Tichwins durch die 4. sowjetische Armee bedeutete die endgültige Rettung Leningrads. Die wirtschaftliche Lage der Stadt war durch die Einschließung im September katastrophal geworden. Die damals in Leningrad vorhandenen Lebensmittel reichten höchstens für 30 — 40 Tage. Der Kriegsrat der Stadt setzte am 2. 9. entsprechende Rationen fest. Danach erhielten:

Arbeiter:	600 g Brot tgl.,	2000 g Zucker mtl.,	1000 g Fett mtl.
Angestellte:	400 g Brot tgl.,	1700 g Zucker mtl.,	500 g Fett mtl.
Abhängige:	300 g Brot tgl.,	1500 g Zucker mtl.,	300 g Fett mtl.
Kinder:	300 g Brot tgl.,	1700 g Zucker mtl.,	500 g Fett mtl.

Jede Woche wurden die Rationen vermindert. Am 20. 11. 1941 starben die ersten Bewohner Leningrads am Hunger. Zu diesem Zeitpunkt bekam ein Arbeiter nur noch 255 g Brot täglich und 600 g Fett monatlich. Im Dezember wurden 52 000 Verhungerte gezählt. Diese Zahl stieg im Januar an und erreichte im Durchschnitt 3 500 Tote täglich! (Während der Blockade starben in Leningrad insgesamt 632 000 Männer, Frauen und Kinder infolge Unterernährung.)

Die Behörden beschlossen kurz nach der Einschließung, einen Hafen in der Bucht von Osinowez, 55 km nördlich Leningrads, zu errichten. Jetzt konnten kleinere und mittlere Schiffe Lebensmittel aus Zentralrußland über den Ladogasee heranschaffen. Die Güter deckten aber bei weitem nicht den Bedarf. Es wurden im ersten Monat nur 9 800 to. Lebensmittel durch Schiffe herangebracht, die allerdings nur für acht Tage reichten.

Die Versorgung der Stadt gestaltete sich noch schlimmer, als der Verkehrs- und Umschlagplatz Tichwin ausfiel. Baupioniere, Zivilisten, Strafgefangene bauten mitten durch den Urwald eine neue, 300 km lange Nachschubstraße, die von Saborije in einem weiten Bogen über Lachta, Jeremina Gora bis Nowaje Ladoga führte. Von hier wurden die Güter auf Lkw umgeladen, die über das Eis des Ladogasees fuhren!

Mitte November fror der große See zu. Die Pferdefuhrwerke wagten sich auf das Eis, als dessen Dicke 1,80 m betrug. Der erste Lkw-Konvoi fuhr am 22. 11. über den See. Es zeigte sich, daß das Eis noch nicht fest genug war. So versanken in acht Tagen 40 Lastwagen mit ihrer Ladung! Die Sowjets begannen, intensiv diese Eisstraße auszubauen, die am 10. 2. 1942 fertig war. Von diesem Tage an kamen täglich Hunderte von Lkw über den See, ohne daß der Verkehr von deutschen Geschützen oder Kampfflugzeugen behindert worden wäre!

Nach der Rückgewinnung Tichwins konnten die Lkw-Kolonnen wieder über die Straßen rattern, und die Transportzüge brachten Lebensmittel, Verbandszeug und Munition heran. Leningrad war gerettet!

Die „Rote Armee" ergriff an der gesamten Front zwischen Ostsee und Waldaigebirge die Initiative zu einem Zeitpunkt, in dem das deutsche Heer überall geschlagen war und sich krampfhaft in den einmal genommenen Stellungen verteidigte. Im Kampfraum Leningrad lagen Dezember 1941 folgende Feindverbände:

AOK 8 (von rechts nach links): 5., 2. Marine-Br., 281., 48., 85., 11. Schtz.D.; 80. Schtz.D. in Reserve.

AOK 42 (von rechts nach links in erster Linie): 56., 13., 70. Schtz.-D.; (in zweiter Linie): 44., 21., 189. Schtz.D., 7. Marine-Br.

AOK 55 (von rechts nach links in erster Linie): 90., 168., 125., 268. Schtz.D.; (in zweiter Linie): 247., 292., 267., 289., 261., 263. Volkswehr-Br.; (am Newa-Ufer): 11. Volkswehr-Br., 86. Schtz.D., 4. Marine-Br., 115., 5. Schtz.D., 1. NKWD-D.

Die deutschen Truppen befanden sich zahlenmäßig weit in der Unterlegenheit. Das XXVI. AK. schloß mit 217., 93. und 212. ID. den Brückenkopf Oranienbaum ein. Die Abschnürung Leningrads von Süden war dem L. AK. mit (von rechts nach links): 58. ID., SS-Pol.D., 121. und 122. ID. übertragen. Das XXVIII. AK., das den gesamten Raum entlang der Newa und am sogenannten „Flaschenhals" bei Mga sicherte, hatte gegen Leningrad selbst nur 96. und 1. ID. zur Verfügung, während 227. ID. um Schlüsselburg am Ladogasee stand.

Das AOK 18 führte allein im Nordabschnitt. Der Operationsraum der Armee war bereits am 3. 12. auf eine gerade Nord-Süd-Linie westlich Tschudowo festgelegt. Ende des Jahres verlief die Grenze dicht südlich bei Kirischi. Die Armee besaß vier Generalkommandos (I., XXVI., XXVIII., L.) und 17 Divisionen. Die anschließende 16. Armee verfügte ebenfalls über vier Generalkommandos (II., X., XXXVIII. und XXXIX.). Fünf Divisionen verteidigten die Wolchowfront zwischen Kirischi und Nowgorod, und sechs Divisionen lagen zwischen Ilmensee und Seeliger See.

Diese 28 deutschen Divisionen kämpften in einer 600 km langen Front gegen 75 Sowjetdivisionen, die zum Teil frisch in den Kampf geworfen wurden!

Die gewaltige Unterlegenheit beeindruckte sogar Hitler.

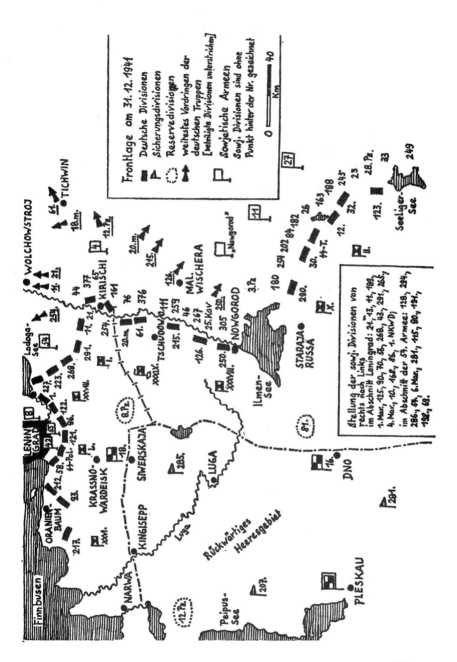

Er hatte am 19. 12. 1941 den Oberbefehl über das Heer übernommen, nachdem er praktisch seit Beginn des Feldzuges schon über den Kopf des OKH hinweg in die einzelnen Operationen — zuletzt bei Tichwin — eingriff. Hitler gab am 20. 12. während eines Führervortrages im OKH seinen Generälen und Offizieren den unabänderlichen Befehl bekannt, daß sich das deutsche Heer dort schlagen mußte, wo es stand! Er ordnete ferner an, alle in der Heimat und im Westen verfügbaren Verbände an die Ostfront zu transportieren!

Die Heeresgruppe Nord erhielt bis Ende Dezember folgende Einheiten im Bahn- und Schiffstransport zugeführt: Die 218. ID. traf aus Dänemark ein. Die Division wurde nicht geschlossen nach vorn gebracht, sondern in viele Kampfgruppen aufgeteilt, die jeweils an verschiedenen Frontstellen zum Einsatz gelangten. Das SS-Rgt. 9 kam von Finnland, aus Kreta erschien die 5. Geb.D., von Frankreich wurden 81. ID. und „Niederländische Legion" und aus Deutschland die 7. Flieger-D. (Fallschirmjäger) herangebracht.

Diese Einheiten wurden ohne „Ostkriegerfahrung" sofort in die bitterste Schlacht geworfen, die seit Wochen über die Weiten Rußlands tobte.

„Das Jahr 1941 ging voller Sorgen und Krisen für die deutsche Führung zu Ende. Die Brandung, die die Divisionen der Wolchowfront mit Schwung und letzter Stoßkraft weit über den Wolchow auf Tichwin und an den Unterlauf des Stromes fast bis zur Mündung in den Ladogasee getragen hatte, war zurückgeebbt bis in die Ausgangsstellungen vom Oktober. Umsonst all die Opfer an Menschen und Material, umsonst all die Einsatzbereitschaft der Truppe. Ihre Kräfte waren bis zur Grenze des Tragbaren erschöpft, aber sie blieb in der Hand der Führung.

Es blieb die Erkenntnis, daß der Feind mit weit überlegenen Kräften das Gesetz des Handelns an sich gerissen hatte. Zwischen Ilmensee und der Karelischen Landenge stand ein Fünftel der Roten Armee.

Was man im Augenblick noch nicht wußte, war, daß er hier im Wolchowraum diese Initiative nicht mehr aus der Hand geben sollte. Was nun noch an Erfolgen von deutscher Seite erkämpft wurde — mochten sie auch noch so groß sein — wurde in Schlägen aus der Nachhand gewonnen, um gefährliche Einbrüche des Feindes zu zerschlagen und die alte Frontlinie wieder zu gewinnen, nicht um das Gesetz des Handelns im operativen Sinne dem Feinde vorzuschreiben und den Krieg im Osten einer Entscheidung zuzuführen. Diese Versuche blieben der übrigen Front vorbehalten. Das bedeutete Verzicht für Führung und Truppe, bitter in den Zeiten, in denen die Sondermeldungen von anderen Fronten im Rundfunk ertönten, bitter aber auch, wenn schwere Rückschläge gemeldet wurden, zu deren Ausgleich man nichts tun konnte. Front im Schatten und Front der entsagungsvollen Pflichterfüllung! Ihr Leben begann in diesem bitterkalten Winter bei Temperaturen von 40 und 50 Grad unter Null und eisigen Schneestürmen..." *)

---

*) Pohlmann, H.: Wolchow. 900 Tage Kampf um Leningrad. Bad Nauheim: Podzun 1962. 136 S.

DIE VERTEIDIGUNG
Stellungskrieg und Kämpfe
1942-1943

„Der Winter war vorerst für die deutschen Truppen Problem Nr. 1. Die Schneehöhe betrug Mitte Dezember im allgemeinen bis zu 80 cm. Die Temperaturen fielen rapide. Am Jahreswechsel zeigten die Thermometer 42 Grad unter Null. Der Ausbau neuer, fester Stellungen machte trotz unsagbarer Mühen und Anstrengungen nur langsam Fortschritte. Die Kompanien mußten sich hinter Schneewällen zu verteidigen suchen. Geheizte Zelte oder mit Reisig abgedeckte Asthütten wurden zu ersten wärmenden Unterkünften hinter der Front. Der Bau von Baracken und Bunkern gestaltete sich insofern schwierig, als die Wälder in den Sumpfgebieten nur aus dünnem Stangenholz bestanden.

Die vorn eingesetzten Verbände litten Mangel an Winterbekleidung. Die Männer der Versorgungsbataillone und der Artillerie gaben Wintermäntel und vorhandene Pelzstiefel an die Infanterie ab. Eine schier unüberwindliche Situation trat bei den motorisierten Abteilungen ein. Die bisher gebräuchlichen Kälteschutzmittel für Treibstoffe, Waffenfett und Schmieröl waren unbrauchbar. Die Waffen funktionierten nicht mehr, da die Verschlüsse einfroren. Die Geschütze konnten nur feuerbereit gehalten werden, indem man unter den Lafetten ständig kleinere Feuer unterhielt. ...

Die Pferde fielen als treue Helfer zu Hunderten vor Entkräftung und Hunger aus. Wo sie gerade zu Boden stürzten, überzog sie in wenigen Minuten eine dicke Schicht von Eis und Schnee. Das Zurückbringen der Verwundeten auf Tragbaren oder in Sanitätswagen bedeutete immer einen Wettlauf mit dem Erfrierungstod. Die Versorgung mit Nachschub jeder Art blieb oft tagelang aus. ... Der deutsche Soldat lernte, ohne warme Mahlzeiten, ohne heizbare Unterkünfte und ohne ausreichenden Schlaf zu leben und zu kämpfen." *)

Die Front der Heeresgruppe war zum Zerreißen gespannt. Feldmarschall Ritter von Leeb hielt es unter diesen Umständen geboten,

---

*) Haupt, W.: Demjansk. Ein Bollwerk im Osten. 2. Aufl. Bad Nauheim: Podzun 1963. 230 S.

bis weit ins Baltikum auszuweichen. Dieser Plan wurzelte in dem traditionellen operativen Denken, daß man Zeit und Gelegenheit zu neuer Angriffsvorbereitung finden müßte. Hitler befahl dagegen, jede Rückzugsbewegung zu unterlassen, die Verteidigungslinien unter allen Umständen zu halten, Verkehrsknotenpunkte und Versorgungsbasen als Festungen auszubauen! Eine Rücknahme der Front auf eine Widerstandslinie, die gar nicht existierte, wäre nicht nur eine Einbuße an Prestige, sondern würde unersetzbare Verluste für Menschen und Material gebracht haben. Die kompromißlose Durchführung dieses „Führerbefehls" bewirkte letzten Endes, daß eine Katastrophe vermieden wurde.

Die Sowjets wußten um ihre Chance. Sie wollten mit frischen und winterbeweglichen Armeen der Heeresgruppe Nord den Garaus machen. Zwei große Stoßkeile setzten sie an, die nördlich und südlich des Ilmensees durchbrechen und in allgemeiner Richtung Nordwesten mit Fernziel Ostsee operieren sollten. Damit wäre die Front der Heeresgruppe aus den Angeln gehoben worden. Eine dritte Gruppe war südlich des Ladogasees für einen Angriff zur Entsetzung Leningrads bereitgestellt.

Das russische Oberkommando formierte in den ersten Januartagen südlich des Ilmensees fünf Armeen. Die 11. Armee (Glt. Morosov) stand am Ufer des Sees. Die 34. Armee (Gm. Bersarin) marschierte links anschließend im Waldaigebirge auf, während 53. Armee (Gm. Ksenofontov), 22. Armee (Glt. Juschkevitz) und 3. Stoß-Armee den Durchbruch auf Cholm und die Einkreisung der 16. Armee vollziehen mußten.

Die vorbereitenden Maßnahmen für diese Offensive waren sogar hinter der deutschen Front zu spüren. Die Sowjets hatten Partisaneneinheiten zwischen die Stützpunkte sickern lassen. Diese Abteilungen und Gruppen griffen Versorgungszentren und Nachschublager an. Eine Partisanengruppe, die im Raum Staraja Russa operierte, konnte bis Ende Januar 196 deutsche Soldaten töten, 23 Lkw zerstören, drei Brücken und zwei Munitionslager sprengen.

Die sowjetische Großoffensive brach an drei Frontstellen los. (Die Frage bleibt offen: Was wäre geworden, wenn die Sowjets ihre geballte Kraft an einer Stelle konzentriert hätten? Doch mit „Wenn" und „Hätte" ist kein Krieg zu gewinnen und kein Krieg zu verlieren.)

Skispähtrupps, die zwischen 30. und 290. ID. Verbindung im verschneiten Newij-Sumpf hielten, meldeten am ersten Tag des neuen Jahres unbekannte Spuren im Schnee. Die Posten vorn in den Gräben vernahmen in den nächsten Nächten zunehmende Motorengeräusche auf der Feindseite. Es waren Anzeichen, die auf Angriff deuteten.

Dunkelheit lag über dem Wintergelände, als die Offensive am 8. 1. begann. Doch bevor die Geschütze ihre Granaten aufheulen ließen, befanden sich starke Panzer- und Schützenverbände im Rücken der Verteidiger. Lastensegler und Transportmaschinen waren auf dem zugefrorenen Ilmensee gelandet. Panzerkolonnen zogen über die Eisdecke und landeten kurz nach Mitternacht 40 km hinter der Front der 290. ID.! Die Verbände drangen in die Mündungen der Flüsse Lowatj, Redja und Polistj ein. Sobald es Tag wurde, stoben Kampf- und Schlachtflugzeuge aus dem Osten heran, warfen Bomben und beharkten die Stützpunkte mit Bordwaffen. Immer neue Kolonnen tauchten auf. 19 sowjetische Schützendivisionen, 9 Brigaden und mehrere selbständige Panzer- und Schibataillone rannten gegen die Front des X. und II. AK.!

Der Schwerpunktstoß der 11. Sowjetarmee war frontal gegen 290. ID. bei Tutilowo gerichtet. Die Norddeutschen wehrten sich erbittert, wurden aber glatt überrannt. Der rechte Flügel der Division hielt sich noch einen Tag, dann brach er. Die 290. ID. war von der übrigen Front losgesprengt! Sie mußte sich bereits am dritten Schlachttag nach allen Seiten verteidigen. Die 290. ID. wich nach Westen aus, um der Einschließung zu entgehen, wobei sich hartnäckige Kämpfe um einzelne Dörfer und Stützpunkte abspielten.

Das II. sowj. Garde-K. stieß auf Parfino. Das I. Garde-K. drückte über die Bahn nach Süden und umfaßte die Division des Glt. Frhr. von Wrede. Feindliche Schikompanien näherten sich Staraja Russa, das laufend von Kampfflugzeugen mit dem roten Stern bombardiert wurde. Die Holzhäuser brannten wie lodernde Fackeln, nur die steinernen Gebäude der Partei- und Verwaltungsstellen, die Gemäuer der Fabriken, Kasernen, Kirchen und Klöster überstanden den Feuersturm. Bautruppen, schnell zusammengeraffte Reserven, Flugplatzkompanien warfen sich den ersten Russen entgegen. Das IR. 51 der 18. ID.mot. — das eilig von Schimsk herangeholt wurde — verteidigte die Straße Staraja Russa — Kobylkino.

Viele deutsche Stützpunkte wurden in diesen Tagen der Winteroffensive überrollt, zermalmt, so daß niemand mehr erfahren dürfte, welcher Opfermut, welches Leiden und welches Sterben sich in den Schneewüsten südlich des Ilmensees abspielten. Nur ein Stützpunkt hielt durch: Wswad an der Lowatjmündung.

Die Sowjets schlossen den Ort am 9. 1. ein. Die Besatzung igelte in einem Umkreis von 2,5 km. Hptm. Pröhl übernahm das Kommando über Pz.Jäg.Abt. 290, 6./Luft-Nachr.R. 1, Teile des Kradschtz.Btl. 38 der 18. ID.mot. und 2./Wach-Btl. 615. Es blieben 1 Hauptmann, 2 Oberleutnante, 4 Leutnante, 2 Ärzte und 532 Mann in dem Ort, der innerhalb der nächsten beiden Tage durch anhaltendes Trommelfeuer und laufende Bombenangriffe in Trümmer sank.

Die kleine deutsche Besatzung wehrte die wiederholten Angriffe des sowj. Schtz.R. 140 ab und kapitulierte trotz mehrmaliger Aufforderung nicht! Dreizehn Tage lang tobte der Kampf um die Ruinen am Lowatj. 17 Gefallene und 72 Verwundete lagen unter den geborstenen Häusern. Da ging ein Funkspruch des OKH ein: „Räumung freigestellt!"

Die Kampfgruppe brach in der Nacht zum 21. 1. unter Mitnahme von 62 Verwundeten aus. Die Männer kämpften sich durch bauchtiefen Schnee und tödliche Kälte auf den zugefrorenen Ilmensee hinaus. Sie schafften 25 km Weg in 14 Stunden — und als die Morgensonne des nächsten Tages emporstieg, trafen sie mitten auf dem See, 7 km ostwärts von Ushin, deutsche Soldaten, die spanisch sprachen! Es war die Schikompanie der 250. ID. (Hptm. Ordàs), die vor zehn Tagen zum Entsatz von Wswad aufgebrochen war. Die Spanier waren quer über den Ilmensee marschiert. Sie hatten auf diesem gräßlichen Marsch mehr als 150 Kameraden durch Erfrierungen verloren!

Die Schlacht um Staraja Russa ging ununterbrochen weiter. Die Sowjets stießen im Norden und Süden der Stadt vorbei, unterbrachen die Bahnlinie nach Schimsk und näherten sich Dno. Der Gegner warf neue Kräfte in die Schlacht, die erbarmungslos gegen die Verteidiger vorgingen. Die 290. ID. kämpfte um Tod und Leben. Nachhuten wehrten sich bis zur letzten Patrone, wie die 5./IR. 368 des Oblt. Hinz, von der nicht einer am Leben blieb!

Die 290. ID. war eingeschlossen und wurde vom 25. 1. nur noch aus der Luft versorgt. Die Division schlug vom 8. 1. — 13. 2. insgesamt 146 Feindangriffe ab! Ihr größter Stützpunkt Tutilowo fiel nach fünfwöchiger Verteidigung durch das IR. 502 in die Hand des Gegners.

Ein Ausbruch aus der Umklammerung scheiterte am 12. 2. Der Versuch gelang am nächsten Tag. Die 290. ID. wich nach Süden, mußte die Bahnlinie und den Ort Pola aufgeben. Die Soldaten stritten gegen 180. Schtz.D., 14., 52. und 74. Schtz.Br. Verbindung zur 30. ID. bestand längst nicht mehr, obwohl die Nachbardivision — so weit ihr der Gegner Zeit ließ — die bedrängte 290. ID. unterstützte. Der Feind war zu stark. Er stand nach drei Wochen Kampf im Rücken des X. AK.!

Ein Zusammenbruch der Front schien sich ebenfalls beim II. AK. anzubahnen. Die Sowjets setzten hier den Schwerpunkt ihrer Offensive an der Naht zwischen Heeresgruppe Nord und Mitte an. Die 3. und 4. Stoßarmee griffen am 9. 1. nach zweistündigem Trommelfeuer mit (von rechts nach links) 357., 360., 358., 249., 332., 334. Schtz.D., mehreren Panzer- und Schibataillonen beiderseits Ostaschkow am Seeliger-See an.

109

Die 123. ID. (Gm. Rauch) spürte die volle Wucht der sowjetischen Überlegenheit. Ostaschkow wurde eingeschlossen und ging verloren. Die 4. Stoßarmee (Glt. Eremenko) stieß längs der Eisenbahn, erreichte Peno am Penosee und sprengte damit die Front der beiden deutschen Heeresgruppen! Schon bahnte sich eine Katastrophe an. Die 3. Stoß-Armee folgte, überrannte die 123. ID. und marschierte auf Cholm!

Das AOK 16 verfügte über keine Reserven. Die 81. schlesische ID. (Gm. Schopper) rollte soeben im Eisenbahntransport heran. Das erste eintreffende Regiment — IR. 189 — wurde in Toropetz und Andreapol angehalten, ausgeladen und unverzüglich nach Norden in Marsch gesetzt. Das Regiment war überhaupt nicht für den Winterkrieg ausgerüstet, hatte weder Winterbekleidung noch entsprechende Waffen und Material.

IR. 189, II./AR. 181 und 3./Pi.Btl. 181 stemmten sich trotz dieser Unzulänglichkeit zwischen Ochwat und Lauga vier voll wintermäßig ausgerüsteten sowjetischen Divisionen entgegen. Die oberschlesischen Pioniere und Infanteristen gingen die feindlichen Panzer mit bloßen Händen an, wehrten sich mit Spaten, Kolben und Seitengewehren. Sie hielten bei 46 Grad Kälte tagelang die Angriffsdivisionen auf und verzögerten den Vormarsch der 4. Stoßarmee! Dann war ihre Kraft erschöpft. Ob. Hohmeyer — nach dem Tod zum Generalmajor befördert — fand mit 1 100 Offizieren und Soldaten seines Regiments den Tod in den Wäldern bei Ochwat. Von den Männern des II./AR. 181 kehrten nur 40 Kanoniere zurück. Der Kdr., Oberstlt. Proske, war nicht dabei!

Der heldenhafte Kampf dieses einen Regiments schien nicht ganz ohne Sinn zu sein. Die deutsche Front festigte sich bei Welikije Luki und verhinderte einen Stoß in den Rücken der Heeresgruppe Mitte! Doch zwischen Welikije Luki einerseits und Demjansk andererseits klaffte eine Lücke. Hier lag die 12 000 Einwohner zählende Stadt Cholm am Lowatj als Wellenbrecher in der sowjetischen Flut. Die 16. Armee mußte den Ort halten, wenn nicht ihre ganze Front ins Wanken geraten sollte.

Gm. Scherer, Kdr. der 281. Sich.D., wurde zum Kommandanten der „Festung Cholm" ernannt. Er hatte keine einheitliche Truppe unter sich. Er nahm das, was er gerade vorfand. Es wurde Zeit; denn am 23. 1. waren die Panzer der 3. Stoßarmee da und schlossen Cholm ein. Die „Kampfgruppe Scherer" verteidigte ein 1½ qkm großes Gebiet am Lowatj.

Eine Verbindung mit den Nachbarn und dem Hinterland existierte Ende Januar nicht. Cholm konnte nur durch die Luft versorgt werden. Transportmaschinen vom Typ „Ju-52" und Lastensegler landeten auf einem 70 x 25 m großen Behelfsflugplatz und brachten Material, Waffen und Menschen. 27 „Ju-52" zerschellten beim Aufsetzen.

Die „Kampfgruppe Scherer" bekam langsam Gesicht. Ende Januar durchbrachen von außen 200 Mann des Gebirgs-Jagdkdo. 8 die Front und verstärkten die bisher haltenden Gruppen der 123. und 218. ID., das Reserve-Pol.Btl. 65 und MG-Btl. 10. Später wurden von 80 Lastenseglern IR. 553 (329. ID.), IR. 386 (218. ID.) und III./Lw.F.R. 1 eingeflogen. Artillerie gab es in Cholm nicht. Die Batterien des AR. 218 und der schw.Art.Abt. 536 schossen von außen nach den Angaben der beiden VBs, Oblt. Feist und Lt. Dettmann, auf die Sowjets in der Stadt.

Der Durchbruch der Sowjets am Seeliger-See war eine Gefahr, die von deutscher Seite nicht gebannt werden konnte. Gen.Ob. Busch, OB. der 16. Armee, teilte noch am 9. 1. abends Glt. Graf von Brockdorff-Ahlefeldt, Komm.Gen. des II. AK., mit, daß das Korps keine Hilfe bekommen könne, denn es gebe keine!

Feldmarschall Ritter von Leeb rief am 12. 1. im Führerhauptquartier an und schlug den Rückzug der Armee hinter den Lowatj vor. Hitler wies diesen Vorschlag rundweg zurück! Der Feldmarschall flog nach Ostpreußen und hielt persönlich Vortrag. Er hatte sich von seinem Ia, Ob.i.G. Hermann, eine Denkschrift ausarbeiten lassen, die er Hitler vortrug.

Hitler lehnte wiederum ab. Da bat der Feldmarschall — als erster Oberbefehlshaber einer deutschen Heeresgruppe — um seine Entlassung! Hitler war einverstanden. Er ließ Ritter von Leeb mit seinem Generalstabschef, Glt. Brennecke, gehen. Gen.Ob. von Küchler wurde neuer OB. der Heeresgruppe Nord; Gen.d.Kav. Lindemann OB. der 18. Armee.

Es war Mitte Januar. Eine Südfront existierte für die 16. Armee nicht mehr! Die 123. ID. schied als kampfkräftiger Verband aus. Sie verteidigte sich in Stützpunkten rund um Molwotizy. IR. 415 und 416 waren von der eigenen Front abgesprengt. Die Kompanien schlugen sich in zehntägigem Kampf durch die feindlichen Linien. Es waren noch 900 Mann von zwei Regimentern!

Die 32. ID. (Gm. Bohnstedt) und die 123. ID. (Gm. Rauch) bauten notdürftig eine neue Südfront auf. Beide Divisionen verfügten über 12 487 Mann, die eine Frontbreite von 190 km halten mußten!

Das II. AK. geriet in Gefahr, eingeschlossen zu werden. Immer neue Divisionen der Sowjets griffen an, warfen sich in die 90 km breite Lücke und drängten 32. und 123. ID. weiter zurück. Das II. AK. funkte an die Armee:

„Wenn Absicht besteht, auf den Lowatj auszuweichen, dann Ausweichen sofort ..."

Das OKH funkte zurück:
„... Demjansk bis zum letzten verteidigen!"
Das war der Befehl zur Einigelung des II. AK. um Demjansk! Das Korps schied von allen Divisionen Bataillone aus, die unter Führung des Kdr. der SS-T-D., SS-OGruf. Eicke, eilig in den Raum Salutschje transportiert wurden, um die Front nach Westen abzuriegeln. Diese zusammengewürfelte Kampfgruppe besetzte rasch eine behelfsmäßige Stützpunktlinie. Es war höchste Zeit. Die Truppen der 34. Sowjetarmee und des I. Garde-K. vereinigten sich am 8. 2. bei Ramuschewo am Lowatj.
Der Kessel von Demjansk schloß sich!
Glt. Graf von Brockdorff-Ahlefeldt befehligte sechs Divisionen. Die 12. mecklenburgische und die 32. pommersche ID. standen im Osten und Süden von Demjansk. Die 123. brandenburgische ID. kämpfte im Südwesten der Front. Die beiden norddeutschen 30. und 290. ID. wehrten sich im Norden von Demjansk, während die SS-T-D. (SS-Stand.Fhr. Simon) im Nordosten lag. Die Kampfgruppe des SS-OGruf. Eicke hielt die Stellungen im Westen. Die Größe des Kampfgebietes maß 3 000 qkm. Die Länge der Front betrug 300 km und die Entfernung zwischen den jeweils entgegengesetzten Linien 50 — 70 km.
Glt. Graf Brockdorff-Ahlefeldt erließ am 18. 2. seinen ersten Tagesbefehl nach der Einschließung:

„... Wir sind 96 000 Mann. Der deutsche Soldat ist dem Russen überlegen; das aber ist das Entscheidende! So mögen wohl harte Woche kommen; wir werden sie bestehen!"

Die Luftversorgung für Demjansk lief an und wurde zur ersten Luftbrücke der Weltgeschichte! Das OKL befahl am 18. 2. die Verlegung der Dienststelle des Lufttransportführers (Ob. Morzik) aus dem Raum Smolensk in den Bereich der Luftflotte 1. Die Transportverbände starteten vorerst von Riga, Dünaburg und Seerappen aus. Eine Zwischenlandung zum Auftanken erfolgte in Pleskau und Korowje Selo, später in Dno und Tuleblja. Dann flogen die Maschinen vom Typ „Ju-52", „Ju-96", „Ju-90" und „He-111" möglichst im Tiefflug über die feindlichen Linien, warfen ihre Lasten ab oder landeten auf dem Behelfsplatz in Pelci bei Demjansk.
Folgende Kampffliegergruppen zbV. waren an diesen monatelangen Einsätzen beteiligt: K.Gr. zbV. 4, 5, 6, 7, 8, 9, 105, 172, 500, 600, 700, 800, 900, „Öls", „Posen" und die IV./KG. zbV. 1. Die Gruppen verzeichneten bis zur Räumung des Kampfraumes insgesamt 33 086 Einsätze. 265 Flugzeuge lagen ausgebrannt, zerschellt oder zerstört irgendwo in den Wäldern und Sümpfen zwischen Lowatj und Waldai-

gebirge. Die Transportgruppen hatten in einem Jahr 64 844 to. Güter nach Demjansk gebracht und 35 400 Verwundete ausgeflogen! Während das II. AK. von nun an seinen eigenen Kampf focht, brandeten die sowjetischen Angriffe weiterhin gegen die 16. Armee. Das Gen.Kdo. X. AK. (Gen.d.Art. Hansen) verlegte kurz vor der Einschließung Demjansk befehlsgemäß nach Staraja Russa und übernahm den Befehl über alle deutschen Truppen. Die Front festigte sich Anfang Februar. 18. ID.mot., 81. ID., Pol.R. 53 und die inzwischen aus Frankreich eingetroffene 5. Jäg.D. brachten endgültig am 19. 2. die sowjetische Offensive dicht vor Staraja Russa — eine der ältesten und würdigsten Städte des riesigen Reiches — zum Stehen!

Das XXXIX. Pz.K. wurde von der Armee an den rechten Flügel verlegt, um zwischen Cholm und Loknja eine feste HKL zu errichten. Gleichzeitig sollte das XXXIX. Pz.K. Vorbereitungen treffen, um Cholm wieder zu entsetzen.

Ein ebensolches Unternehmen wurde im Februar vom AOK 16 für Demjansk geplant. Glt. von Seydlitz-Kurzbach, Kdr. 12. ID., der außerhalb des Kessels geblieben war, wurde mit der Aufstellung einer Kampfgruppe betraut, die den Befehl erhielt:

„Wiederherstellung der Landverbindung mit dem um Demjansk eingeschlossenen II. AK."

Die für die Gruppe des Glt. von Seydlitz-Kurzbach vorgesehenen Divisionen versammelten sich hinter dem Rücken der bei Staraja Russa liegenden Teile der 18. ID.mot. Der Aufmarsch dieser Kräfte erfolgte Anfang März, als im Kessel die gefährlichsten Kämpfe entstanden. Hier war es der 1. und 4. sowj. Luftlande-Br. gelungen, durch die dünne deutsche Front zu sickern oder mit Fallschirmen hinter den Linien abzuspringen. Gleichzeitig erfolgte von außen her der Angriff der 2. und 204. Luftlande-Br. Das II. AK. mußte seine an und für sich schon schwachen Fronttruppen erneut entblößen, um gegen die 6 000 fanatisch kämpfenden und hervorragend ausgerüsteten Fallschirmjäger vorzugehen, die sich bereits dem Korpshauptquartier näherten und viele Versorgungsstraßen unter Kontrolle hielten. Die Gefechte im Wald und Sumpf waren erbittert und gnadenlos und ebbten erst am 7. 4. ab.

Der deutsche Plan für das „Unternehmen Brückenschlag" — der Wiederherstellung der Landverbindung — sah vor, daß zwei Jägerdivisionen im direkten Vorstoß nach Osten die Redja überwinden sollten, um bei Kobylkino den Lowatj zu erreichen. Dort war die Verbindung mit den aus dem Kessel heraus operierenden Kräften herzustellen. Das Unternehmen mußte noch vor Beginn der Schneeschmelze gestartet werden; ein Angriff zum späteren Termin wäre sonst unweigerlich im Schlamm steckengeblieben.

Folgende Einheiten beteiligten sich am „Unternehmen Brückenschlag":

5. Jäger-D. (Glt. Allmendinger)
8. Jäger-D. (Gm. Hoehne)
18. ID.mot. (Gm. von Erdmannsdorff)
122. ID. (Gm. Machholz)
329. ID. (Ob. Hippler, später Gm. Dr. Dr. Mayer)
Sich.Rgt. (Ob. Dr. Dr. Mayer, später SS-Stand.Fhr. Becker)
ferner I./Pz.R. 203, II./Lw.F.R. 44, Bau-Btl. 132, Sturmgesch.-Bttr. 659 und 666, je ein Zug 3./Flak-Abt. 745 und 5./Flak-Abt. 31.

Die Divisionen stellten sich so auf, daß 18. ID.mot. im Anschluß an die Staraja Russa verteidigende Besatzung den Schutz nach Norden für die im Schwerpunkt eingesetzten 5. und 8. Jäg.D. übernahm. Die 329. ID. schützte die rechte Flanke. Die stark geschwächte 122. ID. (z. Zt. nur drei Bataillone!) und die I./Pz.R. 203 wurden in der Mitte als Reserven nachgezogen.

Da die „Gruppe Seydlitz" möglichst eng geschlossen operieren mußte, klaffte zum rechten Nachbarn — der Lw.F.Br. Meindl (der späteren 21. Lw.FD.) — eine gewaltige Lücke, in der mehrere Partisaneneinheiten gemeldet waren. Deshalb wurde ein Sicherungs-Regiment gebildet, um diese Gefahr auszuschalten. Pz.Jäg.Abt. 290, Aufkl.Schw. 290, I./Lw.F.R. 5, Radf.Btl. 5 und Jagdkdo. X. AK. — insgesamt 20 Offiziere und 964 Mann — bildeten das Regiment, das in den nächsten Wochen schwere und hinterhältige Gefechte in den Sumpfwäldern durchzustehen hatte.

Das „Unternehmen Brückenschlag" begann am 21. 3., 7.30 Uhr, mit einem Feuerschlag der Batterien. Gleichzeitig griff die Luftflotte 1 mit einer starken Streitmacht in den Kampf ein. Noch einmal schwirrten 130 Bomber und 80 Jäger mit dem Eisernen Kreuz über den Linien. Die Sowjets antworteten sofort mit Gegenangriffen ihrer Luftgeschwader. Es gab packende Luftkämpfe, bei denen noch einmal die Wendigkeit und Feuerdisziplin der deutschen Jäger entschied. (Die Sowjets verloren bei Luftkämpfen über Staraja Russa u. a. Lt. Frunse, Sohn des bolschewistischen Heerführers im Bürgerkrieg.)

Der Angriff aller Divisionen hatte am ersten Tag einen durchschlagenden Erfolg. Die 5. Jäg.D. erzwang bei Utschno den Übergang über die Porussja. Ebenso drang die 329. ID. tief in die feindlichen Gräben ein. Die 3./Pz.R. 203 rollte über den zugefrorenen Polistj und kam dem Gegner in Rücken und Flanke. Der weitere Angriff lief wie im Herbst des vergangenen Jahres. Die 18. ID.mot. nahm Penna am Nordflügel und baute eine Verteidigungsfront auf. Die 5. Jäg.D.

näherte sich Michalkino an der Redja, das enorm befestigt war. Die Division ging über den Fluß. Ihr I./Jäg.R. 75 (Hptm. Sachsenheimer) stürmte Jaswy. Damit war die Straße Staraja Russa — Ramuschewo am 25. 3. für den russischen Nachschubverkehr gesperrt! Die anderen Divisionen standen nicht nach. Die Schlesier der 8. Jäg.D. hatten dabei das schwierigste Gelände zu überwinden. Sie mußten frontal durch die halbgefrorenen Sümpfe, in denen es kaum Dörfer gab. Die 329. ID. — deren Kdr., Ob. Hippler, am dritten Kampftag fiel — befreite in Podjepotshe eine seit acht (!) Wochen eingeschlossene Kampfgruppe des SS-R. 5! Die Division drehte von hier nach Süden auf das Sumpfgebiet bei Koslowo ein. Die I./Pz.R. 203 (Oberstlt. Frhr. von Massenbach) sperrte nach Zurückschlagung eines sowjetischen Panzerangriffs die Straße Jaswy — Ramuschewo.

Der 26. 3. brachte Neuschnee in großen matschigen Flocken. Das Wetter schien umzuschlagen — und das Kriegsglück auch. Das Oberkommando der sowjetischen Nordwestfront hatte bereits Gegenangriff befohlen. Der neue OB., Glt. Kurotzkin, erließ einen Tagesbefehl, der mit den Worten begann:

„Es wird nicht einen Schritt weiter zurückgegangen!"

Feindliche Schützenregimenter und Panzerbataillone stürmten nach Westen, schlugen die vorgeprellten deutschen Stoßtrupps und Vorausabteilungen auf Dörfer und Städte zurück. Erbittert wurde um Jaswy und Michalkino gerungen. Die 122. ID. mußte, statt nach Osten den Schwerpunkt zu verstärken, nach Norden befohlen werden, um die besonders hart angegriffene 5. Jäg.D. zu unterstützen. Die Division schob sich links neben die Württemberger und drückte langsam die Gegner zurück. Da es nicht allein ging, schlugen Stukas Breschen in die sowjetische Verteidigungsstellung. Dann brachen die Bataillone im bauchtiefen Schnee auf die russischen Gräben los. Das I./IR. 409 stürmte Ssytschewo; von diesem Ort stand kein Haus und keine Hütte mehr! Das II./IR. 409 stellte die Verbindung mit den Jägern her.

Die Sowjets gaben nicht auf. Ihre Regimenter brandeten nach wie vor gegen die deutschen Stellungen im Pennabogen. Es war ihr Plan, die Nordflanke der „Gruppe Seydlitz" aufzurollen und gleichzeitig nach Staraja Russa zu gelangen. Freund und Feind hielten im kniehohen Tauwasser, kämpften im undurchdringlichen Buschwerk, verteidigten sich in den zerfetzten Wäldern und im Labyrinth der Schützengräben.

Die „Gruppe Seydlitz" trat trotz des eingetretenen Tauwetters am 5. 4. erneut an. Statt Osterglocken heulten an diesem sonnigen Morgen Granaten der 27 Korpsbatterien (Ob. Günther) auf die sowjetischen Stellungen. Der Angriff der Divisionen blieb vor dem russischen Grabensystem liegen. Erst am 12. 4. gelang es der 8. Jäg.D., ein Loch aufzustoßen und mit dem Ziel Ramuschewo am Lowatj weiterzuziehen. Die schlesischen Jäger erfüllten ihren Auftrag. Das I./Jäg.R. 30 stürmte Ramuschewo, den wichtigsten Ort zwischen Staraja Russa und Demjansk. Der Kdr. des Bataillons, Hptm. Steinhart (der sich schon im Polenfeldzug das Ritterkreuz erwarb), befand sich unter den Toten dieses Tages. Gleichzeitig mit den Jägern aus Schlesien erstritten sich die württembergischen Jäger den Zugang zum Lowatj. Hier war es das III./Jäg.R. 75 (Hptm. Kinzelbach), das in einem tollen Angriff von Jaswy aus Prissmorshje erreichte!

Im Osten des Flusses röhrte Geschützlärm. Es waren Abschüsse deutscher Batterien. Das II. AK. kam der „Gruppe Seydlitz" entgegen...

Gm. Zorn, Kdr. der 20. ID.mot., war in den Kessel Demjansk eingeflogen worden, um die Korpsgruppe zu übernehmen, die von dort aus nach Westen angreifen sollte. Er hatte für diesen Auftrag, der den Tarnnamen „Unternehmen Fallreep" erhielt, zur Verfügung: SS-T-D. (SS-OGruf. Eicke) und das Sturm-R. II. AK. (Ob. Ilgen, später Oberstlt. von Borries). Das Sturm-R. setzte sich aus je einem Btl. der 12., 30. und 290. ID., dem SS-Kradschtz.Btl. 5 und fünf Bataillonen der 32. ID. zusammen.

Die Vorbereitungen zum „Unternehmen Fallreep" wurden von den Sowjets erkannt und durch Artillerie- und Fliegerüberfälle gestört. Ein Angriff von zehn „T-34" gegen Kalitkino konnte nur mit letzter Kraft der Verteidiger zunichte gemacht werden. Der Angriff der Korpsgruppe Gm. Zorn begann am 14. 4. Die Gegner erwarteten den Stoß. Ihre Artillerie ließ die Angreifer nicht aus den Gräben kommen.

Der Erfolg wurde erst am nächsten und übernächsten Tag erstritten, als es dem SS-Kradschtz.Btl. 5 (SS-Sturmbannfhr. Kleffner) gelang, Sakarytino und Bjakowo zu stürmen. Das Angriffsregiment, das Oberstlt. von Borries am 13. 4. übernommen hatte, schob sich in die Frontlücke und drang ab 17. 4. in die feindlichen Stellungen am Ostufer des Lowatj ein.

Der Fluß war am 19. 4. erreicht. Er führte Hochwasser, das ein Übersetzen unmöglich machte. Die Bataillone der SS-T-D. standen am Lowatj und besetzten am 20. 4. den Ostteil von Ramuschewo. Die erste Sichtverbindung mit der Angriffsspitze der „Gruppe Seydlitz" war 18.30 Uhr hergestellt. SS-Pionieroffiziere setzten in der Nacht mit Flößen über den Fluß und reichten den Männern der 5. Jäg.D. die Hand!

Die Bataillone rechts und links des Lowatj erweiterten in den nächsten Tagen ihre Positionen am Ufer. Die Landverbindung zwischen Staraja Russa und Demjansk war am 1. 5. perfekt! Die Landbrücke — kurz „Schlauch" genannt — verlief in 12 km Länge und 4 km Breite beiderseits der Straße Ramuschewo — Wassiljewschtschina. Der Kessel Demjansk war freigekämpft!

Der zweite, noch vor der Front der 16. Armee liegende Kessel — Cholm — wurde fast am selben Tag entsetzt. Die Verteidiger dieser Stadt am Lowatj hielten im Mai genau so ihre Stellungen wie im Februar! Die Sowjets hatten nichts unversucht gelassen, die 5 000 Mann starke deutsche Besatzung zu vernichten. Noch im April war Cholm von der 33. Schtz.D., der 26., 37. und 38. selbst. Schtz.Br. umlagert.

Die deutsche Front festigte sich inzwischen westlich Cholm. Das XXXIX. Pz.K. hatte die 218. ID. (Gm. Uckermann) beauftragt, Cholm endgültig zu befreien. Die sowjetische Führung beabsichtigte am 1. 5. noch einmal, Cholm zu nehmen. Alle vier Großverbände griffen an, erzielten einige Einbrüche und wurden zurückgeschlagen! Die Gegner mußten kehrt machen; die ersten Vorausabteilungen der 218. ID. standen schon in ihrem Rücken.

Die Angriffsspitzen näherten sich bei strömendem Regen der monatelang umkämpften Stadt. Die sowjetischen Bataillone wichen nach Osten. Noch einmal griffen mehrere Rudel „T-34" an. Sie wurden von den Geschützen der Sturmgesch.Abt. 184 abgeschossen. Dann ging es weiter. Die 2. Batterie der Sturmgeschütz-Abt. 184 bildete Spitze. Pioniere des IR. 411 (122. ID.) saßen auf den stählernen Kolossen. Sie fuhren die Nacht durch.

Als der Morgen des 5. Mai graute, ratterte das erste Sturmgeschütz mit dem Batteriechef, Oblt. Hohenhausen, in die Ruinenstadt. Es kam zu Gefechten mit feindlichen Nachhuten. Oberstlt. Tromm, Kdr. IR. 411, fiel. Er war der letzte von 1 550 Gefallenen, die in Cholm ihre ewige Ruhestätte fanden.

Hitler stiftete am 1. 7. 1942 zur Erinnerung an den 105-Tage-Kampf den „Cholmschild". Es war ein Kampfabzeichen und durfte von den Überlebenden der „Kampfgruppe Scherer" am linken Oberarm der Uniform getragen werden.

Die 16. Armee bildete im Mai eine durchlaufende Front, die sich von Kirischi am Wolchow bis Loknja südlich Cholm erstreckte. Der äußerste rechte Flügel der Armee wurde vom XXXIX. Pz.K. (Gen.d. Pz.Tr. von Arnim) gebildet. Die 218. ID. verblieb im Abschnitt Cholm. Eine Kampfgruppe der 8. PD. unter Ob. Wagner schloß sich südlich davon an. Der letzte Truppenteil der Heeresgruppe Nord im Süden war das Sich.Btl. 865, das in loser Stützpunktkette die Eisenbahnlinie beiderseits Loknja sicherte. Mehrere Kampfgruppen der

8. PD. (Gm. Brandenberger) waren im Hinterland dieses Abschnittes eingesetzt, um Partisanenabteilungen zu stellen und zu vernichten.

*

Die 16. Armee war in den Winter- und Frühlingswochen des neuen Jahres nicht allein südlich des Ilmensees in harte und verlustreiche Kämpfe verstrickt. Eine genau so gefährliche Situation wie bei Demjansk war nördlich des Ilmensees entstanden, als starke feindliche Verbände über den Wolchow gingen. ...
Das sowjetische Oberkommando hatte am 17. 12. 1941 aus seinen Tichwiner Angriffsarmeen die Wolchowfront gebildet. OB. der neuen Heeresgruppe wurde der verdienstvolle Armeegeneral Meretzkov. Sein Stabschef blieb Gm. Stelmach, Mitglied des Kriegsrates war Saproshez. Der Wolchowfront wurden unterstellt: 4. Armee (Gm. Ivanov), 26. Armee (Glt. Sokolov) — aus ihr entstand später die 2. Stoß-Armee —, 52. Armee (Glt. Klykov) und 59. Armee (Gm. Galanin). Die 52. Armee bildete nordostwärts Tschudowo einen kleinen Brückenkopf auf dem deutschen Wolchowufer. Dieser Einbruch konnte infolge der geringen Kampfstärken nicht eingedrückt werden. Ein weiterer gefährlicher Stoß überlegener Kräfte erfolgte an der Tigodamündung auf der Naht von 61. und 21. ID. Eine schnell zusammengestellte Kampfgruppe aus IR. 505 (291. ID.) und einem Btl. des SS-IR. 9 griff bei schneidender Kälte den Gegner an und brachte ihn zum Stehen. Ob. Lohmeyer, Kdr. der Kampfgruppe — der den Namen „Löwe von Libau" trug — fiel in diesem Kampf.
Das sowjetische Oberkommando hatte größere Pläne und begnügte sich nicht mit diesen Teilerfolgen. Die Heeresgruppe Wolchowfront, deren Hauptquartier sich im Mal. Wischera befand, erhielt an der Jahreswende erhebliche Verstärkungen. Die 2. Stoßarmee wurde gebildet. Acht Schtz.D., acht Stoß-Br. zu je drei Bataillonen, einer Artillerie- und einer Granatwerferabteilung sowie 10 Schibataillone gehörten zu dieser Armee.
Die Wolchowfront bekam Auftrag, die deutschen Truppen südlich des Ladogasees abzuschneiden und Leningrad zu entsetzen. Hierzu sollten 2. Stoß- und 59. Armee nach Nordwesten in Richtung Ljuban vorgehen und sich mit der 54. Armee aus Leningrad vereinen. Teilkräfte hatten in Richtung Luga zu operieren.
Feindliche Späh- und Stoßtrupps fühlten seit dem 7. 1. gegen die Front vor. Nach und nach spürten die deutschen Soldaten, daß sich vor ihnen etwas „zusammenbraute". Es war allerdings nicht zu erkennen, gegen welche Stelle der HKL ein etwaiger Angriff erfolgen

würde. Die Heeresgruppe stellte fest, daß der sowjetische Aufmarsch am 12. 1. so gut wie abgeschlossen war. Der Gegner sandte noch einen offenen Funkspruch, der von deutschen Horchstellen aufgefangen wurde:

„Die Wolchowfront hat sich zu verteidigen!"

Dieser Spruch war eine Kriegslist — denn am 13. 1., morgens 8.00 Uhr, heulten die feindlichen Geschütze, „Stalinorgeln" und Granatwerfer auf. Ein halbstündiges Trommelfeuer brach auf die Stellungen der 126. ID. (Glt. Laux) und der 215. ID. (Glt. Knies) nieder. Damit war die Angriffsstelle gekennzeichnet — sie konnte nicht besser gefunden werden. Hier befand sich genau die Naht zwischen 18. und 16. Armee, und hier lag eine aus Frankreich herangeführte Division, die sich erst an die ungewöhnlichen Verhältnisse des Ostkrieges gewöhnen mußte.

Ruckartig sprang das schwere Artilleriefeuer eine halbe Stunde später nach Westen. Jetzt schoben sich aus dem Morgendunst weiße Gestalten, die in Kolonnen und in Gruppen mit Schiern über den zugefrorenen Fluß auf die deutsche HKL zuliefen. Immer mehr wurden es, und immer mehr. Ihr Schwerpunkt richtete sich auf die inneren Flügel der beiden deutschen Divisionen.

„Die geringen eigenen Kräfte, die bei Jamno und Arefino im Brennpunkt der Ereignisse standen, waren wie ein schwacher und viel zu niedriger Deich gegenüber den Naturgewalten einer Sturmflut. Sie wurden trotz heldenmütigen Widerstandes einfach hinweggefegt. Was vermochten schon zwei oder drei ausgeblutete Bataillone gegen eine Vielzahl frischer Divisionen? Auch dem ununterbrochenen Einsatz der feindlichen Artillerie, Werfer und Schlachtflieger stand so gut wie nichts gegenüber." *)

Sowjetische Schibataillone faßten trotz hoher Verluste Fuß auf dem Westufer des Wolchow! Zwei Stunden nach Angriffsbeginn war bei Gorka der erste Brückenkopf gebildet, der durch Gegenangriffe von Männern des IR. 422 (Oberstlt. Frhr. von der Goltz) nicht eingedrückt werden konnte. Die deutschen MGs versagten in der beißenden Kälte ihren Dienst. Das Abwehrfeuer der Batterien verpuffte wirkungslos im hohen Schnee.

Es gab keine Ruhe an diesem Tag und in der folgenden Nacht. Neue Bataillone und Regimenter kamen über den Fluß. Die ersten Panzerjägerkanonen und Geschütze rollten über das Eis. Als der Morgen des 14. 1. herankam, ratterten Panzer in vorderster Front. Der 327. sowj. Schtz.D. und der 57. Schtz.D. gelang es, die Stellung an der

---

*) Lohse, G.: Geschichte der rheinisch-westfälischen 126. Infanterie-Division. Bad Nauheim: Podzun 1957. 223 S.

Naht der 215. und 126. ID. endgültig aufzubrechen. Die tapfer fechtenden Soldaten des IR. 426 (126. ID.) und IR. 435 (215. ID.) mußten weichen. Jamno und Arefino fielen in russische Hand. Das XIII. Kav.K. schob sich in diese Lücke und stürmte weiter. Am Abend klaffte ein 6 km breites Loch in der deutschen HKL!

Die vordersten Stützpunkte waren zerschlagen. Zwar hielten sich hier und dort noch kleine Züge und Gruppen, die erst aufgaben, als ihre Munition zu Ende ging oder keiner der Verteidiger mehr lebte. Niemand weiß heute, wieviel deutsche Soldaten in Erfüllung ihrer Pflichten in jenen Stunden bei 50 Grad Kälte ihr Leben ließen. So vergingen noch fünf Tage — dann standen russische Panzer und Schützen an der Eisenbahn Nowgorod — Kirischi, 8 km jenseits des Wolchow!

Die beiden angeschlagenen Divisionen mußten ihre inneren Flügel zurückklappen, um wenigstens den Zusammenhalt ihrer Regimenter zu wahren. Einzelne Stützpunkte blieben, denen man keine Hilfe mehr bringen konnte.

Die Besatzungen schlugen sich durch oder starben.

Das AOK 16 führte Reserven heran, die bei weitem nicht vermochten, die Lücken zu schließen. Die SS-Legion „Flandern" und das „Begleit-Btl.-Reichsführer-SS" trafen zuerst im Abschnitt der 126. ID. ein, später folgten Teile der 20. ID.mot. und der 250. spanischen ID.

Die Sowjets rissen bis zum 20. 1. die Frontlücke in 30 km Breite auf!

Die Truppen der 2. Stoßarmee formierten sich neu. Sie konzentrierten ihre mit Wattekleidung, Filzstiefeln, Pelzmützen und Schiern ausgerüsteten Verbände südlich der Straße Orelje — Spasskaja Polist und ostwärts der Straße Krutik — Koptzy. Zwei deutsche Stützpunkte — Mostki und Ljubino Pole — hielten sich weit hinter der Front. Das III./IR. 380 (Hptm. Herb) verteidigte bis 4. 2. Mostki. Nachdem das Btl. an diesem Tag entsetzt wurde, zählte es noch ein Drittel der früheren Kampfstärke.

Der feindliche Vormarsch überquerte am 24. 1. zwischen Mostki und Mjasnoj Bor Straße und Eisenbahn Nowgorod — Kirischi. Die Richtung der sowjetischen Stoßverbände war jetzt eindeutig nach Nordwesten gelegt. Der Angriff konnte in den undurchdringlichen Wäldern kaum von schnell entgegengeworfenen Kampfgruppen verzögert oder angehalten werden. Mitte Februar näherten sich motorisierte Verbände Ljuban. Sie erreichten wenige Tage später die Eisenbahn Ljuban — Leningrad unweit Jeglino!

Die 2. Stoßarmee stand damit 100 km von ihrer Ausgangsposition entfernt!

Ihre Divisionen hatten die Hälfte des Weges nach Leningrad zurückgelegt!

Die schnellen Brigaden befanden sich tief im Rücken des nach Norden kämpfenden I. deutschen AK.!

Die Heeresgruppe löste in größter Eile von den Divisionen an „ruhigen" Frontstellen Eingreifbataillone und warf sie in den Wolchowraum. Es begann die sogenannte „Flickschusterarbeit" oder der „Armeleutekrieg" im Abschnitt der 18. Armee. Gen.d.Kav. Lindemann, der neue OB. der Armee, erwies sich als Meister dieser Kriegführung.

Er bildete mit den ersten herbeigeführten Reserven eine verhältnismäßig dünne Frontlinie, die er vor den Angreifern aufstellte. Ende Januar lagen im Norden des sowjetischen Angriffskeiles Teile der 212., 254. ID. und das Radf.Btl. 8. Im Westen machte das I./Bau-R. der 8. PD. und estnische Freiwillige Front gegen den Feind. Im Süden schoben sich Teile der 20. ID.mot. ein. Einige Wochen später hatte sich die Abwehrfront gefestigt.

Gen.d.Kav. Lindemann war es gelungen, alle entbehrlichen Divisionen und sonstige Einheiten aus der langen Armeefront zu holen und diese in den Kampfraum westlich des Wolchow zu führen. Bei den Sowjets machten sich Ende Februar Nachschubschwierigkeiten bemerkbar.

Das AOK 18 bildete sechs Kampfgruppen, die sich von allen Seiten der 2. Stoßarmee stellten. Die Nordfront wurde von den Kampfgruppen der 61. ID. (Glt. Haenicke), 254. ID. (Glt. Behschnitt), 212. ID. (Glt. Endres) und 225. ID. (Gm. von Basse) gebildet. Im Westen fanden sich kleinere Gruppen von Baubataillonen, Sicherungskompanien, Polizei- und Freiwilligeneinheiten. Hier gab es reinen Urwaldkrieg, da keine Straßen, Dörfer und Wege, sondern nur verschneiter Wald und zugefrorene Sümpfe vorhanden waren. Die Südfront hatte sich ebenfalls verstärkt. Dort waren von links nach rechts eingesetzt: Teile der 285. Sich.D. (Ob. Brückner), Teile der 20. ID.mot. (Gm. Jaschke) und die 126. ID. (Glt. Laux), der Bataillone der 250. spanischen ID., die Legionen „Nederlande" und „Flandern" unterstellt waren.

Das sowjetische Oberkommando erkannte durchaus die Gefahr eines Versandens der bisherigen Operation. Es befahl am 28. 2. der Heeresgruppe Wolchowfront, sofort im Kessel einen deutlich sichtbaren Schwerpunkt mit 4 Schtz.D., 4 Schtz.Br. und 1 Kav.D. zu bilden. Diese Stoßgruppe sollte entschlossen den Angriff nach Nordwesten fortsetzen, bevor sich die deutsche Front an dieser Stelle endgültig stabilisierte.

Moskau mußte zu diesem drakonischen Befehl kommen, da die von Norden angesetzte Entlastungsoffensive keine Erfolge zeigte.

Die sowj. 54. Armee (Gm. Fedjuninskij) war am 28. 1. mit starken Kräften bei Pogostje, an der Bahnlinie Kirischi — Leningrad, angetreten, um nach Ljuban zu stoßen. Hier sollte Verbindung mit der 2. Stoßarmee aufgenommen werden. Die 269. ID. (Gm. von Leyser) wurde dabei mit voller Wucht getroffen. Doch konnten die Regimenter alle Angriffe zurückschlagen. Teile der 11. ID. und der 96. ID. waren an der Abwehr beteiligt.

Der feindliche Druck verstärkte sich Mitte Februar. Die härtesten Kämpfe spielten sich um Pogostje ab, wo das IR. 43 der 1. ID. unter Oberst Lasch hervorragenden Anteil hatte, daß die Front hielt. Die feindlichen Panzerverbände erzielten zwar einen Einbruch bis nach Senino. Dann flaute aber vorerst ihr Angriffsschwung ab.

Die zweite Phase der Schlacht um den sogenannten Pogostje-Kessel begann am 9. 3. und dauerte voller Heftigkeit drei Wochen. Das AOK 54 führte frische Divisionen heran, um den Einbruch zu erweitern. Die Verteidiger — es waren Verbände der 96., 223. ID. sowie der gerade aus Frankreich eingetroffenen 5. Geb.D. — konnten einen Geländeverlust nicht verhindern. Sie stoppten allerdings die Angreifer am 20. 3. im Raum Senino — Ssmerdynja.

Die 11. ID. hielt als rechter Eckpfeiler ihre Front westlich von Possadnikoff — Ostroff. Die 269. ID. blieb als linker Pfeiler standhaft dicht westlich Pogostje. Beide Divisionen und die ihnen unterstellten Kampfgruppen anderer Einheiten vereitelten eine Erweiterung des Durchbruchraums, und es gelang den Sowjets trotz großer Anstrengungen nicht, eine einzige gute Versorgungsstraße zu gewinnen, auf der ihre Nachschubkolonnen fahren konnten.

Gm. Fedjuninskij — der auf Grund dieses Fehlschlagens im April als OB. der 54. Armee abgelöst wurde — erkannte, daß er Ende März nicht mehr in der Lage war, in Richtung Ljuban durchzubrechen, um der 2. Stoßarmee entgegenzukommen. Er entschloß sich für eine kleine Lösung. Der Schwerpunkt des neuen Angriffs wurde nach Südosten verlegt. Damit wollte er wenigstens den deutschen Frontvorsprung um Kirischi abschneiden.

Der am 10. 4. vorgetragene Angriff brachte den Sowjets zwar einen vorübergehenden Raumgewinn von 5 km Tiefe. Dubowik und Lipowik fielen in Feindeshand. Doch schon nach fünf Tagen war es sicher, daß sich die russischen Stoßdivisionen totgelaufen hatten. Die 11. ID. (Gm. Thomaschki), 21. ID. (Glt. Sponheimer), 93. ID. (Glt. Tiemann) und 217. ID. (Glt. Baltzer, später Glt. Bayer) brachten den Angriff zum Stehen!

Damit war praktisch die 2. Stoßarmee ihrem Schicksal überlassen.

Der sowjetische OB., Glt. Klykov, setzte alles daran, um schließlich doch noch zum Erfolg zu kommen. Er befahl Angriffe nach Süden in

Richtung Pobjereshje und nach Norden in Richtung Spasskaja Polist, in der Hoffnung, irgendwo eine weiche Stelle in der Abwehrfront zu finden und aufzuschlagen.
Die Front hatte sich aber gefestigt.
Die Heeresgruppe löste zwei bewährte Divisionen aus der Leningrad- bzw. Wolchowfront und befahl diese an den Süd- und Westrand des Kessels. Es handelte sich um 58. und 291. ID.
Die Sowjets waren noch überlegen. Es zeigte sich aber schon, daß die Umsicht deutscher Führung und die Zähigkeit ihrer Soldaten die Wende der Schlacht herbeiführten. Einzelne, an der Bahnlinie westlich Ljuban eingebrochene Feindkräfte konnten abgeschnitten und aufgerieben werden. Die vorgeprellten Einheiten der 2. Stoßarmee begannen sich zu verteidigen.
Die Frontlage Mitte März zeigte das Bild:

Deutsche	Sowjets
[Nordrand der Kesselfront von rechts nach links]:	
291. ID.	259., 92., 53., 59., 25., 46., 58., 327., 22. Schtz.Br., 25., 87., 86. Kav.D., 7. Pz.Br.
254. ID.	191. Schtz.D., 23., 57. Schtz.Br.
Brigade Ob. Risse (225. ID.)	267., Teile 372. Schtz.D.
SS-Pol.D.	24., 4. Gd.D., 374., 259. Schtz.D.
[Südrand der Kesselfront von links nach rechts]:	
Kampfgruppe 285. Sich.D.	382. Schtz.D., 23. Schtz.Br.,
Kampfgruppe 20. ID.mot.	19., 24. Schtz.Br.
126. ID.	305. Schtz.Br.
58. ID.	65., 376., 305., 225. Schtz.Br., 93. NKWD-Btl.

Die Kampfführung war so geregelt, daß die Divisionen am Nordrand der Front unter dem Befehl des I. AK. der 18. Armee standen. Die am Südrand fechtenden Einheiten kämpften unter XXXVIII. AK., das jetzt Glt. Haenicke führte und zur 16. Armee gehörte. Die Sowjets hatten ihre Verbände im Süden dem AOK 52 unterstellt, während die 2. Stoßarmee im Norden führte.
Die deutsche Führung ließ sich trotz dieser klaren Unterlegenheit nicht beirren. Sie hatte frühzeitig Pläne getroffen, um die weit im

Westen des Wolchow stehenden sowjetischen Verbände von ihren rückwärtigen Verbindungen abzuschneiden. Dazu sollten jeweils von Norden und Süden zwei kampfkräftige Verbände angreifen, um sich am Wolchow die Hände zu reichen.

*

Die Luftflotte 1 unterstützte in den schweren Krisentagen, die mit Beginn des neuen Jahres über die Heeresgruppe Nord hereingebrochen waren, die Armeen. Das Schwergewicht lag im Abschnitt der 18. Armee und hier besonders im Wolchowgebiet. Die sowjetischen Fliegerstreitkräfte flogen im Januar zur Vorbereitung des Angriffs ihrer 2. Stoßarmee 2439 Einsätze, demgegenüber wurden 746 Einsätze über dem Kampfraum Demjansk gezählt.

Kampfflugzeuge der Luftflotte 1 meldeten zur selben Zeit 913 Einsätze im Wolchowraum und 473 über Demjansk. 45 Angriffe erfolgten zur Zerstörung der Eisenbahnstrecke Wolchowstroj — Tichwin und 7 zur Unterbindung des feindlichen Nachschubverkehrs auf dem Ladogasee. Bei diesen Einsätzen im Januar wurden insgesamt 1 414,93 to. Bomben geworfen. Die Geschwader KG. 1 und 4 verloren acht Maschinen.

Das JG. 54 war hervorragend am Luftkrieg beteiligt. Das Geschwader verzeichnete im Januar 1942 insgesamt 1 152 Feindflüge, von denen 736 über dem Wolchowraum geflogen wurden. Oberstlt. Trautloft ließ von seinen Jägern ein besonderes Angriffsverfahren entwickeln. Die „Me-109" kreisten in den hellen Nächten im Tiefflug über der Landschaft und fingen scharenweise russische Bomber ab. Die ersten Nachtjagdeinsätze des Ostkrieges wurden über dem Wolchow gestartet! JG. 54 schoß bei nur zwei eigenen Verlusten 99 Feindmaschinen ab! Der 25jährige Hptm. Philipp, Kdr. I./JG. 54, erzielte seinen 100. Luftsieg.

Die Erfolge und Leistungen der Luftflotte 1 für die nächsten drei Monate lassen sich an nachfolgender Statistik ablesen:

Zeitraum	Einsätze	Erfolge	Verluste
Februar	4 600 durch 44 Kampf- u. 27 Stukaflugzeuge, 2 566 dch. Me-109, 288 dch. Aufklärer.	3 440 t Bomben, 3 279 Versorgungsbehälter, 201 Abschüsse, — — —	9 Kampfflugzeuge, 4 Stukas, 5 Jagdflugzeuge, 2 „Ju-88".

Zeitraum	Einsätze	Erfolge	Verluste
März	9 075 durch 44 Kampf- u. 45 Stukaflugzeuge, 3 865 dch. Me-109, 324 dch. Aufklärer.	8 169 t Bomben, 3 151 Versorgungsbehälter 359 Abschüsse. — — —	12 Kampfflugzeuge, 8 Stukas, 11 Jagdflugzeuge, 1 „Do-17".
April	5 859 durch 57 Kampf- u. 50 Stukaflugzeuge, 2 863 dch. Me-109, 325 dch. Aufklärer.	4 621 t Bomben, 2 764 Versorgungsbehälter, 261 Abschüsse. — — —	15 Kampfflugzeuge, 9 Stukas, 3 Jagdflugzeuge, 2 „Ju-88".

Die Erfolge der letzten drei Monate waren um so bemerkenswerter, als sie bei geringen Verlusten gegenüber einer ständig steigenden Übermacht der sowjetischen Luftstreitkräfte erzielt wurden. Die russischen Kampffliegereinsätze beliefen sich im Februar auf 6 438 Einsätze, im März waren es 10 855, und im April betrug die Zahl 14 021 Einsätze!

Die Luftflotte 1 konnte oft nicht den Anforderungen und Wünschen der Heeresgruppe gerecht werden. Die fliegenden Verbände waren auf Zusammenarbeit mit dem Heer angewiesen, unterstanden aber dem OKL. Reichsmarschall Göring richtete sich bei seiner Befehlserteilung an das Luftflottenkommando weniger nach den Vorschlägen der Heeresgruppe als nach den Vorstellungen, die er auf Grund eigener Luftaufklärungsergebnisse erhielt.

Es mußten Differenzen beseitigt werden, ehe die Luftflotte 250 Kampfmaschinen für den Angriff des Heeres bereitstellte, als es die durchgebrochene 2. Stoßarmee von ihren rückwärtigen Verbindungen abschneiden sollte.

*

Das AOK 18 setzte hierzu unter Befehl des I. AK. die verstärkte SS-Pol.D. (SS-Brig.Fhr. Wünnenberg) vom Norden und die 58. ID. (Gm. Dr. Altrichter) des XXXVIII. AK. von Süden an.

Der Tagesbefehl für den Einsatz der 58. ID. zu diesem Einsatz begann mit den Worten:

„Wir sind zu einer Aufgabe berufen, deren Lösung von entscheidendem Einfluß auf die Gesamtlage im Raum von Leningrad ist. Bei der Kälte und dem ungünstigen Gelände werden ungewöhnliche Anforderungen an unsere Einsatzbereitschaft und an unsere Härte gestellt werden!"

Der Angriff begann am 15. 3. gleichzeitig vom Norden und Süden. Der Feind wehrte sich verbissen und machte den angreifenden SS-Männern und den norddeutschen Infanteristen jeden Meter Boden streitig. SS-Brig.Fhr. Wünnenberg leitete, selbst in vorderster Front stehend, den Einsatz seiner Kompanien westlich Spasskaja Polist. Vom Süden her klang inzwischen ebenfalls Gefechtslärm auf. Hier hatte IR. 154 (Ob. von Pfuhlstein) nördlich Semtizy Boden gewonnen. Der Gegner schien weich zu werden. Gm. Dr. Altrichter führte das II./IR. 409 (Hptm. Materne) an diese Stelle. Die Soldaten griffen bei starker Kälte am 18. 3. an, stießen über die Vorposten der 154er hinaus, kämpften sich durch die Grabenstellung in den Wäldern, erreichten am Morgen des nächsten Tages die Erika-Schneise. Es war 16.45 Uhr am 19. 3. Da rief es von drüben aus den verschneiten Büschen. Gestalten wurde sichtbar. Deutsche Soldaten in Schneehemden tauchten auf ...

Die Nord- und Südgruppe der 18. Armee hatten sich getroffen!
Die 2. sowjetische Stoßarmee war vom Fluß getrennt!
Der Wolchowkessel hatte sich geschlossen!

Glt. Klykov, der feindliche OB., erkannte die Gefahr, die seinen 180 000 Soldaten in den Wäldern und Sümpfen drohte. Er befahl den im Nordwesten stehenden Verbänden, sofort kehrt zu machen. Die Pz.- und Kav.Br. wurden nach Osten verschoben, um den Kessel wieder aufzuschlagen. Seit dem 22. 3. griffen ununterbrochen Schützen und Panzer gegen die dünnen Sicherungslinien der 58. und 126. ID. im Süden, der SS-Pol.D. und der Brigade Ob. Scheidies im Norden an.

Erst am 27. 3. gelang es überlegenen Panzerverbänden, die deutschen Sicherungen zurückzuschlagen und die Erika-Schneise freizukämpfen. Das hier haltende IR. 209 (Ob. Kreipe) wurde fast vollständig zerschlagen. Ebenso erging es der Brigade Scheidies. Hier war es nur der Umsicht des tapferen Kommandeurs, der an diesem Tag die Führung der 61. ID. übernahm, zu danken, daß es zu keiner Katastrophe kam.

Der „Schlauch" zum Wolchowkessel war gebildet. Er war nur 3 km breit und verlief parallel der Erika-Schneise. Die Russen befestigten die Fronten dieser schmalen Landbrücke, die deutscherseits infolge der Unterlegenheit und des bald eintretenden Tauwetters nicht mehr eingedrückt werden konnte. Der Gegner verstand sogar, zwei Feldbahnen vom Wolchow bis weit nach Westen zu bauen, auf denen sich der Nachschub für die 2. Stoßarmee abspielte. Die Straßen waren durch den stellenweise bis zu einem Meter tiefen Schlamm vollkommen unpassierbar.

Die Divisionen der 2. Stoßarmee wurden jetzt energischer geführt. Moskau hatte nach der Schließung des Wolchowkessels Glt. Klykov seines Postens enthoben. Am 21. 3. wurde sein Nachfolger in den

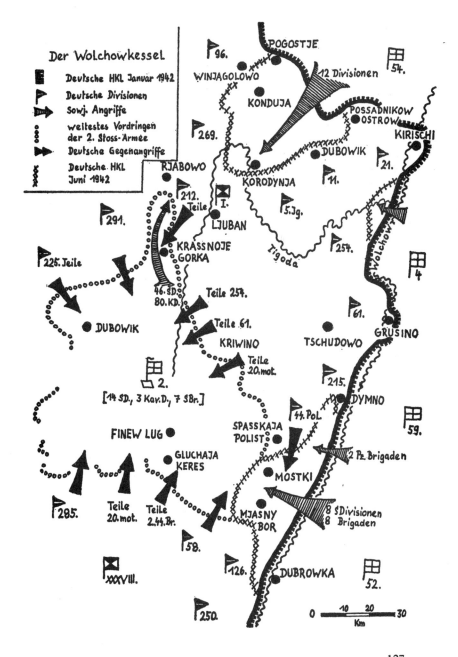

Kessel geflogen. Es war der befähigste Heerführer, der Stalin zur Verfügung stand: Glt. Wlassow! Der General war bei Kriegsbeginn Komm.Gen. des IV. sowj. mech.K., das in Ostgalizien und der Ukraine kämpfte. Wlassow verteidigte später mit seinem Korps Kiew und war maßgeblich beteiligt, daß die deutsche Offensive im September 1941 vor Kiew scheiterte. Stalin ernannte ihn daraufhin zum OB. der 20. Armee, die westlich Moskau den Ansturm der 4. deutschen Armee und 3. Pz.Armee zum Stehen brachte und Moskau rettete.

Glt. Wlassow zog seine 17 Schtz.D. und 8 Schtz.Br. enger zusammen. Er schlug sein Hauptquartier in Finew Lug auf. Er plante, die 2. Stoßarmee so lange in ihren Stellungen zu halten, bis sich das Wetter besserte und er erneut marschieren konnte!

Der Kampf um den Wolchowkessel ging mit unverminderter Härte weiter. Das Heeresgruppenkommando Nord maß der Schlacht so große Bedeutung bei, daß Gen.Ob. von Küchler einen vorgeschobenen Gefechtsstand in Soltzy, südwestlich des Ilmensees, einrichtete. Er war mit seinem Hauptquartier, das den Decknamen „Seeadler" trug, den Brennpunkten Wolchow und Demjansk gleich nahe.

Es folgten Wochen harter Angriffs- und Abwehrkämpfe. Beide Seiten setzten alles daran, die einmal gewonnenen Stellungen zu erweitern. Die Sowjets griffen z. B. am 2. 4. mit starken Panzern die Front des IR. 424 (126. ID.) unter Ob. Hoppe bei Koptzy an. Die Infanteristen schlugen den Angriff ab. Im Norden drückte die 61. ID. den Feind bei Gluschiza zurück und vernichtete eine eingeschlossene Gruppe. Ob. Scheidies fiel an der Spitze seiner Männer.

Als der Frühling einsetzte, verwandelte sich das Gelände in eine Sumpf- und Seenlandschaft. Marschbewegungen waren nur auf Knüppeldämmen möglich. Es konnten keine Stellungen mehr in die Erde gebaut werden. Die Soldaten lebten in kümmerlichen Holzhütten, in Zelten oder auf Inseln inmitten dieser Wasserwüste. Es war die Zeit, in der Gm. Wandel, Kdr. der 121. ID., das erste Schild mit der allen Soldaten des Nordabschnitts vertrauten Inschrift aufstellen ließ:

„Hier beginnt der Arsch der Welt!"

Die sowjetischen Soldaten störten sich weniger an diesen Naturereignissen. Sie wußten, auch in dieser trostlosen Landschaft zu kämpfen. Hauptziel ihrer Angriffe war der sogenannte deutsche „Schlauch", der sich von Tregubowo nach Süden bis Mostki erstreckte und nicht breiter als 3 — 4 km war. Der Gegner ahnte, daß von hier Gefahr drohen könnte.

Die 59. Sowjetarmee unter Gm. Galanin sollte diesen „Schlauch" zunichte machen. Sie griff am 29. 4. mit 2 Pz.Br. und 7 Schtz.Rgter vom Osten an, während gleichzeitig aus dem Westen 4 Schtz.D. der

2. Stoßarmee gegen diese dünne deutsche Frontstelle losgingen. Die Verteidiger — Kampfgruppen der 61., 121. und 215. ID. — führten durch Wasser und Sumpf ihre Gegenstöße, warfen die eingebrochenen Gegner zurück. Die deutsche Front stand am 13. 5. wieder dort, wo sie am 29. 4. schon gestanden hatte!

Armeegen. Meretzkov, OB. der Wolchowfront, mußte erkennen, daß er die Schlacht verloren hatte.

Er befahl am selben Tag die Räumung des Wolchowkessels. Glt. Wlassow ordnete daraufhin an, daß sich zuerst sein Schwerpunktkorps — XIII. Schtz.K. — aus der Nordwestecke des Kessels und aus dem Raum Ljuban zu lösen hatte, um die Landbrücke für den Ausmarsch der Armee offen zu halten. Die ersten schweren Batterien und verschiedene Versorgungseinheiten verließen den Wolchowraum in den nächsten Tagen.

Das deutsche AOK 18 befahl seinerseits, rasch Maßnahmen zu treffen, um große Teile der 2. Sowjetarmee endgültig im Kessel zu vernichten. Das I. AK. (Gen.d.Kav. Kleffel) und das XXXVIII. AK. (Gen.d.Inf. Haenicke) mußten diese Aufgabe durchführen.

Der Angriff begann schlagartig am 22. 5. an der gesamten Front. Von Norden stürmten 121., 61. ID. und Teile der 20. ID.mot. Vom Westen arbeiteten sich durch Schlamm und Tauwasser 254., 291. ID., Teile 285. Sich.D. Vom Süden kamen 2. SS-Inf.-Br., 126. und 58. ID. Die bisher fest gefügte Front der 2. Stoßarmee fiel wie ein Ballon zusammen, dem man die Luft ausgelassen hatte.

Der Lagebericht der Heeresgruppe Nord für die letzte Maiwoche 1942 meldete:

„Am Nordwestteil des Wolchow-Einbruchraumes beginnt am 22. 5. zunächst mit Stoßtrupps der Angriff zur Verengung des Kessels. Bis zum 29. 5. abends ist die Nordwesthälfte des Kessels durch 291. ID. und Teile der SS-Pol.-D. gesäubert, im Vorstoß entlang der Nord-Süd-Bahn der Bachabschnitt nördlich des Wegs Tscheremna — Wdizko erreicht. Der rechte Flügel der 291. ID. hat mit Teilen der 285. Sich.D. Verbindung aufgenommen. ...

Bis 29. 5. abends haben 58. ID., dabei Teile der 126. ID. und die Gruppe Wandel (20. ID.mot. und Teile 1. ID.) nach Überwinden großer Geländeschwierigkeiten ihre Bereitstellung zur Schließung der Durchbruchsstelle beendet. Am 30. 5. morgens treten beide Gruppen nach guter Stuka-Unterstützung zum Angriff an. Gegenüber zäh kämpfendem Feind in gut ausgebauten und stark verminten Stellungen gewinnt der Angriff langsam Boden. In der Nacht zum 31. 5. kann durch gleichzeitigen Vorstoß von Norden und Süden die erste Verbindung zwischen dem

XXXVIII. und I. AK. aufgenommen und am 31. 5. durch Angriff nach Westen der Riegel bis 1,5 km verbreitert werden . . ."

Der Wolchowkessel war zum zweitenmal geschlossen!
Zum zweitenmal versuchten die Sowjets aus dem Kessel auszubrechen. Doch Schritt für Schritt arbeiteten sich die deutschen Divisionen von allen Seiten vor. Sie bezwangen fanatisch kämpfende russische Bataillone, überwanden weite Sumpfstrecken, wehrten Panzerangriffe ab, bauten neue Knüppeldämme, räumten Minen, litten unter Miriaden von Stechmücken, marschierten und schossen.

Im Norden vereinigten sich die Angriffspitzen der 61. ID. (Gm. Hühner) und der 254. ID. (Gm. Köchling). Eine Feindgruppe war abgesplittert und wurde vernichtet. Die 291. ID. (Glt. Herzog) spaltete im Westen des Kessels sowjetische Kräfte ab. Eine gemischte Kampfgruppe unter Ob. Hoppe (Sich.Btl. 232, III./IR. 262, AA. 250, Legion Flandern, III./AR. 126 und gemischtes Btl. 20. ID.mot.) — es waren Einheiten der 285. Sich.D., der 126. und 250. spanischen ID. sowie der 20. ID.mot. — trat von Süden an und vereinigte sich mit Teilen der von Norden kommenden 291. ID. Weitere sowjetische Einheiten wurden umzingelt und aufgerieben.

Glt. Wlassow wußte, daß es jetzt um Sein oder Nichtsein der Armee ging. Er raffte alle Kräfte zusammen und stieß — mit Panzern voran — am 21. Juni die Kesselfront auf! Noch einmal versuchten seine Bataillone und Kompanien nach Osten zu entkommen.

Sie wurden von Stukas erfaßt und auseinandergesprengt.

Schon am nächsten Tag traten Kampfgruppen der 58. ID. (Ob. von Graffen) und der 20. ID.mot. (Gm. Jaschke) an und stellten die alte Front wieder her.

Glt. Wlassow gab die Schlacht verloren!

Der sowjetische Widerstand war gebrochen. Der Kessel löste sich in Einzelteile auf. Die russischen Soldaten warfen ihre Waffen weg und flüchteten sich in die Wälder und Sümpfe.

Das Oberkommando der Wehrmacht meldete am 28. 6.:

„Damit ist die großangelegte Durchbruchsoffensive des Feindes über den Wolchow mit dem Ziel der Entsetzung Leningrads gescheitert und zu einer schweren Niederlage des Gegners geworden. Die größte Last dieser harten Kämpfe haben Infanteristen und Pioniere getragen. Der Feind verlor nach bisherigen Feststellungen 32 759 Gefangene, 649 Geschütze, 171 Panzerkampfwagen und 2 904 MG, Granatwerfer und Maschinenpistolen sowie zahlreiches anderes Kriegsmaterial. Die blutigen Verluste des Feindes überstiegen die Gefangenenzahlen um ein Vielfaches."

Die letzten Versprengten der 2. Stoßarmee irrten wochenlang durch die Wälder und Sümpfe, versteckten sich in abgelegenen Hütten, ernährten sich von Beeren und Wurzeln. Viele von ihnen starben an Hunger, andere stellten sich freiwillig. Die dritten wurden von deutschen Sicherungskompanien aufgestöbert. Nur einer fehlte: Glt. Wlassow.

Die deutschen Befehlsstellen ließen Flugblätter mit seinem Steckbrief verteilen. Vielleicht meldete sich jemand, der die asketische Gestalt unter den vielen Gefangenen erkannte. Der russische Bürgermeister eines kleinen Walddorfes berichtete am 11.7. einem deutschen Ordonnanzoffizier, daß sich in einer Bauernkate ein schlanker Russe aufhalte.

Hptm. von Schwerdter, Ic des XXXVIII. AK., fuhr sofort los. Kurz darauf stand er vor der hölzernen Tür des angegebenen Hauses, zog seine Pistole. Der Dolmetscher rief in das Halbdunkel hinein. Eine Gestalt erschien, bekleidet mit der charakteristisch langen Bluse der Rotarmisten ohne jedes Rangabzeichen. Es war ein großer Soldat. In seinem Gesicht glitzerte über der gebogenen Nase die schwarze Hornbrille. Der Russe sprach deutsch:

„Nicht schießen! Ich bin General Wlassow!"

Keiner wußte damals, daß General Wlassow einen neuen Lebensabschnitt begann, der erst am Galgen in Moskau endete ...

Die Front am Wolchow stabilisierte sich. Die „Rote Armee" behielt allerdings einen kleinen Brückenkopf bei Mostki auf dem Westufer des 220 km langen Flusses. Das XXXVIII. AK. bezog von rechts nach links mit folgenden Divisionen Stellung: 250., 126., 58., 121. ID. Dann lag XXVIII. AK. mit 291., 215., 61., 269. und 11. ID.

*

Deutsche Soldaten standen noch am äußersten rechten und am äußersten linken Flügel auf dem Ostufer des Wolchow. Der Brückenkopf auf der Wolchowinsel ostwärts von Nowgorod war von Spaniern besetzt. Ihr wichtigster Stützpunkt war das Kloster auf der Anhöhe am Zusammenfluß des großen und kleinen Wolchow. Hier lagen die Regimenter 262 und 263 unter dauerndem Beschuß feindlicher Artillerie. Die Stellungen, MG-Löcher und Beobachtungsstände befanden sich in der alten historischen Festungsmauer eingebaut, von der man einen weiten Blick in das flache Sumpfland hatte. —

Die 11. ostpreußische ID. lag bei Kirischi auf der Feindseite des Wolchow. Die Verbindung von deutscher Seite zu dem abgeschnittenen Brückenkopf war nur über die hohe gesprengte Eisenbahnbrücke möglich. Ein schmaler Laufsteg verband beide Ufer. Reserven, Verpflegung,

Waffen und Verwundete konnten nur nachts die Brücke passieren. Tagsüber lag sie unter Feindfeuer.

Dieser 4 km lange und 2 km breite Brückenkopf war für die Sowjets das „Tor nach Leningrad". Sie setzten alles daran, es aufzustoßen. So begann der opfervolle Einsatz ostpreußischer Divisionen, für die Kirischi eine zweite „Heimat" wurde.

Die Schlacht im Wolchowkessel war noch nicht zu Ende, da spürte die 11. ID. (Gm. Thomaschki) zum erstenmal einen sowjetischen Großangriff. Nach einem bisher noch nicht in dieser Stärke erlebten Trommelfeuer begann am Morgen des 5. 6., 4.30 Uhr, der Angriff von zwei Schtz.D., drei Schtz.Br. und einem Pz.R. Auf deutscher Seite standen nur IR. 23 (Oberstlt. Kolberg) mit 3./Nebelwerfer-R. 2 und 3./Fla-Btl. 604 in Stellung.

Erst viel später kamen Teile AA. 11, Pi.-Btl. 11, III./Geb.Jäg.R. 85 und III./IR. 151 zur Verstärkung in den Brückenkopf.

Der sowjetische Stoß richtete sich auf den Bahnhof Kirischi. Die Russen gewannen Boden, wurden schließlich in einer sechstägigen erbitterten Schlacht zurückgeworfen. Das feindliche Oberkommando gab nicht auf. Es gruppierte seine Truppen um. Die Verteidiger bekamen nur wenige Wochen Ruhe, die sie zu einigen Verschiebungen benutzten.

Feindliche Kampf- und Schlachtflieger eröffneten am 20. 7. die 2. Schlacht um Kirischi. 13 sowjetische Artillerie-Abteilungen schossen am Morgen aus 100 Geschützen auf die Stellungen des IR. 44 (Ob. Wagner) und des II./IR. 2. Die Uhren zeigten 5.30 Uhr, als bei trübem und naßkaltem Wetter die Russen mit 44. und 310. Schtz.D., 80. Kav.D., 24. und 124. Schtz.Br. und 7. Gd.Pz.Br. angriffen. Allein elfmal wiederholten die Gegner am ersten Tag ihre Angriffe und wurden elfmal zurückgeschlagen!

Sechs Tage lang tobte die Schlacht um Kirischi.

Das XXVIII. AK. (Gen.d.Art. Loch) schickte zwar Verstärkungen über die Eisenbahnbrücke. Doch auch die Sowjets brachten 185. und 195. Pz.Br. neu auf das Kampffeld. Die Ostpreußen gaben keinen Meter Boden preis. Nur dort, wo kein Verteidiger mehr lebte, faßten die Sowjets Fuß. Das geschah in einem 800 m breiten Streifen entlang eines vollkommen zerschossenen Waldes.

Die 11. ID. war nach diesem Kampf ausgeblutet und wurde durch ihre Schwesterdivision — 21. ID. (Glt. Sponheimer) — am 31. 7. abgelöst. Die Division schickte ihr IR. 3 (Ob. Herrmann) in den Brückenkopf. Die neue Besatzung hatte keine Zeit, sich an die Umgebung zu gewöhnen. Der Großkampf begann. Die Sowjets verstärkten die Kräfte und konnten ihren Einbruch erweitern. Ob. Herrmann fiel am 3. 8. mit vielen seiner Soldaten. Das IR. 3 war am Ende seiner Kraft und wurde durch IR. 45 (Ob. Chill) ersetzt.

Noch einmal begannen am 22. 8. wütende sowjetische Angriffe. Das noch im Brückenkopf verbliebene II./IR. 3 (Hptm. Eckstein) trat zum letzten Gegenstoß an, der den Feind zum Stehen brachte. Die 6. Kompanie kehrte mit 1 Offizier, 5 Unteroffizieren und 14 Mann zurück! Auch IR. 45 konnte sich auf die Dauer nicht halten. Erneut zog IR. 3 (Ob. Ziegler) in den Brückenkopf. Die Sowjets steckten noch lange nicht auf.

Die ersten drei Septemberwochen waren erfüllt vom Heulen der Bomben, vom Pfeifen der Granaten, vom Rattern der Panzermotore und vom Stöhnen deutscher und russischer Soldaten. Die Sowjets erweiterten ihren Einbruch, konnten aber die Stellung der Ostpreußen nicht eindrücken. IR. 3 trat am 23. 9. zum Gegenstoß an, der abgeschlagen wurde. Die AA. 21 zählte an diesem Tag noch 2 Offiziere und 26 Mann, und von der 5./IR. 3 blieben nur 5 Soldaten am Leben!

Die 21. ID. war zur Schlacke ausgebrannt — und wurde abgelöst.

Die Schlacht um den Wolchow ging weiter — noch zwei Jahre lang.

„Die Schwermut verhangener Himmel, der schmale Lichtspalt, den der kurze Tag in die Schatten der Bunker und Kampfstände und in die engbrüstigen Fester der Blockhäuser schickt, das Abgeschiedensein in den Wäldern und Sümpfen, in denen es den verbindenden Begriff der Straße nicht gibt, bestimmen den Alltag dieser Front. Die Grenadiere werden zu Waldläufern, die rauchlose Feuer unterhalten, Wege durch weglose Sümpfe aufspüren ... Die Knüppeldämme, die von der Rollbahn abzweigen, die schmalen Gleissträhne der Feldbahnen, die Trampelpfade, die in die Hauptkampflinie zielen, sind die eigentlichen Lebensfäden dieser Front, sie sind das Anschlußnetz an die große Straße Moskau — Leningrad ..." *)

*

Leningrad blieb Hauptaufgabe der Heeresgruppe Nord, mochte die Wolchowfront noch so erbittert umkämpft sein.

Der OB. der Heeresgruppe Nord, Feldmarschall von Küchler (der nach der Wolchowschlacht diesen Rang erhielt), traf am 30. 6. im Hauptquartier des OKH in Rastenburg ein, um weitere Pläne zu erörtern. Dabei erhielt er Auftrag, die Landbrücke nach Demjansk zu erweitern, die Stellung im „Flaschenhals" zu verbessern und die Einschließungsfront um Leningrad zu verstärken. Hitler bestand nach wie vor auf seiner Führerweisung vom 5. 4. 1942: „... Leningrad zu Fall zu bringen und die Landverbindung mit den Finnen herzustellen."

---

*) Pohlmann, H.: Wolchow. 900 Tage Kampf um Leningrad. Bad Nauheim: Podzun 1962.

Die Stadt Lenins war trotz der im Winter gewonnenen Verbindungswege von Tichwin über den Ladogasee nicht aus der Krise einer belagerten Festung erlöst. Nach wie vor regierten Hunger und Epidemien. Das Verteidigungskomitee beschloß deshalb, Alte, Gebrechliche und Dienstunfähige zu evakuieren. Im Jahr 1942 wurden mit Schiffen insgesamt 951 000 Menschen nach Zentral- und Nordrußland gebracht.

Der West-Ost-Verkehr kam in Gang. Die Versorgung der Stadt lief ebenso auf entgegengesetztem Wege an. Ende Mai 1942 wurde die Ladoga-Schiffahrt eröffnet. Die 200 Schiffe der Ladogaflottille (Kapt. z.S. Tscherekov) beförderten im Jahr 1942 rund 1 Million to. Güter und 250 000 Soldaten nach Leningrad.

Deutsche und Sowjets wußten um die militärische und politische Bedeutung Leningrads. Das OKH plante im Herbst 1942, die Führerweisung „Leningrad zu Fall zu bringen", zu verwirklichen. Die 11. Armee (Feldmarschall von Manstein), die im Frühjahr die stärkste Festung der Welt, Sewastopol, gestürmt hatte, mußte Leningrad nehmen. Schon rollten von der Krim herauf die Transportzüge mit dem AOK 11, mit den beiden Generalkommandos XXX und LIV, mit der 24., 170. ID. und 28. Jäg.D.

Das „Unternehmen Nordlicht" — der Sturm auf Leningrad — sollte am 14. 9. aus dem Raum Mga beginnen . . .

Die Sowjets kamen dieser Offensive zuvor!

Die Heeresgruppen Leningraderfront (Glt. Goworow) und Wolchowfront (Armeegen. Meretzkov) hatten starke Kräfte an ihren Flügeln zusammengezogen. Hinter der Newa stellten sich 8 Schtz.D. und 1 Pz.Br. bereit. Die 2. Stoßarmee (Glt. Klykov) war neu gebildet und ließ südlich des Ladogasees 12 Schtz.D., 6 Schtz.Br. und 4 Pz.Br. aufmarschieren.

Der sowjetische Plan sah einen gleichzeitigen Angriff beider Stoßkeile vor. Diese sollten den 20 km tiefen und 14 km breiten „Flaschenhals" zwischen Mga und Ladogasee eindrücken, eine Landverbindung nach Leningrad schaffen und die gerade herankommende 11. Armee in der Entfaltung zerschlagen.

Ein kühner Plan.

Die 1. Ladogaschlacht begann am 24. 8. 1942.

Nach stundenlangen Vorbereitungen durch laufende Bombenwürfe, Tieffliegerangriffe und Trommelfeuer war die 2. Stoßarmee auf schmaler Front zwischen Gaitolowo und Tortolowo zur Offensive angertten. Die hier liegende 223. ID. (Glt. Lüters), die erst im Sommer von Frankreich nach dem Osten verlegt worden war, konnte dieser Übermacht nicht standhalten und brach zusammen.

Feindliche Panzer und Schützen setzten über die Tschernaja und stürmten auf die beherrschenden Höhen von Ssinjawino los. Schnell zusammengeraffte Kampfgruppen unter entschlossenen Kommandeuren, Versorgungsbataillone, Nachschubkompanien warfen sich als erste den Russen entgegen. Die benachbarte 96. ID. löste Eingreifbataillone aus ihrer Front und transportierte sie nach Nordwesten.

Einzelne Stützpunkte hielten sich tage- und wochenlang und verwehrten den Sowjets an ihren Abschnitten jeden Erfolg. Das IR. 366 (Oberstlt. Wengler) der 227. ID. verteidigte den Ort Gontowaja gegen alle Angriffe. Der Stützpunkt bekam die Bezeichnung „Wenglernase". Es war die einzige Frontstelle, die an der Tschernaja nicht verloren ging.

Feldmarschall von Manstein, der sein Hauptquartier in Siwerskaja bezog, erhielt Befehl, alles zu tun, „um eine Katastrophe zu vermeiden". Hitler unterstellte ihm den ganzen Frontabschnitt zwischen Ostsee und Kirischi. Das AOK 18 (Gen.Ob. Lindemann) blieb nur am Wolchow befehlsführend.

Der Feldmarschall befahl die in Mga ankommende 170. ID. (Gm. Sander) zum Gegenangriff in die Flanke des durchgebrochenen Feindes südlich Ssinjawino. Die Soldaten aus Holstein und Oldenburg mußten direkt von den Waggons in die Schlacht. Die Regimenter 391, 399 und 401 riegelten zuerst ostwärts Ssinjawino ab. Der Gegner schloß heran und griff weiter an. Am 3. 9. brach er den Riegel auf und drang nach Kelkolowo durch.

Die 11. Armee konnte diesen Stoß parieren. Ihre 24. und 132. ID. verstärkten die Abriegelungsfront im Süden. Dazu kamen Teile der 12. PD., während von Norden die 121. ID. drückte. Die wichtigsten Punkte des Kampfraumes, Ssinjawinohöhe, Kelkolowo und Mga, blieben in deutscher Hand.

Das XXX. AK. (Gen.d.Art. Fretter-Pico) führte die Divisionen an der Südfront des Einbruchsraums. Die angeschlagene 223. ID. sicherte um Woronowo die Front nach Osten. Das XXVI. AK. (Gen.d.Art. Wodrig) übernahm die 28. Jäg.D. bei Kelkolowo, die 5. Geb.D. ostwärts Ssinjawino, die 121. und Teile der 227. ID. an der Tschernaja.

Die Divisionen vermochten, eine Ausdehnung des feindlichen Keils zu verhindern. Die sowjetischen Kräfte mußten verhalten, gingen zur Verteidigung über und warteten auf Verstärkungen. Feldmarschall von Manstein war sich der Gefahr sofort bewußt und befahl, den Kessel an seiner schmalsten Stelle zu schließen.

Der günstigste Ansatzpunkt dazu war der Frontvorsprung um Tortolowo, in dem augenblicklich 24. ID. (Glt. von Tettau) und 132. ID. (Gm. Lindemann) standen. Stukas und Kampfflieger des erneut vom Mittelabschnitt nach Norden verlegten VIII. Flieger-K.

griffen am 22. 9. die Stellungen des VI. sowj. Gd.K. (Gm. Gagin) an. Unmittelbar nachdem der letzte Stuka hochzog, sprangen die Männer der 132. ID. aus den Gräben und traten zum Sturm an.

Die Sowjets wehrten sich erbittert. Doch langsam kämpften sich die Soldaten durch Wälder und Sümpfe nach Norden. Die Verluste waren hoch. Die 132. ID. verlor am ersten Schlachttag 16 Offiziere und 494 Mann! Der Angriff verlangsamte. Am 23. 9. konnten nur noch 100 m Boden gewonnen werden. Das feindliche Abwehrfeuer war zu stark. Da glückte dem III./IR. 437 (Hptm. Schmidt) am 25. 9. der Durchbruch. Die Grenadiere riß es noch einmal empor, sie überwanden die letzten Hindernisse und drangen genau um die Mittagszeit in das brennende Gaitolowo ein! Hier standen sie auf der Straße nach Ssinjawino und durchschnitten den Sowjets die einzige Rollbahn, die in den Kessel führte!

Eine lockere Verbindung mit den aus dem Norden gekommenen Stoßtrupps der 121. ID. (Gm. Wandel) war endlich hergestellt. Der Kessel westlich Gaitolowo geschlossen! Die nachgeschobenen Teile der 3. Geb.D. (Gm. Kreysing) — auf dem Weg von Finnland nach Südrußland in Reval ausgeladen und nach Mga geworfen — vollendeten schließlich die Einschließung des VI. sowj. Gd.K.

Es wiederholte sich jetzt dieselbe Situation wie im Wolchowkessel. Nachdem der Feind, von seinen rückwärtigen Verbindungen abgeschlossen war und alle Entsatzversuche vom Osten her im deutschen Feuer abgeschlagen wurden, brach der Widerstand zusammen.

Die „Rote Armee" verlor bis Ende September im Kessel Gaitolowo ihre 94., 191., 259., 294., 374. Schtz.D., 19., 24. Gd.D., 22., 23., 33., 34., 53. und 140. Schtz.Br. 12 370 Rotarmisten wurden gefangen, 193 Geschütze, 244 Panzer erbeutet oder vernichtet.

Ein großer Sieg war erfochten. Er hatte allerdings Zeit und Opfer verlangt. Das OKH war nach wie vor entschlossen, Leningrad zu Fall zu bringen. Die Angriffsziele mußten aber enger gesteckt werden, da die finnische Regierung wissen ließ, daß ihre Divisionen sich nicht an dieser Offensive beteiligen würden.

Von deutscher Seite wurden neue Pläne entworfen . . .

Da trat die „Rote Armee" zu ihrer großen Offensive im Südabschnitt der Ostfront an!

Das AOK 11 und das Gen.Kdo. XXX. AK. wurden herausgezogen. Gen.Ob. Lindemann übernahm erneut den Oberbefehl über die gesamte Front vom Wolchow bis Oranienbaum. Die schon erfolgte Bereitstellung deutscher Truppen vor Leningrad wurde aufgehoben. Die ersten Divisionen verluden in Richtung Süden. Nacheinander verließen den Nordabschnitt: 3. Geb.D., 12. PD., 269., 93., 291. ID. und 20. ID.mot.

Der Kampfraum Leningrad war im Herbst 1942 „Nebenkriegsschauplatz" geworden!
Die Heeresgruppe Nord erhielt zwar Ersatz, der aber bei weitem nicht die frühere Kampfkraft wettmachen konnte. Die 69. ID. (Glt. Ortner) wurde aus Südnorwegen zugeführt und bezog Stellung am Westrand des Pogostjekessels. Die 1. Lw.FD. (Gm. [Lw.] Wilke) löste die 250. ID. bei Nowgorod ab. Die frisch aufgestellten Luftwaffen-Felddivisionen 9 (Glt. Winter) und 10 (Gm. von Wedel) wurden ohne jede infanteristische Erfahrung direkt aus der Heimat an den Oranienbaumer Frontabschnitt verlegt. Hier übernahm das III. Lw.FK. (Gen.d.Flak-Art. Odebrecht) die Befehlsführung.

Die 18. Armee mußte im Herbst und im beginnenden Winter laufend umgruppieren, um ihrem Auftrag gerecht zu werden. Die deutsche Front von Urizk am Finnbusen bis Schlüsselburg war im Dezember 1942 von folgenden Divisionen besetzt. Das L. AK. lag mit 215. ID., 2. SS-Inf.Br., 250. ID. am linken Flügel. In der Mitte der Front befand sich das LIV. AK. mit SS-Pol.D., 5. Geb.D. Die Newafront und den „Flaschenhals" verteidigte XXVI. AK. mit 170., 225., 1., 223. und 69. ID.

Sieben deutsche Divisionen lagen auf einer Frontbreite, die von den Sowjets mit drei Armeen besetzt war! Die Stellungen der Leningraderfront zwischen Urizk und Schlüsselburg waren von rechts nach links wie folgt gesichert:

42. Armee (Gm. Nikolaev) mit 109., 125., 189. Schtz.D.,
           Reserve: 13., 43., 85. Schtz.D., 123. Pz.Br.;
55. Armee (Glt. Sviridov) mit 90., 72., 136. Schtz.D.;
           Reserve: 220. Pz.Br.;
67. Armee (Gm. Duchanov) mit 46. (früher 1. NKWD),
           56. Schtz.D.,
           Reserve: 86., 268. Schtz.D., 45. Gd.D., 11. Schtz.Br.

Die zahlenmäßige Überlegenheit konnte nicht mehr von der deutschen 18. Armee wettgemacht werden. Offiziere und Soldaten wußten vom Herbst 1942 an, daß sie nie wieder zum Angriff antreten würden. Ihre Aufgabe hieß: Warten und verteidigen!

Selbstverständlich kam es an der Front rings um die Millionenstadt zu Artillerieduellen, Späh- und Stoßtruppunternehmen, ohne daß die Frontlage jedoch in irgendeiner Weise beeinträchtigt worden wäre. Es galt, die Einschließungsfront wenigstens so stark zu machen, daß ein Ausbruch der Besatzung unmöglich wurde.

Der Höhere Artillerie-Kommandeur (Harko) 303 hatte schwere und schwerste Belagerungsartillerie zur Verfügung, um wenigstens die wichtigsten militärischen Anlagen innerhalb des Festungsgürtels von Leningrad zu stören oder zu vernichten. Vom Winter 1942/43 an erhielt die Heeresgruppe eine Verstärkung ihrer Artillerie durch die überschweren Mörser und Langrohrgeschütze, die Sewastopol sturmreif geschossen hatten. Es waren u. a. Geschütze mit Kaliber bis zu 60 cm.

Die Masse der Belagerungsartillerie war im Westteil der Einschließungsfront zusammengezogen, um von hier u. a. die Hafen- und Werftanlagen sowie die vor Kronstadt liegenden Schlachtschiffe unter Feuer nehmen zu können. Die Aufstellung der Batterien erfolgte in drei Gruppen:
Die 1. und 2./H.Art.Abt. 680, 4., 5. und 6./H.Art.Abt. 85 und die 1. und 2./H.Art.Abt. 768 beschossen mit ihren 19 Rohren kriegswichtige Ziele in der Stadt und im Vorfeld Leningrads. Die Ostgruppe — H.Art.Abt. 708 — bekämpfte mit 12 Rohren die feindlichen Batteriestellungen. Die Südgruppe bestand aus den Eisenbahnbatterien 686 und 688, aus den schweren Batterien 2. und 3./H.Art.Abt. 768 und aus der schwersten Batterie 503.

*

Die Luftflotte 1 befand sich im Jahre 1942 gleichfalls in zahlenmäßiger Unterlegenheit. Die Erfahrung und Einsatzfreude deutscher Piloten vermochte nicht darüber hinwegzutäuschen, daß die Sowjets auch in der Luft gefährlicher wurden. Die fliegenden Verbände der Luftflotte operierten genau wie beim Heer „kampfgruppenweise" und mußten dort eingesetzt werden, wo sich jeweils eine Gefahrenstelle im Erdkrieg gebildet hatte.

Der zweite Schwerpunkt nach dem Freischlagen des Kampfraumes Demjansk zeigte sich für die Luftflotte am entgegengesetzten Frontteil. Die vor Leningrad liegenden Heeresverbände führten berechtigte Klage, daß sie ohne jede Gegenwehr dem Feuer der schweren Schiffsartillerie ausgeliefert seien. Die Luftflotte entschloß sich daher am 28. 3., dem I. Flieger-K. den Befehl zur Vernichtung der „Baltischen Rotbannerflotte" zu erteilen.

Das I. Flieger-K. stellte für das „Unternehmen Eisstoß" 33 Kampf-, 62 Stuka- und 59 Jagdflugzeuge zur Verfügung. Die beteiligten Einheiten erhielten folgenden Auftrag:
Stuka-G. 1: alle Schiffe;
KG. 1: Schlachtschiff „Oktjabrska Revoluzija" und die Kreuzer „Maksim Gorkij" und „Kirov";
KG. 4: Flakstellungen;
JG. 54: Jagdschutz.
Der Angriff der massierten Kräfte begann am 4. 4. Die Maschinen stürzten sich trotz des tobenden Flakfeuers auf ihre Ziele. Die Abwehr

war so gut, daß ein deutlicher Erfolg bei diesem ersten Angriff nicht zu erkennen war. Deshalb wurde das KG. 4 in der folgenden Nacht noch einmal eingesetzt. Ein letzter Angriff aller Geschwader, bei dem u. a. 93 Bomben über 1 000 kg Gewicht geworfen wurden, fand am 30. 4. statt.

Die deutschen Flugzeuge erzielten bei allen Angriffen vier Treffer auf dem Schlachtschiff, sieben Treffer auf dem Kreuzer „Maksim Gorkij", je einen Treffer auf Kreuzer „Kirov", auf dem ehemaligen deutschen Kreuzer „Lützow", auf Minenkreuzer „Marti", Schulschiff „Swir" und einem Zerstörer. Die Vernichtung der „Baltischen Rotbannerflotte" gelang nicht; wohl aber waren ihre schwersten Einheiten monatelang — einige für immer — nicht mehr einsatzbereit!

Diese Angriffe konnten nicht wiederholt werden. Die fliegenden Verbände wurden überall an der langen Front verbraucht. Sie flogen Einsätze im Wolchowkessel, entlang der Eisenbahn Kirischi — Wolchowstroj, im Pogostjekessel, bei Demjansk, über der Kronstädter Bucht, dem Ladogasee und den Ssinjawinohöhen.

Die Dienststelle des I. Flieger-K. wurde im Sommer 1942 infolge allgemeiner Reorganisation aufgelöst. Dafür wurde der Stab eines Nahkampfführers gebildet. Diesem wurde die Führung aller frontnahen Fliegerverbände übertragen. Der Stab wurde später in 3. Flieger-D. umbenannt.

Die Zahl der eingesetzten fliegenden Einheiten änderte sich je nach Gesamtlage. So verfügte z. B. das JG. 54 im Mai über vier Gruppen, dafür besaß das Geschwader im Herbst nur zwei. Die I./JG. 54 war nach Finnland verlegt. Das Jagdgeschwader meldete 11 328 Einsätze, bei denen 2 230 Feindmaschinen abgeschossen und 2 176 Flugzeuge im Tiefangriff zerstört wurden. Die eigenen Verluste bezifferten sich auf 19 Gefallene und 39 Vermißte. Die in Luga stationierte Fernaufkl.-Gr. 1 zählte für das zweite Halbjahr 1942 folgende Erfolge ihrer drei Staffeln auf: 817 579 qkm Gelände bei 1 983 Feindflügen photographiert. Nur eine Maschine der Nacht-Aufkl.St. 3. (F)/N. kehrte nicht zurück. Die Luftflotte 1 verlor insgesamt 267 Maschinen!

Die Flakartillerie — oft die wertvollste artilleristische Hilfe für den Grabenkämpfer — erhielt einheitliche Befehlsführung. Im Frühjahr 1942 erfolgte die Zuführung der Stäbe 2. und 6. Flak-D. Die 2. Flak-D. wurde im Abschnitt der 18. Armee, die 6. Flak-D. im Kampfraum der 16. Armee eingesetzt.

*

Die Heeresgruppe Nord besaß am Jahresende 1942 eine PD., 2 ID. mot., 31 ID., 3 Jäg.D., 1 Geb.D. und 1 mot.Br. Diese Zahlen stellten zwar eine erhebliche Kampfkraft dar, bewiesen aber im Vergleich zur gesamten Ostfront, daß der Nordabschnitt zu dieser Zeit keine primäre Bedeutung besaß. Von den im Osten im Kampf stehenden Infanteriedivisionen betrug der Anteil der Heeresgruppe nur 1/4, bei den motorisierten Divisionen belief sich der Anteil auf 1/17 und bei den Panzerdivisionen auf 1/20.

Da die Heeresgruppe keine Offensiven mehr starten würde, mußte sie bemüht sein, ihre rückwärtigen Verbindungslinien, Versorgungs- und Nachschubzentren so auszubauen, daß Bewegungen und Nachschub keinerlei Unterbrechungen erlitten. Die Heeresgruppe richtete Stützpunkte für Munition, Verpflegung, Betriebsstoff und Futter in Luga, Pleskau, Toropetz, Riga und Dünaburg ein. Die 16. Armee besaß gleiche Stützpunkte in Dno, Soltzy, Staraja Russa, Tuleblja, Schimsk und Loknja. Die 18. Armee verfügte über Nachschubbasen in Narwa, Wolossowo, Krasnowardeisk, Siwerskaja, Tossno, Sablino und Ljuban.

Der Straßenzustand wurde von Baubataillonen des Heeres und der OT-Einsatzgruppe Nord verbessert. Es konnten 732 km — das bedeutete eine Strecke wie von Hamburg nach Wien — Knüppeldämme errichtet werden, wozu 7 328 550 Knüppel benötigt wurden. Bautruppen und OT erbauten 1942 445 Brücken mit einer Gesamtlänge von 21,4 km, wozu 93 941 cbm Holz und 1,7 Millionen kg Eisen Verwendung fanden. Die Eisenbahnstrecken Schaulen — Riga, Wilna — Pleskau — Krasnowardeisk, Tschudowo — Tossno wurden zweispurig gebaut. Als wichtigste einspurige Strecken waren für den Nachschubverkehr die Strecken Riga — Reval, Reval — Krasnowardeisk, Nowosokolniki — Dno, Pleskau — Staraja Russa, Luga — Nowgorod intakt.

Die sichtbaren Erfolge der Heeresgruppe drückten sich für das Jahr 1942 in den Zahlen aus:

Gefangene 84 493.

Erbeutet bzw. vernichtet: 4 428 Panzer, 1 119 Geschütze, 613 Pak, 62 Flak, 6 482 MG.

Für Einzelleistungen wurden die Angehörigen der Kampfgruppe Scherer mit dem „Cholmschild" ausgezeichnet. Das Eichenlaub zum Ritterkreuz erhielten 14 Offiziere (7 Generäle, 3 Oberste, 1 Hauptmann, 2 Oberleutnante, 1 Leutnant). Das Ritterkreuz wurde 102 Offizieren und 20 Unteroffizieren und Mannschaften verliehen.

Feldmarschall von Küchler erließ am 31. 12. einen Tagesbefehl, in dem es u. a. hieß:

„Soldaten der Nordfront!

Wieder geht ein Jahr schwerer und siegreicher Kämpfe dem Ende entgegen. ...

Vom Finnischen Meerbusen bis weit südlich des Ilmensees sind die Stellungen gegen immer wiederholte bolschewistische Angriffe gehalten worden.
Trotz höchstem Einsatz an Menschen und Material ist der feindliche Ansturm an der unvergleichlichen Tapferkeit und Pflichttreue deutscher Soldaten ... zusammengebrochen.
Die Taten beim Halten und Entsetzung von Cholm, bei den Angriffen zum Schlagen der Landbrücke im Raume von Demjansk, bei der zähen Verteidigung dieses Kampfgebietes, bei den Kämpfen am Wolchow und am Ladogasee sind unvergleichliche Ruhmesblätter deutscher Soldatentugend und werden weiterleben in der Geschichte dieses großen Krieges.
In Ehrfurcht und ewiger Dankbarkeit gedenken wir unserer Gefallenen der Nordfront. ..."

*

Das neue Jahr sollte die Heeresgruppe noch vor viel schwerere Entscheidungen stellen, als die, von denen der Feldmarschall in seinem Tagesbefehl sprach.
Das sowjetische Oberkommando erteilte am 8. 12. 1942 folgenden Befehl:

„Die Wolchowfront und die Leningraderfront haben mit vereinten Kräften die Gruppierung des Gegners im Raum Lipka — Gaitolowo — Moskowskaja Dubrowka — Schlüsselburg zu zerschlagen und damit die Belagerung Leningrads zu sprengen!"

Die beiden russischen Fronten bereiteten sich von diesem Tage an intensiv auf die Offensive vor, die dem Kriegsgeschehen im Nordabschnitt eine Wendung bringen mußte. Die als Stoßgruppen vorgesehenen Verbände wurden hinter der Front zu wochenlangen Übungen zusammengezogen. Die Stabsoffiziere führten laufend Planspiele durch, bei denen man alle Eventualitäten erörterte.
Dann waren die Pläne fertig.
Die Heeresgruppe Wolchowfront (OB.: Armeegen. Meretzkov, Kriegsrat: Glt. Mechlis, Chef des Gen.St.: Glt. Schachorin) stellte an der 300 km langen Front zwischen Ladoga- und Ilmensee dicht südlich des Ladogasees die Angriffsgruppe der 2. Stoßarmee unter Glt. Romanovskij auf. Die Gruppe war auf Zusammenarbeit mit der 14. Luftarmee (Gm. Schurvljov) angewiesen. Die Massierung der Artillerie betrug 160 Geschütze pro Kilometer!

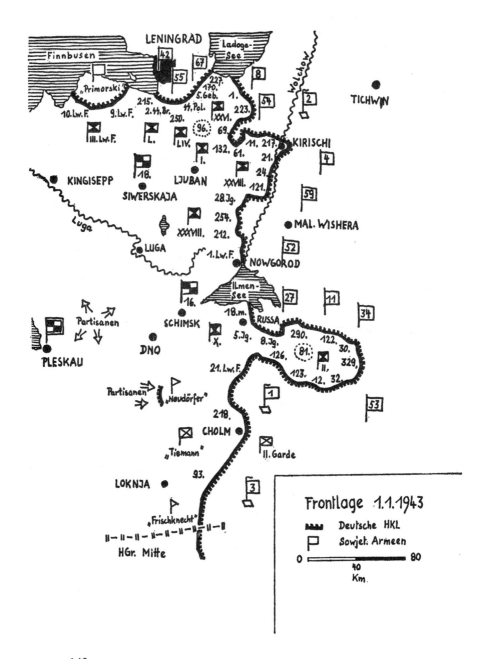

Die Heeresgruppe Leningraderfront (OB.: Glt. Goworow, Kriegsrat: Glt. Shdanow, Chef d. Gen.St.: Glt. Gussev) gab dem AOK 67 (Gm. Duchanov) Befehl, die Newa zu überqueren und der 2. Stoßarmee entgegenzukommen. Die Armee setzte im Schwerpunkt 45. Gd.Schtz.-D. (Gm. Krasnov), 86. Schtz.D. (Ob. Trubatschow) und 136. Schtz.D. (Gm. Simonjak) ein. Eine selbständige Schtz.Br. hatte außerdem den Schutz der Autostraße (Eisstraße) auf dem Ladogasee zu übernehmen. 20 Artillerie- und Granatwerfer-Regimenter mit 1 700 Geschützen wurden unterstellt. Die 13. Luftarmee (Gm. Rybaltschenko) gewährleistete die Luftsicherung.

Moskau bereitete die neue Offensive besonders gründlich vor. Zehn Partisanenabteilungen wurden im Rücken der deutschen Front mobilisiert. Transportflugzeuge warfen für diese Gruppen 2 000 Karabiner, 660 MGs und 7 500 kg Sprengstoff ab.

Die sowjetischen Truppen bezogen Anfang Januar 1943 ihre Bereitstellungen. Als am 11.1. der Aufmarsch der 8. und 67. Armee zwischen Kolpino und Schlüsselburg und der 54. und 2. Stoßarmee zwischen Woronowo und Lipka beendet war, zeigte sich folgendes Bild:

Die Leningraderfront war an der Newa von rechts nach links mit 46., 45., 268., 136. und 86. Schtz.D. in vorderster Front in Stellung. Dahinter standen 11. Schtz.Br., 13. Schtz.D., 102. Schtz.Br., 123. Schtz.D., 142., 123., 35. Schtz.Br. und 34. Pz.Br. zum Durchstoß bereit. Die 55. Schtz.Br. hatte Positionen an der Ladoga-Eisstraße bezogen. An der Ostfront des deutschen „Flaschenhalses" lagen (von rechts nach links): 128., 372., 256., 327., 314., 376., 80., 265., 73. Schtz.D., während in der zweiten Linie angriffsbereit vorrückten: 12. Pz.Br., 18., 239., 147., 191., 71. Schtz.D., 13. Pz.Br., 11., 364. Schtz.D.

Die deutschen Truppen nahmen sich im selben Raum dagegen ganz harmlos und bescheiden aus Das XXVI. AK. (Glt. von Leyser) hatte an der Newafront 5. Geb.D. (Glt. Ringel) und 170. ID. (Glt. Sander), um Schlüsselburg die 227. ID. (Glt. von Scotti) und am „Flaschenhals" die 1. ID. (Glt. Grase) und 223. ID. (Gm. Usinger) zur Verfügung.

Die sowjetischen Luftstreitkräfte begannen in der Nacht zum 12. 1. massierte Angriffe gegen Flugplätze, Bahn- und Verkehrsknotenpunkte im Hinterland zu fliegen. 4 500 feindliche Geschütze eröffneten schlagartig am nächsten Tag, 9.30 Uhr, ein Trommelfeuer auf die deutschen Stellungen am „Flaschenhals".

Die 2. Stoßarmee (Glt. Romanovskij) setzte den Schwerpunkt des Angriffs am Tschernajaknie bei Gaitolowo an. Die Ostpreußen der 1. ID. stellten sich diesem Ansturm energisch entgegen und machten den Gegnern jeden Meter Boden streitig. Das benachbarte IR. 366

(Oberstlt. Wengler) hielt im Kugelwäldchen — der sogenannten „Wenglernase" — die 327. Schtz.D. (Ob. Poljakov) und die 39. Pionier-Br. einen Tag lang auf. Erst in den Nachtstunden gelang es dem russischen II./Schtz.R. 1098 (Oblt. Junjajev), in das Wäldchen einzudringen. Der Kampf ging weiter. Der Widerstand des einen deutschen Regiments fand sogar seinen Niederschlag in der amtlichen sowjetischen Kriegsgeschichte. Erst als die 2. Stoßarmee noch die 64. Garde-D. heranführte, mußte Oberstlt. Wengler mit seinen tapferen Grenadieren weichen! Die 2. Stoßarmee hatte wohl einen 12 km breiten Einbruch erzwungen, der aber nicht tiefer als 2 km war.

Die 67. Sowjetarmee (Gm. Duchanov) trat zur gleichen Zeit an der Newa an. Die 136. und 268. Schtz.D. stürmten noch unter den letzten Schüssen der eigenen Batterien auf das Eis der Newa.

„Zwischen Marino und Gorodok, auf der Naht vom II./GR. 401 zur AA. 240, die beide im rechten Abschnitt der Division einen außerordentlich breiten Abschnitt verteidigten, bildete der Russe seinen Schwerpunkt. Hier erfolgte, nach Verwundung des Kdr. GR. 401, Oberstlt. Dr. Kleinhenz und seines Adjutanten, ein Durchbruch mit etwa 10 russischen Bataillonen, denen bei Beginn des Trommelfeuers eine Gesamtkampfstärke von nur 300 Mann gegenübergelegen hatte. Zur selben Zeit traten aus dem Brückenkopf Dubrowka nach Norden und Osten drei Regimenter an, die nur einen geringen Teil der zerschlagenen Gräben nehmen konnten und in der Tiefe des Hauptkampffeldes unter ungeheuren Verlusten liegenblieben. Gleichzeitige Angriffe gegen das an der rechten Flanke der Division eingesetzte I./GR. 401, gegen die Reste der Radf.Schw. am Krankenhaus, gegen das E-Werk und gegen die Front des GR. 399 südlich des Brückenkopfes Dubrowka wurden Welle um Welle vorgetrieben und immer wieder abgewehrt. Dem wenig später gefallenen Kdr. AA. 240, Hptm. Irle, gelang es, ostwärts der Durchbruchstelle eine dünne, stützpunktartige Linie beiderseits der Ringstraße aufzubauen, die dann durch ein Bataillon der 96. ID. besetzt wurde. Die blutigen Feindverluste zwischen dem E-Werk und der Papierfabrik waren außerordentlich hoch ... etwa 3 000 Tote. Auf dem Newa-Eis lagen ganze Reihen gefallener Russen. ..." *)

Der Widerstand an der Newa unterschied sich nicht von dem am „Flaschenhals". Die 45. sowj. Gd.D. kam nicht über das Eis und die 86. Schtz.D. erreichte bei Schlüsselburg nicht das Ufer. Die Sowjets opferten Hekatomben von Toten — und griffen doch immer wieder an! Der Kampflärm ebbte in der Nacht nicht ab. Die russi-

---

*) Kardel, H.: Die Geschichte der 170. Infanterie-Division. Bad Nauheim: Pudzun 1953. 88 S.

Ein kurzer Feuerschlag aus allen Waffen eröffnet am 22. 6. 1941, morgens 3.05 Uhr, die Feindseligkeiten mit der Sowjetunion.

Die Heeresgruppe erreicht bis zum Abend die befohlenen Tagesziele. Was wird der nächste Tag bringen?

Truppen des II. AK. rücken am 24. 6. in Kowno ein, von der Bevölkerung stürmisch begrüßt.

Ende Juni ist trotz intensiver Brückensprengungen durch die Sowjets die Düna auf breiter Front überschritten.

Ostpreußische Truppen unterbrechen im August bei Tschudowo die Eisenbahnlinie Moskau—Leningrad.

Die 291. ID. rückt zur selben Zeit in Narwa ein. Die Infanteristen ziehen an der Hermannsfeste vorbei.

Der Herbst ist gekommen. Der Vormarsch rollt noch immer . . .

Die verstärkte 61. ID. nimmt mit Unterstützung von Kriegsmarine und Luftwaffe die Baltischen Inseln. Landungstruppen stellen sich zur Überfahrt auf die Insel Ösel bereit.

Im Herbst 1941 nähert sich die Heeresgruppe Leningrad.

„... Vorderste Infanteriespitzen sehen die Stadt.

Deutsche Beobachter erblicken durch ihre Scherenfernrohre die Dome, Paläste und Industriewerke der alten Zarenresidenz, die im strengen Winter 1941/42 nur durch Lkw-Transporte versorgt wird, die über das Eis des Ladogasees ihren Weg nehmen.

Feldmarschall Ritter von Leeb, OB der Heeresgruppe (Mai 1941—Februar 1942).

Feldmarschall von Küchler, der zweite OB der Heeresgruppe, mit Generaloberst Lindemann, damals OB der 18. Armee.

Generaloberst Model übernimmt im krisenreichen Januar 1944 den Oberbefehl. Er kann nur noch den Rückzug befehlen.

Generaloberst Schörner führt die Heeresgruppe nach Kurland zurück.

Marschall Woroschilow, OB der Nordwestfront (10. 7. — 30. 8. 1941) und der Leningrader Front (5. 9. — 12. 9. 1941); später Präsident der UdSSR.

Marschall (hier noch Generaloberst) Goworow, OB der Leningrader Front vom 9. 6. 1942 bis zu ihrer Auflösung.

Armeegeneral Meretzkov, OB der Wolchowfront (17. 12. 1941 — 5. 2. 1944), der Befreier Leningrads.

Admiral Tribuc, der hervorragende OB der Baltischen Rotbannerflotte.

Deutsche Truppen haben den Wolchow erreicht. Im Herbst 1941 stehen sie auf der Swanka-Höhe.

Der im Spätherbst 1941 begonnene Angriff des XXXIX. Pz.Korps auf Tichwin erstickt im Schlamm und bleibt später in Schnee und Eis liegen. Der Bewegungskrieg hat sein Ende gefunden.

Das II. und Teile des X. AK. werden im Winter 1941/42 um Demjansk eingeschlossen. „Ju-52" bringen trotz stärkster Gegenwehr Waffen, Munition und Lebensmittel in den Kessel. Es ist die erste „Luftbrücke" der Geschichte!

Der Glockenturm von Klein-Blähingen bei Demjansk. Hier befand sich zeitweise der Gefechtsstand des Generals Graf von Brockdorff-Ahlefeldt.

Die Kampfgruppe des Generals von Seydlitz-Kurtzbach stellt im April 1942 die Verbindung mit den um Demjansk eingeschlossenen Truppen her. Der Kampf spielt sich mit unvorstellbaurer Härte und unter unmenschlichen Strapazen in Sumpf und Urwald ab.

Der Bau von Nachschublinien ist für das Halten des Kessels Demjansk lebensnotwendig. Pioniere, Bausoldaten, Hilfswillige und Gefangene beim Bau der Feldbahn in dem Kessel.

Die Front am Wolchow mit ihren Urwäldern, Sümpfen und Flußläufen stellt an den deutschen Soldaten die härtesten Anforderungen. Hier ist nicht nur der Gegner gnadenlos, sondern ganz besonders die Natur.

Vom Sommer 1942 bis zum Herbst 1943 toben am und im „Flaschenhals" die drei Ladogaschlachten. Die Sowjets wollen unter allen Umständen den Weg nach Leningrad erkämpfen. Der deutsche Landser kommt Tag und Nacht in dieser „Hölle" nicht zur Ruhe. (Oben:) Ein Bataillonsgefechtsstand der 126. ID. im Tetkingrund. (Unten:) Aus dem Alltag des Ladogakriegers: Ein Schwerverletzter wird im Sumpf geborgen. Ein Gefangener (der Zweite von links) greift bereitwillig zu.

Staraja Russa, die alte Fürstenstadt mit glanzvoller Geschichte, ist im Sommer 1943 Mittelpunkt schwerer sowjetischer Angriffe.

Die Sowjets können überraschend im November und Dezember 1943 die deutsche Front bei Newel eindrücken. Überall kommt es zu schweren Kämpfen, bei denen viele sowjetische Panzer auf der Strecke bleiben.

Die sowjetische Offensive im Januar 1944 bringt die Front der Heeresgruppe Nord ins Wanken. Während im Norden der Raum Leningrad verlorengeht, muß auch die Stellung am Wolchow und Ilmensee aufgegeben werden. — Der durch Bomben und Granaten zerstörte Kreml der ehrwürdigen Stadt Nowgorod.

Die deutsche Front stabilisiert sich erst wieder am Peipussee und bei Narwa. Deutsche Reserven rücken an der Ruine der Hermannsfeste bei Narwa vorbei in die neuen Stellungen.

Pleskau, lange Sitz des Hauptquartiers der Heeresgruppe Nord, ist Frontstadt geworden. Blick über die Welikaja auf die Stadt.

Die deutschen Soldaten stehen pausenlos in der Abwehr der feindlichen Angriffe. Es gibt Tag und Nacht keine Ruhe. Nachhuten sichern den Rückzug und wehren eingedrungene Sowjets ab.

schen Pioniere der Leningraderfront bauten Stege für schwere Fahrzeuge und Panzer.

Die deutschen Führungsstellen ordneten Gegenmaßnahmen an, soweit das im Rahmen der zur Verfügung stehenden Mittel möglich war. Die 61. ID. wurde bis auf ein Regiment aus ihrer Stellung nördlich des Tigoda-Abschnitts herausgelöst und im Lkw-Transport nach Mga gebracht. Die 96. ID., die im Raume Ssinjawino in „Ruhe" lag, wurde alarmiert. Teile der Division fuhren sofort nach Schlüsselburg und Lipki. Der Rest sammelte am Morgen des 13. 1. zum Gegenangriff nach Norden.

Die Sowjets nahmen bei Tagesgrauen ihre Durchbruchsversuche erneut auf. Hart und unerbittlich wurde am Ufer der Newa gerungen. Die 45. Gd.D. und 268. Schtz.D. verbluteten an diesem kalten Januartag auf dem Eis des Flusses. Dagegen gewannen die russische 136. Schtz.D. — die später zur 63. Gd.D. umgetauft wurde — und die 61. Pz.Br. unter Gm. Simonjak Gelände nach Osten. Die schwer angeschlagenen Bataillone der 170. ID. besaßen nicht mehr die Kraft, sich gegen Panzer und Flieger zu wehren. Die am linken Flügel der 67. Armee vorgehende 86. Schtz.D. konnte endlich nach wiederholtem Anlauf Fuß am Ostufer des Flusses fassen und in die Wälder südlich Schlüsselburg vorstoßen. Die 227. ID. baute sofort eine Riegelstellung entlang der Straße Schlüsselburg — Lipka auf, so daß die Gefahr für die Stadt abgewendet wurde.

Die 2. Stoßarmee setzte am 14. 1. ihre Reserven ein. 18., 256. und 372. Schtz.D., 98. Pz.Br. schoben sich bei 28 Grad Kälte in die hügelige Landschaft nördlich Ssinjawino und zielten auf Poselok 5. Die Kämpfe nahmen an Dramatik zu. Das GR. 284 (96. ID.) unter Ob. Pohlman war inzwischen bis an die 170. ID. herangekommen und brachte ein klein wenig Entlastung. GR. 283 (Ob. Andoys) stürmte das E-Werk von Gorodok und befreite die dort seit einem Tag eingeschlossene Besatzung.

Die Gefechte währten Tag und Nacht. Es gab weder Pause für Grenadiere, Kanoniere, Pioniere, Trosse und für die wenigen „Tiger"-Panzer der 1./Pz.Abt. 502. Die Sowjets warfen immer neue Verbände in den Kampf. AOK 18 war gezwungen, Kampfgruppen und Einsatzbataillone von vielen Divisionen nach Mga und Ssinjawino zu transportieren.

Die 96. ID. (Gm. Noeldechen) schob das GR. 287 (Ob. Dorff) zur Verbindungsaufnahme nach Norden. Die Lage konnte aber nicht mehr bereinigt werden. Die dünne deutsche Front — vom Westen und Osten angegriffen — platzte! Die 136. Schtz.D. und die 61. Pz.Br., vom Westen kommend, reichten nördlich Poselok 5 der 18. Schtz.D.

und 16. Pz.Br. die Hand! Noch am selben Tag, dem 15. 1., stießen 123. Schtz.Br. und 372. Schtz.D. bei Poselok 1 aufeinander. Die 227. ID. war mit II./GR. 287 und Schn.Abt. 196 (der 96. ID.) um Schlüsselburg eingeschlossen! Die 128. Schtz.D. konnte am 17. 1. Lipka nehmen. Das hier haltende II./GR. 287 unter Oblt. Pawlowski wich nach Westen. Die 12. sowj. Schi-Br. hatte über den Ladogasee gesetzt und war den Grenadieren in den Rücken gestoßen. Die 327. Schtz.D. und 122. Pz.Br. schlossen zur gleichen Zeit Poselok (Arbeitersiedlung) 8 ein, in der sich Teile des GR. 366 und 374 bis zur letzten Patrone verteidigten. Der Angriff der 136. Schtz.D. auf Poselok (Arbeitersiedlung) 5 scheiterte am Widerstand des GR. 374 (Ob. von Below). Die 227. ID. schien auseinandergesprengt, nachdem sich das GR. 328 (Ob. Lamey) nach Schlüsselburg zurückziehen mußte, wo es zu ersten Straßenkämpfen kam.

Da traten die beiden Regimenter 151 und 161 der 61. ID. unter Gm. Hühner von Ssinjawino aus zum Gegenstoß an. Die ostpreußischen Grenadiere schafften das Unglaubliche und gelangten bis Schlüsselburg! Doch hinter ihnen schloß sich sofort wieder die Front. Gm. Hühner übernahm in Schlüsselburg das Kommando und richtete sich mit seiner Kampfgruppe zur Verteidigung ein.

Die 18. Armee konnte unmöglich die Verbindung mit dem Stützpunkt am Ladogasee aufnehmen. Gen.Ob. Lindemann gab deshalb den Befehl zum Ausbruch. Die an den Ssinjawinohöhen aufgestellten deutschen Batterien lösten am 18. 1. morgens einen gewaltigen Feuerschlag auf die russischen Bereitstellungen zwischen den Ssinjawinohöhen und Schlüsselburg aus. Im Feuerschutz wurde ein letzter Verwundetentransport von Schlüsselburg her durchgebracht.

Dann brach Kampfgruppe Gm. Hühner aus! Es wurde ein Verzweiflungsmarsch durch Urwald und Feuer! Die letzte Munition war verschossen. Nun regierten nur Spaten, Kolben und Handgranaten. GR. 151 (Major Krudzki) hatte die Spitze. Die Ostpreußen stampften über das deckungslose Gelände, warfen sich auf den stark besetzten Stützpunkt Poselok 5, hielten die Sowjets im Kampf Mann gegen Mann nieder. Die nachfolgenden Einheiten mit den letzten Verwundeten hatten Platz, um durchzukommen.

Major Krudzki fiel an der Spitze seines Regiments. Mit ihm Hptm. Offer, Kdr. I./GR. 162, Oblt. Kopp, Chef 6./GR. 151, Oblt. Pawlowski, Fhr. II./GR. 287, und viele andere Offiziere und Soldaten. Die Masse der Kampfgruppe kam durch und erreichte die Ssinjawinohöhen!

Das Ufer des Ladogasees war verloren — der Höhepunkt der 2. Ladogaschlacht überschritten!

Die Sowjets gruppierten um. Die 2. Stoßarmee übernahm die Befehlsführung nördlich der Ssinjawinohöhen, rechts stand die 8., links die 67. Armee. Glt. Romanowskij wollte auf jeden Fall diese Höhen nehmen, um über Mga in den Rücken der deutschen Front bei Leningrad und am Wolchow zu gelangen. Mga, die Ansammlung von verkohlten Holzhütten und zerstörten Bahnanlagen, war nicht nur das Ziel der Sowjets, sondern das Herzstück der deutschen Verteidigungsfront.

Das AOK 18 stellte ebenfalls um. Die wichtigen Höhen um Ssinjawino mußten im Besitz der Armee bleiben. Gen.d.Inf. Hilpert übernahm den Befehl über alle deutschen Divisionen, die sich zwischen Newa und Wolchow zur Abwehr einfanden. Er hatte von links nach rechts: 5. Geb.D., 28. Jäg.D., 21., 11., 212., 1., 223. ID. Die bisher die Last der Kämpfe tragenden Divisionen — 61., 96., 170. und 227. ID. — waren der hohen Verluste wegen abgelöst.

Die Sowjets ließen keine Zeit zu längeren Umgruppierungen und Truppenverschiebungen. Schlachtflieger, „Stalinorgeln" und Batterien aller Kaliber begannen am 29. 1. die neue Phase der 2. Ladogaschlacht. 35 Schützen- und Panzerbataillone griffen auf einer Breite von 2,5 km die Ssinjawinohöhen an! Die Verteidiger hielten sich in Granattrichtern und Schneelöchern und warfen die hier und da eingebrochenen Gegner zurück! Erst am dritten Tag ließ die Widerstandskraft nach. Sowjetische Schützen drangen der Höhe 43,3 hoch, stürmten durch die dünne Front des III./GR. 390 (215. ID.) und gelangten bis zur Kirche von Ssinjawino! Das war das einzige Gebäude, das in Ssinjawino noch stand. Alles andere war ein Ruinenfeld!

Die befehlsführende 11. ID. setzte sofort das I./IR. 44 (Major Laebe) zum Gegenstoß an. Die Grenadiere kämpften sich bei heftigem Schneesturm an die Sowjets heran, warfen sie aus Ssinjawino und bis zu den Ausgangsstellungen zurück!

Die 2. Stoßarmee der Russen gab nicht auf. Sie schickte neue Regimenter ins Feuer.

Ssinjawino mußte fallen!

Die 11. ID. (Gm. Thomaschki) war aber nicht zu erschüttern. Sie hielt ihre Stellungen genau so, wie links von ihr die schlesischen Jäger der 28. Jäg.D. (Glt. Sinnhuber) keinen Fußbreit nachgaben. Da brach Armeegen. Meretzkov die Schlacht ab. Er brach ab, aber er gab nicht auf. Jetzt setzte er den Hebel an anderer Stelle an, um die Ssinjawinofront doch noch zum Einsturz zu bringen. Er gab 4. Armee (Gm. Gusev) und 54. Armee (Gm. Suchomlin) Befehl, vom Pogostjekessel aus direkt nach Westen mit Ziel Mga anzutreten. Gleichzeitig sollte aus Leningrad ein Angriff der 55. Armee (Glt. Sviridov) erfolgen. Dieser Stoß sollte längs der Eisenbahn Leningrad — Tschudowo geführt werden. Beide Armeen hatten sich zwischen Mga und Ljuban zu vereinigen, und ein neuer Kessel wäre im Norden der Ostfront entstanden.

Der Angriff begann am 10. 2. südlich Winjagolowo. Der erste Tag verlief ohne jeden Erfolg für den Gegner. Am nächsten Tag brachen 20 überschwere Panzer in die deutsche HKL bei Klosterdorf ein. Der Einbruch wurde am dritten Tag bis Smerdynja erweitert. Das Ziel war die Straße nach Ljuban. Doch 96. ID. (Gm. Noeldechen), 121. ID. (Gm. Prieß) und 132. ID. (Gm. Lindemann) ließen den Gegner nicht so weit kommen. Sie entrissen ihm den Geländegewinn und stellten bis 23. Februar die alte HKL wieder her!

Der Stoß, den die 55. Armee aus Kolpino entlang Straße und Eisenbahn nach Ljuban ansetzte, traf am Morgen des 10. 2. mit voller Wucht die 250. spanische ID. (Gm. Esteban-Infantes) bei Krasnijbor. Der Ort war in wenigen Stunden ein schwelender Trümmerhaufen, in dem sich das GR. 262 (Ob. Sagrado) festkrallte. Die 45., 63. und 72. Schtz.D. kämpften 48 Stunden lang gegen das eine Regiment. Die Männer aus Andalusien, Kastilien und Katalonien gaben nicht nach! 2 800 Gefallene lagen am Abend des 11. 2. in Krasnijbor, als die Sowjets den Ostrand der Stadt erreichten.

Das L. AK. (Gen.d.Kav. Kleffel) setzte am 13. 2. Teile der 212., später der 24., 58. und 215. ID. — die u. a. aus der Wolchowfront gezogen wurden — zum Gegenangriff an. Der Feind war nach 3 km Geländegewinn zum Stehen gebracht! Die Vereinigung der Wolchow- und Leningraderfront südlich Mga vereitelt!

Die Kämpfe an der Front der 18. Armee flauten Anfang März merklich ab. Führung und Truppe betrieben Ausbau von Stellungen und Verkehrswegen, Heranschaffung von Munition und Material. Die Kampfgruppe Gen.d.Inf. Hilpert wurde am 10. 3. aufgelöst. Es galt, sich für neue Großkampftage zu rüsten.

Die Sowjets arbeiteten gleichfalls mit Hochdruck an ihren Nachschub- und Verkehrsstraßen. Das Staatliche Verteidigungskomitee in Leningrad hatte schon kurz nach der hergestellten Landverbindung im Januar beschlossen, entlang des Südufers am Ladogasee eine Eisenbahnlinie zu bauen. Russische Arbeiter, Zivil- und Kriegsgefangene erstellten in 14 Tagen eine 36 km lange Strecke zwischen Poljany und Schlüsselburg. Im Februar verkehrten 69 Züge auf dieser Strecke, im April waren es 157 und im Juli 369.

Die dritte Phase der Ladogaschlacht nahm am 19. 3. ihren Anfang. Drei Stunden lang schlug auf die Stellungen der 223. ID. (Gm. Usinger) zwischen Woronowo und Lodwa das feindliche Trommelfeuer. 10 Schtz.D., 2 Schtz.- und 5 Pz.Br. griffen an. Tauschnee und Schlamm erschwerten den Grenadieren der 223. ID. den Widerstand in den zerbombten und zerstörten Stellungen. Die überlegenen Feindkräfte brachen die Stellungen auf und drangen in 6 km Breite auf Karbussel vor.

Das XXVI. AK. (Glt. von Leyser) setzte seine Korpsreserve ein. Die 21. ID. übernahm den bedrohten Abschnitt. Die HKL konnte zwar nicht wieder erreicht werden. Der Feind allerdings mußte verhalten. Er kam keinen Meter weit nach Westen, als schließlich noch Teile der 69., 121. ID. und 5. Geb.D. in den Kampf geworfen wurden.

Die Front bei Krasnijbor wachte erneut auf. 6 Schtz.D., 5 Pz.Br. und selbständige Schützen-Btle. griffen an, um Sablino zu nehmen. Das L. AK. war auf der Hut. 58., 170. und 254. ID. hielten ihre Stellungen! Das GR. 399 (170. ID.) unter Ob. Griesbach war hervorragend an diesem Abwehrerfolg beteiligt.

Die Verluste von Freund und Feind waren hoch. Die sowjetischen Ausfälle überstiegen die der 18. Armee bei weitem. 270 000 sowjetische Soldaten waren gefallen! Die Kampfkraft der Leningrader- und Wolchowfront waren gleichermaßen erlahmt. Die Schlammzeit begann, sie bezog die Lehmhügel und verkrusteten Sandrippen der Ssinjawinohöhen mit einer undurchdringlichen Schicht von Schlamm. Ein Kriegführen war nicht mehr möglich. Anfang April war die 2. Ladogaschlacht zu Ende.

*

„Südlich des Ilmensees..."
Diese drei Worte kehrten in jenen Tagen wiederholt in den Berichten des OKW, in den Tageszeitungen oder Briefen wieder. Sie zeigten einen weiteren Kampfraum auf, in dem die Heeresgruppe im Frühjahr 1943 ein Kapitel ihrer Geschichte schloß.

Als sich die Katastrophe von Stalingrad abzeichnete, ließ sich Hitler am 29. 1. 1943 in einem Lagevortrag genauestens Bericht über den Kampfraum Demjansk geben. Dieses Gebiet ragte wie ein Pfeil nach Osten. Es war sicher, daß die Sowjets aufgrund ihrer Überlegenheit diesen Frontvorsprung über kurz oder lang eindrücken würden. Der Chef des Generalstabes, Gen.Ob. Zeitzler, beantragte zum wiederholten Male die Rücknahme des II. AK. Doch Hitler beharrte nach wie vor auf seinem Standpunkt, daß kein Quadratmeter Boden aufgegeben und Demjansk weiterhin als Festung verteidigt werden müßte!

Das AOK 16 entschloß sich — ohne Kenntnis des Obersten Befehlshabers — Pläne für eine Räumung des Frontvorsprungs auszuarbeiten. Das „Unternehmen Entrümpelung" lief an. Die Aktion bedingte, daß die Truppe alles entbehrliche Material zurückschaffen mußte. Nach-

schub-, Bau- und Pioniereinheiten errichteten zusätzlich zu den schon bestehenden Straßen neue Wege, auf denen Lkw-Kolonnen bis zum 16. 2. insgesamt 8 000 to. Gerät herausbrachten. Doch nach wie vor ratterten Versorgungsfahrzeuge mit Waffen, Verpflegung und Ersatz in den Kessel. —
Die Front im Kampfraum Demjansk war seit Aufnahme der Landverbindung stabil geblieben. Das Jahr 1942 ging unter laufenden Kämpfen, Großangriffen und Verteidigungsmaßnahmen vorüber, bei denen Freund und Feind unermeßliche Opfer brachten. Die Sowjets verfügten z. B. im Oktober 1942 über 11., 34., 53. Armee und 1. Stoßarmee, die 2 Gd.D., 19 Schtz.D., 7 Schtz.Br., 3 Pz.Br., 3 Schi-Br., 4 Reserve-D. und 8 selbst. MG-Btle. stark waren.

Das II. AK., das anstelle des erkrankten Gen.d.Inf. Graf von Brockdorff-Ahlefeldt seit 28. 11. 1942 Gen.d.Inf. Laux befehligte, konnte diesen überlegenen Kräften nur folgende Divisionen entgegensetzen:
5. und 8. Jäg.D., 12., 30., 32., 58., 81., 122., 123., 126., 225., 254., 290., 329. ID., SS-T-D. und SS-Freikorps „Danmark".

Der Kampfraum war im Mai 1942 in zwei Operationsräume aufgeteilt worden. Das II. AK. zeichnete verantwortlich für die Kämpfe entlang der Kesselfront, während die Korpsgruppe zbV. für die Landbrücke zuständig war. Hier, an dieser schmalen Frontstelle, kam es 1942 zu schweren und erbitterten Gefechten, bei denen um jeden Meter Boden gerungen wurde.

Das II. AK. veröffentlichte Ende April 1942 eine Meldung über die Gefechte seit Jahresbeginn. Danach waren 1 155 Feindangriffe und 776 Vorstöße abgewehrt, 376 eigene Gegenstöße gemacht, 3 064 Gefangene eingebracht, 74 Panzer, 52 Geschütze, 81 Pak vernichtet bzw. erbeutet. Die eigenen Verluste betrugen 5 101 Gefallene, 15 323 Verwundete, 5 866 Erfrierungen und 2 000 Vermißte. Der Monat Mai brachte trotz Tauwetter kein Nachlassen der Kämpfe. Das Korps verzeichnete 1 407 Gefallene, 4 866 Verwundete und 663 Vermißte.

Einzelne Verbände mußten abgelöst werden, nachdem ihre Kampfkraft restlos erschöpft war. Es gab Zeichen soldatischen Einsatzes, die beispiellos waren. So verteidigten am 1. 5. zwei Offiziere, 14 Unteroffiziere und 62 Mann der 290. ID. den Stützpunkt Ssomshino, bis der Letzte von ihnen fiel. Das SS-Freikorps „Danmark" verblutete Anfang Juni beim Kampf um Dubowizy an der Pola. Das Jäg.R. 38 (8. Jäg.D.) zählte nach bitteren Gefechten um den Knotenpunkt Wassiljewschtschina noch 100 Mann!

Der Schwerpunkt aller feindlichen Angriffe richtete sich gegen die schmale Landbrücke. Deshalb entschloß sich die Korpsgruppe zbV.

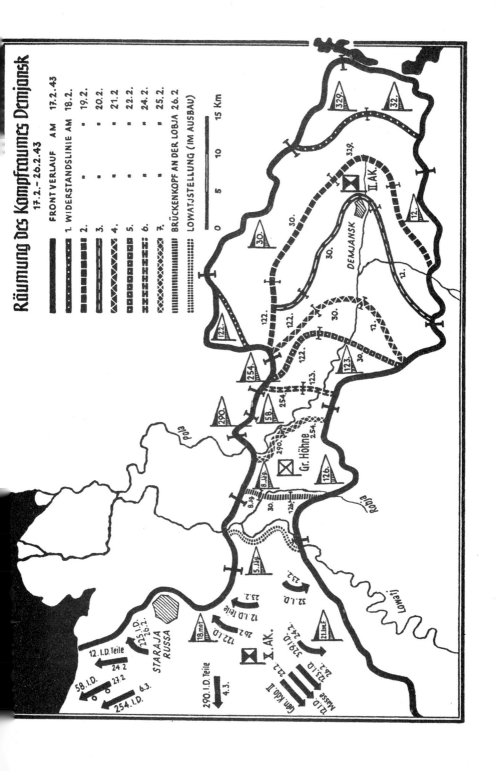

unter Führung von Glt. von Knobelsdorff, eine Erweiterung bis zum Lowatj zu erkämpfen. 126. ID., 5. Jäg.D. und SS-T-D. griffen am 27. 9. an und konnten bis 2. 10. trotz erheblichen Widerstands das gesteckte Ziel erreichen. Der Feind verlor ca. 10 000 Tote, 3 178 Gefangene und 108 Geschütze. Die eigenen Verluste beliefen sich auf 415 Gefallene und 1 875 Verwundete.

Die Verbreiterung der Landbrücke war insofern wichtig, da der Kampfraum Demjansk vom Sommer an nicht mehr aus der Luft versorgt werden konnte. Die Transportgruppen der Luftflotte (Ob. Morzik) mußten ausnahmslos an die Südfront abfliegen. Die Staffeln hatten insgesamt 64 844 to. Material und 30 500 Soldaten in den Kessel gebracht.

Der Kampf um die Landbrücke war nicht zu Ende. Als im November das Gebiet wieder unter Schnee und Eis versank, griffen die Sowjets von neuem an. Sie wollten den Kampfraum Demjansk noch einmal abschneiden und endgültig liquidieren. Die Korpsgruppe zbV. (jetzt unter Glt. Hoehne) stand mit 8. Jäg.D., 290. und 225. ID. im Norden. Diese drei Divisionen wehrten allein im Januar 1943 den Angriff von 2 Gd.D., 5 Schtz.D., 4 Schtz.- und 2 Pz.Br. ab. Die Südfront verteidigten 123. und 126. ID. gegen 3 Gd.D., 1 Schtz.D., 2 Schtz., 1 Pz- und 1 Schi-Br. Die Verluste der deutschen Verbände beliefen sich auf 1 019 Gefallene, 1 032 Vermißte und 2 271 Verwundete. —

Jetzt sah Hitler ein, daß der Kampfraum auf die Dauer doch nicht gehalten werden konnte. Das OKH befahl am 1. 2. 1943: „Alles entbehrliche Gerät ist in die Troßräume westlich Staraja Russa abzuschieben und die Räumung des Kampfraumes in 70 Tagen vorzunehmen." Die Sowjets, die durch Agenten und Funkhorchstellen von diesen Maßnahmen erfuhren, vervielfältigten ihre Anstrengungen, das II. AK. noch abzufangen, bevor es nach Westen abrückte. 12 Schtz.D., je 3 Schtz.- und Pz.Br. stießen am 15. 2. gegen die Landbrücke. Die deutsche Front hielt!

Das Stichwort „Ziethen" traf am 17. 2. bei allen Dienststellen im Kampfraum ein. Es bedeutete: Räumung! Schon am Spätnachmittag zogen erste Kompanien aus ihren Unterkünften nach Westen. Die 32. und 329. ID. (Gm. Wegener, Gm. Dr. Dr. Mayer) lösten sich in der Nacht zum 18. 2. aus ihren Seenstellungen am Rande des Waldaigebirges. Von jeder Division blieben Nachhuten bis zum Morgen zurück, die durch MG- und Karabinerfeuer den Gegner täuschten.

122. (Ob. Trowitz), 12. (Glt. Frhr. von Lützow) und 30. ID. (Gm. von Wickede) schlossen sich am 18. 2. den Rückmarschbewegungen an. Die Sowjets stürmten sofort mit ihren Schi- und Kavallerieschwadronen den Divisionen nach. Die Nachhutverbände mußten ihren Weg mit der

blanken Waffe freikämpfen. Die Batterien verschossen aus rückwärtigen Stellungen ohne Rücksicht auf den Munitionsbestand ihre letzten Granaten!

Gen.Kdo. Korpsgruppe zbV., 32. und 329. ID. rückten am 19. 2. über den Lowatj nach Westen und verließen den Kampfraum Demjansk! Glt. Hoehne übernahm die Führung des X. AK. bei Staraja Russa. Der bisherige Komm.Gen., Gen.d.Art. Hansen, führte vertretungsweise die 16. Armee. Gen.d.Art. Hansen veranlaßte aus eigenem Entschluß die Räumung des Kampfraumes in zehn statt — wie vom OKH verlangt — in 70 Tagen. Er wollte „retten, was zu retten war."

Die 12., 30. und 122. ID. legten sich zur Abschirmung des Rückmarsches am 19. 2. um Demjansk. Das Schicksal der Stadt vollendete sich in der nächsten Nacht. Zurückmarschierende Kolonnen hatten entgegen des ausdrücklichen Befehls einige Häuser angezündet. Der heulende Nachtwind entfaltete die Feuerglut, so daß Demjansk wie eine lodernde Fackel verlosch. Nur das Lazarett mit 50 verwundeten Rotarmisten und Sanitätspersonal blieb zurück. Sonst fielen den Sowjets nur Trümmer in die Hände.

Gen.Kdo. II. AK. und die drei Divisionen erreichten am 22. 2. die fünfte Widerstandslinie. Damit war der Kampfraum Demjansk geräumt. Die Landbrücke hielt noch. Die Sowjets griffen mit aller Macht an. Ihre Schützenregimenter rannten ununterbrochen gegen die Riegel der 30. und 122. ID. Die 12. ID. verteidigte die Stellungen an der Pola. Ein starker Angriff galt den Brückenstellen bei Kobylkino — Ramuschewo. Die 8. Jäg.D. (Gm. Volckamer von Kirchensittenbach), die ihre Flußstellungen schon zur Räumung vorbereitet hatte, mußte alle Kräfte zusammennehmen, um diesen Stoß abzuwehren.

Die Angriffe brandeten auch am nächsten Tag. Jetzt lösten sich 30. und 122. ID. aus der Front. 123. (Gm. Rauch) und 254. ID. (Gm. Röchling) besetzten die Stellung und gaben den abmarschierenden Verbänden Schutz. Die 58. ID. (Gm. von Graffen) rückte mit 254. ID. am nächsten Tag aus der Front nach Westen. 30., 126. ID. und 8. Jäg.D. gingen in die Robjastellung. Diese drei alten Demjansk-Divisionen hielten ihre HKL, bis sich am 27. 2. 1943 die letzten Nachhuten der 254. und 290. ID. zurückzogen.

Damit waren Kampfraum und Landbrücke Demjansk in knapp zehn Tagen von deutschen Truppen entblößt! Fast alle Zivilisten waren mitgezogen; nur Greise und Kinder blieben! Die „Rote Armee" gewann ein 100 qkm großes Gelände zurück. Die Erde war durch tausende von Bomben und Granaten zerfetzt, Dörfer und Städte ausgestorben. Die Sowjets nahmen Besitz von einem toten

Gelände, aus dem sich 10 000 hölzerne Grabkreuze deutscher Soldaten erhoben.

Gen.Ob. Busch, OB. der 16. Armee, erließ am 1. 3. einen Tagesbefehl:

„Die Räumung des Kampfgebietes ist beendet. Hier wurde ein Raum aufgegeben, gegen den der Feind fast 14 Monate lang ununterbrochene Angriffe führte. Große Entbehrungen und äußerste Härte mußten gefordert werden. In dieser Zeit wurden 1 261 Panzer und 416 Geschütze vernichtet., 125 Fludzeuge abgeschossen. Der Feind verlor 30 000 Gefangene. Die Waldaihöhen, der Seeligersee und das Polatal mit der Stadt Demjansk war vielen bereits zur zweiten Heimat geworden. Dort ruht mancher Kamerad in der Erde. Von diesen Gräbern, die in echter Kameradschaft gehütet wurden, mußte Abschied genommen werden. Doch der Geist dieser gefallenen Kameraden wird auch westlich des Lowatj in den Divisionen des II. AK. fortleben."

Zur Erinnerung an die Kämpfe südlich des Ilmensees wurde der „Demjanskschild" gestiftet, der als Kriegsauszeichnung am rechten Oberarm der Uniform zu tragen war.

*

Der Frühling war ins Land gezogen. Die Front hatte sich seit der Räumung des Kampfraumes Demjansk und der 2. Ladogaschlacht kaum verändert. Die Divisionen lagen — mit Ausnahme einiger Verlegungen — im selben Raum. Neben dem täglichen Stellungskampf der Späh- und Stoßtrupps und der üblichen Feuerüberfälle loderten einzelne Abschnitte auf, wenn plötzlich sowjetische Kompanien oder Bataillone angriffen. Besonders unruhige Punkte blieben die Eckpfeiler der HKL und die Brückenköpfe.

„In der ganzen Stellungszeit fanden Verschiebungen und gegenseitige Ablösungen der Grenadierbataillone und der Schnellen Abteilung statt. Sie dienten dazu, den Einheiten im Wechsel Gelegenheit zu Ausbildung und zu Ruhe zu geben. Wiederholt wurden auch Bataillone in andere Regimentsabschnitte verschoben, besonders, um Ablösungen an der unangenehmsten Stelle der Front, dem „Finger" oder „Daumen" — Stellungen an der Tigodamündung in den Wolchow — zu ermöglichen. Dort wurden im Laufe der Zeit Bataillone aller drei Regimenter eingesetzt, so daß „jeder einmal dran" kam.

Hier war immer etwas los. Auf 80 m lag man dem Feind gegenüber. Das Kreuzfeuer kam von drei Seiten. Stoßtrupps der Russen brachen des öfteren ein und wurden von den Watzmännern — 96. ID. — wieder hinausgeworfen. Selbst mit Sprengladungen ging man den eingedrungenen Russen zu Leibe, um sie aus den Bunkern zu vertreiben. So verlor z. B. das II./GR. 284 in 23 Tagen seines Einsatzes dort 10 Tote und 25 Verwundete. Als die 2./GR. 287 (Lt. Becvar) im Mai hier eingesetzt war, wurde der Btl.Kdr. verwundet. Immer wieder beantragte die Division die Räumung des „Daumens", der als Stellung noch unangenehmer war als die „Fidele Laus" bei Pogostje." *)

Ein andermal hatte das III./GR. 284 in einer regnerischen Mainacht plötzlich eine Russenkompanie im Rücken. Die Sowjets waren mit zahlreichen Booten geräuschlos über den Strom gekommen. Oberstlt. Pfützner, der Rgts.Kdr., setzte sofort sein II. Btl. zum Gegenstoß an. Vier Stunden wateten die Grenadiere im tiefen Wasser, bis es gelang, den Gegner zu vernichten.

Keineswegs ruhig blieb es im Brückenkopf Kirischi. Hier löste die 61. ID. (Gm. Krappe) die 217. ID. (Gm. Lasch) ab. Das GR. 162 bezog Stellung auf der Feindseite des Wolchow. Die übrigen Regimenter wurden auf der 19 (!) km breiten Front gleichmäßig verteilt. Diese Überbeanspruchung ließ natürlich keine Schwerpunktbildung oder gar Aufstellung von Reserven zu — und dabei waren die Grenadiergruppen auf 5 — 7 Mann zusammengeschmolzen!

Die Front bei Mga kam im trockenen Sommer 1943 gleichfalls nicht zur Ruhe. Die hier haltende 11. ID. setzte alle Kräfte für den Ausbau eines tief gegliederten Verteidigungssystems und für die Sicherstellung von Versorgungswegen durch das Sumpfgelände ein. In monatelanger Arbeit entstanden unter großen Mühen Gräben und Kampfstände, Hindernisse und Minenfelder, Feuerstellungen, Knüppeldämme und Holzbahnen.

Weitere Unruheherde bildete der Kampfraum längs der Front vor Leningrad. Die Sowjets versuchten Stellungsverbesserungen zu erreichen. Die Spanier blieben in ihren Gräben vor Puschkin genau so standhaft wie die Soldaten der 170. und 215. ID. in den Trichterfeldern und Trümmern von Staro Panowo und Urizk.

Die 18. Armee stand im Juli 1943 in einer einigermaßen stabilen Front. Das XXXVIII. AK. befand sich mit 1. Lw.FD., 217. ID. und Lettischer SS-Br. auf dem rechten Flügel. Linker Nachbar war das I. AK. mit 13. Lw.FD. und 227. ID. Das XXVIII. AK. verteidigte

---

*) Pohlman, H.: Geschichte der 96. Infanterie-Division. Bad Nauheim: Podzun 1959. 495 S.

die Front um den Brückenkopf Kirischi und Pogostjekessel mit 96., 61., 81. ID., 12. Lw.FD., 225. und 132. ID. (von rechts nach links). Das XXVI. AK. befehligte nach wie vor im „Flaschenhals". Es hatte zur Verfügung: 212., 69. ID., 5. Geb.D., 1., 290., 11., 23. ID. Das LIV. AK. schloß mit 21. ID., SS-Pol.D., 24., 58. und 254. ID. entlang der Newa bis Krasnijbor an. Das L. AK. lag mit 250., 170. und 215. ID. von dort bis zum Finnbusen. Das III. Lw.FK. hielt mit 9. und 10. Lw.FD. nach wie vor den Oranienbaumer Brückenkopf in Schach.

*

Die 16. Armee — die soeben die schweren Rückmarschkämpfe aus Demjansk meisterte — geriet erneut in Großangriffe der Sowjets. Die Heeresgruppe Nordwestfront, die seit März 1943 Marschall Timoschenko führte, gab sich mit der Rückgewinnung von Demjansk nicht zufrieden. Die Nordwestfront wollte mehr. Sie wollte Staraja Russa, die wichtigste Stadt zwischen Ilmensee und Witebsk! 34., 27., 11., 53. Armee und 1. Stoßarmee marschierten Anfang März von Nord nach Süd auf, um die Front der deutschen 16. Armee ins Wanken zu bringen.

Die Armee des Gen.Ob. Busch stand dort mit dem X. AK. und altbewährten Demjanskdivisionen in Stellung. 30., 32., 122., 329. ID., 5. und 8. Jäg.D. legten sich wie ein Ring rings um Staraja Russa. Die Verbindung zur rechts benachbarten 21. Lw.FD. an der Redja war hergestellt.

Marschall Timoschenko wollte Staraja Russa in seinen Besitz bringen, bevor sich die deutschen Truppen festgesetzt hatten. Staraja Russa war im März 1943 bei weitem nicht mehr der glanzvolle Mittelpunkt des Gebietes südlich vom Ilmensee. Die Zivilbevölkerung war evakuiert. Das Weichbild der Stadt zeigte viele durch Bomben und Granaten gerissene Lücken. Ganze Stadtviertel waren ausgelöscht. Nur die steinernen Bauten der Verwaltung, der Partei, Lagerhallen, Kasernen und Fabriken standen. Und noch sah man die Türme von St. Georgien, St. Nicolai, Mariae Opferung, Aller Seelen, St. Dimitrij, St. Mina, St. Johannes, Klosterkirche, Parfinokirche, Pfingstkirche, das Preobrashenskijkloster und das Wahrzeichen der Stadt: die Auferstehungskathedrale.

Diese uralten Kirchenmauern widerstanden bis jetzt allem Beschuß. Sie leuchteten blendendweiß in der Frühlingssonne. Auf dem Obelisk, der an den russisch-japanischen Krieg erinnerte, breitete noch der Zarenadler seine Schwingen. Die Kirchen und Kuppeln verliehen Staraja Russa den letzten Glanz ewiger Geschichte ...

... bis am 14. 3., 5.45 Uhr, schlagartig sowjetisches Artilleriefeuer einsetzte, das Land und die Stadt für zwei Stunden in Rauch, Feuer

und Blut stürzte. Neue Brände brachen in Staraja Russa aus. Die Parfinokirche wurde von den Einschlägen der „Stalinorgeln" zerfetzt. Als sich der Qualm auf die Landschaft legte und der Lärm der Geschütze nachließ, brüllten Panzermotore auf.
Die vierte Schlacht um Staraja Russa hatte begonnen.

Die volle Wucht des Angriffes traf die 30. ID. (Gm. von Wickede). Die Männer aus Schleswig-Holstein hielten ihre Stellungen. Erst am Nachmittag gelang es den „T-34" und „Kw-I", beim benachbarten Lw.FR. 14 eine Krise heraufzubeschwören, die allerdings gemeistert wurde. Der Gegner wiederholte am nächsten Tag seinen Stoß und richtete ihn gegen die Front des SS-Pol.R. 17, die durchbrochen wurde.

„Die einzige verfügbare Reserve der Division ist der Stab der Radf.-Abt. 30 und die zur Auffrischung in der Schule von Staraja Russa liegende 3. Schwadron, bestehend aus ihrem Chef, Oblt. Adloff, und 10 Mann. Den Befehl zum Einsatz begleitet der Chef mit dem bezeichnenden Replik: „Na, dann werde ich mal die Masse meiner Truppe im Volkswagen an die Front werfen!" Aber infanteristische Kräfte stehen der Division nicht mehr zur Verfügung, die Pionierkompanien sind bereits als „Korsettstangen" eingesetzt. Doch drei Sturmgeschütze und eine gerade eintreffende Werfer-Abt. des Nebel-R. 70 können dem Major Jass und seinem kleinen Haufen zugeteilt werden, und das gesamte AR. 30 ... bereitet eine Feuerzusammenfassung auf diesen Abschnitt vor. Als diese dann ausgelöst wird, ist ihre Wirkung verheerend." *)

Die Lage wurde wieder hergestellt, doch nur bis zum Abend. Dann waren die Sowjets zum zweitenmal da — und mußten zum zweitenmal weichen. Kaum hatten sich die Soldaten der 30. ID. und der ihr unterstellten Kampfgruppen der 18. ID.mot. und 290. ID. für die Nacht eingerichtet, brach das Trommelfeuer erneut los. Der 17. 3. schenkte den Soldaten kaum Sonnenschein, sondern nur Granaten und Geschosse. Die sowjetischen Batterien feuerten ohne Unterbrechung den ganzen Vormittag.

Das Wetter behinderte die Sicht für Freund und Feind. Trotzdem rollten Panzer an, gefolgt von unzähligen Schützenbataillonen. Es entspann sich auf der ganzen Front ein harter Nahkampf, während die Artillerie beider Seiten sich gegenseitig bekämpfte. Es gab keine Ruhe am Tag, und es gab keine Ruhe in der folgenden Nacht.

Die Verluste der Russen waren hoch. Sie wollten eine Atempause. Die Sowjets stellten am 19. 3. ihre Angriffe gegen Staraja Russa ein!

---

*) Breithaupt, H.: Die Geschichte der 30. Infanterie-Division. Bad Nauheim: Podzun 1953. 320 S.

Verschnaufzeit brauchten auch die Verteidiger. Die 30. ID. hatte mit dem unterstlelten Lw.FR. 14 in fünf Tagen 1 000 Mann Verluste zu beklagen. Vom II./GR. 94 (32. ID.) waren nur noch 2 Offiziere und 99 Soldaten einsatzfähig.

Ein tiefer feindlicher Einbruch war nur südlich Staraja Russa an der Straße zwischen Penna und Michalkino erzielt. Das X. AK. entschloß sich, diese Beule aufzustoßen. Die 5. Jäg.D. (Gm. Thumm) wurde beauftragt, das Unternehmen durchzuführen. Die Division stellte zwei Angriffsgruppen bereit, die bis zum 29. 3. ihre Ausgangsstellungen bezogen.

Der Angriff begann am 30. 3., morgens 5.15 Uhr, mit dem Feuerschlag von 34 Batterien. Als die Uhren die sechste Stunde anzeigten, erhoben sich die Männer des Jäg.R. 56, Jäg.R. 75, GR. 426, III./GR. 411, Pi.-Btl. 5, Teile der Pz.Jäg.Abt. 5 aus ihren Löchern.

„Das Jäg.R. 56 gerät bald in starkes Flankenfeuer von rechts und links. Es bleibt liegen. Das Jäg.R. 75 (Ob. Frhr. von Mühlen), das sich im Raum etwa 2 km nördlich Penna bereitgestellt hatte, gewinnt mit dem I. und III. Btl. Boden in Richtung Südost, dem Jäg.R. 56 entgegen. Beim Einbrechen in befestigte Stellungen nimmt das I./Jäg.R. 75 (Hptm. Maier) zahlreiche Russen gefangen. Ab Mittag wird auch das II./Jäg.R. 75 (Major Sachsenheimer) eingesetzt. Trotz außerordentlich beschwerlichen Herumwatens in dem verschlammten Waldboden und trotz feindlicher Gegenstöße mit Panzern kämpft es sich bis zum Penna-Weg ostwärts Penna durch und stellt kurz nach 17 Uhr die Verbindung zum Jäg.R. 56 her. ...

Für den weiteren Auftrag, ab Mittag des 31. 3. durch den Wald in konzentrischen Stoßrichtungen nach Nordosten vorzudrücken, um die alte russische Verteidigungsstellung als Hauptkampflinie zu gewinnen, wird mit starkem, doch vorsichtigem Artilleriefeuer vorbereitet. Das Unternehmen wird am Abend abgebrochen, weil der Angriff auf eine stark ausgebaute und verteidigte feindliche Stellung in völlig versumpftem Walde stößt und blutige Verluste entstehen." *)

Die Kämpfe entlang Redja und Porussja ebbten Ende März ab. Der Frühling setzte mit langsam stärker werdendem Tauwetter ein. Die Schneewälle schmolzen weg und mußten durch Erdgräben ersetzt werden. Die unbefestigten Wege wurden zu Schlammbahnen. Aus den Bächen wurden reißende Flüsse. Der Krieg bekam eine Pause.

Die Korpsgruppe zbV., die bei den letzten schweren Kämpfen unter Führung des X. AK. focht, wurde aufgelöst. Es entstand aus ihr das

---

*) Reinicke, A.: Die 5. Jäger-Division. Bad Nauheim: Podzun 1962. 428 S.

Gen.Kdo. VIII. AK. (Gen.d.Inf. Hoehne). Das Korps übernahm Befehl über 21. Lw.FD., 329., 32. und später 122. ID. Diese drei bzw. vier Divisionen schützten die Front südlich Staraja Russa.

Die deutschen Landser bauten fieberhaft an ihren Stellungen. Die Gesamtlage des Ostkrieges verlangte von der Heeresgruppe nur noch „Stehenbleiben". Der Schwerpunkt der Kämpfe lag eindeutig im Süden und später ab Juli in der Mitte der Front. Die Divisionen der 16. und 18. Armee mußten zur Verteidigung übergehen. Die einst so glanzvolle Stadt Staraja Russa war im Sommer 1943 Festung geworden.

Das X. AK. (Gen.d.Art. Hansen) erwartete Anfang August die 5. Schlacht um Staraja Russa. 30. ID. (Gm. Wickede) und 8. Jäg.D. (Gm. Volckamer von Kirchensittenbach) wurden mit der Verteidigung der wichtigen Stadt südlich des Ilmensees beauftragt. Die wenigen zur Verfügung stehenden Aufklärer der Luftwaffe meldeten Truppenbewegungen, Artilleriestellungen und lebhaften Zugverkehr. Die Armee entschloß sich, die 122. ID. (Gm. Chill) aus der Front zu lösen und als Reserve zurückzubehalten.

Da kam der 18. 8. herauf. Hunderte von sowjetischen Batterien donnerten ihre stählernen Grüße in die Stellungen der norddeutschen, schlesischen und pommerschen Soldaten. Dann kamen sie an: Rudel von Panzern mit aufgesessenen Schützen, dahinter Schützenbataillone in breiter Front, Pioniereinheiten, Panzerjäger und nochmals „T-34" und „Kw-I".

Der Kampf war hart. Als der Abend graute, lagen 40 Kampfwagen ausgebrannt und zerstört in den Stellungen vor Staraja Russa. Zwar gelang es an einigen Stellen, in die vordersten Gräben der 30. ID., nirgendswo aber darüber hinaus zu kommen.

Der Frontalangriff wurde am 19. 8. wiederholt und abgeschlagen. Der dritte Angriff am 21. 8. traf die Naht der 30. ID. und 8. Jäg.D. Auch der dritte Angriff blieb unter hohen Verlusten liegen. Der Bericht des OKW meldete:

> „Bei Staraja Russa brachen alle sowjetischen Angriffe unter schwersten Verlusten zusammen. Nach dem Angriffsplan des Feindes sollte die Stadt bereits am fünften Tage in seinem Besitz sein. ... Alle Durchbruchsversuche des Feindes sind gescheitert. Grenadiere und Panzerjäger, Pioniere und Artillerie hatten an diesem Abwehrerfolg gleichen Anteil. Die Stellungen blieben fest in der Hand unserer Soldaten!"

Die fünfte Schlacht um Staraja Russa war geschlagen!

*

Die Sowjets gaben südlich des Ilmensees auf. Sie konnten die Front der 16. Armee nicht aufbrechen. So versuchten sie im Norden ihre Offensive gegen die Ssinjawinohöhen zu wiederholen. Die deutschen Heeresgruppen Süd und Mitte waren bereits angeschlagen und mußten zurück. Es hätte mit dem Teufel zugehen müssen, wenn die Heeresgruppe Nord standhaft bleiben würde!

Noch war die Sonne am 22. 7. nicht über den östlichen Horizont emporgestiegen, als sich der Himmel zwischen Newa und Tschernaja blutrot zu färben begann. Trommelfeuer aus unzähligen Batterien setzte schlagartig 3.00 Uhr ein. Granaten aller Kaliber rissen die todwunde Erde von neuem auf, fetzten die letzten Bäume weg und zerstörten Bunker, Hütten und Bauernkaten. Staffeln von Schlacht- und Tieffliegern stürzten sich wie Habichte aus dem Dunst und vollendeten mit ihren Bordkanonen das Entsetzen.

Die dritte Ladogaschlacht nahm ihren Anfang.

Ziel der sowjetischen Führung war, die lebensfähige Bahnlinie Kirischi — Leningrad endlich in Besitz zu nehmen. Deshalb mußte zuvor die deutsche Front an den Ssinjawinohöhen einstürzen. Zwei Armeen sollten hierzu in den Wäldern an der Tschernaja und beim Gleisdreieck die Stellungen aus den Angeln heben. Diesmal mußte der Angriff gelingen. Es standen lediglich nur 23. (Gm. Badinski), 11. (Gm. Thomaschki) und 290. ID. (Gm. Heinrichs) zwischen Mustolowo und Gaitolowo.

Die 67. Armee (Gm. Duchanov) griff mit 63., 64., 45. Gd.D., 11. und 43. Schtz.D. über die Gräben der Stellungstruppen hinweg frontal gegen die Ssinjawinohöhen an. Vom Osten her stürmte beiderseits Gaitolowo die 8. Armee (Gm. Stanikov) mit 128., 314., 372., 18., 378., 256. und 364. Schtz.D.

Der nachgeführten 30. sowj. Pz.Br. gelang es bei Poselok 6 (Arbeitersiedlung) am Gleisdreieck, in die Stellung der Brandenburger einzubrechen. Die 23. ID. wehrte sich verzweifelt, mußte aber Boden aufgeben. Das I./GR. 9 begann zu weichen. Damit riß die Verbindung zur benachbarten 11. ID., die ebenfalls in schwerste Abwehrkämpfe verstrickt war. Der Gegner hatte hier einige tiefe Einbrüche erzielt und war bis zu den Regimentsgefechtsständen durchgebrochen. Der Feind gewann einen 2 km breiten und 2 km tiefen Einbruch. Da die Ostpreußen nicht zurückgingen und ihre linke Flanke offen war, begannen die Sowjets gegen diese anzurennen. Hier holten sie sich blutige Köpfe. Die Männer des III./GR. 44 gaben keinen Quadratmeter Boden preis. Sie führten energische Gegenstöße und zwangen den Feind, sich am Nachmittag selbst um Poselok 6 einzuigeln!

Die Schlacht ging mit unverminderter Härte weiter. Rudel von Panzern und Schützenbataillonen versuchten, eine weiche Stelle in der

Front zu finden. Die Ostpreußen und Brandenburger blieben hart. Sie zwangen dem Feind eine Kampfpause auf. Die 67. Armee gruppierte um und setzte am 26. 7. zu neuem Angriff an, der wiederum auf die Naht der beiden Divisionen zielte. Es half nichts. Die sowjetischen Soldaten blieben tot oder blutend im ersten deutschen Graben liegen.

Tag und Nacht rollte das Artilleriefeuer und pfiffen die überschweren Bomben. Jeder Meter Land an den Ssinjawinohöhen wurde umgepflügt Die 11. ID. hatte mittlerweile erste Verstärkungen erhalten. Inf.Btl. zbV. 561, I./Werfer-R. 70 und Sturmgesch.Br. 912 waren eingetroffen und kamen zur rechten Zeit. Nach einem gewaltigen Trommelfeuer brach gegen 8.00 Uhr ein Panzerangriff mit ungeahnter Stärke los. Das Jäg.Btl. 11 (Hptm. Berger) und die I./AR. 47 (Major Radecker), 2. und 3./Sturmgesch.Br. 912 (Oblt. Hartl-Kusmanek, Oblt. Schönmann) ließen den Angriff zerschellen. Die Batterien der I./AR. 47 verschossen ihren 100 000. Schuß seit Beginn des Feldzuges.

Es folgten nach drei erbitterte Tage, dann waren die Sowjets erneut zum Stehen gebracht. Die Ssinjawinohöhen blieben fest in deutscher Hand. Der Bericht des OKW meldete:

„Südlich des Ladogasees zeichnete sich die ostpreußische 11. Inf.Div. besonders aus. In erbitterten Kämpfen hat sie sich hervorragend geschlagen, stärkste Angriffe gehalten und eingebrochene Feindteile bis auf den letzten Mann vernichtet!"

Das AOK 18 führte Ende Juli die ersten Reserven an die bedrohte Front. Die 121. ID. (Glt. Prieß) rückte östlich, die 28. Jäg.D. (Gm. Schulz) westlich der Ssinjawinohöhen in die Stellung. Das Kampfgeschehen versteifte sich. Das feindliche AOK 67 sah sich gezwungen, kürzer zu treten und den Durchbruch westlich der Höhen einzustellen.

Die sowjetische Führung verlegte Anfang August den Schwerpunkt ihres Großangriffes nach Osten. Es galt, die deutschen Divisionen an der Tschernaja zu treffen, um von hier aus die Front auf den Höhen von rückwärts her aufzurollen. 29 Schützen- und Panzerbataillone rannten ab 4. 8. gegen die Stellungen der 290. ID. und der rechts benachbarten 1. ID. (Gm. von Krosigk).

Der Kampf war nicht weniger schwer wie der an den Ssinjawinohöhen, wenn diesmal auch die feindliche Überlegenheit nicht ganz so augenscheinlich wurde. Dafür mußten die Soldaten mit den Unbilden des Geländes einen besonderen Streit fechten. Es gab baumlose Flächen mit dünnem Stangenholz, modrigen Boden und Schlamm. Es war kein Gelände, in dem man Stellungskrieg führen konnte. Kaum hatte man Material zum Bunkerbauen. Soweit das Holz reichte, konnte es höchstens als Splitterschutz Verwendung finden.

Der Abwehrwille ostpreußischer und norddeutscher Landser zwang schließlich an dieser Frontstelle den Feind zum Halt. Das AOK 18 ließ sich das „Rezept" nicht verderben. Es löste die 58. ID. (Gm. von Graffen) aus der Leningradfront und schob sie zur Verstärkung westlich der Ssinjawinohöhen. Die 126. ID. (Glt. Hoppe) kam von der 16. Armee. Sie bezog die Stellungen der schwer angeschlagenen 28. Jäg.D.

Die 67. Armee hatte ihre Absicht nicht aufgegeben, die Ssinjawinohöhen doch noch zu stürmen. Die 58. ID. geriet am 4. 8. in den neuen Großangriff. Es wurde einer der schwersten Großkampftage für die Division. Abwehr und Gegenstoß wechselten sich ab. Der Nahkampf tobte um einzelne Wassertümpel und Baumstümpfe bei Poselok 6, am Gleisdreieck oder an der „Burmastraße".

Die „Rote Armee" führte neue Kräfte in die Schlacht. Sieben Schtz.D. stürmten ab 12. 8. erneut gegen die Ssinjawinohöhen von Nord und Ost. Die wenigen Divisionen, die vom ersten Schlachttage im Gefecht standen, konnten einfach nicht mehr. Es gab ja keinen Schlaf für die Landser vorn im Graben. Die Stärke der Kompanien betrug höchstens eine Handvoll Männer.

AOK 18 führte 21. (Gm. Matzky), 61. (Gm. Krappe), 215. (Glt. Frankewitz) und 254. ID. (Gm. Thielmann) zur Ablösung der geschwächten Divisionen in die Ssinjawinofront. Zu den Verbänden, die aus der Front rückten, gehörte die 11. ID., die in einer 20tägigen Schlacht allein gegen 7 Feinddivisionen stand und 86 Angriffe abgewehrt hatte. Die 126. ID., die in zwei Augustwochen zwischen den Höhen und Poselok 6 mehr als 300 Gefallene verzeichnete, übergab ihre HKL so, wie sie einst übernommen wurde. Der Gegner war nicht eingebrochen.

Die Härte der Schlacht ließ in der zweiten Augusthälfte etwas nach. Das blutige Ringen fand aber noch kein Ende. Die sowjetische Führung versuchte jetzt, da ihre Frontalangriffe keine Ergebnisse zeigten, durch viele kleine, aber konzentrische Stöße einzelne Stellen einzudrücken oder Frontvorsprünge abzuschneiden. Wieder kam es zu erbitterten Nahkämpfen um Gräben, Bunker, Büsche und Hügel. Nur nordwestlich Woronowo konnte der Feind etwas Gelände gewinnen, sonst blieb die Front fest.

Die Ausfälle des XXVI. AK. waren schwer. Die 290. ID. verlor allein 1/3 ihres Mannschaftsbestandes!

Die Verluste der Sowjets waren höher.

Sie gaben auf!

Die 3. Ladogaschlacht flaute Ende September endgültig ab. Das XXVI. AK. (Gen.d.Inf. Hilpert) hatte zwei russischen Armeen Halt geboten.

Die Front der Heeresgruppe Nord stand im Herbst 1943 in derselben Linie wie im Frühjahr. Die beiden Armeen des Nordabschnitts verloren keine ihnen von den Sowjets aufgezwungene Schlacht, obwohl sie mit eigenen Mitteln auskommen mußten. Die Abschnitte der deutschen Front in Mittel- und Südrußland erfuhren zur selben Zeit erhebliche Rückschläge. Deshalb sah sich das OKH nach Beendigung der 3. Ladogaschlacht veranlaßt, einige Divisionen an andere Brennpunkte zu überführen. Die 5. Geb.D. verlegte — nachdem sie als einzige Division ihrer Art bei der Heeresgruppe verdienstvoll kämpfte — z. B. nach Italien.

Das Schicksal der spanischen 250. ID. zeigte sich besonders eindrucksvoll. Die Regierung in Madrid war auf Grund alliierten Drucks gezwungen — USA und Großbritannien drohten mit Bombardierung Spaniens (!) — ihre Division zurückzuziehen. Die Soldaten aus dem Land jenseits der Pyrenäen hatten seit November 1941 tapfer an der Seite ihrer deutschen Kameraden gestritten. Sie ließen 4000 Gräber in Rußland zurück. Gm. Esteban-Infantes bildete aus Freiwilligen die „Spanische Legion", die bis März 1944 im Rahmen der 121. ID eingesetzt wurde. Dann mußte auch diese Legion die Heimreise antreten.

Die Heeresgruppe Nord bemühte sich intensiv, mit wenigen Divisionen ihre Front auch weiterhin verteidigen zu können. Es wurden „Schönheitskorrekturen" vorgenommen, die nicht mehr unbedingt notwendig erschienen. Der heißumkämpfte Brückenkopf Kirischi und der sogenannte „Sektpropfen" wurden geräumt.

81., 96. und 132. ID. gaben damit eine Stellung auf, die seit 1941 immer das Ziel feindlicher Angriffe gewesen war, die im Laufe der Jahre von vielen Divisionen der Heeresgruppe abgeschlagen wurden. Alle Versorgungsgüter und nicht benötigte Munition schaffte man ab 14. 9. aus dem Brückenkopf nach Westen.

Die 132. ID. (Gm. Wagner) verließ in der Nacht zum 2. 10. mit ihren Bataillonen den Brückenkopf. Die Eisenbahnbrücke über den Wolchow, das Wahrzeichen von Kirischi, wurde in der folgenden Nacht gesprengt!

Die abmarschierenden Divisionen, vom Gegner nur selten behindert, bezogen die neue Kussinkastellung, die von acht Baubataillonen der Heeresgruppe auf einer Länge von 14,5 km, mit 192 Unterständen angelegt worden war. Die Stellung verlief in einem Bogen von der Tigoda-Mündung bis zum Ostrand des Pogostjekessels.

Die Sowjets bemerkten jetzt die Absetzbewegungen. Sie trommelten stundenlang auf die alten Stellungen und stürmten sie. Nachdem die

Führung den Fehler erkannte, ließ sie ihre Schützendivisionen zum weiteren Angriff vorgehen. Die 96. ID. (Glt. Wirtz) mußte sich bei Lessno noch zehn Tage heftigster Vorstöße erwehren, wobei sich besonders das GR. 287 (Major Lorenz) auszeichnete. Als die Kämpfe um Lessno ihr Ende fanden, wurde die Division herausgelöst und verließ den Nordabschnitt.

Weitere Gefechte, Stoßtruppunternehmungen und Feuerüberfälle erfolgten am Südrand des Pogostjekessels, am Lazarettberg bei Ljuban, zwischen Ssinjawino und der Newa. Hier war eine Rückhaltestellung entstanden. Diese „Mga-Stellung" hatte 74 km Länge und zeigte 1872 Kampfstände. Nördlich Tschudowo befand sich eine weitere Stellung im Bau.

Die Heeresgruppe Nord befestigte ihr Hinterland.

*

Die Luftflotte 1 unterstützte die Erdtruppen in den Schlachten der letzten Wochen und Monate, soweit es in ihrer Kraft stand. Bei Beginn des Jahres 1943 verfügte die Luftflotte über folgende fliegenden Einheiten:

3. F l i e g e r d i v i s i o n (Gef.Stand Ropti bei Luga)

KG. 53 mit III./KG. 53, III./KG. 1, 14./KG. 1 (Dno),
        Sonder-Gr. L (Pleskau), IV/KG. 1 (Schaulen);
Stuka-G. 1 mit I./Stuka-G. 1 (Gorodetz);
JG. 54 mit I./JG. 54 (Krasnowardeisk),
        II./JG. 54 (Rjelbitzy),
        Nachtjagd-St. 54 (Dno);
Störkampf-Gr. 1 (Siwerskaja);
Aufkl.Gr. 8 (Siwerskaja);
Aufkl.Gr. 11 (Soltzy);
Fern-Aufkl.Gr. 1 (Grosstkino);
Fern-Aufkl.St. See (Laksberg bei Reval);
Kurierstaffel 2 (Dno), 9 (Pleskau), 12 (Siwerskaja);
Verbindungsstaffel 2./7 (Dünaburg), 6./7 (Ukmiste), 51
        (Spilve bei Riga);
Sanitäts-St. 1 (Spilve bei Riga).

Die Verbände waren im Laufe des Jahres nicht immer im Nordabschnitt eingesetzt. Die Lage 1943 zeigte eine deutliche Luftherrschaft des Feindes, so daß Kampf- und Jagdgruppen ihre Einsätze dort flogen, wo sich der Schwerpunkt einer jeweiligen Schlacht abzeichnete. Die Luftflotte besaß z. B. im Juli — als das „Unternehmen Zitadelle" in der Schlacht von Kursk noch einmal die Initiative auf deutsche Seite bringen sollte — nur noch die II./KG. 101 als einzigen einsatzbereiten Kampfverband.

Das erste Halbjahr brachte für die 3. Flieger-D. folgende Bilanz:
Kampffliegereinsätze: 8 227 im Raum 18., 5 167 im Raum 16. Armee;
Jagdfliegereinsätze: 7 915 im Raum 18., 2 879 im Raum 16. Armee;
Nahaufklärungsflüge: 1 113 im Raum 18., 1 088 im Raum 16. Armee;
Fernaufklärungsflüge: 1 512 im gesamten Operationsgebiet.

Der Monat März war der härteste Kampfmonat, der allein im Abschnitt der 18. Armee 2 769 Feindflüge der Kampffliegergruppen zeigte. Bei der Räumung Demjansk und den schweren Kämpfen um Staraja Russa wurden im selben Monat 2 706 Einsätze von Kampf- und Stukaflugzeugen geflogen.

Es waren nicht allein Bomben, die von deutschen Maschinen auf sowjetische Stellungen geworfen wurden. Die psychologische Kriegführung hatte auf die Luft übergegriffen. Die Luftflotte mußte in verschiedenen Einsätzen Flugblätter, die zum Überlaufen aufforderten, abwerfen. So schwebten z. B. zur Erde

im Monat März   4 412 650 Flugblätter,
im Monat Juni   30 236 420 Flugblätter,
im Monat August   33 159 700 Flugblätter.

Die sowjetische Überlegenheit bewies sich eindeutig durch die Einsätze ihrer 6., 7., 13., 14. und 15. Luftarmeen. Die fünf Luftarmeen flogen im selben Zeitraum 16 825 Angriffe gegen die 18. und 9 673 gegen die 16. Armee!

Der Kampf des JG. 54 mag an dieser Stelle ein Beispiel vom Luftkrieg über dem Gebiet zwischen Ilmensee und Finnbusen sein. Das JG. besaß bei Beginn des Jahres 1943 nur 23 einsatzbereite Maschinen! Die I./JG. 54 rüstete im Januar auf die neuen Flugzeuge vom Typ „FW-190" um. Die deutschen Jäger verzeichneten zwischen 15. 12. 1942 und 20. 1. 1943 insgesamt 260 Abschüsse! Die I. und II. Gruppe waren allein an diesen Erfolgen beteiligt. Die III./JG. 54 befand sich in Verlegung nach dem Westen.

Die deutsche Luftwaffenführung plante, das seit Beginn des Feldzuges eingesetzte Geschwader auf den westlichen Kriegsschauplatz zu transportieren. Das bisher dort fliegende JG. 26 sollte dafür ausgewechselt werden. Die I./JG. 26 (Major Seifert) traf Ende Januar, von der Kanalküste kommend, auf dem Flugplatz Rjelbitzy bei Schimsk ein. Die I./JG. 26 trat als III. Gruppe zum JG. 54. Ferner wurde noch 7./JG. 26 gegen 4./JG. 54 ausgetauscht.

Es zeigte sich bald, daß die Piloten des JG. 26 („Schlageter") sich nicht an die besonderen Verhältnisse der Ostfront gewöhnten. Dasselbe ereignete sich bei den Staffeln des JG. 54 („Grünherz") im

Westen. Die I./JG. 26 wurde im Juni 1943 zurückgerufen. Die Gruppe hatte in den sechs Monaten ihres Osteinsatzes bei 9 Verlusten 127 Gegner abgeschossen.

Das JG. 54 flog in der zweiten Jahreshälfte nur noch selten über der Front der Heeresgruppe. Stab und zwei Gruppen waren in den Mittelabschnitt verlegt. Hier starb der zweite Kommodore des Geschwaders, Major von Bonin, am 17. 12. den Fliegertod. JG. 54 setzte sich mit seinen Abschußerfolgen an die Spitze aller deutschen Jagdfliegerverbände. Der Kdr. I./JG. 54, Hptm. Nowotny, war mit seinem 210. Luftsieg am 5. 9. das As der Luftwaffe. Der junge Offizier erhielt nach dem 250. Luftsieg am 20. 10. 1943 die höchste deutsche Tapferkeitsauszeichnung als erster Soldat der im Nordabschnitt eingesetzten Verbände!

Die beiden Flakdivisionen — 2. (Gm. von Rantzau, ab Sept.: Glt. Luczny) und 6. (Glt. Anton) — waren an den Erfolgen der Luftflotte beteiligt. Sie buchten im Februar und März den Abschuß von 178 Flugzeugen, die Vernichtung von 110 Panzern, 34 Geschützen und 1 Munitionszug. Ihre Erfolge vom 1. 4. — 30. 6. sprachen vom Abschuß von 81 Feindmaschinen. Bis Ende September stürzten noch einmal 239 sowjetische Flugzeuge durch Flaktreffer brennend ab.

Der schwerste Einsatz für die Männer der Luftwaffe stand noch bevor . . .

*

Der südliche Teil der Front sollte diesen Einsatz fordern. Die Heeresgruppe stand im Herbst 1943 als einziger Großverband noch weit vor der „Pantherstellung"! Da sich ihre Stellung in den vergangenen Monaten als stabil erwies, befahl das OKH eine Schwächung der Nordfront. So mußten in der zweiten Jahreshälfte 13 (!) Divisionen den Heeresgruppenbereich verlassen, im Dezember und im Januar 1944 folgten je zwei weitere Divisionen.

Feldmarschall von Küchler hatte mit den ihm verbliebenen Großverbänden eine längere Front als vorher zu verteidigen. Die Südgrenze seines Abschnitts verschob sich im September um 50 km nach Süden. Das hier befehlsführende XXXXIII. AK. (Gen.d.Inf. von Oven) trat mit drei Divisionen (von rechts nach links: 263., 83. und 205. ID.) zur Heeresgruppe. Anschluß zur 331. ID. — der bisherigen Flügeldivision — war hergestellt.

Das Heeresgruppenkommando, das vom Oktober 1943 bis Februar 1944 in dem Wasserschloß Snjatnaja Gora bei Pleskau unterzog, stellte im Oktober eine zunehmende Massierung von Feindkräften vor dem rechten Flügel fest. Eine vom OKH veranlaßte Meldung führte zu nachfolgender Aufstellung der Abteilung Fremde-Heere-Ost (81/43 gKdos vom 14. 10. 1943):

	Divisionen	Soldaten	Panzer	Geschütze
Heeresgruppe	44 ID.	601 000	146	2 389
Sowjets	94 Schtz.D.	959 000	650	3 680
	25 PD.			

Das XXXXIII. AK. stand Anfang Oktober mit seinen Divisionen auf einer 80 km breiten Front und sollte sich — wie die Luftaufklärung ergab — gegen zwei Feindarmeen verteidigen! Das Heeresgruppenkommando erwirkte die Aufgabe Kirischis und des „Sektpfropfens", um die hier freiwerdenden Divisionen an den bedrohten Südflügel verlegen zu können. Die 58. ID. traf zuerst ein und konnte hinter 263. ID. (Glt. Richter), der Flügeldivision, ab 5. 10. als Reserve zugeführt werden.

Der sowjetische Aufmarsch, der durch die Schlechtwetterlage nicht ausreichend von der Luftaufklärung erfaßt wurde, war bereits beendet. Die 3. und 4. russische Stoßarmee hatten ihre Angriffsgruppen — 47., 357., 360. Schtz.D., 143., 236. Pz.Br. — vor der Naht der Heeresgruppen Mitte und Nord in Stellung gehen lassen.

Die Kalininfront (Armeegen. Eremenko) trat am frühen Morgen des 6. 10. in 12 km breiter Front an der Naht von 16. Armee und 3. Pz.Armee zur Offensive an. Der Schwerpunkt lag im Abschnitt des linken Flügels der 3. Pz.Armee. Das II. Lw.FK. wurde im Laufe des Vormittags geworfen. Die Sowjets schoben sofort in die entstandene Lücke ihre 21. Gd.D. und 78. Pz.Br., die nun gegen die tiefe rechte Flanke der 16. Armee vorgingen. 30 Panzer und auf Lkw aufgesessene Schützen stürmten überraschend am Mittag in die von der Besatzung kopflos geräumte Stadt Newel! Zusammengeraffte Kampfgruppen der 58. ID. brachten 3 km nördlich der wichtigen Etappenstadt den russischen Stoß vorerst zum Stehen.

Eine Lücke von 5 km Breite klaffte zwischen Heeresgruppe Nord und Mitte!

Das hier liegende GR. 547 (Ob. Colli) der 83. ID. konnte die Sturmflut nicht aufhalten. Das III. Btl. krampfte sich verbissen in den Ruinen von Bardino fest. Das II./GR. 547 schlug sich mit Teilen zur 2. Lw.FD. durch.

„Noch besteht Ungewißheit über das Schicksal des I. Batl. Was hat sich dort abgespielt? In dem Hexenkessel an der Nahtstelle kann sich das Bataillon nicht halten, als die Angriffswellen gegen die Stellungen branden. Mehrere MG-Sützpunkte sind sofort zerschlagen. Die Verbindung vom Bataillon zu den Kompanien, von den Kompanien zu den Zügen und Gruppenstützpunkten funktioniert nicht mehr. Die HKL zerbröckelt. Rechts der Rollbahn steht der Russe bereits in der Tiefe des Kampffeldes. Beim Btl.-Gefechtsstand gelingt es, die zersprengten, zurückgehenden Teile unter dem Feuerschutz eines noch intakten sMG-Zuges zu kurzem Widerstand zusammenzufassen. Um die Reste des Btl. wieder in die Hand zu bekommen, fehlt die Zeit. Rechts geht der Russe weiter vor ... Einzelne Gruppen von 20 bis 30 Mann lösen sich aus der Stellung und gehen im Schutz der zahlreichen Geländefalten zurück ... Es waren aber nur kümmerliche Reste...." *)

Heeresgruppenkommando und AOK 16 erkannten die gefährliche Situation und brauchten nicht erst den stereotypen Befehl des OKH abzuwarten: „Verbindung zur Heeresgruppe Mitte muß wiederhergestellt werden!" Fm. von Küchler befahl die Wiedereroberung von Newel. Er löste hierzu die 122. ID. südlich von Staraja Russa, um sie mit der „Tiger"-Abt. 502 und dem GR. 368 (285. Sich.D.) an die bedrohte Front zu werfen.

Der für den 7. 10. geplante Gegenangriff mußte verschoben werden, da die Artillerie nicht fertig war. Die 58. ID. baute inzwischen eine Sicherungslinie nördlich von Newel auf. Die 263. ID., die mit ihrem rechten Flügel vollkommen in der Luft hing, wich auf die Nordostspitze des Worotnosees nach Osten aus. Die 58. ID. (Ob. Siewert) ging trotz aller unzulänglichen Vorbereitungen befehlsgemäß am 8. 10. vor, ohne jemals an Newel heranzukommen. Die Division wurde auf die Ausgangsstellung zurückgeworfen!

Die Sowjets erkannten sofort ihre Chance.

Sie schoben immer neue Kräfte in die Frontlücke und griffen am 8. 10. die bereits hart ringende 263. ID. (Glt. Richter) wiederholt an. Die Heeresgruppe sah sich deshalb veranlaßt, einen begrenzten Rückzug auf die ungefähre Linie Woronino — Iwan-See anzuordnen. Das Absetzen der 263. ID. wurde durch verschlammte Wege und sofort nachdrängenden Feind sehr erschwert. 46. Gd.D., 28. und 357. Schtz.D. sowie 34. Gd.Pz.Br. warfen sich auf die letzten drei Bataillone der einen deutschen Division!

Es war dem XXXXIII. AK. zwar gelungen, einen weiteren Durchbruch des Gegners nach Norden zu verhindern, die Frontlücke zur Heeresgruppe Mitte konnte unmöglich mit den abgekämpften Divisionen und Sicherungsregimentern geschlossen werden. Das Heeresgruppenkommando ersuchte deshalb — zum erstenmal seit Kriegs-

---

*) Tiemann, R.: Geschichte der 83. Infanterie-Division. Bad Nauheim: Podzun 1960. 378 S.

beginn — den Wehrmachtbefehlshaber Ostland (Gen.d.Kav. Braemer), die frühere lettische Grenze nach Osten abzuschirmen. Alle verfügbaren Polizei- und Partisanenjagdeinheiten wurden unter Befehl SS-Gruf. von dem Bach-Zelewski zusammengefaßt und in die Lücke geschoben.

Die Heeresgruppe hatte Gen.Kdo. I. AK. (Glt. Grase) aus dem Wolchowabschnitt genommen und beauftragte es mit der Kampfführung im Raum Newel. 58., 263., 122. und später 69. ID. traten unter Befehl des Korps.

Die Sowjets nutzten die Zeit zwischen 9. und 15. 10. zur Auffüllung ihrer Verbände. Die 3. Stoßarmee (Gm. Galatzkij) trat an diesem Tag mit 13 Schtz.D., 2 Pz.-, 1 Art.-, 3 Schtz.Br. und 6 selbst. MG-Btlen. zum Angriff beiderseits des Iwan-Sees nach Norden an. Die 28. Schtz.D. und 100. Schtz.Br. sprengten die Seenenge zwischen Karataj- und Iwan-See auf. Die 69. ID. (Glt. Ortner) wehrte sich verzweifelt. Sie ging zum Gegenangriff über und stellte die alte Lage wieder her! Der Feind verlor 1 850 gezählte Tote und 120 Gefangene.

Die 3. Stoßarmee ließ nicht locker. Fünf Schtz.D. und eine Pz.Br. stießen am 17. 10. noch einmal gegen die Front der 69. ID. Sie erzielten einen kleinen Einbruch bei Putily — aber nichts mehr! Da gaben die Sowjets endlich auf. Ihre Verluste waren hoch — nicht minder waren die der 69. und 263. ID. Die Front beruhigte sich.

Das I. AK. plante in den nächsten Tagen eine Frontverbesserung zum IX. AK. der Heeresgruppe Mitte, zu dem keine Verbindung bestand. Das Korps bildete die Kampfgruppe Ob. von Below (Gruppe Newel, Sturm-Btl. 16, GR. 374) und verlegte sie an den äußersten rechten Flügel.

Die 3. Stoßarmee ging am Iwan-See zur Verteidigung über. Gm. Galitzkij konzentrierte seinen Schwerpunkt südwestlich Newel. Er wollte von hier in den Rücken der deutschen Front gelangen, die Eisenbahn Newel — Polozk in die Hand bekommen, die Verbindung mit den starken Partisanenverbänden im Raum Rossono herstellen und das I. AK. vom Südwesten her umfassen. Die Armee erhielt hierzu Verstärkungen aus Zentralrußland.

Das Heeresgruppenkommando sah diese Aufmarschvorbereitungen mit Sorge. Gen.d.Art. Loch (bisher Komm.Gen. XXVIII. AK.) wurde am 31. 10. mit der Führung aller unter I. und XXXXIII. AK. stehenden deutschen Verbände beauftragt.

Luftaufklärer meldeten seit 27. 10. starke Massierung von Feindkräften in der Lücke zwischen den beiden Heeresgruppen und vor dem I. AK. Die letzten Reserven der Heeresgruppe Nord wurden an diesen bedrohten Abschnitt in Marsch gesetzt. Es gab nicht mehr viel Reserven. Lediglich 290. ID., ein Regiment der 218. ID. und aus verschiedenen Truppenteilen zusammengeraffte Einsatzbataillone waren es, die, teilweise durch Partisanen aufgehalten, nur langsam in dem Wald- und Seengebiet bei Newel eintrafen.

Winternebel lag Anfang November über dem Land. Die deutsche Aufklärung war lahmgelegt. Da brachen 3. und 4. Stoßarmee zur Offensive los. 46. Gd.D., 28. und 146. Schtz.D., 34. Gd.Pz.Br. und 184. Pz.Br. traten nördlich des Iwans-See zur Umfassung des I. AK. an. Gleichzeitig stürmten 31. und 326. Schtz.Br. beiderseits Newel gegen die Front der 122. ID.

Das I. AK. befand sich in der Abwehr, als sich schon im Raum Nowosokolniki ein weiterer Sowjetaufmarsch bemerkbar machte, der gegen den Nordflügel der Korpsgruppe Loch zielte. Damit war sicher, daß der Feind die gesamte Korpsgruppe in die Zange nehmen wollte. AOK 16 — das seit 11. 10. Gen.d.Art. Hansen führte — und Heeresgruppenkommando lösten noch einmal Bataillone aus den übrigen Fronten und führten sie der schwer bedrängten Korpsgruppe zu.

11 Schtz.D. und 3 Pz.Br. kämpften am 6. 11. gegen das I. AK. Die Tapferkeit der Soldaten von 122. (Gm. Thielmann), 290. ID. (Glt. Heinrichs) und Pz.Abt. 502 (Major Jähde) schlug alle Angriffe blutig ab. Die sowjetische Führung sah sich gezwungen, kürzer zu treten.

Neue Umgruppierungen und Zuführungen weiterer Kräfte erfolgten in den nächsten Tagen. Die aus der Kalininfront entstandene 2. Baltische Front (Armeegen. Popov) übernahm die Führung im Kampfraum Newel. Die 3. Stoßarmee, 6. Gd.-Armee und 16. Armee stellten sich südlich Newel bereit. Sie hatten dort den rechten Flügel der Heeresgruppe Nord zu umgehen und somit die Voraussetzungen für den Hauptangriff der „Roten Armee", der im Januar 1944 aus dem Raum Leningrad losbrechen sollte, zu schaffen!

Eine Umfassung des I. AK. zeigte sich am 7. 11. ab. Es gab zu diesem Zeitpunkt keine zusammenhängende Front! Glt. Thumm übernahm das Kommando über die Truppen westlich der Uschtscha, während Glt. Usinger, Arko 315, mit einer schwachen Kampfgruppe die Enge zwischen Newedro- und Orlejasee verteidigte. Die Krise spitzte sich in den nächsten drei Tagen erheblich zu. Die eigenen Verbände setzten sich von den nicht gefährdeten Stellen ab, um die bereits im Rücken stehenden Feindteile aufzuhalten.

Die Heeresgruppe befahl angesichts dieser sich abzeichnenden Umfassung rigoros die Herausnahme der 81. ID. von der 18. Armee und der 329. ID. von der 16. Armee, um beide Divisionen der Korpsgruppe Loch zuzuführen. Inzwischen versuchte die 6. Gd.Armee die Front der 58. ID. zu durchbrechen, um der 3. Stoßarmee von Nordosten her entgegenzukommen. Damit entfiel endgültig der vom OKH geforderte Angriff zur Schließung der Lücke zwischen 16. Armee und der 3. deutschen Pz.Armee. Die Armee mußte jetzt das letzte Bataillon zur Abwehr der drohenden Einkesselung des I. AK. einsetzen!

Die Sowjets begnügten sich nicht, den Südflügel der 16. Armee zu umklammern. Sie stießen gleichzeitig mit starken Verbänden genau nach Westen vor, wo nur schwache Sicherungskräfte lagen. SS-OGruf. Jeckeln führte hier mit 19 Bataillonen und 2 Artillerie-Abteilungen der deutschen, lettischen und estnischen Polizei einen aussichtslosen Kampf gegen die Panzertruppen der 2. Baltischen Front. 128. Pz.Br., 115., 146. und 245. Schtz.D. schoben sich zwischen die Kampfgruppen SS-Gruf. von dem Bach und Glt. Thumm. Die Heeresgruppe befahl, sofort je ein Bataillon der 81., 132. und 329. ID. im Lufttransport in den bedrohten Raum Idriza zu verlegen.

Die Lage wurde immer kritischer. Der Feind erreichte am 13. 11. die Straße zwischen Pustoschka und Sabelje — hier befand sich ein großes Munitionslager — und stand damit schon in Höhe Nowosokolnikis. Das I. AK. schien bereits eingekesselt. Nur unter äußerster Kraftanstrengung gelang es den oberschlesischen Grenadieren der 81. ID. und den Westfalen der 329. ID., die Sowjets zu stoppen.

Das Gen.Kdo. VIII. AK. (Gen.d.Inf. Hoehne) übernahm am 19. 11. die Kampfgruppen SS-OGruf. Jeckeln und Glt. Thumm, um im bedrohten Raum Pustoschka — Idriza einheitlich zu führen. Es spielten sich schwerste Kämpfe gegen die angreifenden 18. Gd.D., 119. Gd.D., 115. Schtz.D. und 78. Pz.Br. am Shadro-, Beresno-, Rudo- und Uschtscho-See ab. Der 329. ID. (Glt. Dr. Dr. Mayer) gelang es sogar, die verlorengegangene Enge zwischen Rudo- und Uschtscho-See wiederzugewinnen!

Das Auseinanderklappen der beiden Flügel von Heeresgruppe Mitte und Nord war mittlerweile zu einer immensen Gefahr für die gesamte Ostfront geworden. Das OKH bestand darauf, daß die beiden Heeresgruppen mit eigenen Mitteln dieses Loch schließen sollten. Die Heeresgruppe Nord plante befehlsgemäß einen Angriff aus dem Raum südlich Nowosokolniki in Richtung Süden. Sie befahl dem AOK 18 die Herauslösung von 23. und 132. ID. und dem AOK 16 die Verlegung der 32. ID. in diesen Bereitstellungsraum.

Ein Angriff konnte aber nur Erfolg versprechen, wenn vorher die 3. feindliche Stoßarmee bei Pustoschka vernichtend geschlagen worden war. Dieses „Unternehmen Bekassine" gelang trotz Einsatzes aller beteiligten Kampftruppen sowie der neu hinzugebrachten 12. ID. nicht. Die Luftwaffe unterstützte die Erdtruppen besonders mit dem Schlacht-G. 5 und der Störkampf-Gr. 11. Die 81. ID. (Glt. Schopper) griff am 22. 11. scharf nach Süden an. Die Schlesier warfen die 115. Schtz.D. und 18. Gd.D. hinter den Beresno-See zurück. Der Angriff gewann zwar wenig Boden, doch konnten alle Gegenangriffe der

Sowjets abgeschlagen werden. Am 25.11. verhielt die 81. ID. südlich des Sees.

Das I. AK. bereitete inzwischen einen zweiten Stoß vor, der von 23. und 32. ID. zum Jasno-See erfolgen sollte. Die Gruppe SS-OGruf. Jeckeln mußte mit unterstellter 16. PD. vom Westen her entgegenkommen. Die 16. PD. gelangte nicht zum Einsatz, sie wurde unverzüglich zur Heeresgruppe Mitte umgeleitet. Die beiden Infanterie-Divisionen traten am 1.12. an und trieben einen 5 km tiefen Keil nach Westen. Die Sowjets reagierten schnell. Sie warfen die 23. ID. (Gm. Gurran), während 32. ID. (Glt. Boeckh-Behrens) ihre gewonnene Stellung hielt.

Die Kämpfe gingen an der gesamten Front weiter. Die 3. Stoßarmee wehrte sich erbittert ihrer Haut. Die eigenen Truppen blieben unterlegen, da kaum Panzer, Sturmgeschütze oder Artillerie in dem schlammigen Gelände vorwärtskamen. Da der Feind neue Verstärkungen heranbrachte, standen die nächsten Tage im Zeichen eines furchtbaren Ringens um jeden Meter Boden, bei dem nicht nur der Gegner, sondern auch das Gelände bezwungen werden mußte.

Die Korpsgruppe Loch wurde aufgelöst. Das AOK 16 verlegte mit der Führungsstaffel nach Opotschka und führte seine drei Südkorps direkt. Gen.d.Art. Hansen erkannte, daß eine Fortsetzung des Angriffes gegen den von Tag zu Tag stärker werdenden Feind nicht durchschlug.

Der deutsche Angriff wurde am 8.12. eingestellt. Das I. AK., das immer noch in der Luft hing, ging auf die „Luchs-Stellung" — eine ungefähr geradewegs von West nach Ost laufenden Linie zwischen linkem Flügel VIII. AK. und Nowosokolniki — zurück.

Die Sowjets stießen am 16.12. frontal von Süden gegen die „Luchs-Stellung". Die 2. Baltische Front drückte mit weit überlegenen Kräften — 21., 51., 52., 67. Gd.D., 71., 115., 150., 282., 370., 379. Schtz.D., 27., 29., 38. Gd.Pz.Br., 32., 118. Pz.Br. und 27. Art.D. — gegen drei deutsche Divisionen (32., 122. und 290. ID.)! Der Gegner gewann einen Einbruch von 2 km Tiefe und schnitt zwei Bataillone der 290. ID. ab, die sich allerdings in der Nacht durchschlagen konnten. Die eigene HKL wurde auf das Ostufer der Uschtscha zurückgenommen.

Die wenigen Kampf- und Schlachtfliegerverbände griffen am 17.12. in die Kämpfe ein. 58. und 122. ID. brachten alle weiteren Sowjetvorstöße zum Erliegen. Die Verluste auf beiden Seiten waren enorm. Der Feind verlor in drei Tagen 106 Panzer.

Die deutschen Divisionen waren am Ausbluten!

Die 3. sowjetische Stoßarmee gab die Einschließung des I. AK. auf. Ihr bisheriger OB. wurde seines Postens enthoben und durch Gen.Ob.

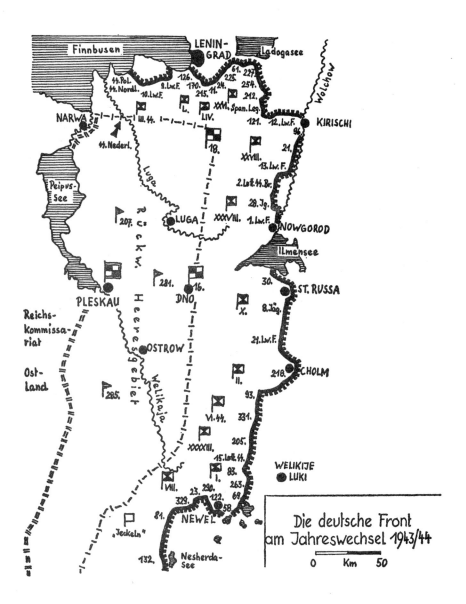

Tschibisov ersetzt. Die 2. Baltische Front zog ihre Kräfte nördlich von Newel ab und verschob sie nach Westen. Hier war es inzwischen der 1. Baltischen Front gelungen, den linken Flügel der Heeresgruppe Mitte zu überrennen und auf einer Breite von 80 km einen Einbruch bis 30 km Tiefe zu gewinnen. Die Eisenbahnlinie Witebsk — Polozk war unterbrochen.

Die Heeresgruppe Nord hatte die 132. ID. (Gm. Wagner) an ihren äußersten rechten Flügel verschoben, die dort den Befehl über die in dünner Sicherungslinie aufgestellten Polizei- und SS-Kräfte übernahm. Die schwachen Bataillone sollten nach Möglichkeit versuchen, eine Verbindung mit weiteren SS-Verbänden (Partisanenjagdkommandos) herzustellen, die zwischen den beiden Heeresgruppen standen.

Das AOK 16 hatte zwar einen Abwehrerfolg errungen, war aber nicht mehr in der Lage, neuen Feindvorstößen standzuhalten. Die Armee wurde weiter geschwächt. Die 12. ID. kam z. B. zur Heeresgruppe Mitte. Da befahl Gen.d.Art. Hansen das Absetzen des I. und XXXXIII. AK. Der „Fall Grün" begann in der Nacht zum 30. 12., als 32. und 122. ID. in die erste Zwischenlinie rückten. Die Sowjets stießen trotz erheblichen Schneefalls nach und mußten von den Nachhuten verbissen abgewehrt werden. Die 32. ID. wurde trotzdem herausgelöst und dem rechten Flügel des VIII. AK. zugeführt.

Das neue Jahr war gekommen. 58., 69., 122. und 290. ID. räumten am 2. 1. ihre Stellungen. Wieder folgten die Feinde dichtauf. Die Bewegungen wurden durch Wegeschwierigkeiten sehr erschwert. Die Truppe war müde und abgekämpft. Die 290. ID. fiel aus der Front und verlegte als Reserve in den Ilmensee-Raum.

Das I. AK. erreichte am 5. 1. die Endlinie. Die 23., 69. und 83. ID. besetzten unter Führung des XXXXIII. AK. diese Stellung. Gen.Kdo. I. AK. zog mit 58., 122. und 263. ID. noch weiter nach Süden. Die Grenze zur Heeresgruppe Mitte war am 10. 1. 1944 erneut um 65 km in südlicher Richtung verschoben worden! Das I. AK. hatte anschließend an das VIII. AK. bis nordostwärts Polozk diesen neuen Kampfraum zu sichern.

*

Ein schweres Jahr ging für die Heeresgruppe Nord zu Ende. Ihre Front am äußersten linken und rechten Flügel war angeschlagen. Die Zähigkeit der Divisionen ließ dem Feind keinen großen Raumgewinn. Es war aber klar abzusehen, daß in Kürze die Heeresgruppe unter den schweren Schlägen einer neuen sowjetischen Offensive zusammenbrechen mußte.

Die Verluste der Heeresgruppe waren erheblich. Der Ausfall an Gefallenen, Verwundeten und Vermißten — in der Anlage ersichtlich — erhöhte sich noch durch viele Erkrankungen und Erfrierungen. Die Zahl der Kranken belief sich auf 600 018, von denen allerdings 337 020 = 56% nach Genesung zur Truppe entlassen werden konnten. Eine Verteilung der Lazarette läßt sich aus folgender Statistik ersehen:

	1.1.	1.4.	1.9.
Bettenzahl	44 400	51 300	55 600
davon Lazarette			
im Armeebereich	44%	41%	35%
im Heeresgruppenbereich	46%	48%	50%
im Bereich			
Reichskommissar Ostland	10%	11%	15%

Eine wichtige Aufgabe für die Oberbefehlshaber — Feldmarschall von Küchler, Generaloberst Lindemann, Gen.d.Art. Hansen und Gen.d.Flieger Pflugbeil, der am 24. 8. 1943 Gen.d.Flieger Korten als OB. der Luftflotte 1 abgelöst hatte — blieb die Sicherung des Hinterlandes. Die Heeresgruppe befahl den Dienststellen im rückwärtigen Gebiet, mit Baubataillonen des Heeres, Arbeitsdienstgruppen, OT-Einheiten, Kriegsgefangenen und zivilen Arbeitern mehrere Stellungen zu bauen. Es entstanden im gesamten Bereich zwischen Leningrad und Newel ab Dezember 1942 verschiedene durchgehende und Stützpunktstellungen.

Rundumstellungen gab es im Raum der 16. Armee bei:
Dno — Baubeginn Mai
    beschäftigt   450 Soldaten   210 Zivilarbeiter
Porchow — Baubeginn Juni
    beschäftigt   280 Soldaten   60 Zivilarbeiter
Soltzy — Baubeginn Mai
    beschäftigt   220 Soldaten   180 Zivilarbeiter
Nowosokolniki — Baubeginn April
    beschäftigt   620 Soldaten   450 Zivilarbeiter
Folgende Stellungen wuchsen im Abschnitt der 18. Armee:
Mga-Stellung — Baubeginn September
    beschäftigt   1 800 Soldaten   500 Zivilarbeiter
Rollbahnstellung Krasnijbor — Grusino — Baubeginn September
    beschäftigt   4 800 Soldaten   300 Zivilarbeiter
Tannenstellung um Tschudowo — Baubeginn Dezember 1942
    beschäftigt   1 700 Soldaten   1 700 Zivilarbeiter
Stellung bei Nowgorod — Baubeginn Mai
    beschäftigt   7 000 Soldaten   600 Zivilarbeiter.

Die vier Stellungen, die bis Jahresende 1943 ausgebaut werden konnten, zeigten 122 km Laufgräben, 27,6 km Panzergräben, 151,3 km Drahtsperren und 4 828 Kampfstände. Vier weitere Stellungen — Glint-, Rand-, Alexander- und 2. Wolchow-Stellung — waren noch genau so im Bau wie die vier Stützpunktstellungen um Krasnowardeisk, Luga, Nowgorod und Narwa.

Die wichtigste Rückhaltlinie für die Heeresgruppe Nord war die „Panther-Stellung", deren Ausbau seit September stark vorangetrieben war. Die Stellung verlief von der Mündung der Narwa in den Finnbusen über Narwa bis zur Nordostecke des Peipussees, vom Südostausgang des Sees führte sie im Bogen ostwärts Pleskau in südostwärtiger Richtung bis zum Ale-See und von dort bis zum Iwan-See nordostwärts von Newel.

Im Dezember 1943 waren beim Bau der „Panther-Stellung" 15 000 Soldaten der Bau- und Pionierbataillone, 7 500 Männer der OT und 24 000 Zivilpersonen beschäftigt. Sie hatten bis zu diesem Zeitpunkt 36,9 km Panzer-, 38,9 km Laufgräben, 251,1 km Drahthindernisse und 1 346 Kampfstände erbaut.

DER RÜCKZUG
Die sowjetische Offensive 1944

Die Frontlage bei Jahresbeginn 1944 zeigte die Heeresgruppe Nord wie folgt (von links nach rechts) in Stellung:

Der Brückenkopf Oranienbaum wurde umschlossen von dem neuzugeführten III. SS-Pz.K. Es standen hier zur Verfügung: SS-Pol.D., SS-D. „Nordland", 10. und 9. Lw.FD. Die SS-D. „Nederlande" war im Antransport zum Korps.

Der Südring um Leningrad, der von Urizk in einem Halbkreis über Puschkin bis zur Newa führte, wurde vom L. AK. (126., 170., 215. ID.) und LIV. AK. (11., 24., 225. ID.) gebildet.

Die Front an den Ssinjawinohöhen und Pogostjekessel sah das XXVI. AK. mit 61., 227., 254., 212. ID., Span. Legion, 121. ID. und 12. Lw.FD.

Die Wolchowfront von Kirischi bis Nowgorod wurde vom XXVIII. AK. (96., 21. ID., 13. Lw.FD.) und XXXVIII. AK. (2. lett. SS-Br., 28. Jäg.D., 1. Lw.FD.) gehalten.

Diese vier großen Stellungsabschnitte gehörten zum Bereich der 18. Armee. Der Raum südlich des Ilmensees bis zur Heeresgruppe Mitte war von der 16. Armee belegt. Zwischen Ilmensee und Cholm befand sich das X. AK. mit 30. ID., 8. Jäg.D. und 21. Lw.FD. Von Cholm bis in Höhe Nowosokolniki lagen II. AK. (218. und 93. ID.) und VI. SS-K. (331. und 205. ID.).

Der heißumkämpfte Raum Newel war am Jahresende vom XXXXIII. AK. (15. lett. SS-D., 83., 263. ID.) und I. AK. (69., 58., 122., 290. und 23. ID.) belegt. Die nach rechts anschließende Sicherungsstellung von Pustoschka bis zum Nesherdasee wurde vom VIII. AK. mit 329., 81. ID., Kampfgruppe Jeckeln und 132. ID. verteidigt.

Die gesamte Front zwischen Newel und Heeresgruppe Mitte begann das neue Jahr mit schweren Kämpfen, die sich Tag und Nacht bei schneidender Kälte und Schneestürmen abspielten. Die „Rote Armee" hatte dort bereits das von ihr gesteckte Ziel erreicht. Sie wandte sich nun gegen den äußersten linken Flügel der Heeresgruppe Nord.

Der sowjetische Hauptschlag gegen die Heeresgruppe sollte da erfolgen, wo einst die Oktoberrevolution ihren Ausgang nahm: Leningrad. Das Oberkommando in Moskau glaubte die Zeit für gekommen, der nördlichen Front den Todesstoß zu versetzen, nachdem die in der Mitte und im Süden stehenden Armeen weit zurückgeschlagen waren.

Die Leningrader-, Wolchow- und 2. Baltische Front erhielten Befehl, für Januar 1944 in Verbindung mit der „Baltischen Rotbannerflotte" die deutsche 18. Armee zu zerschlagen, Leningrad zu befreien, den Abschnitt Narwa — Pleskau — Welikaja zu erreichen und die Grundlage zur Eroberung des Baltikums zu schaffen.

Das Oberkommando der Leningraderfront setzte zur Erfüllung dieses Auftrages an: 2. Stoßarmee aus dem Brückenkopf Oranienbaum und 42. Armee aus dem Raum Pulkowo. Beide Armeen hatten sich bei Ropscha (halbwegs zwischen Leningrad und Oranienbaum) zu treffen, Teile der 18. Armee bei Strelnja und Peterhof einzuschließen und gemeinsam den Angriff auf Kingisepp weiterzutragen. Die 67. Armee sollte unterdessen eine Nebenoperation auf Mga einleiten.

Die Wolchowfront plante mit der 59. Armee beiderseits Nowgorod anzugreifen und die Offensive auf Pleskau zu führen. 8. und 54. Armee hatten gegen Tossno, Ljuban und Tschudowo vorzugehen. Die 2. Baltische Front mußte ihren Erfolg bei Newel erweitern, um nach Möglichkeit an die mittlere Düna zu gelangen.

Die russische Offensive begann am Oranienbaumer Brückenkopf. Sowjetische Batterien der 2. Stoßarmee und die schweren Geschütze des Schlachtschiffes „Oktjabraska Revoluzija", des unfertigen Kreuzers „Lützow" und des halbgesunkenen Schlachtschiffes „Marat" eröffneten ein 65 Minuten dauerndes Trommelfeuer auf die Stellungen des III. SS-Pz.K. (SS-OGruf. Steiner). 100 000 Granaten aller Kaliber fielen auf die Gräben und Bunker der SS- und Luftwaffensoldaten. Als noch die letzten Granaten und die Bomben in die tief aufgewühlte Erde schlugen, stürmte die 2. Stoßarmee.

Glt. Fedjuninskij, der OB., setzte rechts XXXXIII. Schtz.K. mit 48., 90., 98. Schtz.D. und 43. Pz.Br., links CXXII. Schtz.K. mit 131., 11. Schtz.D. und 122. Pz.Br. ein Dicht dahinter folgten 43., 168., 186. Schtz.D. und 152. Pz.Br. Die deutschen Soldaten stellten sich in ihren zerstörten Gräben und Unterständen mit den letzten intakten MG und Pakgeschützen dem überlegenen Feind entgegen. Sie konnten nicht verhindern, daß sowjetische Divisionen bis zum Abend einen 4 km tiefen Einbruch erzielten.

Der Hauptschlag erfolgte am nächsten Tag vor Leningrad. Hunderte von Batterien feuerten am 15. 1., ab 7.10 Uhr, in 1½ Stunde mehr als 220 000 Granaten auf die HKL des L. und LIV. AK.

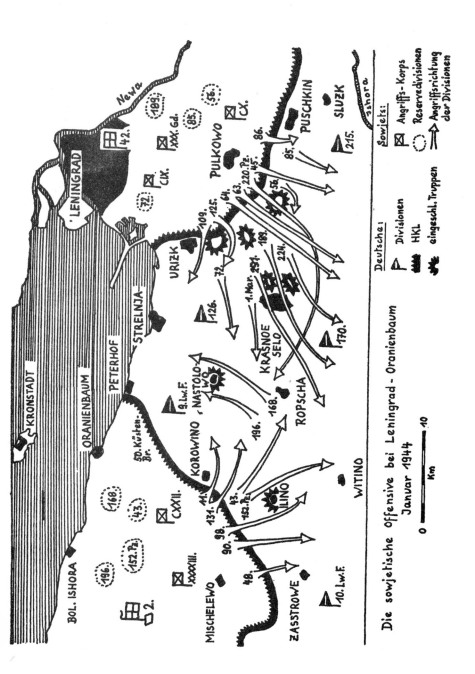

„Granatwerfer- und Artillerieeinschläge waren nicht zu unterscheiden in dem Krachen der Bomben, dem Lärm der Stalinorgeln und der von Kronstadt herüberschießenden Schiffsgeschütze. Um 8.20 Uhr sprang das Feuer nach rückwärts, und die russischen Kompanien und Bataillone marschierten über die durch das Feuer flach gemachten Gräben. Vom GR. 391, das jetzt Ob. Arndt führte, fielen die Btls.-Kdre. Hptm. Möller und Hptm. Meyer im Kampf um die HKL. Die wenigen in der HKL kampffähig gebliebenen Soldaten taten mit den letzten einsatzbereit gebliebenen Waffen ihr Bestes. Immer wieder hielten sie mit ihren MGs und Handwaffen in die neu heranrückenden Wellen hinein, obwohl das Feuer der eigenen schweren Waffen längst auf der eigenen HKL und dem dahinter liegenden Panzerabwehrgraben lag. ... Obwohl die vorn in der alten HKL kämpfenden Reste der Grenadierkompanien Befehl erhielten, sich durchzuschlagen, kehrten sie teilweise erst zurück, als der Feind bereits vor der ersten Auffangstellung in Höhe der Regimentsgefechtsstände lag." *)

Die 42. Sowjetarmee (Gen.Ob. Masslenikov) biß sich im ersten Ansturm in den Gräben der Verteidiger fest. Es wurde erbittert um Gefechtsstände, Straßenkreuzungen, Dörfer gerungen. Den ganzen Tag wogte der verbissene Kampf. Erst am Abend gelang dem XXX. Gd.K. (Gm. Simonjak) ein Durchbruch bis zu 2,6 km Tiefe.

Das AOK 18 war sich der Gefahr bewußt. Es konnte nur — wie in den beiden vergangenen Jahren — mit Eingreifbataillonen und Kampfgruppen operieren, um die eventuell aufbrechenden Lücken in der Front zu stopfen. Sofort wurden in der Nacht erste Regimenter aus ihren Stellungen gelöst und diese hinter L. AK. und III. SS-Pz.K. verschoben. Die Städte Krassnoje Selo, Duderhof und Puschkin sanken nach 500 Angriffen der feindlichen Luftstreitkräfte in Schutt und Asche.

Die deutsche Front hielt sich am 16. 1. noch mühsam. Da zeigten sich die feindlichen Angriffsrichtungen ab. Eilig wurden Kampfgruppen in den Raum Ropscha und Krassnoje Selo geworfen. Die Schleusen bei Duderhof wurden geöffnet. Das Rinnsal des Eichbaches verwandelte sich in ein breites Wasser und brachte die russischen Kompanien zum Halten.

Die feindlichen Panzer und Schützen stießen trotz ungeheurer Verluste weiter. Sie standen am 18. 1. auf den Duderhofer Höhen! Vor ihnen lag das weite flache Land. Die hier fechtende 170. ID. (Glt. Krause) zählte nur noch ein kleines Häuflein Landser, die sich um entschlossene Offiziere sammelten. Eichenlaubträger Ob. Griesbach

---

*) Kardel, H.: Die Geschichte der 170. Infanterie-Division. Bad Nauheim: Podzun 1953. 88 S.

scharte um sich die Reste des GR. 399, der Pz.Jäg.Abt. 240 und des Sturm-Btl. AOK 18. Er kämpfte sich mit dieser Schar auf Krasnowardeisk zurück. Mit ihm trafen Teile des GR. 2 (Oberstlt. Ramser) der 11. ID. ein. Die Kampfgruppen igelten sich in den Ruinen der Stadt ein und verteidigten diese bis zum 26. 1. Die Sowjets versuchten immer wieder, in den Ort zu gelangen. Die ostpreußischen und norddeutschen Grenadiere ließen sich nicht erschüttern, auch nicht, als Minenhunde auf sie gehetzt wurden. Am 26. 1. brach die Kampfgruppe Griesbach aus und schlug sich durch.

Die Schlacht vor Leningrad tobte weiter.

Die Lage wurde unhaltbar!

AOK 18 befahl das Absetzen des L. und LIV. AK. in der Nacht zum 19. 1.

Die Sowjets stürmten ununterbrochen. Die 2. Stoßarmee drang mit dem CVIII. Schtz.K. in Ropscha ein, während Teile der 42. Armee Krassnoje Selo besetzten. Die Zange um 126. ID. und 9. Lw.FD. schien sich zu schließen. Das Feuer der Schiffsartillerie und der 101. sowj. Eisenbahn-Art.Br. hämmerte auf die zertrümmerten deutschen Stellungen.

„Gegen 20.00 Uhr wurde von Kozelowo aus beobachtet, daß die etwas zur Ruhe gekommene Schlacht entlang der Straße Krassnoje Selo — Kipen neu aufflammte. Unter lautem Dröhnen und heftigem Feuer rollten zahlreiche Panzer nach Westen. Leuchtspurmunition ließ ihren Weg von der östlichen zur westlichen Angriffsspitze erkennen und machte klar, daß sich in diesem Augenblick der Ring um die Division geschlossen hatte. ... Ob. Fischer (Führer 126. ID.) entschloß sich ohne Zögern, die Division so schnell wie möglich umzugliedern und den Einschließungsring zu sprengen. ... Genau um Mitternacht stand südlich Kozelowo alles zum Durchbruch auf Telesi bereit. GR. 424 jetzt an der Spitze der Division. Auf beiden Seiten wurde der Angriffskeil von Sturmgeschützen unterstützt. ... Leuchtspurgeschosse und das brennende Telesi erhellten das Kampffeld. Keiner, der diese Stunden miterlebte, wird sie vergessen, denn es ging ja um alles. ..."*)

Der größte Teil der 126. ID., der 9. Lw.FD. und der Marine-Art. Abt. 530 kamen durch. Die schweren Waffen, die ortsgebundenen Geschütze, fast alle Pferde und das gesamte Gepäck blieben zurück. Am Morgen des 20. 1. schloß sich der Ring um die letzten Stützpunkte endgültig. Die 43. Schtz.D. der 2. Stoßarmee und die 189. Schtz.D. der 42. Armee reichten sich nordostwärts von Ropscha die

---

*) Lohse, G.: Geschichte der rheinisch-westfälischen 126. Infanterie-Division. Bad Nauheim: Podzun 1957. 223 S.

Hand! 1000 Gefangene, 265 Geschütze, darunter 85 schwerste, waren ihre Beute.

Das erste Ziel der Offensive war erreicht. Der linke Flügel der 18. Armee geschlagen!

Der rechte Flügel der Armee stand zur selben Zeit im gleich harten Abwehrkampf.

Die Wolchowfront (Armeegen. Meretzkov) griff am 14. 1. nach dreistündigem Artilleriefeuer mit der 59. Armee (Glt. Korovnikov) zwischen Mjasno Bor und Schendorf die deutschen Stellungen nördlich Nowgorod an. Es war Ziel der Armee, die Front hier zum Einsturz zu bringen und Nowgorod nach Westen hin abzuschließen. Damit sollte der rechte Flügel der 18. Armee wanken. Die Offensive der übrigen Armeen konnte dann über den Wolchow erfolgen.

Das VI. und XIV. Schtz.K. waren zu diesem Stoß mit (von rechts nach links) aufmarschiert: 310., 239., 378., 191., 225. Schtz.D. und 58. Schtz.Br. Das VII. Schtz.K. folgte mit 256., 372., 382. Schtz.D., 122. und 7. Pz.Br. Demgegenüber stand auf deutscher Seite im selben Abschnitt nur das XXXVIII. AK. (Gen.d.Art. Herzog) mit 1. Lw.FD. (Gm. [Lw] Petrauschke) bei Nowgorod und 28. Jäg.D. (Glt. Speth) zwischen Teremetz und Slutka am Wolchow.

Der erste Sturm der Sowjets aus den Brückenkopfstellungen bei Teremetz und über das Eis des Wolchow brach im Feuer der schlesischen Jäger restlos zusammen. Die 59. Armee holte sich blutige Köpfe und mußte in ihre Ausgangsstellungen zurück. Ein zweiter und dritter Angriff schaffte keinerlei Bodengewinn. Da gelang es der 58. Schtz.Br. (Gm. Swiklin), über das Eis des Ilmensees zu gelangen und südlich von Nowgorod einen Einbruch in die Stellung der Luftwaffensoldaten zu erzielen.

Glt. Korovnikov sah seine Chance und wußte sie zu nutzen. Er verschob sofort 225. und 372. Schtz.D. zum Ilmensee und trieb sie in den Brückenkopf vor. Jetzt versteifte sich der deutsche Widerstand, nachdem die Armee erste Reserven — darunter Teile der 290. ID. — herangebracht hatte. Die Sowjets blieben liegen. Sie führten das CXII. Schtz.K. heran, das systematisch die Verteidiger auf und in die Stadt zurückdrückte.

Die Männer des GR. 503, der II./AR. 290 (290. ID.) und verschiedene Formationen der 1. Lw.FD. krampften sich in den Ruinen der ehrwürdigen Stadt fest. Die Sowjets waren inzwischen von Süden, Norden und Osten an Nowgorod heran und sperrten bereits die einzige Straße nach Westen. Die Kampfgruppen hielten sich noch zwei Tage, dann erreichte sie der Befehl zum Ausbruch. In der Nacht zum 19. 1. wurden die letzten intakten Munitions- und Nachschublager in Nowgorod gesprengt. Die Kompanien und Züge schlugen sich einzeln durch. Es kamen nicht viele zurück. Vom GR. 503 waren es noch 3 Offiziere und 100 Mann. Das Regiment der 290. ID. existierte von diesem Tage an nicht mehr!

Feldmarschall von Küchler erkannte die drohende Umfassung seiner Heeresgruppe.

Er wollte den Rückzug befehlen.

Das OKH lehnte ab! Daraufhin flog der Feldmarschall am 22. 1. nach Ostpreußen ins Führerhauptquartier. Er schlug vor, die Armee auf vorbereitete Stellungen an der Luga zurückzunehmen. Hitler wies diesen Wunsch brüsk zurück und entschied, daß die Heeresgruppe dort stehen bleiben müßte, wo sie augenblicklich kämpfte. Eine (!) Panzerdivision würde ihr zur Verfügung gestellt.

Feldmarschall von Küchler wurde seines Postens enthoben.

Gen.Ob. Model, bisher OB. der 9. Armee im Mittelabschnitt, wurde neuer OB. der Heeresgruppe. Als der drahtige und energiegeladene Gen.Ob. sich im Hauptquartier bei Pleskau die Karte und Lagemeldungen besah, konnte er die Anordnungen seines Vorgängers nur gutheißen.

Gen.Ob. Model befahl — ohne sich um Genehmigung des Führerhauptquartiers zu kümmern — den Rückzug der Heeresgruppe Nord auf die „Lugastellung"!

Die bei Oranienbaum zerschlagenen und auseinandergesprengten Divisionen des III. SS-Pz.K. zogen sich bereits unter schwersten Kämpfen auf Narwa zurück. Die Korps, die bisher vor Leningrad standen, wichen nach Südwesten in Richtung Pleskau aus.

Die gesamte Front der 18. Armee befand sich in einer vom Feind aufgezwungenen Absetzbewegung. Ihre beiden Eckpfeiler — Oranienbaum und Nowgorod — waren zusammengestürzt. Gleichzeitig griffen starke sowjetische Verbände frontal bei Mga und Ljuban an. Es gab kein Halten mehr, sollte nicht die Armee in einen Strudel gerissen werden, aus dem keiner entkommen konnte!

Das Hinterland geriet ebenfalls in Bewegung. Die organisierten Partisanenbrigaden in Stärke von ca. 40 000 Mann wurden mobilisiert. Sie zerstörten (nach russischen Angaben) im Januar 58 000 Schienen, sprengten 300 Brücken und brachten 133 Züge zum Entgleisen.

Die beiden Flanken der 18. Armee klafften weit zurück. Die sowjetischen Divisionen stießen mit gut ausgerüsteten Panzer- und Schiverbänden unverzüglich nach und ließen den deutschen Soldaten keine Atempause. Der Angriff auf die Stellungen zwischen Ssinjawinohöhen und Wolchow konnte nicht mehr gebremst werden. Die Armee löste sich in ganzer Front vom Feind!

„Oft blieb die Truppe bei eisiger Kälte tagelang ohne warmes Essen, die Winterbekleidung war naß oder steifgefroren, in den

Taschen zerkrümeltes und gefrorenes Brot, in den Feldflaschen eingefrorener Tee, Schlaf wurde nach Minuten gezählt. Die verworrene Lage mit den häufigen Unterstellungen unter fremde Verbände und die Nachbarschaft zu kampfungewohnten Alarmeinheiten war besonders bedrückend ..." *)

Sowjetische Truppen besetzten am 21. 1. Mga. Einige Tage später rückten sie in Puschkin ein. Am 26. 1. hißten russische Soldaten ihre Fahnen auf den Ruinen von Krasnowardeisk, Tossno und Tschudowo! Der 27. Januar wurde in Leningrad als Feiertag begangen. Die Stadt an der Ostsee war endgültig befreit!

Leningrad hatte in den vergangenen 900 Tagen nicht nur Entbehrungen erlitten, die sich in der Zahl der verhungerten und erfrorenen Zivilpersonen ausdrückte. Die Stadt wies schwerste Wunden auf, die 150 000 deutsche Granaten, 100 000 Brand- und 4 600 Sprengbomben geschlagen hatten. 1 400 Einwohner wurden im Jahre 1943 durch Granaten getötet, während im selben Zeitraum 4 600 Menschen Verwundungen fanden.

Moskau stiftete nach Beendigung der Blockade eine Kriegsauszeichnung „Für die Verteidigung Leningrads". Dieser Orden, am hellgrünen Band getragen, zeigte eine bronzene Medaille, auf der je ein Angehöriger des Heeres, der Marine und der Volkswehr vor einem Obelisken mit dem fünfzackigen Stern zu sehen waren. Die Auszeichnung wurde an 1,5 Millionen Soldaten, Männer und Frauen verliehen. Welche Bedeutung Moskau der Befreiung Leningrads beimaß, war auch daran zu erkennen, daß 12 Offizieren und Unteroffizieren der Titel „Held der Sowjetunion" verliehen wurde. Der Präsident der USA sandte ein Glückwunschschreiben an die Bewohner der Stadt!

*

Die Schlacht zwischen Narwa und Ilmensee ging weiter.

Die fliegenden Einheiten der 13. (Gm. Rybaltshenko) und 14. Luftarmee (Gm. Juravlev) griffen unentwegt in die Erdkämpfe ein. Die sowjetischen Geschwader flogen im Januar und Februar 12 855 Einsätze, die Kampfgruppen der „Baltischen Rotbannerflotte" meldeten 4 404 Feindflüge.

Das III. SS-Pz.K. (SS-OGruf. Steiner) ging unter ständiger Abwehr in Zwischenstellungen bis zum 26. 1. an die Narwa zurück. Die SS-Pz.Gren.D. „Nordland" (SS.Brig.Fhr. von Scholz) und die zusammengeschmolzene 10. Lw.FD. (Gm. von Wedel) krampften sich noch

---

*) Buxa, W.: Weg und Schicksal der 11. Infanterie-Division. 2. Aufl. Bad Nauheim: Podzun 1963. 163 S.

einmal um Kingisepp in die Erde und verwehrten der 2. Stoßarmee vorerst jeden weiteren Bodengewinn.

Das Korps, zu dem später die SS-Pz.Gren.D. „Nederlande" (SS-Brig.Fhr. Wagner) stieß, verlegte nach fünf Kampftagen in den Brückenkopf Narwa. Die beiden SS-Divisionen besetzten die Stellung ostwärts Narwa. Das Flußufer bis zu seiner Mündung wurde von der Kampfgruppe der 227. ID. (Glt. Berlin) sowie Alarm- und Marineeinheiten geschützt, während sich südlich der Stadt Polizeibataillone und ein norwegisches Freiwilligenbtl. zur Verteidigung einrichteten.

Die sowjetischen Truppen marschierten Anfang Februar vor der Narwafront auf, die sich deutscherseits langsam festigte.

Das Wetter schlug um. Es war wärmer geworden. Der Schnee begann zu schmelzen. Die russischen Panzer blieben teilweise bewegungsunfähig im Schneematsch stecken. Doch auch für den tagelang kämpfenden und hungernden deutschen Soldaten war der Rückmarsch bei dieser Witterung eine Qual.

Die Sowjets schoben sich über Siwerskaja — das am 30. 1. in ihre Hände fiel — an die Luga heran. Sie konnten überraschend dicht südlich des Peipussees am nächsten Tag über die gefrorene Welikaja setzen und bedrohten die deutschen Rückmarschbewegungen. Gen.Ob. Model, der sich meist vorn bei der kämpfenden Truppe aufhielt, führte persönlich Eingreifreserven heran und rettete noch einmal die Lage.

Das Ufer des Peipussees war am 4. 2. ganz in russischer Hand, nachdem der letzte Stützpunkt — Gdow — an diesem Tag von Partisaneneinheiten im rücksichtslosen Kampf gestürmt wurde. Die 42. Sowjetarmee (Gen.Ob. Masslenikov) hatte ihr erstes großes Operationsziel erreicht!

Die 67. Armee (Glt. Sviridov) drückte mit aller Gewalt auf die Lugastellung. Da sich bereits die Angriffsspitzen der Wolchowfront dieser Linie näherten, galt es für die deutschen Verteidiger, sich so lange zu halten, bis die letzten Verbände aus dem Norden durchgeschleust waren.

Die Kämpfe gingen mit unverminderter Härte weiter. Das AOK 18 operierte nur noch mit Divisionskampfgruppen und Einsatzeinheiten. Gen.Ob. Lindemann verstand, die wenigen Mittel geschickt zu nutzen. Es gelang ihm Anfang Februar mit zusammengerafften Kräften der 12. PD. (Gm. Frhr. von Bodenhausen), 121. ID. (Glt. Priess) und 285. Sich.D. (Gm. von Auffenberg-Komorow) die sowjetische Angriffsspitze an der Pljussa nicht nur aufzuhalten, sondern sogar bei Okljushje einzuschließen. Die 256. Schtz.D., Teile der 372. Schtz.D. und der 5. Partisanen-Br. saßen in der Falle. Leider konnte der Kessel nicht systematisch bekämpft und bezwungen werden, da die Front überall „brannte" und gerade die wenigen motorisierten Einheiten der 12. PD. als „Feuerwehr" an vielen Stellen benötigt wurden. Gen.Ob. Model befahl deshalb, Luga zu räumen. Die 69. Sowjetarmee rückte am 12. 2. in die Stadt. Der OB. wies die 18. Armee an, sich vorwärts Pleskau zu verteidigen. Er war mehrmals auf funktelegrafischem Wege im Hauptquartier des OKH vorstellig geworden und erwirkte, daß Hitler die Genehmigung zum Absetzen der gesamten Heeresgruppe in die „Pantherstellung" am 17. 2. erteilte.

Hitler sah sich zu diesem Entschluß gezwungen, nachdem er Nachrichten aus Finnland erhielt, daß die Regierung in Helsinki mit Moskau erste Friedensfühler aufnahm. Damit war das Politikum von der Heeresgruppe Nord genommen, das ihr seit Beginn der Vorbereitungen zum „Unternehmen Barbarossa" anhaftete!

*

Der Rückzug der 18. Armee konnte natürlich nicht ohne Auswirkungen für die 16. Armee bleiben. Die Sowjets blieben ja nicht mit der Einnahme Nowgorods stehen. Sie drehten Schützenverbände entlang des Ilmensees nach Süden ein, um dem X. AK. in den Rücken zu kommen.

Eine deutsche Abwehr kristallisierte sich erst an der Südwestecke des Sees im Raum Schimsk. Hier standen bisher nur Troßeinheiten, die natürlich keineswegs den Sowjets Widerstand leisten konnten. Die bei Staraja Russa haltende 30. ID. wurde mit der Befehlsführung im dortigen Abschnitt beauftragt. Sie bildete eine Kampfgruppe unter Ob. Koßmala, zu der schließlich die kampfkräftigsten Einheiten der Division zählten. Teile der 8. Jäg.D. wurden ostwärts davon bis zum Seeufer eingeschoben.

Die 2. Baltische Front (Armeegn. Popov; Kriegsrat war der spätere Staatspräsident der UdSSR, Glt. Bulganin) trat am 17. 2. nach stärkster Artillerievorbereitung zur Offensive an. Die russischen Panzer rollten gegen die Verteidiger, noch als schwere Granaten die Gräben umpflügten. Die deutschen Soldaten wußten sich erbittert zu verteidigen. Allein das I./GR. 46, das nördlich Mschaga lag und den Zusammenfluß von Mschaga und Schelon schützte, vernichtete am ersten Schlachttag 17 „T-34" und „Kw-I" im Nahkampf.

Das Heeresgruppenkommando mußte einsehen, daß eine Schließung der Lücke zwischen 30. ID. als linker Flügeldivision der 16. Armee und 290. ID. als rechter Flügeldivision der 18. Armee nicht mehr möglich war. Das Absetzen für das X. AK. wurde in der Nacht zum 19. 2. befohlen. Die Rückmarschbewegung aus dem Brückenkopf Mschaga — Schimsk gelang in zwei Abschnitten.

Staraja Russa, die alte Fürstenstadt südlich des Ilmensees, fiel am 18. 2. in die Hand der Sowjets. Es war eine tote Stadt. Die Zivilbevölkerung, soweit sie nicht vorher schon evakuiert war, schloß sich den rückwärts ziehenden deutschen Kolonnen mit all ihrer Habe und ihrem Vieh an.

Das Absetzen der 16. Armee zwischen Ilmensee und der Seenkette nördlich Newel erfolgte systematisch und ohne Hast. Der Gegner drang nach. Die Nachhuttruppen der Divisionen mußten sich energisch zur Wehr setzen, um ein Überflügeln der Kolonnen zu verhindern. Dazu kam die Gefahr der Partisanen, die sich in den großen Waldgebieten westlich des Lowatj festgesetzt hatten. Die Armee schwenkte abschnittsweise unter Stehenlassen ihres rechten Flügels nach Südwesten auf die „Pantherstellung". Cholm wurde am 21. 2. aufgegeben. Dno, der große Verkehrsknotenpunkt und langjähriges Hauptquartier des AOK 16, wurde noch zwei Tage gehalten, ehe alle Bahnanlagen und Lagerhäuser in die Luft flogen. Sowjetische Truppen zogen am 24. 2. in die Stadt ein. Porchow wurde am 26. 2. geräumt.

Dann war die „Pantherstellung" erreicht. Der linke Armeeflügel hatte eine Marschleistung von 300 km vollbracht. Die Truppen richteten sich zur Verteidigung ein. Die Divisionen holten ihre abgestellten Kampfgruppen zurück. Sie erhielten Gefechtsabschnitte zugewiesen. Die Artillerie bezog Stellungen — und als die Sowjets stürmten, wurden sie überall abgeschlagen.

Das sowjetische Oberkommando befahl Halt!

Nachschubschwierigkeiten machten sich bemerkbar. Die Verbände der 2. Baltischen Front und Wolchowfront brauchten unbedingt eine Kampfpause. Die Sowjets hatten ihr erstes Offensivziel gewonnen. 7 200 Gefangene, 275 gepanzerte Fahrzeuge, 1 962 Geschütze, 3 642 MG, 4 278 Kraftfahrzeuge und 42 000 Karabiner waren ihre Beute.

Das Oberkommando der „Wolchowfront" wurde Mitte Februar aufgelöst.

Die „Rote Armee" gruppierte erneut um. Sie stand vor der „Pantherstellung", die es aufzuknacken galt.

Gen.Ob. Lindemann, OB. der 18. Armee, dem es gelang, seine Divisionen trotz material- und menschenmäßiger Überlegenheit des Feindes auf die „Pantherstellung" zurückzuführen, erließ am 1. 3. einen Tagesbefehl, in dem es u. a. hieß:

„Nun haben wir die Linie erreicht, in der wir uns in vorbereiteter Stellung zu entscheidender Verteidigung einrichten. Kein Schritt zurück ist nunmehr unsere Losung! Der Feind wird versuchen, unsere Linien im ersten Ansturm zu überrennen. Ich verlange von Euch letzte Pflichterfüllung. ... Wir stehen im

Vorfeld der Heimat. Jeder Schritt zurück trüge den Krieg zur Luft und zur See nach Deutschland!"

*

Die Front der 18. Armee lag beiderseits des Peipussees. Der Abschnitt zwischen seiner Nordspitze und Finnbusen unterstand seit dem 4. 2. der neugebildeten Armee-Abt. Narwa unter dem Befehl von Gen.d.Inf. Frießner, Chef d. Gen.St. Ob. i.G. Reichelt. Die Armee-Abt. verfügte von rechts nach links über XXVI. AK. (Glt. Grasser) und III. SS-Pz.K. (SS-OGruf. Steiner).

Das III. SS-Pz.K., dessen Südgrenze dicht südlich der Stadt Narwa verlief, mußte sich noch im Februar schwerster Feindangriffe erwehren. Die Sowjets waren von rechts nach links mit 47. Armee, 2. Stoßarmee und 8. Armee aufmarschiert. Diese drei Armeen versuchten in den nächsten Wochen, die deutschen Stellungen beiderseits Narwa aus den Angeln zu heben, das III. SS-Pz.K. auf das Meer zu werfen und sich freie Bahn nach Estland zu schaffen.

Die Schlacht um Narwa begann, noch während die Absetzbewegungen auf die „Pantherstellung" liefen. Die 8. Sowjetarmee (Gm. Suchomlin, ab 1. 3. Gm.Stanikov) stieß südwestlich Narwa bei Krivasao über den Fluß. Es standen nur Alarmeinheiten der 227. ID. (Glt. Berlin) und die zusammengeschmolzene 170. ID. (Ob. Griesbach) in der weiteren Umgebung. Die wenigen Verteidiger wurden glattweg überrannt. Es gelang den Sowjets, einen tiefen Brückenkopf zu bilden und bis dicht an die Eisenbahn unweit Waiwara heranzukommen.

Das III. SS-Pz.K. warf dem Gegner alles entgegen, was erreichbar war. Da befanden sich die neuaufgestellte Pz.Gren.D. „Feldherrnhalle", Reste der 61. ID. und eine Kampfgruppe des Führer-Begleit-Btl. Die Kampfgruppe wurde direkt von den Waggons, die noch auf dem Bahnhof Waiwara standen, in die Schlacht geworfen. Das OKH befahl die 214. ID. von Norwegen heran. Doch bis die kampfungewohnte Division eintraf, mußte sich das III. SS-Pz.K. selbst helfen.

Die Sowjets wollten mit allen Mitteln Narwa zu Fall bringen. Sie landeten am 13. 2. mit zwölf Booten 500 Freiwillige — darunter Frauen — an der Küste bei Hungerburg im Rücken der Deutschen. Die sowjetischen Einzelkämpfer wateten bei eiskaltem Wasser an Land, wo sie restlos unter dem Abwehrfeuer der Verteidiger ihr Ende fanden.

Die Armee erkannte die Bedeutung Narwas als Sicherung für Estland und holte drei ihrer besten Divisionen nach dort. Die 61. ID. war wieder aufgefüllt und wurde von der 214. ID. abgelöst. Da griffen gerade die Russen an. Sie stießen in die Ablösung hinein und stürmten bis zu den Feuerstellungen der II./AR. 61 (Hptm. von Kleist-Retzow). Hier blieben sie liegen.

Die 214. ID. verlor ihren Halt. Da waren erste Teile der 58. ID. heran. Das GR. 209 (Oberstlt. Eggemann) erschien als Spitze und hielt seine Stellung südlich des Lauka-Sumpfes. Das Regiment wurde eingeschlossen, gab aber nicht nach, damit die Frontlücke nicht noch breiter wurde. Die 58. ID. (Gm. Siewert) schickte die AA. 158 (Major von Cramm) zur Hilfe. Die AA. 158 wurde noch vor Erreichen ihres Zieles bei Putki selbst eingekesselt. Sie blieb in dem Stützpunkt und wehrte alle Angriffe ab.

Da traf die 11. ID. (Glt. Burdach) gerade noch rechtzeitig ein. Die Regimenter 23 und 44 griffen aus der Bewegung heraus an. Es gelang ihnen unter erbitterten Nahkämpfen, schließlich bis zu den Eingeschlossenen vorzudringen und diese in den ersten Märztagen zu befreien.

Die Ostpreußen stellten die Verbindung mit der SS-D. „Nordland" (SS-Brig.Fhr. von Scholz) her. Damit beruhigte sich die Lage am feindlichen Brückenkopf bei Krivasoo etwas. Da die Sowjets merkten, daß sie zwischen Putki-Sumpf und Wiwikonna-Graben nicht mehr durchkamen und daß sich dort die deutsche Front verstärkte, stellten sie ihre Angriffe ein.

Das III. SS-Pz.K. erhielt in der zweiten Hälfte Februar die Zuführung der 20. SS-D. (SS-Brig.Fhr. Augsberger). Es war eine estnische Division, die bisher bei Newel focht und nun eilig über Pleskau in die Heimat zurückverlegt wurde. Die Esten rückten zur Küste, schoben sich links neben die hier kämpfende 225. ID. (Gm. Risse). Das SS-R. 45 (SS-OSturmbannfhr. Vent) griff Anfang März den sowjetischen Brückenkopf bei Sivertsi, hart nördlich Narwa, an. Die Esten drückten die Sowjets im erbarmungslosem Nahkampf über den Fluß und damit über ihre Landesgrenze zurück!

Die 8. Armee hielt immer noch einen Brückenkopf südwestlich Narwa. Dieser zeigte in seinem Verlauf mehrere Einschnitte, die mit den Namen „Ost-" bzw. „Westsack" bezeichnet wurden. Beide vorspringenden Keile führten bis dicht an die Eisenbahnlinie beiderseits Waiwara. Die Armee-Abt. Narwa mußte diesen Brückenkopf beseitigen. Sie ordnete vorher ihre bei den im Februar stattgefundenen Abwehrkämpfen vollkommen durcheinander geratenen Divisionen. Diese Bewegungen kosteten Zeit, da das Tauwetter die Wege völlig unpassierbar gemacht hatte. Die Landschaft war ein einziger Sumpf, der kaum Deckung vor den feindlichen Granaten und Bomben bot.

Der erste Angriff des XXXXIII. AK. (Glt. Boege) galt der Beseitigung des sogenannten „Westsacks". Die Armee-Abt. Narwa hatte hierzu von rechts nach links eingesetzt: 170., 11. und 227. ID. Die 11. ID. war durch einen Panzerverband verstärkt worden, der nach seinem Kommandeur, Ob. Graf Strachwitz, benannt wurde.

Deutsche Batterien eröffneten am 26. 3., 5.55 Uhr, mit einem zehnminutigen Feuerschlag das Unternehmen. Pz.Abt. 502 fuhr Spitze, dicht gefolgt von den Männern der GR. 23 und 44. Der Feind wehrte sich in dem dichten Sumpfwald erbittert. Er hatte mit mannshohen Palisaden seine Stellungen geschützt. Die ostpreußischen Landser mußten über diese Palisaden klettern, um überhaupt in die russischen Gräben zu gelangen. Die Angriffsziele wurden bis zum Abend erreicht. Die 2./Pz.Abt. 502 (Oblt. von Schiller) zeichnete sich besonders aus. Die Verbindung unter den einzelnen Regimentern war aber restlos zerrissen.

Die Sowjets gaben nicht nach. Sie ergriffen am nächsten Tag die Initiative. Doch auch die Deutschen wichen nicht. Die Kämpfe wogten drei Tage hin und her. Dann begann der Gegner weich zu werden und räumte den „Westsack".

Der Bericht des OKW meldete am 31. 3.:

> „Südwestlich Narwa wurde in mehrtägigen harten Angriffskämpfen in unwegsamem Wald- und Sumpfgebiet mit wirksamer Unterstützung durch Artillerie, Nebelwerfer, Panzer und Schlachtflieger die Masse mehrerer russischer Divisionen eingeschlossen und vernichtet. Wiederholte feindliche Entlastungsangriffe scheiterten. In diesen Kämpfen verlor der Feind über 6 000 Tote, mehrere hundert Gefangene, 59 Geschütze sowie zahlreiche andere Waffen und Kriegsgerät aller Art."

Die zweite Frontbeule — der „Ostsack" — wurde von der 61. ID. und dem Pz.Verband Strachwitz ausgeräumt. Ob. Graf Strachwitz war zum Höheren Panzerführer bei der Heeresgruppe ernannt worden. Er sollte mit den wenigen Panzer- und Panzergrenadierkompanien jeweils im Schwerpunkt einer örtlich begrenzten Operation eingesetzt werden.

Der Frühling hatte seinen Einzug gehalten. Der letzte Schnee war weggetaut. Dafür waren Flüsse, Sümpfe und Seen geschwollen und setzten ganze Landstriche unter Wasser. Es war kaum möglich, mit Fahrzeugen einen geregelten Verkehr aufrecht zu halten.

Die Vernichtung des Restbrückenkopfes bei Narwa wurde geplant. Die Armee-Abt. stellte Ostern 1944 eine Kampfgruppe zusammen, die diesen Einsatz durchzuführen hatte. Die Pz.Abt. 502 war erneut als Rammbock gedacht. Der Angriff begann am 19. 4. morgens 4.35 Uhr. Die Kampfgruppen der 61., 122., 170. ID. und „Feldherrnhalle" stürmten aus ihren Gräben und arbeiteten sich durch Wald und Morast an die russischen Stellungen heran.

Es regnete in Strömen. Die Wege verschwanden. Die Knüppeldämme schwammen irgendwo im Sumpf. Vereinzelt ragten Sandhügel mit Bunkern aus dem dunstigen Waldgelände. Die Soldaten bissen sich durch die Unbilden der Natur zu den feindlichen Gräben. GR. 401 (170. ID.) und GR. 151 (61. ID.) brachen in die sowjetische Stellung ein.

Der Kampf wurde schwerer. Der Feind wich nicht. Die Verwundeten ertranken, wenn sie in den von den Granaten aufgerissenen, nassen Waldboden sanken. Die 2. und 3./GR. 401 gewannen noch die erste Bunkerlinie und nahmen sie. Dann mußten die Grenadiere zurück. Die Sowjets schlossen hinter ihnen die Front wieder. Das I./GR. 399 versuchte, den vorgeprellten Kompanien zu folgen. Es gelang nicht. Das Bataillon zählte noch 69 Mann!

Lediglich die Kompanien der Division „Feldherrnhalle" hatten mehr Glück. Sie erwischten eine verhältnismäßig trockene Straße. Ob. Graf Strachwitz setzte sofort seine schweren „Tiger"-Panzer hier ein. Der Gegner wurde geworfen. Die Panzer kamen 800 m weit vor. Dann schlug die sowjetische Artillerie zu. Es war unmöglich, den Angriff fortzuführen. Das Feindfeuer war so stark, daß die teilweise bewegungsunfähig geschossenen „Tiger" nicht mehr abgeschleppt und deshalb gesprengt werden mußten.

Heer und Luftwaffe hofften, am 20. 4. noch einmal die Initiative zu gewinnen. Das Schlacht-G. 3 (Oberstlt. Kuhlmey) griff mit seinen beiden Gruppen (Major Nordmann, Hptm. van Bergen) in die Kämpfe ein. Die Maschinen stürzten sich todesmutig auf die erkannten Feindstellungen. Das Geschwader flog seit Januar seinen 7 600. Einsatz. Doch Tapferkeit von Fliegern und Grenadieren half nichts. Der Feind war stärker.

Die Armee-Abt. Narwa befahl am 24. 4. die Einstellung des Angriffs. Ob. Graf Strachwitz erhielt für seine umsichtige Führung der Kampfgruppe und seine persönliche Tapferkeit als zweiter Soldat im Nordraum der Ostfront die Brillanten zum Eichenlaub mit Schwertern des Ritterkreuzes.

Der russische Brückenkopf südwestlich Narwa blieb bestehen. Die Front verlief knapp nördlich von der Mündung der Piata in die Narwa südlich Auware und bog nach ca. 16 km genau nach Süden ab, führte durch den Lauka-Sumpf nach Omati und ging hier auf das Ostufer der Narwa zurück.

Die Armee-Abt. Narwa richtete sich in der Ende April erreichten Linie zur Verteidigung ein. Am linken Flügel stand das III. SS-Pz.K. mit den Divisionen „Nordland", „Nederlande" und der 20. estn. SS-D.

Das XXXXIII. AK. lag mit 122., 11. und 58. ID. in der Mitte der Front. Nach rechts schloß XXVI. AK. mit 225., 170. und 227. ID. an. Die Division „Feldherrnhalle" und der Pz.Verband Graf Strachwitz waren aus der Front gezogen und wurden verlegt.

Die Armee-Abt. Narwa bildete aus dem Stab der zerschlagenen 13. Lw.FD. den Stab Div. zbV. 300. Die Division setzte sich aus den estnischen Grenzschutz-Rgtern 1 bis 4 zusammen. Dieser rein estnische Truppenteil mit deutschem Kommando wurde an die Nordküste des Peipussees gebracht und übernahm hier den Flankenschutz. Die Division blieb der Armee-Abt. direkt unterstellt.

Die Front beruhigte sich in den nächsten Monaten. Die Divisionen begannen den Stellungsbau. Dabei konnten nach und nach die angeschlagenen Verbände aufgefrischt und wechselweise in Ruhequartieren untergebracht werden.

Die Sowjets waren ebenfalls an diesem Abschnitt zur Verteidigung übergegangen, nachdem sie sahen, daß es ihnen nicht gelang, die deutsche Front zu erschüttern. Sie verlegten den Schwerpunkt ihrer Angriffe mehr nach Süden. Die im März durchgeführten Bombenangriffe der russischen Kampfverbände ließen merklich nach. Schaden hatte besonders Reval erlitten. Hier war am 9. 3. ein Angriff erfolgt, bei dem u. a. Nicolaikirche, Waaghaus, Antoniuskapelle und Rathaus erhebliche Zerstörungen erhielten.

*

Die Heeresgruppe Nord mußte in den vergangenen Jahren nicht nur nach militärischen Gegebenheiten operieren, sie mußte auch eine politische Rolle spielen. Noch 1941 war ihr befohlen, die Vereinigung mit den Finnen herzustellen. Damit wäre die Front vom Schwarzen Meer zum Eismeer durchlaufend gewesen und hätte die finnische Armee in das Gesamtkonzept des Ostkrieges eingeschaltet.

Nach der erfolgreichen sowjetischen Offensive im Januar/Februar 1944 sah sich Finnland plötzlich isoliert. Die erhoffte Verbindung mit der deutschen Wehrmacht war nun illusorisch geworden. Finnland mußte jetzt allein auf eigenem Territorium kämpfen.

Feldmarschall Keitel, Chef des OKW, schrieb am 31. 1. 1944 an Feldmarschall von Mannerheim, daß der Rückschlag bei der Heeresgruppe Nord kein Grund zu irgendwelcher Beunruhigung für das finnische Volk sei. Feldmarschall von Mannerheim gab im Antwortschreiben seine Befürchtungen bekannt, die er nach der Aufgabe der Küste des Finnbusen hegte: Nunmehr sei für die „Rote Armee" nicht nur der Weg nach Estland, sondern auch nach Finnland frei.

Die deutsche Regierung versuchte nach wie vor mit allen Mitteln militärischer und wirtschaftlicher Art, Finnland „bei der Stange zu halten". Anfang Februar wurde in diplomatischen Kreisen bekannt, daß Finnland zum Friedensschluß mit der UdSSR bereit sei und hierbei sogar auf Karelien verzichten würde. Die politischen Auseinandersetzungen zwischen deutschen und finnischen Dienststellen nahmen ihren Anfang.

Die militärische Führung Helsinkis verhielt sich vollkommen neutral. Eine Offiziersabordnung unter Führung des Chefs der Operationsabteilung des finnischen Generalstabes, Ob. Nihtilä, besuchte zwischen dem 7. und 14. 4. die Armee-Abt. Narwa.

Das OKW bat die Luftflotte 1, im Juni eine starke Kampfgruppe nach Finnland zu verlegen. Es sollte einmal eine Anerkennung für die Leistungen der Waffenbrüder, des anderen aber besonders eine Unterstreichung der deutschen Stärke sein. Die fliegenden Einheiten erhielten Auftrag, in Finnland zu bleiben, „solange, bis bei Heeresgruppe Nord nichts passiert!"

Oberstlt. Kuhlmey führte die Kampfgruppe, die aus Stab Schlacht-G. 3 mit I./Schlacht-G. 3 und 1./Schlacht-G. 5, II./JG. 54 und 1./JG. 54 sowie Teilen der 1./Aufkl.Gr. 5 bestanden. Es waren insgesamt 70 Maschinen. Das bedeutete einen gewaltigen „Aderlaß" für die Luftflotte, die im Juni selbst nur über 137 Flugzeuge aller Typen verfügte!

*

Die Front der Heeresgruppe Nord war mit dem Auslaufen der sowjetischen Winteroffensive zur Ruhe gekommen. Es gelang den Armeen, Korps und Divisionen, ihre Einheiten neu zu formieren und aufzufüllen. Die Frontdivisionen richteten sich in der „Pantherstellung" ein. Deutlich war zu merken, daß die Sowjets ebenfalls eine Atempause benötigten, um ihre Nachschub- und Verkehrswege auszubessern und ihre geschwächten Verbände für einen neuen Angriff zu stärken.

Gen.Ob. Model, OB. der Heeresgruppe, wurde nach Abschluß der Winterschlacht zum Feldmarschall befördert. Er verließ den Nordabschnitt, um im Süden der Ostfront die dort weichende Heeresgruppe Nordukraine zu übernehmen. Gen.Ob. Lindemann wurde sein Nachfolger. Gen.d.Art. Loch führte die 18. Armee.

Selbstverständlich gab es kaum einen ruhigen Tag an der langen Front zwischen Peipussee und den Höhen bei Newel und Polozk. Der Monat April zeigte besonders harte Kämpfe im Abschnitt zwischen Pleskau und Ostrow. Hier wollte sich die „Rote Armee" auf jedem Fall eine günstige Ausgangsposition für die geplante Sommeroffensive verschaffen.

Die Berichte des OKW meldeten dieses Geschehen wie folgt:

3. April:
„Südlich Pleskau griffen die Bolschewisten mit neu herangeführten Divisionen, von zahlreichen Panzern und Schlachtfliegern unterstützt, erneut an. Sie wurden unter hohen blutigen Verlusten abgewiesen und verloren 57 Panzer ..."

4. April:
„Südlich Pleskau setzten die Sowjets ihre Durchbruchsversuche nach Zuführung weiterer Kräfte fort. Unsere Truppen errangen in harten Kämpfen erneut einen vollen Abwehrerfolg und vernichteten 24 Panzer. Damit verloren die Bolschewisten in diesem Abschnitt in den letzten drei Tagen 172 Panzer ..."

6. April:
„Südöstlich Ostrow und südlich Pleskau behaupteten unsere Truppen ihre Stellungen gegen die fortgesetzten Durchbruchsversuche der Bolschewisten und schossen 48 feindliche Panzer ab. Erneute Bereitstellungen des Feindes wurden durch Artillerie und Werferbatterien zerschlagen. In der Zeit vom 3. bis 5. April verloren die Sowjets in Luftkämpfen und durch Flakartillerie 117 Flugzeuge ..."

11. April:
„Südöstlich Ostrow rannten die Bolschewisten nach Zuführung neuer Kräfte wiederum vergeblich gegen unsere Stellungen an. ... Südlich Pleskau griffen die Sowjets auch gestern nicht wieder an. Seit dem 31. 3. haben hier deutsche Truppen unter dem Oberbefehl des Gen.d. Art. Loch (OB. 18. Armee) und unter Führung des Glt. Matzky (Komm.Gen. XXVIII. AK.) die Durchbruchsversuche weit überlegener feindlicher Infanterie- und Panzerverbände vereitelt und dem Feind hohe Menschen- und Materialverluste zugefügt. U. a. wurden 306 feindliche Panzer und Sturmgeschütze sowie 121 Flugzeuge vernichtet. In diesen Kämpfen haben sich die oberschlesische 8. Jäg.D. (Glt. Volckamer von Kirchensittenbach) sowie Sturmgeschützeinheiten unter Major Schmidt besonders bewährt. An dem Erfolg der Abwehrschlacht hat die Luftflotte des Gen.d.Flieger Pflugbeil hervorragenden Anteil. Fliegende Verbände unter Führung von Ob. Kühl und ein Flak-R. (Flak-R. 164) unter Oberstlt. Bulla zeichneten sich besonders aus."

Die Heeresgruppe, deren Führung der verdienstvolle OB. der 18. Armee, Gen.Ob. Lindemann, am 31. 3. 1944 übernommen hatte, wußte, daß sie in der „Pantherstellung" nicht stehen bleiben würde. Die Vorbereitungen der Sowjets zu einem neuen Aufmarsch zeichneten sich seit Mai immer mehr ab.

Gen.Ob. Lindemann, der Chef d. Gen.St. Glt. Kinzel, die Armee-Oberbefehlshaber Gen.d.Art. Loch und Gen.d.Art. Hansen — das AOK 16 übernahm am 2. 6. Gen.d.Inf. Laux — und Gen.d.Inf. Frießner taten alles, um die Front stabil zu machen. Die Divisionen blieben in diesen Wochen einigermaßen geschlossen beisammen. Es kam nur vorübergehend zu Abstellungen von Kampfgruppen, wenn irgendwo ein stärkerer Feinddruck zu spüren war.

Als Anfang Juni die sowjetische Luftwaffe laufend Aufklärung ins Hinterland flog, wußten die deutschen Führungsstellen, daß es bald wieder „losging". Die „Rote Armee" hatte sich gerade in der ersten Hälfte des Jahres 1944 erheblich durch Zuführung britischen und nordamerikanischen Materials verstärkt.

Die USA schickten z. B. in der Zeit vom 22. 6. 1941 bis 30. 4. 1944 folgende Waffen und Geräte an die Sowjetunion:

6 430 Flugzeuge	10 Minenräumboote
3 734 Panzer	12 Kanonenboote
210 000 Kraftfahrzeuge	82 Hilfsschiffe
3 000 schwere Flak	991 Millionen Patronen
1 100 leichte Flak	22 Millionen Granaten
17 000 Motorräder	218 000 to. Schießpulver u.a.m.

Die Lieferungen aus Großbritannien und von den anderen Verbündeten betrugen im selben Zeitraum:

| 5 800 Flugzeuge | 12 Minenräumboote |
| 4 292 Panzer | 103 000 to. Gummi u.a.m. |

Die Waffensendungen stiegen allerdings nach Beginn der sowjetischen Sommeroffensive noch erheblich an. Die „Rote Armee" erhielt außer den vorgenannten Materialien bis Kriegsende u. a. noch 13 000 Panzer, 2 000 Geschütze und 35 000 Motorräder.

*

Die Alliierten landeten Anfang Juni in der Normandie. Damit war die von Stalin seit langem geforderte „Zweite Front" Wirklichkeit geworden. Das deutsche Heer mußte sich nun nach West und Ost gegen weit überlegene und mit bestem Material ausgerüstete Feindkräfte verteidigen.

Die „Rote Armee" raffte sich zu ihrer letzten Kraftanstrengung auf, von der die Moskauer Regierung hoffte, daß sie das Kriegsende erzwingen würde. Generalissimus Stalin schrieb am 9. 6. an Premierminister Churchill:

„Die Vorbereitungen der Sommeroffensive der sowjetischen Streitkräfte geht ihrem Ende entgegen. Morgen, am 10. 6. beginnt die erste Phase unserer Sommeroffensive an der Leningraderfront."

Die deutschen Führungsstellen erkannten zu dieser Zeit den Aufmarsch der feindlichen Armeen, der sich besonders im Mittelabschnitt zu konzentrieren schien. Das Heeresgruppenkommando Nord sah sich am 16. 6. veranlaßt, dem OKH eine entsprechende Warnung zukommen zu lassen. Hierin wurde vermerkt, daß sich von Tag zu Tag vermehrte Anzeichen einer Bereitstellung starker Sowjetverbände am rechten Flügel feststellen ließen. Gefangenenaussagen und Agenten bestätigten, daß sich beiderseits Witebsk mehrere Armeen zu einer Offensive mit Ziel Polozk versammelten.

Die Sowjets marschierten in diesem Gebiet mit zwei Heeresgruppen — der 1. Baltischen Front und der 3. Weißrussischen Front — auf. Das Oberkommando der „Roten Armee" entsandte Marschall Wassilevskij nach dort, der die Operationen der zwei Fronten zu koordinieren hatte. Es waren im Schwerpunkt der zu erwartenden Sommeroffensive weitere Verstärkungen aus allen Teilen des Landes herangezogen. So wurden z. B. 2. Gd.Armee und 51. Armee von der Krim nach Nordwestrußland transportiert.

Die 1. Baltische Front stand vor dem rechten Flügel der Heeresgruppe Nord. Die Front — OB.: Armeegen. Bagramjan, Kriegsrat: Glt. Leonov, Chef d.Gen.St.: Glt. Kurassov — erhielt folgenden Auftrag:

„Deutsche HKL westlich Gorodok, nordwestlich Witebsk, in 25 km Breite durchstoßen, Übergang über die westliche Düna erzwingen und in Zusammenarbeit mit der 3. Weißrussischen Front die deutschen Truppen bei Witebsk einschließen."

Der 1. Baltischen Front waren zu dieser großangelegten Offensive die 6. Gd.Armee (Glt. Tschistjakov), die 43. Armee (Glt. Beloborodov) und das I. Pz.K. unterstellt. Die 3. Luftarmee (Glt. Papivin) war auf Zusammenarbeit angewiesen. Die Truppeen rechts der 1. Baltischen Front waren ebenfalls neu gruppiert. Hier standen 2. Baltische Front (Armeegen. Eremenko) und 3. Baltische Front (Armeegen. Masslenikov). Die drei Baltischen Fronten verfügten Mitte Juni über 2000 Kampfwagen. Die Stellung bis zur Ostsee hielt die Leningraderfront, deren OB. Goworow am 18. 6. zum Marschall ernannt wurde.

Der Juni 1944 brachte eine sommerliche Hitze wie nie in den Jahren zuvor. Die glühende Sonnenkugel sandte ihre Strahlen auf das weite und leicht hügelige Land, das sich langsam auf die Ernte vorbereitete. Die Ernte im Land zwischen Witebsk und der Düna hielt aber in diesem Sommer nicht der Mensch, sondern der Tod!

Der 22. Juni kam herauf.

Die deutschen Offiziere hatten bei ihren nächtlichen Rundgängen durch die Stellungen ihre Soldaten auf verschärfte Wachsamkeit aufmerksam gemacht. Die Anzeichen hatten sich gemehrt, daß gerade am 3. Jahrestag des Einmarsches der Wehrmacht die „Rote Armee" zurückschlagen würde.

Ein erstes Rumoren deutete sich an, noch als die Morgennebel durch Wälder und Sümpfe geisterten. Das Rumoren wuchs zu einem Stakkato aus Donner, Blitz, Feuer und Rauch. Das sowjetische Trommelfeuer begann. Hunderte von Geschützen aller Kaliber sandten ihre stählernen Grüße auf die Stellungen des I. AK. nordwestlich Welikije Luki. Dazwischen heulten die Geschosse der „Stalinorgeln" und röhrten die Granaten der Mörser. Dutzende von Kampfstaffeln nahmen ihren Weg durch die Luft und ließen ihre todbringende Bombenlast fallen. Schlachtflugzeuge hämmerten mit Bordwaffen auf Gräben, Unterstände, Knüppeldämme und Rollbahnen.

Das Feuer dauerte 1½ Stunden.

Es war 4.45 Uhr. — Da rollten die Panzer an, und da klang durch den Rauch der Granateinschläge und den Morgennebel das tausendstimmige „Urräh!"

Die Sowjets kamen!

„Dort, wo der Feind infolge seiner unerhörten Überlegenheit in die Stellungen einbrach, wurde er im Gegenstoß wieder geworfen. Auch wenn einzelne Stützpunkte schon lange umgangen waren, wurden sie im Gegenstoß wieder entsetzt. Es wurde immer noch gehofft, die Stellungen im Großen zu halten. Die HKL schien an einzelnen Stellen eingedrückt, aber noch nicht aufgerissen." *)

Der rechte Flügel der Heeresgruppe Nord wurde an diesem Morgen von schwerem Feuer zugedeckt. Die 205. ID. (Gm. von Mellenthin) lag in den Wäldern am Obol, nordostwärts von Polozk. Die baden-württembergischen Soldaten stemmten sich mit dem Mute der Verzweiflung gegen die anrollenden Stahlkolosse und in breiten Reihen vorgehenden Schützenketten. Doch was vermochten Tapferkeit und Einsatzfreude, wenn auf der anderen Seite „T 34", „Stalinorgeln" und Bombenflugzeuge eingesetzt waren?

Es war 18.00 Uhr an diesem denkwürdigen 22. 6.: Da zerriß die Verbindung der 205. ID. mit der linken Flügeldivision der Heeresgruppe Mitte, der 252. ID. Das XXII. Gd.K. (Gm. Rutschkin) der 6. Gd.Armee durchbrach die bisherige KHL. Die Reste der 252. ID. wichen nach Süden auf die Bahnlinie Polozk — Witebsk aus.

Die deutsche Führung wußte in den ersten Stunden des Tages, daß viel von dem Zusammenhalt mit der benachbarten Heeresgruppe abhing. Die 24. ID. wurde vorsorglich gegen 12.00 Uhr dem OKH zur Verfügung gestellt und hielt sich seitdem marschbereit. Die 290. ID., die noch in Stellung bei Schwary lag, wurde zur gleichen Zeit von

---

*) Melzer, W.: Geschichte der 252. Infanterie-Division. Bad Nauheim: Podzun 1960. 364 S.

Teilen der 281. Sich.D. abgelöst. Die Division verlud zum Transport in den bedrohten Raum Polozk.

Gen.Ob. Lindemann setzte sich 18.35 Uhr telefonisch mit dem OKH in Verbindung und bat um Ansatz der 24. ID. an der Naht der Heeresgruppen, „denn", — so führte der Gen.Ob. aus — „uns schreckt der Schatten von Newel!"

Das OKH schaltete wider Erwarten schnell und befahl bereits ½ Stunde später, daß 24. ID. und die bei Polozk in Bereitstellung liegende Sturmgesch.Br. 909 sofort per Bahn in den Raum Obol zu verlegen seien.

Deutsche Offiziere versuchten in der Nacht, ihre angeschlagenen und zersprengten Verbände zu sammeln und zu ordnen. Die Sowjets führten ununterbrochen neue Truppen in die Lücke. Das I. sowj. Pz.K. rückte an. Die Nacht wurde erhellt von den brennenden Wäldern, vom Krachen explodierender Panzer und Munition, vom Wummern der Artillerie. Das Stöhnen der Verwundeten und das Fluchen der Marschierenden verklang unerhört.

Die Transporte der sächsischen 24. ID. (Glt. Versock) rollten an. Die Pz.Jäg.Abt. 24 übernahm den Schutz des bedeutenden Ortes Obol. Das Pi.Btl. 24 wurde als erste Einheit dem Feind entgegengeführt, der die einzige Verbindungsstraße zwischen 205. und 252. ID. überschritten hatte. Das nächstfolgende Füs.Btl. 24 griff nach Nordosten zur Entlastung des um Grebenzy eingeschlossenen GR. 472 (252. ID.) an. Die Gegenstöße wurden schwungvoll mit „Hurra" vorgetragen, konnten aber nicht mehr die alte HKL erreichen. Das eintreffende GR. 31 brachte den beiden Bataillonen keine Hilfe. Das Regiment mußte unverzüglich nach Süden über den Obol, um die bereits dort auftretenden feindlichen Panzerkräfte am Flußübergang zu hindern. Sturmgesch.Br. 909 und die „Hornissen" (Pz.Abwehrgeschütze auf Selbstfahrlafetten) der Pz.Jäg.Abt. 519 trafen als nächste ein und warfen sich unverzüglich in den Kampf nördlich des Obol.

Die 24. ID. war dem IX. AK. der 3. Pz.Armee unterstellt. Gen.Ob. Reinhardt, der OB., traf am Morgen des 23. 6. auf dem Gefechtsstand der Division ein. Er berichtete, daß die Sowjets beiderseits Witebsk durchgebrochen seien und er der 24. ID. keinerlei weiteren Kräfte zuführen könne.

An diesem Tag griff die 2. Baltische Front an der Welikaja die Stellungen der 18. Armee an. Damit hatte die „Rote Armee" ihre Offensive bis nahe an Pleskau ausgedehnt! Wieder flogen Hunderte von Kampf- und Schlachtfliegern mit ihren Bomben, wieder fuhren Tausende von Panzern über die trichterübersäte Erde, und wieder stürmten Hunderttausende Rotarmisten gegen die HKL der feldgrauen Soldaten.

Die 18. Armee befand sich am Nachmittag auf breiter Front im Kampf mit den anbrandenden Feindwellen. Die Stellungen konnten bis auf kleine Einbrüche gehalten werden. Der größte Erfolg war den Sowjets im ersten Anlauf bei der 121. ID. gelungen. Die Division wahrte jedoch ihren Zusammenhalt.

Während hier die Situation noch gemeistert werden konnte, wuchs am rechten Flügel die Lage zu einer Krise an. Feldmarschall Busch, OB. der Heeresgruppe Mitte, sprach 21.55 Uhr mit Gen.Ob. Lindemann. Der Feldmarschall berichtete von der bedrohlichen Lage. Gen.Ob. Lindemann unterbreitete wenige Minuten später dem OKH den Vorschlag, die 290. ID. in die Frontlücke bei Obol zu schieben und die 212. ID. nach Polozk zu verlegen. Das Heeresgruppenkommando gab in der Nacht von sich aus den weiteren Befehl zur Herauslösung der 81. ID.

Der Feind setzte am 24. 6. seine Angriffe mit derselben Wucht wie in den beiden vergangenen Tagen fort. Der linke Flügel der Heeresgruppe Mitte brach zusammen! Der sowjetische Durchbruch war vollkommen. Die deutsche Front war in 90 km Breite eingerissen und 30 km Tiefe aufgestoßen! Sowjetische Schützen und Panzer standen westlich Witebsk an der Düna. 1. Baltische und 3. Weißrussische Front vereinigten sich!

Die Sowjets dehnten ihre Angriffe weiter aus. Die 205. und 83. ID. (Gm. Heun) hielten sich nur noch mit letzter Kraftanstrengung. Die 24. ID., die weder nach rechts noch nach links Verbindung hatte, wurde jetzt dem I. AK. unterstellt. Das Flügelkorps der Heeresgruppe Mitte, das IX. AK., war am 24. 6. nicht mehr in der Lage, die nördlich des Obol stehende Division zu führen.

Das Heeresgruppenkommando beschleunigte die Vorführung der 290. ID. GR. 503, II./GR. 502 und III./AR. 290 trafen noch in der Nacht im Raum Ulla — Obol ein. I./GR. 502, GR. 501, H.Art.Abt. II./814, 2./Sturmgesch.Br. 912 und H.Pz.Jäg.Abt. 751 folgten. Weitere Verbände konnten nicht freigemacht werden.

Feldmarschall Busch hatte angesichts der Katastrophe, die über seine Heeresgruppe hereinzubrechen drohte, am Morgen in seinem Hauptquartier in Minsk den Chef d.Gen.St. des OKH, Gen.Ob. Zeitzler, und den Ia der Heeresgruppe Nord, Ob.i.G. von Gersdorff, empfangen. Es ging bei dieser Besprechung hauptsächlich um die Zuführung von Reserven für die Heeresgruppe Mitte. Ob.i.G. von Gersdorff konnte nur antworten:

„... keine Abgaben an Mitte möglich!"

Die drei Flügeldivisionen der Heeresgruppe — 290., 24. und 205. ID. — wurden in der Nacht vom Gegner schwerstens bedrängt. Die 24. ID. wich befehlsgemäß auf Obol zurück. Die tapferen Sachsen hielten sich noch einen vollen Tag. Dann räumten sie die Stadt. Ein weiteres Festhalten hätte sowieso das Ende bedeutet, denn rechts und links davon rollten die russischen Panzer bereits nach Westen.

Feldmarschall Busch rief am 25. 6. gegen 17.00 Uhr im Hauptquartier Nord an und bat um Hilfe! Die 6. Gd.-Armee marschierte mit 29., 47. und 119. Schtz.D. auf Polozk!

Die Heeresgruppe Nord entschloß sich angesichts dieser auch für sie bedrohlichen Lage, dem AOK 16 den Befehl zu geben, eine Verlegung hinter die Düna vorzubereiten. Lediglich die 81. oberschlesische ID. sollte südlich der Düna bei Polozk stehen bleiben.

Da griff das OKH ein. Es befahl noch in der Nacht die sofortige Verlegung der 12. PD., 212. ID., der Sturmgesch.Br. 277 und 909 zur Heeresgruppe Mitte. Nicht nur, daß die Heeresgruppe durch diese Abgaben erneut geschwächt wurde, sie mußte am 26. 6. sogar ihre Front verlängern!

Das OKH befahl, Polozk als „Festen Platz" (Festung) zu halten und zu verteidigen!

Gen.d.Inf. Hilpert, Komm.Gen. des I. AK., wurde zum Kommandanten ernannt. Der General hatte augenblicklich überhaupt keine kampfkräftige Einheit zur Verfügung. Seine 205., 290. und 24. ID. kämpften noch erbittert südostwärts der Stadt gegen überlegene Feindkräfte. Die Verbindung der einzelnen Regimenter und Bataillone riß immer wieder. Die Front des I. AK. war zu diesem Zeitpunkt 100 km lang! Das Korps war südlich der Düna nach Westen zurückgeklappt. Hier drohte Umfassung durch 29., 47., 51., 360. Schtz.D., 90. Gd.Schtz.D. und 65. Pz.Btl. der 4. sowj. Stoß- und 6. Gd.Armee! Das Ziel der Verbände war eindeutig Polozk!

Die im Lkw- oder im Bahntransport ankommenden deutschen Bataillone gerieten in starke feindliche Luftangriffe. Die bei Polozk aufgestellten 7 schweren, 4 mittleren und 3 leichten Flakbatterien kannten in diesen Tagen und Nächten keine Ruhepause. Die eigenen fliegenden Verbände waren viel zu gering, um sich den sowjetischen Fliegerstreitkräften stellen zu können. Die Luftflotte 1 war seit Beginn der Offensive beim OKL vorstellig geworden und hatte um Zuführung von Kampf- und Jagdstaffeln gebeten. Erst am 27. 6. erhielt die Luftflotte das Schlacht-G. 4 und die III./Schlacht-G. 3 zugesagt. Eine Verlegung der Gruppen konnte nicht zufriedenstellend durchgeführt werden. Das Schlacht-G. 4 kam nur bis Dünaburg — dann fehlte der Sprit!

Feldmarschall Model übernahm am 27. 6. den Oberbefehl über die Heeresgruppe Mitte.

Er kannte die Heeresgruppe Nord und seinen OB., Gen.OB. Lindemann, gut. Die Zusammenarbeit zwischen beiden Oberbefehlshabern spielte sich in den nächsten Tagen ausgezeichnet ein. Feldmarschall Model unterstützte jeden Wunsch, den Gen.Ob. Lindemann beim OKH vorbrachte. Der Feldmarschall wußte aber auch, daß sich beide Heeresgruppen helfen mußten, sollte nicht eine noch größere Katastrophe über das deutsche Ostheer hereinbrechen, als die, die sich bei Stalingrad abgezeichnet hatte.

Das I. AK. stand mit allen Divisionen im erbitterten Ringen ostwärts und südostwärts von Polozk. Die Frontlücke zum IX. AK. hatte sich am 27. 6. erneut auf 40 km verbreitert. Der Gegner schickte Tag für Tag neue Divisionen in dieses „Loch". Das OKH befahl am 27. 6., mittags 12.00 Uhr:

„Heeresgruppe greift Feind von Norden an!"
Es wurde Unmögliches verlangt.

Die Heeresgruppe stellte einen Kampfverband unter Führung des Arko 401 (Artillerie-Kdr. I. AK.), Glt. Usinger, zusammen, der diesen Auftrag erfüllen sollte. Es standen ihm hierzu nur GR. 161 (81. ID.), I./GR. 187 (87. ID.), Teile Pz.Jäg.Abt. 181 (81. ID.) und Teile Sturmgesch.Br. 909 zur Verfügung. Diese schwachen Einheiten rückten bis zum Abend an die Ssujaseen südlich Polozk vor und stellten sich zum Angriff bereit.

Es war 2.00 Uhr, als die Motore der RSO (Raupenschlepper-Ost) aufheulten. Die V-Abt. der Kampfgruppe Usinger setzte sich in Bewegung. Das II./GR. 161 (Major Sulzer) mit unterstellten Panzerjägern begann den Marsch ins Ungewisse. Es gab keine Karte. Der Wald stand beiderseits der sandigen Rollbahn als schwarze Silhouette. Mit der Taschenlampe mußte sich der an der Spitze fahrende Lt. Haupt den Weg suchen. Nach einer Stunde wurde es hell. Der Wald blieb zurück. Die Ebene öffnete sich. Die Panzerjäger ratterten bergab.

Plötzlich tauchten feldgraue Soldaten auf. Es waren Versprengte, die riefen:

„Hinter uns der Iwan!"

Lt. Haupt ließ halten und seine Geschütze in Stellung gehen. Bald waren die Lkw mit der ersten Grenadierkompanie heran. Major Sulzer wies die Kompanie sofort auf die Höhe vor Prudok. Die zweite Kompanie wurde nachgeschickt. Ruhe lag über dem Gelände.

Gegen 4.00 Uhr knatterte Gewehrfeuer, MG-Schüsse peitschten, Geschosse von Granatwerfern orgelten. Die Sowjets kamen! Bataillon nach Bataillon der 90. Gd.Schtz.D. rückte vor. Das II./GR. 161 konnte sich nicht halten. Es mußte bis in Höhe der Pakgeschütze zurück. Noch eine Stunde verging.

Dann griff das erste Regiment der Sowjets an. Wie auf dem Exerzierplatz rückten die Schützenreihen über die Höhe. Als sie sich auf 400 m den eigenen Stellungen genähert hatten, gab Lt. Haupt

Feuerbefehl. Die noch drei intakten 7,5 cm-Pak feuerten in fünf Minuten mehr als 100 Schuß! 100 m vor den Geschützen blieb der Angriff liegen! Freund und Feind richteten sich zur Verteidigung ein.

Der Vormittag verlief ruhig. Ein eigener Vorstoß von 4 Sturmgeschützen der Sturmgesch.Battr. 1181 (Lt. Zahn) wurde von feindlicher Artillerie zunichte gemacht. Nach und nach verstärkte sich der Gegner. Seine Batterien eröffneten auf kürzeste Entfernung das Feuer auf das eine deutsche Bataillon. Jeder Schuß war ein Treffer. Die Verluste häuften sich. Die Pakgeschütze fielen eins nach dem anderen aus. Eigene Artillerie gab es nicht.

Die deutschen Soldaten lagen in der Gluthitze des 28. 6. wie auf einem Präsentierteller in der Ebene von Prudok südlich Polozk. Gegen 17.00 Uhr kam per Funk der Befehl: „Absetzen!" Es wurde kein geordneter Rückzug. Es hieß: „Rette sich, wer kann!" Sowjetische Panzer und Schützen waren da, stießen rechts und links am Bataillon vorbei, das nur mit Resten in der Nacht die Ssujaseen erreichte. Kein Geschütz und kein Fahrzeug war mehr dabei.

Der Entsatzvorstoß der Kampfgruppe Glt. Usinger war zerschlagen!

Gen.Ob. Lindemann erkannte am Vormittag des 28. 6. die Aussichtslosigkeit des Vorstoßes der Kampfgruppe Glt. Usinger. Er begab sich selbst nach Polozk und traf mit Gen.d.Art. Hansen, OB. der 16. Armee, und Gen.d.Inf. Hilpert, Komm.Gen. I. AK., zusammen. Die Generäle stoppten nicht nur den Angriff der Kampfgruppe, sondern hielten die Masse der inzwischen in Polozk eingetroffenen 81. ID. an. Die schlesischen Bataillone bauten eine behelfsmäßige Abwehrstellung südlich Polozk auf.

Die Heeresgruppe befahl die Ablösung der 170. ID. aus der Narwafront und deren beschleunigte Verlegung an den rechten Flügel der 16. Armee. Die Armee wurde in ihrer gesamten Ausdehnung von feindlichen Kräften angegriffen und konnte nicht eine einzige Kompanie mehr freigeben. Lediglich die 132. ID. wurde umgehend nach Polozk in Marsch gesetzt. Das AOK 18 mußte einen Sperrverband (Pi.Btl. 44, Sturm-Btl. AOK 18 und eine gemischte Pz.Jäg.Abt.) bilden, der nach Drissa sollte. Damit konnte eventuell der rechte Flügel gestützt werden.

Das Kriegstagebuch der Heeresgruppe verzeichnete am 28. 6., 11.15 Uhr:

„Rechter Flügel HGr. hängt in der Luft!"

Der Tag verlief noch dramtisch genug.

Gm. Geiger vom Pioniersonderstab des OKH wurde beauftragt, mit Teilen des Wehrmacht-Befh. Ostland eine Schutzstellung entlang der Düna aufzubauen. Das lett. Pol.R. 3, Grenzschutz-R. 5, Sicherungs-R. 605, Sicherungs-Btl. 210 und 2901 wurden als erste an den Fluß zum Bau einer solchen Stellung herangeführt.

Das Gen.Kdo. II. AK. erhielt Befehlsgewalt im Abschnitt der Düna. Es hatte noch keine Truppenteile unter sich. Das Korps löste sich vor den dichtauf folgenden Sowjets aus dem Kampfraum westlich Newel. Das II. AK. konnte am Monatsende eine festere Front aufbauen. Die 132. ID. (Gm. Wagner) mit III./GR. 322 (207. ID.), II./GR. 368 (290. ID.) und 1./Pz.Jäg.Abt. 751 trafen Ende Juni ein. Die 132. ID. kämpfte bisher im Raum Slobodka nordwestlich Newel und übernahm nun den äußersten rechten Flügel der Heeresgruppe. Später folgte 290. ID. (Gm. Henke), die sich in den letzten Tagen hervorragend bewährt hatte und mehrmals im OKW-Bericht genannt wurde. Sturmgesch.Br. 226 und 3./H.Pz.Jäg.Abt. 666 waren die ersten Abteilungen mit schweren Waffen im Abschnitt der Dünastellung.

Jetzt drohte Gefahr für Polozk! Die feindlichen Panzer- und Schützenstreitkräfte bewegten sich 27 km südlich der Stadt. Hier standen nur die wenigen Kräfte der Kampfgruppe Glt. Usinger an den Ssujaseen als letztes Bollwerk. Es waren: GR. 161, GR. 174, Pi.Btl. 181, Sturmgesch.Battr. 1181, ein Zug Pz.Jäg.Abt. 181 (alle 81. ID.) und H.Pi.Btl. 656.

Der OB. der Heeresgruppe erbat 22.35 Uhr vom OKH „Freiheit des Handelns!" Das OKH lehnte ab!

Die sowjetische Offensive lief am 29. 6. in derselben Stärke und mit derselben Schnelligkeit wie vorher. Noch in der Nacht wurde festgestellt, daß der äußerste rechte Flügel vom Feind umgangen war! Nur noch Sicherungsbataillone, Nachschubkompanien, Polizeieinheiten standen zwischen Polozk und Dünaburg.

Die Zivilbevölkerung verließ „Hals über Kopf" ihre Behausungen. Männer, Frauen und Kinder schlossen sich mit Sack und Pack den abmarschierenden feldgrauen Kolonnen an. Darüber kreisten Schlachtflugzeuge mit dem roten Stern und stürzten sich auf die Flüchtenden. Die Artillerie hämmerte auf Wege und Ortschaften, auf Brücken und Eisenbahngeleise. Dörfer und Wälder beiderseits der Düna brannten.

Die Heeresgruppe gab angesichts dieser Katastrophe am 29. 6., 24.00 Uhr, folgende Lagemeldung an das OKH:

> „Die Entwicklung der Lage bei HGr. Mitte hat auch die Lage der HGr. Nord entscheidend verändert. Der rechte Flügel der HGr. hängt in der Luft. Der Feind hat sich südlich davon auf breiter Front die Operationsfreiheit erkämpft und macht von ihr Gebrauch, indem er schnell mit starken Kräften nach Westen vor-

stößt. Eine Aussicht auf Wiederherstellung des früheren Anschlusses zur HGr. Mitte ist nicht gegeben!"

Feldmarschall Model schloß sich den Vorstellungen Gen.Ob. Lindemanns an und beantragte von sich aus acht Stunden später die Rücknahme des rechten Flügels der Heeresgruppe Nord. Doch das OKH sagte wiederum „Nein". Hitler befahl entgegen aller Gegebenheiten einen Angriff der Heeresgruppe Nord nach Süden, um die sowjetische Panzerspitze abzuschneiden.

Dieser unabänderliche „Führerbefehl" schlug bei der Heeresgruppe wie eine Bombe ein. Gen.Ob. Lindemann teilte schweren Herzens diesen Befehl dem AOK 16 mit und bat um Meldung, ob dieser Angriff überhaupt möglich sei. Er lehnte persönlich diesen Angriff ab. Der Gen.Ob. ließ im Kriegstagebuch des Heeresgruppenkommandos am 30. 6., 17.00 Uhr, folgenden schwerwiegenden Satz eintragen:

„Mit dem Angriffsbefehl schickt man die Leute in den sicheren Tod!"

Gen.d.Inf. Hilpert hatte zu diesem Zeitpunkt kaum kampfkräftige Truppen zur Verfügung, die einen solchen Vorstoß nach Süden durchführen konnten. Die 81. oberschlesische ID. (Glt. Lübbe) stand allein in und um Polozk. Die sächsische 24. (Glt. Versock) und die thüringische 87. ID. (Gm. Frhr. von Strachwitz) rückten heran. Sie sollten die Angriffsspitze bilden. Die übrigen beiden Divisionen — 205. ID. (Gm. von Mellenthin) und 389. ID. (Glt. Hahm) — fochten noch ostwärts der Stadt und konnten sich unmöglich vom Gegner lösen.

Der OB. der 16. Armee, Gen.d.Art. Hansen, beurteilte deshalb die Lage als aussichtslos. Zur Bekräftigung dieser Ansicht griffen in der Nacht zum 1. 7. starke sowjetische Fliegerverbände den Bahnhof Polozk an. 900 to. Munition flogen in dieser Nacht in die Luft!

Gen.Ob. Lindemann sprach zur selben Stunde telefonisch mit seinem Obersten Befh. Doch Hitler gab nicht nach. Er verlangte kategorisch den Flankenangriff südlich von Polozk! Gen.Ob. Lindemann schlug als Auswegmöglichkeit einen Vorstoß weiter westlich bei Dissna vor, um dort eventuell die Lücke zur 3. Pz.Armee zu schließen. Hitler wies diesen Vorschlag zurück.

Das Heeresgruppenkommando gab dem AOK 16 gegen 3.00 Uhr Befehl:

„Der Führer hat befohlen, unverzüglich aus dem Raum von Polozk mit allen verfügbaren Kräften in Richtung Plissa anzugreifen . . . um den auf Dissna vorgestoßenen Feind abzuschneiden! . . ."

Nun überstürzten sich die Ereignisse. Das I. AK. versuchte krampfhaft seine wenigen Kräfte um Polozk zu sammeln, Munition und Material nach vorn zu schaffen. Die Oberbefehlshaber bemühten sich nach wie vor um Handlungsfreiheit. Gen.d.Art. Hansen lehnte jede Verantwortung ab. Gen.Ob. Lindemann wurde wiederholt beim OKH vorstellig und bat um Rücknahme des „Führerbefehls". Er ließ sich nachts 23.00 Uhr noch einmal direkt mit Hitler verbinden:

„Ich glaube, daß ich den befohlenen Angriff nicht durchführen kann."

Darauf Hitler: „Der Angriff ist mit allen Mitteln zu führen und mit äußerster Energie!"

„Glauben Sie, mein Führer, daß der Angriff gegen die 6. Gd.Armee mit nur zwei Divisionen durchschlägt?"

„Ja natürlich! Danke!"

Der 2. 7. war gekommen. Polozk brannte wie eine lodernde Fackel. Die 81. ID. richtete sich auf den Höhen von Beltschitza ein, um den Bereitstellungsraum für 24. und 87. ID. zu sichern und zu halten. Die Sonne stand hoch am Himmel. Es wurde ein heißer Tag.

Als die Uhren die zehnte Stunde zeigten, erscholl der Ruf: „Panzer!"

Doch es waren nicht „Tiger" oder „P-IV", deren Motorengeräusch zu vernehmen war. „T-34" und „Kw-I" rollten an, brachen in die vordersten Stellungen der Grenadiere ein, näherten sich Beltschitza. Schon ratterten die Stahlkolosse auf der Straße nach Polozk. Hier standen die 7,5-cm-Pak der 1./Pz.Jäg.Abt. 181. Die Geschütze des Lt. Haupt stoppten den ersten Angriff des Pz.Btl. der 51. sowj. Gd.D., nachdem vier 46-to.-Panzer brennend liegen blieben.

Die Stunden verrannen. Der Feind verstärkte sich.

Als der Gegenangriff von Teilen der 24. ID. mit Sturmgeschützen losbrach, bissen sich Freund und Feind fest.

Gen.d.Inf. Hilpert meldete 12.55 Uhr:

„Der befohlene Angriff geht nicht. Es ist glattes Menschenopfer!"

Gen.Ob. Lindemann befahl 13.15 Uhr, ohne Rücksprache mit dem OKH genommen zu haben, das Einstellen des Angriffs!

Der OB. meldete sechs Stunden später seinem Obersten Befh., daß er nicht nur den Angriff des I. AK. abgeblasen, sondern daß er die Räumung von Polozk befohlen habe!

Hitler war geschlagen. Er erteilte um Mitternacht nachträglich die Genehmigung!

In dieser Stunde zogen die ersten Kompanien der 24., 87. und 389. ID. über die Behelfsbrücken der Düna nach Polozk zurück. Die große „Kurhessenbrücke" über dem tiefeingeschnittenen Flußtal existierte nicht mehr. Sie war unter den Bomben sowjetischer Flugzeuge zusammengebrochen.

Die 81. ID. hielt sich noch einen Tag in dem immer kleiner werdenden Brückenkopf. Als die Pioniere die letzte Behelfsbrücke sprengten und sich schleunigst durch Polozk nach Westen absetzten, blieben den einrückenden Bataillonen der 51. Gd.D. (Gm. Tschernikov) nur Ruinen.

Die sowj. 6. Gd.Armee (Glt. Tschistjakov) stürmte unterdessen fast ungehindert südlich der Düna auf Dünaburg los!

Die Heeresgruppe Nord verteidigte sich am 4. 7. morgens mit ihren 19 Divisionen auf einer 350 km breiten Front gegen 180 sowjetische Divisionen. Die Heeresgruppe zählte an diesem Tag einschließlich der Osttruppen 965 543 Köpfe.

Der rechte Flügel der 16. Armee hing am 4. 7. vollkommen in der Luft. Das AOK 16 (OB.: Gen.d.Art. Hansen, Chef d. Gen.St.: Gm. Hermann, Ia: Oberstlt. i.G. Hartmann) verlegte seinen vorgeschobenen Gefechtsstand nach Stolpi, um der Gefahrenstelle näher zu sein. Das II. AK. (stellv. Komm.Gen.: Glt. Hasse, Chef d. Gen.St.: Ob. i.G. Huhs, Ia: Major i.G. Weise), das verantwortlich für den rechten Abschnitt zeichnete, erhielt Auftrag, Dünaburg zu verteidigen. Glt. Pflugbeil, Kdr. der Feld-Ausbildungs-D. Nord, wurde zum Festungskommandanten ernannt.

Die 215. ID. (Glt. Frankewitz) stand am äußersten rechten Flügel. GR. 435, Sturmgesch.-Br. 393 und 1./Granatwerfer-Btl. 10 bildeten einen dünnen Schleier durch Wälder und Sümpfe, um möglichst irgendwo den Anschluß an die 3. Pz.Armee wieder zu gewinnen. Die Kampfgruppe konnte ihren Auftrag nicht erfüllen. Sie wurde zwei Tage später um Vydziai eingeschlossen. Die nächsten deutschen Verbände befanden sich 15 km im Norden und 20 km im Süden.

Eine Kampfgruppe des Höheren SS- und Pol.Fhr. Ostland (SS-OGruf. Jeckeln) wurde aufgestellt, um mit Polizei- und Grenzschutzeinheiten diese Lücke zu schließen. Ein weiterer Sperrverband unter Gm. Pamberg (zwei Grenadier-, ein Alarm-Btl., je eine Sturmgesch.-Battr. und H.Pz.Jäg.Kp.) wurde eilig nach Dünaburg verlegt.

Wenige Minuten nach Mitternacht am 4. 7. klingelte das Telefon im HQu. der Heeresgruppe in Segewold. Glt. Schmundt, Chefadjutant Hitlers, meldete sich. Er teilte Gen.Ob. Lindemann kurz und bündig mit, daß er seines Postens enthoben und daß Gen.d.Inf. Frießner zum neuen OB. der Heeresgruppe ernannt sei!

Gen.Ob. Frießner, der die Armee-Abt. Narwa an Gen.d.Inf. Grasser übergab, traf am Nachmittag in Segewold ein. Sein erster Tagesbefehl lautete u. a.:

„Es geht jetzt um die HGr. Nord! Alle Mittel, auch behelfsmäßige Maßnahmen, müssen zusammengefaßt werden. Jeder greifbare Mann ist zu fassen, um die äußerste Not zu bannen!"

Gen.d.Inf. Frießner, der gewillt war, den Angriffsbefehl Hitlers bedingungslos durchzuführen, mußte nach erstem Kartenstudium und nach Rücksprache mit Feldmarschall Model erkennen, daß er die tatsächlichen Verhältnisse falsch gesehen hatte. Der neue OB. faßte noch am Abend den Plan, den Südflügel der Heeresgruppe zurückzunehmen!

Die sowjetischen Panzer- und Schützenverbände erreichten die alte russische Grenze! Die ersten lettischen und litauischen Dörfer wurden überrollt. Zwischen hier und der Ostsee standen Anfang Juli keine kampfkräftigen deutschen Verbände. Ein „Stalingrad" von gewaltigstem Ausmaße zeichnete sich ab. ...

Gen.d.Inf. Frießner besuchte am 5. 7. die Gefechtsstände des AOK 16 und des II. AK. Er mußte feststellen, daß die größte Gefahr im Raum Dünaburg drohte. Der Feind konnte von hier aus jederzeit nach Norden stoßen, um der Heeresgruppe in den Rücken zu fallen. Die Lücke zur Heeresgruppe Mitte war erneut breiter geworden. Der am nächsten liegende Stützpunkt Wilna war bereits eingeschlossen!

Das II. AK. formierte sich vom 6. bis 8. 7. mit 205., 225. und 263. ID. westlich des Dissna-Sees. Das Korps sollte noch einmal versuchen, von hier aus nach Süden in die Flanke der 6. Gd.Armee zu stoßen, um eventuell Verbindung mit der 3. Pz.Armee herzustellen.

Der Angriff überraschte den Gegner. Dieser faßte sich schnell, warf neue Kräfte in die Schlacht. Die Sowjets brachten den Stoß des II. AK., der mit so viel Schwung begann, bei Ignalino zum Erliegen. Die Divisionen mußten auf die Ausgangsstellungen zurück.

Dazu geriet am nächsten Tag das I. AK. in schwere Bedrängnis. Die 6. Gd.Armee hatte sich nach Einnahme von Polozk neu bereitgestellt und griff frontal die zurückgehenden 24., 81., 87. und 290. ID. an. Gen.d.Inf. Frießner entschloß sich daher, den Südflügel der 16. Armee auf die provisorisch aufgebaute „Lettlandstellung" zurückzunehmen.

Hitler lehnte die entsprechende Bitte rigoros mit den stereotypen Worten ab, daß man dort stehen bleiben soll, wo man sich gerade befände. Er befahl dafür, daß die Heeresgruppe sofort aus ihrer nicht angegriffenen Ostfront vier Divisionen freizumachen habe. Die 69. und 93. ID. müßten darüber hinaus auf schnellstem Wege der Heeresgruppe Mitte zugeführt werden!

Die feindliche Offensive lief weiter.

Allein acht Großverbände — 21. Gd.D., 26., 28., 119., 200., 332., 360. und 378. Schtz.D. — stießen am 9. 7. nördlich der Düna nach Westen vor, während gleichzeitig schnelle Kräfte der 6. Gd.Armee tiefer nach Lettland einbrachen. Hitler nahm diesen Schlag zum Anlaß, den ihm unbequem gewordenen OB. der 16. Armee abzulösen und durch Gen.d.Inf. Laux zu ersetzen. Die Heeresgruppe verlegte eilig in den Raum Mitau — Schaulen drei Feld-Ausbildungs-Btle. (II./639, III./640 und 391). Diese kampfungewohnten Bataillone sollten eine Armee aufhalten!

Der OB. der Heeresgruppe erließ um Mitternacht des 9. 7. einen Tagesbefehl, dessen hochtrabende Sätze u. a. lauteten:

„Der Führer hat erneut in einer Kampfanweisung zum Ausdruck gebracht, daß die HGr. Nord ihre derzeitige Stellung zu halten hat! ... Ich befehle: ... Irgendein Gedanke an weiteres Absetzen nach Westen ist verbrecherisch. In der von mir befohlenen endgültigen Stellung ist bis zum letzten Hauch und bis zum letzten Blutstropfen zu kämpfen! ..."

Die Sowjets wischten — ohne, daß sie diese Worte kannten — diese Sätze weg ...

Gen.d.Inf. Frießner mußte nämlich schon am nächsten Tag, den 10. 7., 22.35 Uhr, Hitler melden, daß die Heeresgruppe Nord nicht mehr in der Lage war, eine Verbindung mit der 3. Pz.Armee herzustellen!

*

Die russische Sommeroffensive war an diesem Tag in ihre zweite Phase eingetreten.

Die 2. Baltische Front (Armeegen. Eremenko) griff auf 150 km Breite bei Nowosokolniki den linken Flügel der 16. Armee an. Der Widerstand der hier fechtenden Divisionen des X. AK. und des VI. SS-K. war verbissen und hart. Von links nach rechts kämpften 93. ID., 19. und 15. SS-D., 23., 329. ID., 281. Sich.D. und 263. ID. Eine Kampfgruppe unter Gm. Sieckenius (Kdr. 263. ID.) hielt mühsam den Anschluß an das I. AK.

Die Front riß nicht auseinander.

Die Soldaten setzten den Sowjets einen Widerstand entgegen, der — nach sowjetischen Darstellungen — bedeutend härter als der war, den die Verbände der Heeresgruppe Mitte am 22. 6. geleistet hatten. Hier bewährte sich besonders Sturmgesch.-Br. 912, bei der Hptm. Engelmann (Chef der 1. Battr.) an einem Tag 17 Feindpanzer abschoß! Armeegen. Eremenko warf Division nach Division in die Schlacht. Es gelang ihm, den Verkehrsknotenpunkt Idriza zu nehmen. Damit war die Verbindung zwischen Pleskau und Düna unterbrochen!

Der erste Angriffsschwung der 2. Baltischen Front war nun erschöpft. Die Sowjets mußten umgruppieren.

Die 3. Baltische Front (Armeegen. Masslenikov) trat am 14. 7. auf den Plan. Ihr Angriff richtete sich gegen den rechten Flügel der 18. Armee mit dem Ziel, die beiden deutschen Armeen voneinander zu trennen, um den Zusammenbruch der Heeresgruppe zu beschleunigen. Das L. AK. (Gen.d.Inf. Wegener) kämpfte erbittert in dem unwegsamen Wald- und Sumpfgelände vorwärts Ludsen. Doch alle Tapferkeit nutzte nichts. Russische Panzerkräfte durchbrachen die Front der benachbarten beiden lettischen SS-Divisionen. Der Zusammenhalt der zwei Armeen war geplatzt! Das AOK 18 befahl zwar sofort die bei Pleskau in Reserve liegende 126. ID. in die Lücke. Doch bevor die Division herankam, war es zu spät.

Die sowjetischen Panzer- und Schützenverbände drückten den linken Flügel des X. AK. immer weiter zurück. Die 93. ID. gab, ohne auf ihre Nachbarn zu achten, Gelände auf. Dadurch konnten die Sowjets durchbrechen und erreichten am 16. 7. Opotschka. Die Verteidiger der Stadt stellten den Widerstand ein, als kein Soldat mehr lebte!

Die 18. Armee besaß kein Bataillon mehr, daß sie in diese Frontlücke werfen konnte. Der Großangriff der 3. Baltischen Front fesselte jetzt nicht nur das L. AK., sondern dehnte sich gegen das links benachbarte XXXVIII. AK. (Gen.d.Art. Herzog) aus. Das Korps behauptete sich mit seinen Divisionen — 83. ID., 21. Lw.FD., 32. ID. — noch vorwärts der Welikaja.

Der Feind gewährte keine Atempause. Neue Panzerverbände rollten heran. Sie durchstießen die HKL der 21. Lw.FD. (Gm. Licht). Das Korps mußte seinen Flügel zurückklappen. Ein kleiner Brückenkopf von 32. (Glt. Boeckh-Behrens) und 121. ID. (Glt. Busse) hielt sich noch ostwärts Ostrow.

„Tatsächlich zerbrach die Front der 21. Lw.FD. unter starken Feindangriffen bereits in den Abendstunden des 20. 7. Als am 21. 7. früh die vordersten Teile der 32. ID. am Utroja-Abschnitt eintrafen, fanden sie ihn vom Feinde besetzt. Die Übergänge waren entweder zerstört oder in der Hand des Gegners. Unter schwierigsten Verhältnissen durchquerten die Regimenter den Fluß, schlugen sich durch die Feindtruppen hindurch und bezogen zwischen Utroja und Kuchwa eine Stellung, in der sie in erbittertem Kampf den Gegner am weiteren Vordringen hinderten. ... Die 21. Lw.FD. war vollkommen zersprengt, am rechten Flügel klaffte also eine unübersehbare Lücke. Links der Division bestand nur eine lockere Verbindung zur 121. ID., die gleichfalls in schwerem Kampf stand." *)

Das XXXVIII. AK. räumte am 21. 7. Ostrow, um nicht vom Feind eingeschlossen zu werden.

---

*) Schröder, J. und Schultz-Naumann, J.: Die Geschichte der pommerschen 32. Infanterie-Division. Bad Nauheim: Podzun 1956. 229 S.

Der Durchbruch war vollkommen! 15 feindliche Schützendivisionen und 5 Panzerbrigaden rissen zwischen Karsawa und Ostrow 16. und 18. Armee auseinander!

Pausenlos gingen die Kämpfe weiter. Die Truppe marschierte, kämpfte und schoß. Die Stimmung berichtete ein Tagebuchschreiber der 290. ID.:

„Müde ist unser Schritt. Einer kennt den anderen kaum; denn über die braungebrannten, staubgrauen Gesichter hat triefender Schweiß verkrustete Rinnen gezogen. Krusten aus Schweiß und Dreck verkleben Stoppelbärte. Die weitgeöffneten Feldblusen und Hemden deckte eine gleichmäßige gelbbraune Puderschicht. So stapfen wir durch knöcheltiefen Sand, einer hinter dem anderen. . . . Seit Tagen haben wir nicht mehr geschlafen, kaum gegessen, und in den Kehlen brennt der Durst. Wie Holz sind Zunge und Gaumen. Nicht einer spricht . . .“

In diese Stimmung hinein fiel die Nachricht vom Attentat auf Hitler. Die Truppe nahm diese Meldung kaum zur Kenntnis. Der Kampf ums nackte Dasein war wichtiger, als die Geschehnisse in Berlin. Der Tagesbefehl des OB. zum 20. Juli — „Die Heeresgruppe kämpft jetzt erst recht!“ — gelangte über die Divisions-Gefechtsstände nicht hinaus.

Die Sowjets waren überall in die „Pantherstellung" ein- und größtenteils durchgebrochen. Da konnte sich auch das XXVIII. AK. (Gen.d.Inf. Gollnick) südlich des Peipussees nicht mehr halten. Der Befehl zum Absetzen wurde gegeben.

„Der gewaltige Feuerschein über Pleskau gibt dem Bild der ersten Rückzugsnacht einen gespenstischen Hintergrund. Die im Abschnitt des GR. 24 liegende Welikajabrücke widersteht anfangs der vorbereiteten Sprengung und kann erst in letzter Minute, als der Gegner bereits am Ufer steht, durch Infanteristen und Pioniere gesprengt werden. Die ersten Absetzbewegungen aus der „Pantherstellung" verlaufen planmäßig. Doch als starke Feindverbände weiter südlich auf der Naht zwischen XXXVIII. und XXVIII. AK. einen Durchbruch erzielen, werden Teile der Division an den verschiedensten Stellen zur Abwehr eingesetzt. Die Schließung der Lücke bleibt das Verdienst der 21. ID. (Glt. Foertsch).“ *)

Die Heeresgruppe Nord befand sich mit Ausnahme der Armee-Abt. Narwa auf dem Rückzug ins Baltikum. Ihre Verluste betrugen seit dem 22. 6.:

16. Armee:	33 020 Gefallene, Verwundete, Vermißte,
18. Armee:	12 158 Gefallene, Verwundete, Vermißte,
Armee-Abt. Narwa:	4 320 Gefallene, Verwundete, Vermißte.

---

*) Podzun, H.-H.: Weg und Schicksal der 21. Infanterie-Division. Kiel: Podzun 1951. 40 S.

Die Schlacht um das Baltikum begann.

Der OB. der Heeresgruppe schlug bereits am 12. 7. dem OKH einen Rückzug seiner Armeen in Richtung Kowno — Riga vor. Die Armee-Abt. Narwa sollte auf dem Seeweg nach Memel abtransportiert werden. Gen.d.Inf. Frießner erläuterte seinen Vorschlag:

„Es würde der letzte Versuch sein, die Heeresgruppe, wie eindeutig und klar zu sehen ist, der Einkesselung bzw. der Vernichtung zu entziehen!"

Hitler stimmte selbstverständlich diesem Plan nicht zu. Er befahl die OBs und Chefs der Heeresgruppe Mitte und Nord am 14. 7. in sein Hauptquartier. Hierbei erhielt Gen.d.Inf. Frießner den unzweideutigen Befehl, stehen zu bleiben. Das Baltikum mußte auf jeden Fall verteidigt werden! Die Unruhe unter der lettischen und litauischen Zivilbevölkerung, die kopflos nach Westen flüchtete, hatte auf jeden Fall beschwichtigt zu werden. Die Befehlsverhältnisse im rückwärtigen Armeegebiet waren von nun an durch die OBs auszuüben. Die deutsche Zivilverwaltung der baltischen Gebiete hatte sich den militärischen Anordnungen zu fügen. Darüber hinaus wurde dem Wehrmacht-Befh. Ostland befohlen, eine Brückenkopfstellung um Riga auszubauen.

Die Heeresgruppe stellte noch einmal eine Kampfgruppe auf, die den freien rechten Flügel zu schützen hatte. Gen.d.Kav. Kleffel sollte mit 61., 225. ID. und SS-AA. 11 versuchen, eine Verbindung mit der 3. Pz.Armee herzustellen. Die Kampfgruppe trat am 14. 7. wirklich an und erreichte mit Stoßtrupps Verbände der benachbarten Korps. Der Zusammenhalt riß wieder.

Die sowjetischen Kräfte standen nach wie vor in der Lücke zwischen beiden Heeresgruppen. Die 1. Baltische Front operierte im freien Gelände. Sie erhielt sogar noch weitere Verstärkungen. Die 2. Gd.-Armee (Glt. Tschantschibadse) und die 51. Armee (Glt. Krejser) wurden ihr in den litauischen Raum zugeführt. Die 2. Baltische Front drehte zur Düna ein.

Die Heeresgruppe konnte diesem Aufgebot nichts Gleichwertiges entgegensetzen. Gen.d.Inf. Frießner ließ am 18. 7. eine Bewertung der einzelnen Divisionen aufstellen, die wie folgt aussah:

16. Armee: 2 Div. vollkampffähig (61., 225. ID.),
7 Div. abgekämpft,
4 Div. bedingt kampffähig,
1 Div. zerschlagen (23. ID.);
18. Armee: 5 Div. vollkampffähig (30., 32., 121., 126. ID.,
12. Lw.FD.),
2 Div. abgekämpft (218. ID., 21. Lw. FD.),
1 Div. bedingt kampffähig (93. ID.),
1 Div. zerschlagen (83. ID.).

Diese geringwertige Einsatzfähigkeit sollte am 18. 7. auf die Probe gestellt werden. Feldmarschall Model hatte gebeten, daß die Heeresgruppe von Litauen aus die Frontlücke schließen müsse. Hitler berief die OBs zu einer Besprechung. Reichsmarschall Göring forderte den Rückzug der Heeresgruppe bis zur Düna. Hitler lehnte barsch ab. Für ihn gab es keinen Rückzug! Er befahl sogar, daß die Heeresgruppe die Narwafront entblößen solle. Das XXXXIII. AK. mußte mit 58. ID., SS-AA. 11, Sturmgesch.-Br. 202 und 261 und H.Art.Abt. II./62 den Angriff durch Litauen führen.

Es kam nicht dazu. ...

Denn jetzt griff die Leningraderfront (Marschall Goworow) die Armee-Abt. Narwa an, während gleichzeitig die 2. Baltische Front zur Offensive auf Dünaburg ansetzte!

Die Heeresgruppe hatte schon kurz nach Beginn der Schlacht um Witebsk die Luftflotte 1 um Unterstützung der Erdtruppen gebeten. Die wenigen fliegenden Verbände konnten nur an den Schwerpunkten zum Einsatz kommen. Gen.d.Inf. Frießner sprach am 16. 7. telefonisch mit Gen.d.Flieger Pflugbeil und bat ihn, alle Kräfte dafür einzusetzen, daß der Zusammenhalt zwischen 16. und 18. Armee nicht riß.

Das OKL hatte außerdem der Luftflotte 1 befohlen, ihr Bodenpersonal und Versorgungstruppen nach entbehrlichen Offizieren und Mannschaften „auszukämmen". Diese sollten der Heeresgruppe zu Sicherungsaufgaben zur Verfügung gestellt werden. Die Luftflotte gab am 14. 7. die ersten 200 Soldaten ab, zwei Wochen später folgten noch einmal 1 500. Die Luftflotte hatte bis Ende September insgesamt 5 000 ihrer Angehörigen dem Heere zur Verfügung gestellt. Die nur bedingt kampffähigen Soldaten wurden nicht in geschlossenen Einheiten verwendet, sondern als Einzelersatz auf Infanterieeinheiten aufgeteilt.

Der Kampf um Dünaburg — dem Tor zum Baltikum — begann am 19. 7. 5 Schtz.D., 1 Pz.- und 1 mech.Br. griffen nach toller Artillerie- und Fliegervorbereitung die Stadt konzentrisch an. Ganze Häuserblocks, darunter die Zitadelle, brannten und beleuchteten mit ihren Feuerlohen das neue Schlachtfeld der 16. Armee.

Die 81. ID. (Ob. von Bentivegni), die 132. ID. (Glt. Wagner), die Sturmgesch.Br. 393 (Hptm. Pelikan) und die Pz.Abt. 502 standen im Schwerpunkt der tagelangen Kämpfe im Vorfeld Dünaburgs. Beide Seiten kannten keinen Pardon. Das GR. 437 (132. ID.) ließ sich nicht aus den Stellungen werfen. Die wenigen „Tiger" der Pz.Abt. 502 griffen rücksichtslos die überschweren „Stalin"-Panzer — diese wurden im Abschnitt der Heeresgruppe zum erstenmal eingesetzt (!) — an. Die 1. und 3./Pz.Abt. 502 (Oblt. Bölter und Oblt. Carius) schossen schon am ersten Tag 17 „Stalin"-Panzer und 5 „T-34" ab.

Die Schlacht um Dünaburg tobte Tage und Nächte. Die deutschen Verteidiger hielten sich noch, als am 25. 7. die Einschließung der Stadt bevorstand. Es waren nur Reste der 81. und 215. ID. Die Pz.Abt. 502 war kämpfend bei Dünaburg untergegangen! Die Sturmgesch.Br. 393 hatte den größten Teil ihrer Geschütze verloren.

Die Heeresgruppe gab am 26. 7., 12.25 Uhr, Befehl zur Räumung Dünaburgs. Das Halten der Stadt war sinnlos geworden.

Der Chef d. Gen.St. der Heeresgruppe, Glt. Kinzel, der nach dem Attentat vom 20. Juli zur Besprechung ins Führerhauptquartier gerufen wurde, berichtete dem neuen Chef d. Gen.St. im OKH, Gen.Ob. Guderian. Der Glt. sagte wörtlich:

„In absehbarer Zeit ist mit der Vernichtung der Heeresgruppe zu rechnen! Damit verliert der Führer nicht nur zwei Armeen, sondern das ganze Ostland!"

Gen.Ob. Guderian lehnte mit scharfen Worten jeden weiteren Rückzug ab. Er machte sich Hitlers „Festhalteparole" zu eigen und befahl, daß die Heeresgruppe dort zu kämpfen habe, wo sie stehe. Eine dementsprechende Anordnung Hitlers traf am 24. 7. beim Heeresgruppenkommando in Segewold ein. Danach hatte die 16. Armee sogar noch die Lücke zur Heeresgruppe Mitte zu schließen!

Mit der „Führerweisung" erschienen gleichzeitig der neue OB. der Heeresgruppe, Gen.Ob. Schörner, und der neue Chef d. Gen.St., Gm. von Natzmer.

Ein Führerbefehl vom selben Tag gab dem OB. unumschränkte Machtvollkommenheit:

„Ich ernenne den Gen.Ob. Schörner zum OB. der HGr. Nord und übertrage ihm für seinen gesamten Befehlsbereich die Befugnis, alle verfügbaren Kampfkräfte und Mittel der Wehrmachtteile und Waffen-SS, der Gliederungen und Verbände außerhalb der Wehrmacht, der Partei- und zivilen Dienststellen zur Abwehr des feindlichen Angriffs und zur Erhaltung des Ostlandes einzusetzen. ...

Der gesamte Befehlsbereich der Heeresgruppe ist Operationsgebiet. Der Wehrmacht-Befh. Ostland wird dem OB. der HGr. Nord in jeder Beziehung unterstellt.

Die Zivilverwaltung im Operationsgebiet ... bleibt in ihrer bisherigen Form bestehen.

Ich stelle dem Reichskommissar Ostland für den zivilen Bereich und dem OB. der HGr. Nord für den militärischen Bereich diejenigen Rückführungs- und Räumungsmaßnahmen im Ostland frei, die sie ... als notwendig ansehen. ..."

Der neue OB. fand keine günstige Lage vor.
Die Divisionen der Heeresgruppe waren am 24. 7. so eingestuft:
Zerschlagen: 23. ID., 15. und 19. lett. SS-D.;
Abgekämpft: 24., 32., 81., 83., 87., 93., 121., 132., 205., 218., 215., 290., 329. ID., 281. Sich.D.;
Bedingt kampff.: 126., 225., 263., 389. ID., 20. estn. SS-D., 21. Lw.FD.;
Voll kampffähig: 11., 21., 30., 58., 61., 227. ID., 12. Lw.FD.

Eine gefährliche Situation hatte sich mittlerweile an der Naht zwischen 18. und 16. Armee gebildet. Hier war die Kamfgruppe des Gen.d.Inf. Wegener (L. AK. mit 83., 218. ID., XXVIII. AK. mit 21., 32., 227. ID.) eingesetzt, um ein weiteres Auseinanderklaffen der beiden Armeeflügel zu verhindern. Die größte Frontlücke aber — das sogenannte „Baltenloch" — existierte nach wie vor zwischen 16. Armee und 3. Pz.Armee. Die dort kämpfende Gruppe des Gen.d.Kav. Kleffel war nicht in der Lage, von sich aus nach Süden durchzustoßen.

Die Sowjets drangen weiter nach Westen und befanden sich mit ihren Panzerverbänden tief in Litauen. Schaulen wurde am 26. 7. morgens von den Vorausabteilungen des III. sowj. Gd.Pz.K. erreicht. Der Stadtkommandant, Glt. Pflugbeil, hatte nur Wach- und Sicherungskompanien, die in schwere Kämpfe verwickelt wurden. Eine Kampfgruppe unter Ob. Mäder traf ein, hielt den Feind noch einen vollen Tag und eine volle Nacht auf. Schaulen brannte am 27. 7. Die Heeresgruppe befahl in der Nacht zum 28. 7. den Ausbruch der Kampfgruppe Ob. Mäder nach Libau.

Die Situation verschärfte sich nicht nur von Tag zu Tag, sondern von Stunde zu Stunde.
Das Oberkommando der 2. Baltischen Front erhielt am 28. 7. Befehl, mit allen Kräften unverzüglich nach Riga durchzustoßen und die Heeresgruppe Nord von Ostpreußen zu trennen!
Feindliche Panzer rollten bereits beiderseits Schaulen vor. Mitau wurde bedroht. Kein Nachschubfahrzeug kam an diesem Tag mehr von Nord nach Süd oder von Süd nach Nord durch. Die Heeresgruppe war praktisch schon abgeschnitten. Die Brotration mußte am 28. 7. für die Soldaten der 16. Armee auf 200 g herabgesetzt werden. Im ganzen Bereich befanden sich nur noch 40 to. Munition!
Gen.Ob. Schörner befahl in Voraussicht dieser Entwicklung das Absetzen der 16. Armee und des rechten Flügels der 18. Armee auf die sogenannte „Marienburg-Stellung". Das OKH erhob Einspruch. Gm. von Natzmer konnte nur lakonisch antworten:
„Nicht mehr zu ändern, Truppe besetzt bereits Stellung!"

Die „Marienburg-Stellung" verband die Düna mit dem Peipussee. Hier waren in den letzten Wochen 99 km Laufgräben mit 358 Panzerhindernissen, 3 061 Kampfständen und 130 Minensperren entstanden. Das OKH war nicht mit der Maßnahme einverstanden. Es erwartete immer noch den Schwerpunkt des gegnerischen Stoßes nach Westen. Das Heeresgruppenkommando hatte aber die Vormarschrichtung der 2. Baltischen Front (OB. Armeegen. Eremenko) erkannt! Es befahl dem Wehrmacht-Befh. Ostland, Riga so schnell wie möglich zu evakuieren und mit seinen Truppen die Brückenkopfstellungen zu verteidigen.

Der Morgen des 28. 7. kam herauf. Die ersten Aufklärer, die noch bei Dämmerung gestartet waren, gaben eine schreckliche Meldung durch:

„Ca. 900 Fahrzeuge, darunter schwere Panzer, rollen von Mitau in Richtung Nordost nach Tuckum!"

Die Heeresgruppe Nord verschob eilig zwei Kompanien der 58. und 61. ID. nach Schlock, um dort die Enge zu sperren. Bisher standen hier nur schwache Kräfte der HGr.-Waffenschule ohne jede schwere Waffe. Gen.Ob. Schörner meldete die bedrohliche Situation dem OKH. Gen.Ob. Guderian antwortete 12.30 Uhr telefonisch:

„ . . . kann im Augenblick nichts für die Heeresgruppe tun!"

Der Tagesbefehl Gen.Ob. Schörner von 14.15 Uhr lautete:

„1.) Feindliche Panzerkräfte mit motorisierter Infanterie in bisher nicht festgestellter Stärke haben Westflügel der Heeresgruppe umfaßt und sind in den Raum Mitau vorgestoßen. Weitere Feindkräfte aus dem Baltenloch im Vormarsch auf Riga.

2.) HGr. Nord verhindert weiteres Feindvorgehen aus Raum Schaulen nach Norden und stößt den auf Mitau vorgehenden Feindkräften in die Ostflanke. Weitere Absicht ist, im Zusammenwirken mit 3. Pz.Armee durch Angriff die Lücke zwischen 3. Pz.Armee und HGr. zu schließen.

3.) Neugliederung am 28. 7. . . .

4.) Aufträge:
   a) Wehrmacht-Befh. Ostland hält Brückenkopf Riga gegen alle Angriffe. Auf das Halten der vorgeschobenen Stellung Mitau einschl. Brücken wird besonderer Wert gelegt.
   b) 16. Armee stößt noch am 28. 7. mit schwachen Kräften von Bauske in Richtung Eleja vor, um weiteres Vorgehen des Feindes zwischen Rollbahn und Bauske zu verhindern. . . . Mit linkem Flügel Abwehr in jetzt erreichter Linie. . . .
   c) 18. Armee und Armee-Abt. Narwa Abwehr in jetzt erreichter Linie."

Der Tagesbefehl wurde durch den Gang der Ereignisse überholt. Die Heeresgruppe befahl die Aufstellung zweier Kampfgruppen, die sofort Front gegen die vorrollenden Panzerkeile machen mußten. Glt. Ortner legte sich mit Verbänden seiner 281. Sich.D. längs der Straßen Libau — Mitau und Mitau — Tuckum. Ob. Mäder hielt mit gemischten Kompanien an der Straße westlich Schaulen — Mitau und wehrte dort erste Feindangriffe in Richtung Libau ab.

Die schwer angeschlagene 93. ID. (Ob. Hermann) wurde mit Lkw nach Riga gebracht. Die eintreffenden Bataillone rückten nach Westen, um die Enge bei Schlock zu sperren. Der Wehrmacht-Befh. Ostland hatte alle irgendwie greifbaren Wach- und Sicherungsverbände zum Schutze Rigas einzusetzen.

Gen.Ob. Schörner befahl den sofortigen Abtransport des weiblichen Wehrmachtsgefolges. 1 500 Nachrichtenhelferinnen und Angestellte der militärischen Behörden verließen an diesem Tag per Schiff die lettische Hauptstadt. Der OB. war stundenlang unterwegs, um persönlich Etappen- und Versorgungsdienststellen auszukämmen.

Da traf am 29. 7. der Befehl Hitlers ein, daß die 16. Armee unverzüglich zum Angriff in Richtung Ponewisch anzutreten habe.

Es war zu spät!

Das III. mech. Gd.K. (Glt. Obuchov) drang am 30. 7. mit Panzern und Schützen in Mitau ein! Die 8. mech. Gd.Br. unter Ob. Kremer stieß am selben Tag auf Tuckum vor! Sowjetische Panzer erreichten bei Klapkalnice das Meer!

Die Heeresgruppe Nord war eingeschlossen!

*

Der äußerste linke Flügel der Heeresgruppe im Narwabogen stand in diesen Tagen gleichfalls in einer erbitterten Schlacht um Sein oder Nichtsein.

Die Leningraderfront (Marschall Goworow) blieb mit 2. Stoß- und 8. Armee bis Mitte Juli „Gewehr bei Fuß" stehen. Dann war ihr Aufmarsch beendet. Sowjetische Geschütze eröffneten am 24. 7., 4.49 Uhr, ein einstündiges Trommelfeuer auf die Stellungen des III. SS-Pz.K. (SS-OGruf. Steiner) südwestlich von Narwa. Dann griffen Panzer, Schützen und Tiefflieger an.

Die 11. ostpreußische ID. (Glt. Reymann) und die 20. estnische SS-D. (SS-Br.Fhr. Augsberger) gerieten in den feindlichen Großangriff. Der Kampf dauerte genau 12 Stunden beiderseits Auwere. Dann gaben die Sowjets auf. Sie hatten keinen Meter Boden gewonnen! Die Narwafront hielt!

Es war vorauszusehen, daß die Leningraderfront ihre Angriffe erneuern würde. Das Heeresgruppenkommando befahl deshalb dem III. SS-Pz.K., den Brückenkopf und die Flußstellungen aufzugeben, um Kräfte einzusparen. Das Korps war ja bereits durch laufende Abgaben an die 16. Armee geschwächt. Die beiden SS-D. „Nordland" (SS-Gruf. von Scholz) und „Nederlande" (SS-Br.Fhr. Wagner) räumten am 26. 7., 22.30 Uhr, die Stadt und den Brückenkopf Narwa. Beide Divisionen zogen in die vorbereitete „Tannenberg-Stellung". Nur das Nachhutregiment der SS-D. „Nederlande" — SS-Pz.Gren.R. 48 — konnte nicht rechtzeitig vom Flußufer weg. Es geriet nördlich Auwere auf starke sowjetische Kräfte und wurde aufgerieben.

Russische Panzer stießen sofort in die Lücke, die nicht rechtzeitig geschlossen werden konnte. Es kam zu harten Kämpfen beiderseits Waiwara. Die Gefechte waren erbittert. Es wurde um jeden Meter Boden, um jeden Bunker, ja um jeden Granattrichter gerungen. Nichts unterschied die Schlacht um Waiwara von dem blutigen Ringen um Verdun im 1. Weltkrieg.

Die flämische Sturm-Br. „Langemarck", die soeben aus der fernen Heimat auf dem Schlachtfeld eintraf, war nach drei Tagen ausgeblutet. Das Regiment „Danmark" focht pausenlos um die Blauberge und wich keinen Schritt zurück. Das I./SS-Gren.R. 45 (Esten) opferte sich, um das Absetzen schwerer Geschütze zu decken. Als die Schlacht am 27. 7. abflaute, hatte das III. SS-Pz.K. keinen Quadratmeter Gelände verloren! Die Verluste waren allerdings enorm. Ein Div.Kdr. (SS-Gruf. von Scholz) und drei Regimentskommandeure (SS-Stand.Fhr. Graf zu Westphalen, SS-OSturmbannf. Collani, SS-Sturmbannf. Stoffers) waren mit vielen ihrer estnischen, dänischen, norwegischen, finnischen und belgischen Freiwilligen gefallen.

Es gab keine Ruhe zwischen Peipussee und Finnbusen. Die Leningraderfront wiederholte schon am 28. 7. ihren Großangriff. Der Stoß traf alle vier Divisionen des Korps. Die SS-D. „Nederlande" und „Nordland" standen westlich Narwa im schweren Gefecht. Die rechts benachbarte 11. ID. hielt gleichfalls ihre Stellung, genau wie die 20. estn. SS-D., die Div. zbV. 300 am Peipussee mit dem 227. Marine-Inf.Btl. und dem 111. Sich.Rgt.

Die Freiwilligen aus Nord-, Ost- und Westeuropa wehrten sich erbittert. Sie kämpften nicht schlechter als die schlachtgewohnten Ostpreußen der 11. ID. Die Esten wußten: Es ging um ihre Heimat. Kein SS-Freiwilliger verließ in diesen Tagen seine Truppe. Nur dort, wo Grenzschutz- und Polizeieinheiten standen, die bisher keinerlei Kämpfe mit den Sowjets zu führen hatten, mehrten sich Desertationen. Allein von den beiden estnischen Grenzschutz-Rgtern 4 und 6 liefen bis Monatsende 6 Offiziere und 923 Mannschaften zum Feind über!

Das Heeresgruppenkommando schlug mehrmals die Räumung Estlands vor. Hitler widersetzte sich diesen Bitten. Er wollte das Land auf alle Fälle halten. Hierbei dachte er weniger aus Rücksicht an die finnischen und estnischen Waffenbrüder als vielmehr an die wirtschaftliche Notwendigkeit der Schieferwerke (Baltölwerke) in Nordestland. Die Frontlage erzwang aber, daß Ende Juli drei Flakbatterien von diesen Werken abgezogen und zur Narwafront verlegt wurden. Ferner mußten 5 000 Arbeiter der Schieferwerke neue Auffang- und Rückhaltstellungen bauen.

Die Front nördlich des Peipussees hielt . . .

. . . bis sie in dem Strudel der weiteren Ereignisse aufgegeben werden mußte.

*

Die Heeresgruppe Nord war bei Beginn des Monats August von der übrigen Front abgesprengt. Die Trennung von der Heimat war vollkommen! Die telefonische Verbindung des Heeresgruppenkommandos mit dem OKH in Berlin-Zossen war nur über die zivile Leitung Segewold — Helsinki — Oslo — Zossen möglich!

Nachschub und Ersatz erfolgte per Schiff nach Riga. In den ersten beiden Tagen nach der Einschließung liefen folgende Transporter Riga an:

„Robert Möhring"	mit	Marsch-Btl. 441 = 594 Mann,
	mit	1./Marsch-Btl. 434 = 165 Mann,
„Brake"	mit	Marsch-Btl. 434 = 589 Mann,
	mit	Marsch-Btl. 437 = 525 Mann,
„Wartheland"	mit	Marsch-Btl. 435 = 426 Mann,
	mit	Marsch-Btl. 436 = 493 Mann,
	mit	Marsch-Btl. 439 = 504 Mann,
	mit	Marsch-Btl. 451 = 496 Mann,
	mit	45 to. Munition,
„Gothenland"	mit	Marsch-Btl. 450 = 504 Mann,
	mit	Marsch-Btl. 453 = 486 Mann,
	mit	Marsch-Btl. 454 = 472 Mann,
	mit	Marine-Marsch-Btl. 3 = 650 Mann,
	mit	45 to. Munition,
„Las Palmas"	mit	435 to. lFH-Munition,
	mit	15 to. MG-Munition,
	mit	390 Panzerfäusten,
	mit	50 Panzerschrecks.

Die Heeresgruppe war noch an den Führerbefehl gebunden, eine Verbindung mit der 120 km (!) entfernt stehenden 3. Pz.Armee herzustellen. Die 16. Armee setzte im Raum Bauske und ostwärts Mitau die Angriffe an. Sie blieben beide im Feuer der Salvengeschütze und Artillerie des Gegners liegen. 81., 215. und 290. ID. (von rechts nach links) stießen auf Birsen vor. Die Verbindung riß nicht. Die Regimenter kamen gut nach Süden voran. GR. 390 (215. ID.) gewann am 5. 8. den Stadtrand von Birsen. Am nächsten Tag setzte der sowjetische Gegenangriff an und drängte die drei Divisionen auf die Ausgangsstellungen zurück. Gen.Ob. Schörner befahl deshalb am 2. 8. die Einstellung aller Unternehmungen. Das OKH bestätigte diese Anweisung mit einem neuen Führerbefehl, der am 3. 8., 10.10 Uhr, beim Heeresgruppenkommando eintraf:

> „Da der Angriff der HGr. Mitte zur Wiederherstellung der Verbindung zeitlich noch nicht festgelegt werden kann, ist der Angriff der HGr. Nord zur Erhaltung der Kampfkraft zunächst einzustellen!"

Der Stab des Wehrmacht-Befh. Ostland und die beiden noch im Reichskommissariat Ostland bestehenden Oberfeldkommandanturen 394 und 395 wurden am 4. 8. aufgelöst. Der bisherige Befehlsbereich unterstand ab sofort den Komm.Gen. der rückw. Armeegebiete. Das Reichskommissariat Ostland war zum Operationsgebiet erklärt!

Die Heeresgruppe und das AOK 16 setzten vorerst einmal alles daran, die äußerste Gefahr von Riga abzuwenden. Die 93. ID. (Ob. Hermann) sollte hierzu versuchen, Mitau zu nehmen, um die bei Tuckum stehenden sowjetischen Panzerverbände von ihrer Verbindungsstraße zu trennen. Der Angriff der brandenburgischen Division gelang. GR. 273, I./GR. 272 und Füs.Btl. 93 nahmen Mitau im Sturm und bildeten einen Brückenkopf.

Dieser Erfolg wurde dadurch unterstrichen, daß die Luftaufklärung seitdem rückläufige Bewegungen aus dem Raume Tuckum meldete. Deshalb wurden am Westflügel der 16. Armee zwei weitere Kampfgruppen gebildet, die versuchen sollten, nach Tuckum und Doblen durchzukommen. Die stärkste Kampfgruppe bestand aus motorisierten SS-Verbänden unter Führung des OSturmbannf. Groß.

Bevor an dieser Frontstelle eine Lageveränderung eintrat, mußte die Heeresgruppe ihr ganzes Augenmerk auf die Schwerpunkte vor 16. und 18. Armee legen. Die 2. und 3. Baltische Front gruppierten Anfang August um und griffen seit 5. 8. erneut mit großer Heftigkeit zwischen Peipussee und Düna an.

Die gesamte Front der 18. Armee stand in heftigster Abwehr. 24., 126. und 218. ID. stritten vorwärts Ludsen gegen überlegene Kräfte. Das GR. 426 (126. ID.) wurde bei Licagals eingeschlossen, schlug sich aber später durch. Südlich Marienburg kämpfte die 83. ID.

„Am Mittag trommelt der Feind mit allen schweren Waffen auf die Stellung. Wir krallen uns in die Erdlöcher. Bis zum Abend große Verluste. Linker Nachbar muß mehrmals Stellung aufgeben, rechter Nachbar ebenfalls. ... Rechte Flanke offen! Höchste Gefahr! Iwan schleicht sich in unseren Rücken. ... Das II./GR. 257 verliert alle Offiziere. Augenblickliche Gefechtsstärke: 1 Unteroffizier und 30 Mann!" *)

Das VI. SS-K. (SS-OGruf. Krüger) kämpfte in Wald und Sumpf. Divisionen existierten nicht mehr, nur noch einzelne Kampfgruppen, die für sich getrennt marschierten, fochten und starben. Die Sowjets spengten die Naht zwischen VI. SS-K. und X. AK. Damit waren die beiden deutschen Armeen erneut getrennt. Sofort angesetzte Gegenangriffe von erreichbaren Teilen der 24., 32. und der aus Finnland zugeführten 122. ID. schlugen nicht mehr durch.

Die 2. Baltische Front beabsichtigte, den linken Flügel der 16. Armee bei Birsen noch weiter zurückzuwerfen, um einen eventuellen Zusammenschluß beider Armeen von vornherein zu verhindern. Der Angriff traf mit voller Wucht die 81. ID. Die Division war höchstens noch ein schwaches Regiment stark; Artillerie, Panzerjäger und Pioniere bestanden noch aus kleinen und kleinsten Gruppen. Die Oberschlesier wankten und wichen nicht. Sie boten 10 Schtz.D. und I. und XIX. sowj. Pz.K. ihre Stirn!

Das Heeresgruppenkommando befahl die Rücknahme der inneren Flügel der 16. und 18. Armee auf die Linie Bauske — Memele — Trentelburg. Die Abendmeldung vom 6. 8. an das OKH lautete:

„HGr-Bereich 125 Panzer, davon im Bereich I. AK. 87 Panzer abgeschossen. Panzer-Abschußzahl der HGr. seit 22. 6. = 1325. Während der Angriffs- und Abwehrkämpfe im Raum von Birsen zeichnete sich die 81. ID. unter Führung von Ob. von Bentivegni durch hervorragenden Angriffsschwung und durch unerschütterliches Standhalten aus. ... Dem heldenhaften Kampf der Division, die empfindliche Verluste erlitt, ist es zu verdanken, daß der operativ angesetzte Stoß des Feindes in Richtung Riga scheiterte. ... Im gleichen Raum bewährte sich die Sturmgesch.Br. 912, die 53 Panzer abschoß. ..."

Der Kampf am rechten Flügel der 16. Armee flaute dagegen merklich ab. Die Korpsgruppe Gen.d.Kav. Kleffel stellte die Verbindung mit der Kampfgruppe SS-Osturmbannf. Groß her. Die SS-Gruppe

---

*) Tiemann, R.: Geschichte der 83. Infanterie-Division. Bad Nauheim: Podzun 1960. 378 S.

rückte am 8. 8. gegen nur geringfügigen feindlichen Widerstand von Nordwesten nach Tuckum vor.

Die 3. Baltische Front (Armeegen. Masslenikov) leitete am 10. 8. die zweite Phase ihrer Offensive gegen den linken Flügel der 18. Armee ein. Bomberstaffel nach Bomberstaffel flogen die Stellungen des XXVIII. AK. an, die gleichzeitig vom stundenlangen Trommelfeuer der sowjetischen Artillerie zugedeckt wurden. Dann stürmten die russischen Divisionen. Das XXVIII. AK. (Gen.d.Inf. Gollnick) konnte dieser Übermacht nicht widerstehen. Allein gegen die Front der 30. ID. griffen 1 PD., 1 mech.Br. und 4 Schtz.D. an.

„In kürzester Frist wird aus dem Kampf um die HKL ein verzweifeltes Sich-Durchschlagen der Grabenbesatzungen, während die Angriffsspitzen schon rückwärts vor den Btl.-Gefechtsständen stehen. Teilweise hat der Feind auch Nebel geschossen und die Artillerie-Beobachtungen geblendet, so daß stellenweise Panzer vor den Batterien auftauchen, während diese noch ihr vorbereitendes Sperrfeuer schießen. Es ist eine schwere Krise..." *)

Die Sowjets warfen (von rechts nach links) 121., 30. ID., 21. Lw.FD., 21. ID. zurück, drangen in Petseri ein und standen am Abend dieses „schwarzen 10. August" 20 km ostwärts Werro!

Der Weg für die „Rote Armee" nach Estland war frei!

Gen.Ob. Schörner befahl das unbedingte Halten der Stellungen, da sonst das Ostland verloren sei! Die einsatzbereiten fliegenden Staffeln der Luftflotte starteten am 11. 8. trotz schlechtesten Wetters, um dem XXVIII. AK. zu helfen. Die III./Schlacht-G. 4 war mit 44 Stukas in acht Einsätzen der tatkräftigste Verband, der allerdings das Schlachtenglück nicht mehr wenden konnte.

Die Armee-Abt. Narwa mußte Kampfgruppen abgeben. Sie schickte vorerst die SS-D. „Nederlande" von ihrem rechten Flügel und das neu bei ihr eingetroffene Sturm-Btl. „Wallonie" (SS-Sturmbannf. Degrelle). Die 16. Armee wurde ebenfalls um Antransport von Verbänden ersucht, doch ohne Erfolg. Das Kriegstagebuch der Heeresgruppe verzeichnete am 12. 8., 9.15: „16. Armee kämpft auf Biegen und Brechen, mehr jedoch auf Brechen um Riga!"

Das OKH schickte Hilfe. Es handelte sich um die im Reich neu aufgestellte 31. ID. (Gm. von Stolzmann). Die Division wurde im Laufe der nächsten Tage von 86 „Ju-52" von Ostpreußen aus nach Lettland eingeflogen. GR. 82 traf als erster Verband am 13. 8. in Laatre, 15 km nordostwärts Walk, ein.

Es wurde auch Zeit.

---

*) Breithaupt, H.: Die Geschichte der 30. Infanterie-Division. Bad Nauheim: Podzun 1955. 320 S.

Die Sowjets durchbrachen am 12. 8. die „Modohn-Stellung", 45 km westlich von Pleskau. Die Panzer- und Schützenverbände des CXVI., CXXIII. Schtz.K. und XIV. Gd.K. stießen nach Westen durch. Das XXVIII. AK. war nicht mehr in der Lage, Widerstand zu leisten. Werro ging am Abend des 13. 8. verloren. Zwischen hier und dem Pleskauer See befanden sich keine deutschen Truppen mehr!

Die Heeresgruppe übertrug der Armee-Abt. Narwa die Sperrung zwischen Peipus- und Wirzsee. Das AOK 18 (OB.: Gen.d.Art. Loch, Chef d.Gen.St.: Gm. Foertsch, Ia: Oberstlt.i.G. Starke) sollte selbst die Führung an dem bedrohten linken Flügel übernehmen. Am rechten Flügel wurde die Armeegruppe Gen.d.Inf. Wegener mit L., X. AK. und VI. SS-K. gebildet. Das bisher bei 16. Armee eingesetzte Gen.Kdo. II. AK. (Gen.d.Inf. Hasse) wurde zwischen XXVIII. und XXXVIII. AK. eingeschoben. Es führte vorerst die hier stehende Kampfgruppe Ob. von Below und die anmarschierende 31. ID. Später wurde noch die 87. ID. in diesen Kampfraum verlegt.

Die Erweiterung des sowjetischen Einbruchs konnte bis 16. 8. unter Einsatz aller zur Verfügung stehenden Verbände und Mittel, darunter der III./Schlacht-G. 2 (Major Rudel), verhindert werden. Die 30 Divisionen der 3. Baltischen Front blieben stehen! Sie wandten sich jetzt mit Teilkräften nach Norden, um das Westufer des Peipussees zu gewinnen. Hier hatte sich am Embach beiderseits Dorpat die deutsche Front durch die zugeführten Teile der Armee-Abt. Narwa stabilisiert.

SS-Brig.Fhr. Wagner bildete eine Kampfgruppe, die den Schutz des rechten Flügels der Armee-Abt. Narwa übernahm, da die bisher hier haltende 207. Sich.D. zurückwich. GR. 23 (11. ID.), SS-Btl. „Wallonie", SS-Pz.AA. 11, III./Werfer-R. 3 und II./AR. 58 wehrten die ersten Feindvorstöße gegen Dorpat ab. Da gelang es den Sowjets überraschend, am 16. 8. mit der 25. Binnenschiffs-Br. bei Mehikoorma am Westufer des Peipussees zu landen. Ein sofort angesetzter Gegenstoß der Kampfgruppe Wagner schlug nicht durch!

Die Heeresgruppe war nicht in der Lage, den immer wieder vom OKH verlangten Angriff nach Süden zu beginnen. Ihre ganze Kraft wurde im Norden und im Süden gebraucht.

Die 2. Baltische Front griff am 15. 8. erneut mit starken Truppenverbänden bei Bauske an. Das seit Wochen unablässig kämpfende I. AK. war kaum fähig, dem ersten Ansturm Trotz zu bieten. 50 schwere sowjetische Panzer warfen die abgekämpften Oberschlesier und Niederdeutschen der 81. und 290. ID. 5 km zurück. Die beiden tapferen Divisionen kämpften gegen die 6. Gd.Armee. Sie schossen am ersten Schlachttag mit Unterstützung der Sturmgesch.Br. 912 (Hptm. Karstens) 40 Feindpanzer ab!

Die Sowjets gaben keine Ruhe. Ein einstündiges Trommelfeuer leitete am 16. 8., 10.15 Uhr, den zweiten Teil der Schlacht um Bauske ein. Wiederum stand die 81. ID. im Schwerpunkt des feindlichen Angriffs — und wiederum hielten die Männer aus Oppeln, aus Gleiwitz, Ratibor, Hindenburg und Breslau ihre Stellungen. Doch war vorauszusehen, daß die Kraft der Division erlahmen mußte. Das AOK 16 führte deshalb im Laufe des Tages GR. 438 und Füs.Btl. 132 (132. ID.) zu.

Die 6. Gd.Armee wollte unbedingt durch die Front des I. AK. nach Riga. Sie schickte immer wieder die Schützen und Panzer der 46., 67., 71., 90. Gd.D., 51., 166. Schtz.D., 202. Pz.- und 26. mot.Br. nach vorn!

Noch zwei Tage hielten sich die ausgebluteten Kampfgruppen des I. AK. Doch als am 19. 8. im Schutze des Morgennebels die sowjetischen Angriffswellen erneut gegen die Schützengräben brandeten, war die Kraft des Korps am Ende. Der Brückenkopf Bauske ging verloren.

Der Heeresgruppenbefehl von diesem Tag lautete:

„1. Feind ist auf linken Flügel X. AK. bis Kalu-See und westlich nach Nordwesten und Westen durch...
2. HGr. verhindert auf Naht 16./18. Armee weiteren Feindvorstoß auf Riga und setzt sich mit linken Flügel 18. Armee und Südflügel Armee-Abt. Narwa in die Walk-Wirzsee-Embach-Stellung ab und hält diese Stellung....
3. 16. Armee hält jetzige HKL....
4. 18. Armee hält unter möglichst geringem Umbiegen Nordflügel X. AK. jetzige HKL... und setzt sich mit linkem Flügel schrittweise in die Walk-Stellung ab.
5. Armee-Abt. Narwa setzt sich schrittweise hinhaltend kämpfend in engem Einvernehmen mit 18. Armee in die Embach-Stellung ab. ..."

*

Der Zusammenbruch der Heeresgruppe Mitte und die dadurch bedingte Isolierung der Heeresgruppe Nord veranlaßte das OKH, Anfang Juli entscheidende Gegenmaßnahmen zu treffen. Die in Rumänien zur Auffrischung liegende 7. PD., wurde im Bahntransport nach Ostpreußen gebracht. Einige Wochen später folgte die Pz.Gren.D. „Großdeutschland".

Diese Divisionen gerieten Anfang August in die Bewegungen der auf Ostpreußen zurückgehenden 3. Pz.Armee. Es gab keine geordneten Fronten mehr. Die Truppen waren durcheinandergewürfelt. Kein

Offizier wußte mehr über die Lage Bescheid. Jeder Zusammenhalt schien zu fehlen.

Trotzdem gelang es dem Pz.AOK 3 (Gen.Ob. Raus), Mitte August zwei schlagkräftige Pz.K. zu bilden, die eine Verbindung mit der 16. Armee in Litauen herstellen sollten. Der Angriff, der unter Tarnbezeichnung „Unternehmen Doppelkopf" lief, begann am 16. 8. Das XXXIX. Pz.K. operierte aus dem Raum Libau mit 4., 5., 12. PD. und dem Pz.Verband Graf Strachwitz (SS-Br. Groß und Pz.Br. 101). Das XXXX. Pz.K. stellte sich mit 1. ID., 7., 14. PD. und Pz. Gren.D. „Großdeutschland" um Tauroggen bereit.

Der Vorstoß des XXXX. Pz.K. erreichte die Venta. Die vorgeprellte I./Pz.R. 26 (Hptm. Graf Rothkirch) bohrte sich wie ein Pfeil bis hart westlich Schaulen in die feindliche Front. Doch weiter ging es nicht. „Großdeutschland" blieb liegen, genau wie die benachbarte 7. PD., die über die Venta nicht hinaus kam.

Der Angriff des XXXX. Pz.K. gegen 10 SchtzD., 3 Art.D., 1 mech. Br. und 4 Pak-Br. war zum Scheitern verurteilt. Die Sowjets hatten ihre Überraschung überwunden und gingen selbst zu Gegenangriffen über. Das Korps mußte umgruppieren, um wenigstens die Feinde abzuwehren.

Der Vorstoß des XXXIX. Pz.K. verlief glückhafter. Der am äußersten linken Flügel stehende Pz.Verband Gm. Graf Strachwitz trat in den Mittagsstunden des 19. 8. zum Stoß auf Tuckum an. Der Verband konnte den sowjetischen Widerstand brechen. Langsam wurde der Gegner weich. Die Nacht zum 20. 8. brach herein. Es gab nur kurze Ruhe. Am Morgen ging es weiter. Der Pz.Verband nahm 7.15 Uhr den Bahnhof Dzukste. Gm. Graf Strachwitz gruppierte zum letzten Male um und befahl: „Angriff auf Tuckum".

Von See her röhrten Schiffsgeschütze. 20,3 cm-Granaten bohrten sich in die Straßen, Häuser und Barrikaden von Tuckum. Ein Flottenverband unter V.Adm. Thiele — bestehend aus dem Schweren Kreuzer „Prinz Eugen" und Zerstörern — hatte in der Nacht von Ösel kommend die Irbenstraße passiert und stand 25 km von der Küste entfernt. Es war genau 7.00 Uhr, als die erste Salve der acht 20,3 cm-Geschütztürme des „Prinz Eugen" auf das Land donnerte. Die Marine-Kampfgruppe verschoß an diesem Tag insgesamt 284 Schuß schwerer Artillerie. Die beiden Zerstörer „Z-25" und „Z-28" waren mit 168 Schuß daran beteiligt.

Gm. Graf Strachwitz nutzte die Unterstützung der Kriegsmarine aus. Sein Verband rollte weiter, auch wenn nach und nach Panzer und Selbstfahrlafetten ausfielen. Gm. Graf Strachwitz fuhr selbst Spitze. Es war genau 12.00 Uhr am 20. 8., als die erste Sicherung der 281. Sich.D., bei Kemmern erreicht wurde. Die Verbindung mit der Heeresgruppe Nord war endlich hergestellt!

Zwei Stunden später ratterte Gm. Graf Strachwitz mit seiner Panzerspitze in Tuckum ein! Die Sowjets hatten fluchtartig die Stadt geräumt und ließen Geschütze, Fahrzeuge, Handfeuerwaffen, Ausrüstungsgegenstände und Pferde zurück. Die letzten feindlichen Nachhuten verteidigten sich noch bis 17.00 Uhr. Tuckum war fest in deutscher Hand!

Die Heeresgruppe befahl sofort dem General zbV., Gm. Pawel, die Landverbindung offenzuhalten. Es durften nur militärische Kolonnen die schmale Enge passieren. Gleichzeitig wurde Gen.d.Kav. Kleffel angewiesen, mit seiner Korpsgruppe ebenfalls auf Tuckum vorzugehen. Die Spitze der Korpsgruppe gelangte bis zum Abend an die Straße Tuckum — Mitau.

Der Pz.Verband Graf Strachwitz wurde in den Bereich der Heeresgruppe verlegt. Die ihm nachgefolgten Teile der 52. Sich.D. verblieben in Tuckum und wurden vorübergehend dem AOK 16 unterstellt. Am 21. 8. stieß das II./GR. 272 (93. ID.) vom Osten her nach Kemmern. Damit war eine feste Verbindung von 16. Armee zur 3. Pz.Armee gelungen! 23 Geschütze, 10 Panzer, 11 Pak, 7 MGs und 47 Kraftfahrzeuge waren die letzte Beute an sowjetischen Waffen an der Ostseeküste.

Das Heeresgruppenkommando zog entgegen dem Willen des OKH den Pz.Verband Graf Strachwitz, der durch H.Art.Abt. 153 und 1./Pi.Btl. 44 verstärkt wurde, nach Estland durch . . .

*

Der Schlacht um Estland entbrannte am 21. 8.

Die 3. Baltische Front (Armeegen. Masslenikov) setzte 54., 67., Armee und 1. Stoßarmee zwischen Dorpat und Walk zum Durchstoß nach Norden an, um der Leningraderfront vorwärts Reval die Hand zu reichen.

Die Schlacht am Embach nahm schon am ersten Tag gewaltige Formen an. Genau so erbittert wurde am Ostufer des Wirz-Sees gekämpft. Es war klar: Die Sowjets wollten Dorpat nehmen und damit freies Hinterglände gewinnen. Das II. AK. wich langsam zurück. Sowjetische Panzer der 67. Armee erreichten Gelände 7 km südlich Dorpat!

Der Pz.Verband Graf Strachwitz — der Armee-Abt. Narwa unterstellt — sollte den feindlichen Einbruch im Abschnitt der 87. ID. zwischen Modohn und Werro eindrücken. Der Pz.Verband traf am 23. 8. in Elva ein und stellte sich in der Nacht zum Angriff bereit. Gm. Graf Strachwitz verunglückte bei einer Erkundigungsfahrt und wurde schwer verletzt.

Der Pz.Verband war vor seiner entscheidenden Aufgabe führerlos. Der Kdr. der 12. Lw.FD., Glt. Weber, übernahm die Angriffsvorbereitung, lehnte aber eine Führung des ihm unbekannten Verbandes ab. Die Heeresgruppe beauftragte Glt. Chales de Beaulieu, Kdr. 23. ID., mit der Führung des Pz.Verbandes. Der Angriff wurde durchgeführt. Ob. von Lauchert führte bis auf weiteres den Verband.

Pz.Br. 101 und Pz.Br. Groß traten befehlsgemäß am 24. 8. auf Elva und Noo an. Die SS-Pz.AA. 11 drang 1½ Stunde später in Tamsa ein. Hier war ihre Kraft zu Ende. Die Sowjets erwiesen sich als die Stärkeren. Sie drängten unsere Verbände in die Verteidigung. Am Abend verfügte der Pz.Verband Strachwitz noch über 3 (!) einsatzfähige Panzer und 100 Mann!

Die Russen rissen die Initiative an sich. Sie durchbrachen die dünnen deutschen Linien. 10 Schtz.D. und 5 Pz.Br. stürmten. Sie standen am 24. 8. an der Südspitze des Wirz-See. Damit waren 18. Armee und Armee-Abt. Narwa auseinandergerissen! Der Stoßkeil zielte nach Pernau, das zum Operationsgebiet erklärt wurde.

Die Schlacht um Dorpat begann am nächsten Tag. Das II. AK. hatte u. a. Teile der 11. ID. eingesetzt. Schweres russisches Artilleriefeuer deckte vom Morgen an die Stadt und Umgebung zu. Schlacht- und Kampfflugzeuge griffen an. Kein deutscher Soldat konnte sich zeigen. Die Sowjets kamen.

Straßenkämpfe tobten. Die ostpreußischen Soldaten gingen mit Panzerfäusten gegen „T-34" los. Verbissen kämpften sie um Häuserblocks und am Hafen, dessen Anlagen mittags gesprengt wurden. Das I./GR. 23 verteidigte das estnische Nationalmuseum. Das Bataillon gab erst auf, als die letzten Grenadiergruppen durch Flammenwerfer zum Nachgeben gezwungen wurden. Die 1. Sturmgesch.Br. 393 kämpfte ein Panzerrudel nach dem anderen nieder, mußte aber schließlich weichen. Sowjetische Schützen hißten 18.00 Uhr über Dorpat die rote Flagge!

Die letzten Verteidiger wurden u. a. durch 4 Artillerie-Leichter, 2 Zollkampfboote und 7 kleinere Boote der Kriegsmarine davongebracht. Die Gegner stießen sofort nach, besetzten den Flugplatz und erreichten die Eisenbahnlinie Dorpat — Taps. Dann brauchte die 67. Sowjetarmee ebenfalls eine Atempause. Sie stellte das weitere Vorgehen ein!

Estland war Kriegsgebiet geworden.

Die Heeresgruppe befahl bereits am 23. 8. den Alarmzustand für die einheimischen Sicherheitsorgane. Gen.Ob. Schörner empfing in seinem Hauptquartier die Vertreter der landeseigenen Regierung, des Reichs- und Generalkommissariats zu einer ausgedehnten Besprechung über die zu treffenden Maßnahmen. Der estnische Regierungschef, General Dankers, sagte seine volle Unterstützung im Kampf um die

Freiheit seiner Heimat zu. (Er konnte allerdings nicht verhindern, daß immer mehr estnische Soldaten, darunter geschlossene Polizeieinheiten, zum Gegner überliefen!)

*

Die 2. Baltische Front (Armeegen. Eremenko) gab Ende August noch nicht ihre Absicht auf, den linken Flügel der 16. Armee zu überrennen und auf die lettische Hauptstadt vorzudringen. Ein neuer Schwerpunkt war bei Ergli gebildet, von wo der Durchbruch nördlich der Düna erfolgen sollte.

Das AOK 16 stellte im selben Raum unter dem Befehl Gen.d.Inf. Boege eine Armeegruppe zusammen, um eine einheitliche Befehlsführung zu gewährleisten. Hierzu gehörten:

Korpsgruppe Glt. Risse mit 58., 205., 225. ID.;
selbständige 389. ID.;
X. AK. mit 24. ID.;
Korpsgruppe Glt. Wagner mit 121. und 329. ID.

Die 16. Armee erhielt in dieser für sie so bedeutenden Situation einen schweren Schlag. Der OB., Gen.d.Inf. Laux, wurde am 29. 8. mittags bei einem Erkundungsflug über der Front abgeschossen. Der General erlitt schwere Verbrennungen, an denen er später im Lazarett in Riga verstarb. Sein Ia, Ob.i.G. Hartmann, fiel. Der Komm.Gen. I. AK., Gen.d.Inf. Hilpert, übernahm die 16. Armee. Glt. Busse (bisher Kdr. 121. ID.) wurde Komm.Gen. I. AK.

Der neue OB. mußte seine Aufmerksamkeit auf den rechten Armeeflügel richten. Hier zeichnete sich im Raum Mitau eine zunehmende Verstärkung der feindlichen Kräfte ab. Die Korpsgruppe Gen.d.Kav. Kleffel baute emsig an ihren Stellungen. Der rechten Flügeldivision — 81. ID. — war es gelungen, bei Ammenieku Verbindung mit Teilen der Pz.Gren.D. „Großdeutschland" aufzunehmen.

Das OKH wollte die Gruppe Kleffel der 3. Pz.Armee unterstellen. Gen.Ob. Schörner verwahrte sich mit der ihm eigenen Hartnäckigkeit gegen einen solchen Versuch. Er beanspruchte für seine Heeresgruppe Kurland als Hinterland!

Der Kampf um Riga schien bevorzustehen. Das Heeresgruppenkommando befahl am 31. 8. dem Reichskommissar, innerhalb vier Wochen 100 000 Zivilisten aus der Stadt zu evakuieren und vermehrt Sorge für den Ausbau der Rundumverteidigung zu tragen! Die weiblichen Hilfskräfte der Wehrmacht, SS, Polizei und der zivilen Dienststellen mußten sich bis Anfang September zur Heimfahrt nach Deutschland bereithalten. Der Reichsminister für die besetzten Ostgebiete wies ferner den Reichskommissar an, daß er seine Behörde zur zentralen Steuerung der Versorgungslage für Wehrmacht und einheimische Bevölkerung einzurichten habe.

Die Heeresgruppe bereitete sich auf die sowjetische Offensive nach Riga vor. Ende August wurde ihr die 14. PD. zugeführt, die hinter Naht 16./18. Armee als Reserve aufgestellt wurde. Ferner traf H.Pz.-Jäg.Abt. 731 ein, die zur 16. Armee kam. Drei Bataillone der 563. ID. und das Lw.Jäg.Btl. zbV. 10 flogen im Lufttransport ein. Sie wurden zum Schutz des Kriegshafens Pernau eingesetzt.

Die Heeresgruppe verteidigte Ende August eine 700 km lange Front mit 32 ID., 3 Sich.D., 1 PD., 1 Pz.Br., 1 SS-Pz.Br. Die 23. ID. lag als Besatzungstruppe auf den Baltischen Inseln. 1 960 Offiziere und 68 606 Mannschaften waren im August gefallen, verwundet oder vermißt. Die Iststärke der Heeresgruppe betrug am 1. 9. insgesamt 571 579 Soldaten und 42 833 Hilfswillige.

Der Chef d. Gen.St. OKH, Gen.Ob. Guderian, gab anläßlich einer Besprechung im Führerhauptquartier am 5. 9. dem Chef d. Gen.St. der Heeresgruppe, Gm. von Natzmer, Kenntnis, daß er für eine Aufgabe des gesamten Ostlandes eintrete, denn — so fuhr der Gen.Ob. wörtlich fort:

„... auf die Dauer Räumung des Ostlandes nicht zu vermeiden und ich gebrauche die Verbände der Heeresgruppe bald mit Sicherheit an anderen bedrohten Stellen der Ostfront!"

*

Ein Abtransport der Heeresgruppe konnte nicht erfolgen.
Die „Rote Armee" schlug zu.
Anfang September formierten sich die Sowjets zwischen Finnbusen und Riga. 125 Schtz.D., 5 Pz.K., 1 mech.K. und 7 Festungs-Br. standen mit 900 000 Mann, 17 480 Geschützen, 3 080 Panzern und 2 640 Flugzeugen zur Offensive bereit!

Die Leningraderfront (OB.: Marschall Goworow, Chef d. Gen.St.: Gen.Ob. Popov) richtete sich mit 2. Stoß- und 8. Armee vom Finnbusen bis zum Peipussee ein. Südwestlich des Sees stand die 3. Baltische Front (OB.: Armeegen. Masslenikov, Chef d. Gen.St.: Glt. Vaskevitsch) mit 67. Armee, 1 Stoß- und 54. Armee. Die 2. Baltische Front (OB.: Armeegen. Eremenko, Chef d. Gen.St.: Gen.Ob. Sandalov) führte 10. Gd.-, 42. Armee, 3. Stoß- und 22. Armee nördlich der Düna vor. Die 1. Baltische Front (OB.: Armeegen. Bagramjan, Chef d. Gen.St.: Gen.Ob. Kurassov) stellte 4. Stoß-, 43., 51., 6. Armee, 2. Gd.-

und 5. Gd.Pz.Armee südlich Riga bereit. Zur Luftunterstützung waren den einzelnen Fronten von Nord nach Süd 13., 14., 15. und 3. Luftarmee unterstellt.

Ein Sonderstab des Oberkommandos der „Roten Armee" unter Marschall Wassilewskij übernahm die Koordinierung der drei Baltischen Fronten, während die Leningraderfront getrennt operieren sollte. Das Ziel der Baltischen Fronten war einzig und allein: Riga!

Der 14. September 1944 brach an ...

Punkt 4.00 Uhr setzte zwischen Peipussee und Schaulen ein 1½-stündiges Trommelfeuer von nie geahnter Stärke ein. Hunderte von Schlacht-, Jagd- und Kampfflugzeugen hingen in der Luft und stürzten sich mit heulenden Motoren auf die deutschen Stellungen. Noch bevor sich die letzten Rauch- und Erdfontänen der eingeschlagenen Bomben und Granaten gesenkt hatten, griffen die drei Baltischen Fronten an!

Das deutsche Sperrfeuer verpuffte wirkungslos angesichts dieser kolossalen Übermacht. Der Einsatz der todesmutigen Piloten des JG. 54 konnte die feindliche Luftüberlegenheit trotz 76 Abschüssen an diesem ersten Schlachttag nicht beeinträchtigen.

Der Schwerpunkt der 1. Stoßarmee der Sowjets lag dicht südlich des Wirz-Sees. 13 Schtz.D. stürmten gegen die HKL des XXVIII. AK. Der Gegner bildete Brückenköpfe, in die er bald Panzer vorschob. Erste Einbrüche in die HKL konnten noch abgewiesen werden. Die Kampfkraft der Verteidiger schwand von Stunde zu Stunde. Am Abend waren 30. ID. und 12. Lw.FD. auseinandergesprengt. 31. und 227. ID. wichen auf die 2. und 3. Auffangstellung zurück. Nur die 21. ID. behauptete ihre Front vor Walk und brachte alle Feindangriffe zum Erliegen!

Der zweite Feindschwerpunkt vor 18. Armee zeigte sich beiderseits Ergli westlich von Modohn. Das X. AK. wehrte sich mit 24., 132., 121., 329. und 126. ID. (von rechts nach links) verbissen. Das Korps behauptete sich in der Stellung und gab lediglich am Abend die erste Grabenlinie auf. Der 2. Baltischen Front war nirgendswo ein Einbruch gelungen!

Der entscheidende Stoß sollte feindlicherseits bei der 1. Baltischen Front im Raum Bauske fallen. 18 Schtz.D. und 2 Pz.Br. führten den ersten Schlag gegen das I. AK., das mit seinen vier Divisionen — 58., 215., 290. ID., 281. Sich.D. (von links nach rechts) — klar unterlegen sein mußte. Der erste Angriff der 4. Stoß- (Glt. Malyschev) und 43. Armee (Glt. Beloborodov) lief sich vor der HKL fest.

Da legten feindliche Batterien am Vormittag ein zweitesmal Trommelfeuer auf die Stellungen der 215. und 290. ID. Pulks bis zu 60 Schlachtflugzeugen stürzten sich auf die einzelnen deutschen Gräben. Dann rollten zwischen Memele und Musa die Wellen der Panzer an. Die Württemberger der 215. und die Norddeutschen der 290. ID. hatten keine Abwehrwaffen mehr. Die 21-cm-Mörser der H.Art.Abt. 636 und die sFH der H.Art.Abt. 814 lagen zerbombt und zerrissen im Gelände, die Kanoniere waren tot.

Die Wucht des Angriffs traf 215. und 290. ID. Der Widerstand der Divisionen brach zusammen. Sowjetische Panzer, die teilweise die Aa durchfurteten, brachen in die HKL ein und nahmen endgültig Bauske! Das AOK 16 setzte seine einzige Reserve — Pz.Br. 101 (Ob. von Lauchert) — auf Bauske an. Als die deutschen Panzer gegen 15.00 Uhr angriffen, stießen sie auf das III. mech. Gd.K. des Gegners und bissen sich fest.

Gen.Ob. Schörner rief telefonisch in der Nacht im Führerhauptquartier an und berichtete über die neue Lage. Er bat um sofortige Räumung Estlands, um nach Westen auszubrechen. Der OB. sprach:
„Wir kämpfen jetzt um unser Leben! ... Es ist der letzte Moment, um überhaupt noch wegzukommen!"
Das OKH lehnte ab.

Das Heeresgruppenkommando faßte am 15. 9. Pläne zur Festigung der Front. Alle erreichbaren Wach- und Sicherungsbataillone sowie die letzten im Baltikum anwesenden 1 500 Männer des RAD wurden zur Besetzung der Rundumverteidigungsstellung von Riga befohlen. Die Musikkorps aller Truppenteile wurden aufgelöst. Trosse und Versorgungstruppen erhielten Anweisung, durchgebrochene Panzer anzugreifen und keinerlei Stützpunkte aufzugeben. Beschleunigt sollte durch den Höheren Pionier-Kdr. 3, Gm. Geiger, der Ausbau einer Aa- und Tuckumstellung zur Verteidigung Kurlands begonnen werden.

Die Heeresgruppe setzte am 15. 9. ihre letzten Reserven ein. Sie konnten nicht verhindern, daß z. B. die 12. Lw.FD. nach 13 abgewehrten Feindangriffen unter dem 14. zusammenbrach. Die 14. PD. rollte zur Abriegelung des sowjetischen Einbruchs bei Ergli vor.

„Obwohl nur eine Strecke von 40 km zurückzulegen war, gestaltete sich der Anmarsch weitaus zeitraubender und schwieriger, als vorauszusehen war. Die rote Luftwaffe bombardierte fast pausenlos die Rollbahnen im Unterkunftsbereich, und die feindliche Artillerie sperrte mit dem Feuer ihrer schweren Kaliber die dicht hinter der Front laufenden Nord-Süd-Verbindungen ..." *)

Der 16. 9. entwickelte sich dramatisch. Die 18. Armee konnte im großen ganzen ihren Zusammenhang wahren. Die Katastrophe zeichnete sich beim I. AK. ab. Das I. sowj. Schtz.K. (Glt. Vassiljev) brach von Bauske auf. Panzer mit aufgesessener Infanterie durchstießen die

---

*) Grams, R.: Die 14. Panzer-Division. Bad Nauheim: Podzun 1957. 359 S.

letzten deutschen Sicherungen, umfuhren geschickt die Artilleriestellungen, drangen auf die „Mitau-Ost-Stellung" zwischen Jecava und Friedrichstadt vor. Die weit vorausgeworfene 145. Schtz.D. (Gm. Dibrova) gewann Baldone, 25 km südostwärts von Riga!

Gen.Ob. Schörner flog am Morgen nach Ostpreußen ins Führerhauptquartier, um sich persönlich die Genehmigung zur Räumung Estlands zu holen. Er schilderte Hitler in Anwesenheit von Reichsmarschall Göring, Großadmiral Dönitz, Gen.Ob. Guderian, Glt. Wenck und Kreipe sowie V.Adm. Voss die Situation im Baltikum. Hitler befahl wider Erwarten schon nach 15minutiger Dauer der Besprechung die Durchführung des „Unternehmens Aster".

*

Das „Unternehmen Aster" bedeutete: Räumung Estlands.
Es hatte eine lange und interessante Vorgeschichte.

Kurz nach Beginn der sowjetischen Sommeroffensive machte sich eine allgemeine Kriegsmüdigkeit Finnlands bemerkbar, so daß über kurz oder lang mit dem Ausscheiden des Waffengefährten zu rechnen war. Darum galt es, rechtzeitig Maßnahmen zu treffen, um die dadurch freiwerdende linke Flanke der Heeresgruppe und damit des gesamten Ostheeres zu sichern.

Hitler verbot noch Anfang Juli jeden Gedanken an eine Aufgabe Estlands. Er benötigte die Erzeugnisse des Ölschiefergebietes für die Kriegführung. So mußten OKH und OKM Vorsorge zum Schutze des estnischen Küstengebietes treffen.

Die „Baltische Rotbannerflotte" hatte ja nicht nur die Südküste des Finnbusens bis zur Mündung der Narwa wieder in Besitz, sondern auch die Inseln Koivisto, Tiurinssaari, Piisari, Narvi, Lavansari und Seiskari als Stützpunkte gewonnen. Nur die beiden Inseln Tytärsaari und Hogland im Finnbusen zwischen Narwa und Wiborg waren noch in der Hand der finnischen Marine.

Deutsche Minensperren schützten die Gewässer zwischen estnischer Küste und der nördlicheren Insel Hogland.

Wenn Finnland aus dem Krieg ausscheiden sollte, wären diese beiden Inseln kampflos in den Besitz der „Baltischen Rotbannerflotte" übergegangen und hätten eine latente Bedrohung der deutschen Flanke bedeutet.

Die Heeresgruppe Nord hatte schon am 18. 6. 1944 — also vor Beginn der Sommeroffensive — das IR. 209 der 58. ID. als „Lehrbrigade Nord" nach Reval verlegt, um Landungen auf den finnischen Inseln zu üben. Das OKH wurde am 4. 7. aus der Planung zur Eroberung dieser Inseln ausgeschaltet, da die Heeresverbände dringend an der Front eingesetzt werden mußten.

Das OKM begann, selbständig das „Unternehmen Tanne-Ost" vorzubereiten. Großadmiral Dönitz hatte am 9. 7. in einer Führerbesprechung noch einmal auf die kriegsentscheidende Bedeutung der estnischen Küste als Vorfeld zur Sicherung der U-Bootausbildung hingewiesen. Er beauftragte den Admiral Östliche Ostsee, entsprechende Maßnahmen in Gang zu bringen.

Als Finnland am 2. 9. überraschend Waffenstillstandsverhandlungen mit der Sowjetunion aufnahm, befahl Hitler kurzfristige Durchführung des Unternehmens. Die Heeresgruppe mußte Landungsbataillone bereitstellen. Teile des Füs.R. 68 der 23. ID. wurden dazu befohlen. Ein deutscher Flottenverband unter Kapt.z.S. Mecke lief am 14. 9. mit 3., 25. Minensuch-, 13., 21., 22. Landungs-, 7. Artillerieträger-, 1. und 5. Schnellbootflottille aus. Füs.R. 68 und die Marine-Art.Abt. 531 waren eingeschifft. Die Finnen lehnten eine Übergabe der Insel Hogland — getreu des mit den Sowjets geschlossenen Waffenstillstandsvertrages — ab. Als die deutschen Schiffe gegen 23.00 Uhr an Land gingen, eröffneten die finnischen Batterien unter Oberstlt. Miettinnen ein gutliegendes und schweres Abwehrfeuer. Die S-Boote preschten trotzdem durch und setzten die Füsiliere an der Küste ab. Die Männer arbeiteten sich vor, gerieten im Morgengrauen in laufende Bombenangriffe sowjetischer Schlachtflugzeuge und Gegenstöße der fanatisch kämpfenden Finnen. Die Landungstruppe wurde eingekesselt. Funkverbindung mit dem „Admiral Östliche Ostsee" und dem abseits stehenden Flottenverband unter V.Adm. Thiele konnte nicht hergestellt werden. Kapt.z.S. Mecke bat den finnischen Kommandanten am 15. 9., 17.00 Uhr, um Waffenstillstand.

Das „Unternehmen Tanne-Ost" war kläglich gescheitert. 400 Gefallene und 1 056 Gefangene blieben auf der Insel zurück. Sie wurden später an die Sowjets ausgeliefert. 2 Landungsboote und 3 Fährprähme waren gesunken. Das sinnloseste deutsche Unternehmen im Jahre 1944 war zu Ende!

Der Flankenschutz für die Heeresgruppe entfiel. ...

*

Gen.Ob. Guderian hatte schon zehn Tage vor diesem unglücklichen Unternehmen dem Heeresgruppenkommando mündlich — ohne Wissen Hitlers! — den Befehl erteilt, Vorbereitungen zum Absetzen aus der Narwastellung zu treffen. Das Heeresgruppenkommando führte am 9. 9. gemeinsam mit dem OB. und Chef d. Gen.St. Armee-Abt. Narwa im Hauptquartier in Segewold das Planspiel „Königs-

berg" durch. Der Deckname wurde am nächsten Tag in „Aster" umgenannt.
Nach der endgültigen Genehmigung Hitlers wurde Stab der Armee-Abt. Narwa aufgelöst. Gen.d.Inf. Grasser wurde zum Wehrmacht-Befh. Ostland mit Befehlsbefugnissen über alle drei Wehrmachtteile, Zivilverwaltung, Polizei, SS, OT und RAD ernannt.
Die Heeresgruppe befahl am 18. 9. „Unternehmen Aster":

„1.) III. SS-Pz.K. setzt sich 18. 9. mit Einbruch Dunkelheit mit möglichst großem Sprung nach Westen ab und führt ... in einem Zug auf Pernau zurück. Letzte Teile verlassen 19. 9. abends ostwärts Wesenberg ...

2.) II. AK. hält heutige Linie ... und setzt sich ab 19. 9. mit größter Beschleunigung ab ...

3.) Gruppe Gerok ... zerschlägt mit kampfkräftigen Teilen Vorgehen des Feindes auf Reval, verteidigt Reval und Baltisch Port bis zur beendeten Einschiffung.

4.) Admiral Östliche Ostsee schließt Räumung bis etwa 22. 9. ab und führt anschließend Gruppe Gerok auf Baltische Inseln."

Dieser knappe und präzise Plan wurde in wenigen Tagen in die Tat umgesetzt. Die Absetzbewegungen der Armee-Abt. Narwa verliefen genau wie befohlen. Die Truppen des Heeres, der Waffen-SS und der Luftwaffe zogen sich geordnet zurück, ohne daß der Gegner ernstlich Gefahren brachte. Die Sowjets erkannten den deutschen Abmarsch nicht rechtzeitig und waren deshalb nicht fähig, die Rückzugsbewegungen zu stören.

Die Räumung der Narwafront und Estlands gestaltete sich so exakt wie die von Demjansk.

Die Frage bleibt: Was wäre geworden, wenn sich die gesamte Heeresgruppe ins Reich zurückgezogen hätte? Daß ein ordnungsmäßiger Rückzug möglich war, bewiesen die Septembertage 1944. Doch mit „Wenn" und „Hätte" ließen und lassen sich keine Vergleiche ziehen — und nach verlorener Schlacht weiß jeder Fähnrich, wie er sie gewonnen „hätte, wenn ..."

Im September 1944 sprachen nur die militärischen Fakten!

Die 2. Stoßarmee (Glt. Fedjuninskij), die seit Tagen die Führung im Raume Dorpat übernommen hatte, setzte am 18. 9. ihre Durchbruchsversuche beiderseits der Stadt fort. Die russischen Panzer konnten zwar an der Naht von 87. ID. und 207. Sich.D. einbrechen, waren aber nicht in der Lage, das auf Oberpahlen und Fellin ausweichende II. AK. (Gen.d.Inf. Hasse) abzufangen.

Erst am nächsten Tag begriff der Feind, daß das Korps räumte. Sofort angesetzte Nachstöße von schnellen Verbänden stifteten zwar vorübergehend Verwirrung, rissen aber das Korps nicht auseinander. Das VIII. estn. Schtz.K. (Glt. Pern) — eine von den Sowjets aufgestellte Einheit — trat westlich des Peipussees auf. Es geschah hier, daß Esten in russischen Uniformen auf Esten in deutschen Uniformen schossen!

Die Kriegsmarine hatte zum Abtransport des III. SS-Pz.K. 24 Transportdampfer und 45 Küsten-Motorsegler nach Reval gebracht. Hier begann die Einschiffung der ersten deutschen Truppen, zivilen Dienststellen und estnischer Behörden. Die Bevölkerung der estnischen Hauptstadt begann unruhig zu werden. Vereinzelte Aufstände loderten auf. Partisanengruppen besetzten den Sender. Deutsche Einheiten eroberten den Sender im Kampf am 21. 9. zurück.

Das III. SS-Pz.K. (SS-OGruf. Steiner) hatte seine Stellungen geräumt. Die nicht motorisierten Truppen, darunter die bespannten Trosse und Artillerie der 11. ID., waren schon auf dem Marsch nach Westen. Die letzten deutschen Schiffe auf dem Peipussee — 2 Marine-Artillerie-Leichter und 24 Vorpostenboote — wurden gesprengt. Das III. SS-Pz.K. kam mit allen Fronttruppen gut und schnell über die Straße Oberpahlen — Reval und zog eilig weiter nach Pernau, ohne von den Sowjets behindert zu werden. Lediglich estnische Grenzsicherungs- und Küstenschutzkräfte hatten den Anschluß verpaßt und gerieten in Gefangenschaft.

Die Kriegsmarine begann am 17. 9., 18.00 Uhr, mit der Einschiffung deutscher Verbände in Reval. Die schwimmenden Einheiten des „Admirals Östliche Ostsee" (Adm. Burchardi) transportierten bis zum Ende der Räumung insgesamt 37 831 Soldaten, 13 049 Verwundete, 20 418 Zivilpersonen und 931 Kriegsgefangene.

Die Sicherung dieser Einschiffungen und die Verteidigung Revals unterstanden Gm. Gerok. Dieser hatte Marineverbände, estnische Heimatschutzbataillone, eine H.Art.Abt., Kampfgruppe der Pz.Jäg. III. SS-Pz.K., mot. Teile der 11. ID. und 20. estn. SS-D. zur Verfügung. Diese gemischte Kampfgruppe bezog am 19. 9. Stellungen um Reval.

Die ersten feindlichen Panzerspähtrupps tauchten am 21. 9. auf, konnten aber abgewehrt werden. Die Einschiffung der letzten in Reval wartenden Verbände wurde beschleunigt. Am 22. 9. zogen sich die Kompanien der Kampfgruppe Gm. Gerok auf den Hafen zurück. Die letzten deutschen Schiffe verließen Reval am 22. 9. Die Dampfer „Eberhard Essberger", „Peter Wessel", „Tanga", „Aletta Noot", Lazarettschiff „Oberhausen", die Torpedoboote „T-13", „T-17", „T-19" und „T-20" hatten 9 000 Mann an Bord. Die großen Torpedoboote „T-23" und „T-28" bildeten die Nachhut und beschossen bei der Ausfahrt die ersten einrückenden Sowjetpanzer.

Die 72. sowj. Schtz.D. erreichte Reval. Das 14. Schtz.R. besetzte das Rathaus. Die rote Fahne wehte über Estlands Hauptstadt!
Stab der Armee-Abt. Narwa war vorerst dem AOK 18 unterstellt. Das III. SS-Pz.K. zog eilig über Pernau nach Süden und wurde der 16. Armee eingegliedert. Die Fußteile der 11. ID. legten beispielsweise an einem Tag die Marschstrecke von 125 km zurück! Sowjetische Truppen besetzten am 23. 9. Pernau und am 24. 9. Hapsal. Gleichzeitig landete die 1. S-Boot-Br. (Kapt.z.S. Olejnik) auf der Insel Tytärsaari. Die letzten deutschen Bewachungsschiffe im Finnbusen wurden zurückgezogen.
Die Schlacht um Estland war beendet!

*

Der Kampf um den Südflügel der Heeresgruppe war mit voller Stärke noch im Gange. Sowjetische Schützen- und Panzerverbände griffen seit dem 19. 9. besonders aus dem Raum Baldone an. Die 205. ID. (Gm. von Mellentin) wurde zwischen Misa und Kecava eingeschlossen. Die Kampfgruppe kämpfte sich bis Vecmuiza durch und fand Anschluß an die 215. ID.
Das I. AK. bildete einen Brückenkopf bei Kecava an der Düna. 389., 225., 58., 215. und 205. ID. (von links nach rechts) wehrten die anbrandenden Feindwellen ab. Das Korps meldete für die Zeit vom 14.—18. 9. folgende Verluste: 15 Offiziere und 496 Mann gefallen, 21 818 Verwundete und 432 Vermißte. Die Schlacht dehnte sich schließlich auf die gesamte Front der 16. Armee aus. Die von Narwa kommenden Divisionen des III. SS-Pz.K. wurden eilig an die bedrohten Stellen geworfen — denn, die Armee hatte sonst keine Reserven.
Gen.Kdo. III. SS-Pz.K. wurde rechts vom Gen.Kdo. Korpsgruppe Kleffel eingesetzt und stellte mit seinen Verbänden die Verbindung zum XXXIX. Pz.K. her. Die letztgenannten drei Korps wurden ab 25. 9. unter Befehl Armee-Abt. Gen.d.Inf. Grasser zusammengefaßt. Die Armee-Abt. Grasser mußte den Zusammenhalt mit der 3. Pz.Armee gewährleisten. Gen.d.Kav. Graf von Rothkirch übernahm Befehl über alle in Kurland stehenden Trosse und rückwärtigen Dienste der 3. Pz.-, 16., 18. Armee und Armee-Abt. Grasser. Feldeisenbahner und Eisenbahnpioniere bauten in wenigen Tagen einen Schienenstrang dicht hinter der Front, der mitten durch die Batteriestellungen der 81. ID. verlief. Damit war es möglich, daß bis zum 20. 9. sämtliche Lazarettzüge aus dem Bereich der Heeresgruppe und ferner 200 intakte Lokomotiven in Sicherheit gebracht wurden.

Die 18. Armee stand nach wie vor im ungleichen Kampf mit den nachdrängenden Verbänden der 3. Baltischen Front. Die Divisionen lösten sich seit 18. 9. aus ihrer HKL zwischen Pernau — Walk — Schwanenburg. Das XXVIII. AK. stemmte sich mit 30. und 61. ID. bei Walk gegen die feindliche Flut. Das L. AK. konnte dem Ansturm des X. sowj. Pz.K. nicht widerstehen. 40 überschwere Kampfwagen rissen zwischen 21. und 31. ID. eine Lücke und ratterten nach Wolmar durch. Die 31. ID. verteidigte noch stundenlang die Stadt, dann mußte sie weichen. Die 21. ID. war zerschlagen. Sie verfügte nur noch über Restgruppen. Unter den Gefallenen dieser Tage befand sich der erst 32jährige Kdr. GR. 45, Ob. Schwender, der nach seinem Tode mit den Schwertern zum Eichenlaub ausgezeichnet wurde. Die 218. ID. verfügte nur noch über eine regimentsstarke Kampfgruppe mit 1 MG!

Der Komm.Gen. des L. AK., Gen.d.Inf. Wegener, fand in vorderster Front kämpfend, den Soldatentod.

Die Verbindung der Divisionen und Korps war längst zerplatzt! Auch die südlich fechtenden X. AK. und VI. SS-K. hatten ihren Zusammenhalt verloren. Die 18. Armee stand vor dem Zusammenbruch. Ihr Gefechtsbericht meldete:

„In der seit 14. 9. dauernden Abwehrschlacht hat die Armee gegen fast 70 russische Schtz.D., 2 Pz.K. und zahlreiche selbständige Panzerverbände gestanden. In den Kämpfen wurden 622 Feindpanzer vernichtet. ... Durch die schweren Verluste können 10 von den 18 Divisionen der Armee nur noch als Kampfgruppen geführt werden!"

Das Heeresgruppenkommando, das am 24. 9. sein Hauptquartier von Segewold nach Schloß Pelci bei Goldingen in Kurland verlegte, gab folgende Weisung für die weitere Kampfführung:

„1. Halten der jetzigen Linie bei 3. Pz.- und 16. Armee und Absetzen HGr. mit Nordflügel auf die „Segewold-Stellung".
2. 3. Pz.Armee hält augenblickliche Stellung und scheidet eine starke Eingreifgruppe westlich Dzukste aus. ...
3. 16. Armee hält ihre jetzige HKL, verhindert Durchbruch auf Tuckumer Landbrücke und Riga. Zurücknahme linker Flügel im Zuge Absetzbewegung 18. Armee. Sicherstellen eines ordnungsgemäßen Abfließens der Truppen von Norden über Riga nach Kurland. Armee stellt sich darauf ein, nach Abschluß der Bewegung in „Segewold-Stellung" Befehl über die gesamte Front nördlich der Düna zu übernehmen.

4. Absetzen 18. Armee in „Segewold-Stellung". Diese und Baltische Inseln nachhaltig verteidigen. Nach Beziehen „Segewold-Stellung" herausziehen AOK in Raum Frauenburg — Telsche. . . ."

Die Absetzbewegungen der 18. Armee in die „Segewold-Stellung" begannen am 26. 9. Die neue Stellung verlief vom Rigaer Meerbusen hart nördlich Riga in genau ostwärtiger Richtung auf Segewold und schwenkte von hier nach Südwesten über Baldone in Richtung Mitau ein. Die Märsche der Divisionen und Kampfgruppen wurden immer wieder von feindlichen Tieffliegern und vorgeprellten Panzern verzögert, konnten aber nicht verhindert werden.

Das Heeresgruppenkommando meldete am Abend des 26. 9. dem OKH, daß die „Segewold-Stellung" befehlsgemäß besetzt sei! Folgende Divisionen waren aus der Front gefallen und konnten bereits in den neuen Auffangraum der Heeresgruppe nach Kurland transportiert werden: 11., 21., 30., 31., 218. ID., SS-D. „Nordland" und „Nederlande".

Gen.Ob. Schörner befahl am selben Tag die unauffällige Räumung der lettischen Hauptstadt. Der OQu. der Heeresgruppe (Gm. Rauser) mußte Sorge tragen, daß 100 000 to. Material, das in Riga lag, möglichst rasch nach Kurland gelangte. Der Höh.SS- u. Pol.Fhr. Ostland erließ einen Aufruf an die Zivilbevölkerung zur Räumung der Stadt. Dieser Aufruf wurde von der Heeresgruppe mißbilligt, denn er vergrößerte nur die stetig ansteigende Unruhe unter den Letten.

„Riga selbst bietet in diesen Tagen das Bild einer sterbenden Stadt. Die Verkehrsmittel liegen lahm, Büros und Geschäfte sind geschlossen. Die Bevölkerung bereitet sich zur Flucht vor oder wartet mit Apathie auf ihr ferneres Schicksal. Häuser und Kirchen gehen in Flammen auf. Hungerndes Vieh verreckt in den Straßen. . . . Ende September/Anfang Oktober wälzt sich ein Strom von Trossen des weichenden Heeres, untermischt mit flüchtenden Esten und Letten durch die Stadt. Über die große Dünabrücke rollen Panjewagen und Lkw, trotten Männer, Frauen und Kinder und zieht blökend und grunzend das mitgeführte Vieh. Strömender Regen und windig aufgerissener Himmel . . ." *)

*

Die Entwicklung am Unterlauf der Düna ließ sich seit Mitte September nicht mehr aufhalten. Die Heeresgruppe mußte, sollte sie

---

*) Haupt, W.: Kurland. Die letzte Front. 4. Aufl. Bad Nauheim: Podzun 1964. 134 S.

ihren Zusammenhang nicht verlieren, auf Riga ausweichen. Es ging jetzt nicht mehr um politisches oder wirtschaftliches Prestige — die sofortige Räumung der Baltölwerke war am 18. 9. befohlen — sondern es ging um Erhaltung der menschlichen Substanz! Gen.Ob. Schörner wies in einem telefonischen Gespräch am 17. 9. Gen.Ob. Guderian darauf hin: „Es geht jetzt hier ums Ganze. Das Bild ist völlig falsch, wenn wir jetzt allein durch die Tapferkeit der Truppe, alles wieder mal so hingebracht haben. Das geht nicht immer so. ..."

Die Räumungsabsichten der Deutschen blieben selbstverständlich der sowjetischen Führung nicht unbekannt. Die 2. Baltische Front setzte alles in Bewegung, um noch in den Rücken der 18. Armee bei Riga zu stoßen. Die 18. Armee sollte abgefangen werden. Doch zuvor mußte die Front der 16. Armee bei Baldone südlich Riga durchbrochen sein.

Das hier stehende I. AK. setzte die letzte Versorgungskompanie ein, um dem Ansturm der 2. Baltischen Front entgegenzutreten. Keine Luftwaffenunterstützung war möglich. Das Wetter hatte sich seit Tagen verschlechtert. Anhaltende Regenfälle machten aus Straßen und Wegen Schlammwüsten. Heftige Herbststürme peitschten Bäume, Sträucher, Pferde, Wachtposten.

Die Heeresgruppe konnte dem schwerbedrängtem Korps nur die 14. PD., die in diesen Tagen Ob. Munzel übernahm, als einzige Reserve zur Verfügung stellen. Ein Gegenangriff auf Baldone schlug sogar durch. Die Panzergrenadiere unter Ob. Mummert und Ob. Goecke warfen noch einmal den Russen, mußten aber zwei Tage später selbst auf und über die Düna zurück, um nicht eingeschlossen zu werden. Die Sowjets stießen sofort nach und eroberten am 22. 9. Baldone zurück.

Die 3. Pz.Armee wurde am 21. 9. der Heeresgruppe unterstellt. Die Armee hatte unter Führung des Gen.Ob. Raus in den letzten fünf Tagen ihre Front südlich Dzukste verbessern können. Das XXXIX. Pz.K. (Gen.d.Pz.Tr. von Saucken) vernichtete in dieser Zeit 62 Panzer, 29 Sturmgeschütze, 147 Pak und 37 Geschütze. Das Korps schied nach Abschluß dieser Kämpfe eine Eingreifgruppe westlich Dzukste aus. Diese bestand aus: Pz.R. 25 (7. PD.), I./Pz.AR. 2 (12. PD.), 3./Pi.Btl. 32 (12. PD.), II./GR. 461 (252. ID.) und Pz.Abt. 510.

Mit der Übernahme der Befehlsgewalt über die 3. Pz.Armee dehnte sich das Operationsgebiet der Heeresgruppe bis zur Memel aus! Die Gliederung am rechten Flügel der Heeresgruppe wurde neu geordnet. Die Armee-Abt. Grasser verteidigte die HKL von der Kurländischen Aa nordwestlich Mitau bis in Höhe ostwärts Moscheiken. Es waren hierzu von links nach rechts eingesetzt: Korpsgruppe Gen.d.Kav. Kleffel mit 93. und 81. ID., III. SS-Pz.K. mit SS-D. „Nordland" und „Nederlande", XXXIX. Pz.K. mit Pz.Gren.D. „Großdeutschland", 4. und 12. PD. Die 5. PD. wurde als Reserve im Raum Autz bereitgestellt.

Die 3. Pz.Armee stand von südlich Autz bis zur Memel ostwärts Christmemel in einer dünnen Sicherungsfront, die mit Ausnahme einer Fronteinbuchtung bei Kurseni bis zur Windau eine genau nordsüdliche Richtung einnahm.

Die 175 km lange Front südlich Riga wurde am linken Flügel vom XXVIII. AK. (Gen.d.Inf. Gollnick) mit 7. PD., 201. Sich.D. und 551. Stellungs-D. gesichert. Das XXXX. Pz.K. (Gen.d.Pz.Tr. von Knobelsdorff) lag in der Mitte der Front und hielt derzeitig nur mit Sicherungskräften das Westufer der Dubyssa. Das IX. AK. (Gen.d. Art. Wuthmann) lag mit 548. Stellungs-D., 96. und 69. ID. bis zur Memel am rechten Armeeflügel.

Die Unterstellung der 3. Pz.Armee unter Heeresgruppenkommando Nord wurde bis 11. 10. aufrechterhalten.

Ende September hielten die Sowjets ihre Angriffe gegen die 16. Armee an. Luftaufklärung und Stoßtrupps stellten Umgruppierungen fest. Die Masse der feindlichen Panzer- und Schützenverbände verschwand aus der Front südlich Riga. Sie verlegten weiter nach Süden. Der neue Aufmarsch vollzog sich im Abschnitt vor der 3. Pz.Armee. Die Heeresgruppe befahl ab 29. 9. Pz.Verband Ob. Lauchert, Sturmgesch.-Br. 303, SS-Pz.Br. Groß, Pz.R. 25 und II/Pz.Gren.R. 6 in den Bereich des XXXX. Pz.K.

Der sowjetische Schwerpunkt zeichnete sich eindeutig bei der 1. Baltischen Front (Armeegen. Bagramjan) ab. 4.Stoß-,43., 51. Armee und 5. Gd.Pz.Armee wurden im Raume Schaulen entdeckt. Marschall Goworow — dessen Stab der Leningraderfront aufgelöst wurde — übernahm die Führung der 2. und 3. Baltischen Front. Das Oberkommando in Moskau gab der 1. Baltischen Front Auftrag, den Durchbruch zur Ostsee zu erzielen und die Heeresgruppe Nord abzuschneiden, die von den beiden anderen Baltischen Fronten konzentrisch angegriffen werden sollte!

Stalin schrieb am 29. 9. u. a. an den britischen Premierminister Churchill:

„Gegenwärtig vernichten die sowjetischen Armeen die deutschbaltische Heeresgruppe, die unsere rechte Flanke bedroht. Ohne die Vernichtung dieser Gruppe ist es uns unmöglich, tief nach Ostdeutschland vorzustoßen!"

Das Heeresgruppenkommando bereitete die Rücknahme der 18. Armee aus der „Segewold-Stellung" auf die „Riga-Ost-Stellung" vor.

Die Armee stand hier in einem halbkreisförmigen Bogen, der dicht nördlich Lilaste am Rigaer Meerbusen begann, sich bis nördlich Segewold hinzog und von da in einer kreisförmigen Linie bis zur Düna 20 km westlich Friedrichstadt erstreckte.

Die Gliederung der 18. Armee Anfang Oktober sah von links nach rechts wie folgt aus:

II. AK. mit 87., 563. ID., 12. Lw.FD., (30. ID. in Reserve);
XXXVIII. AK. mit 61., 227. ID., 21. Lw.FD., 83. ID.;
VI. SS-K. mit 19. SS-, 126.-, 122.-, 31. ID.;
X. AK. mit 132., 32. und 24. ID.

Das Heeresgruppenkommando führte alle rückwärtigen Einheiten nach Kurland und verschob die estnischen Verbände ins Reich. Die 22 500 Kriegsgefangenen wurden mit 3 440 Zivilperesonen auf die Baltischen Inseln transportiert.

Die Vorbereitungen zur endgültigen Räumung der letzten Stellung vorwärts von Riga waren am 4. 10. abgeschlossen. Der Befehl zum „Unternehmen Donner" wurde an diesem Tag vom Chef d.Gen.St. Heeresgruppe Nord, Gm. von Natzmer, unterschrieben. Er lautete:

„1. HGr. nimmt, am 5. 10. abends beginnend, in der Bewegung „Donner" den linken Flügel der 16. Armee und die 18. Armee auf die Riga-Ost-Stellung zurück, die am 13. 10. morgens erreicht wird.

2. Die Riga-Ost-Stellung ist durch die 16. Armee mit einer Division, durch 18. Armee mit sechs Divisionen zu besetzen.

3. Im Zuge dieser Bewegung „Donner" sind durch 16. Armee vier Divisionen, durch 18. Armee zwei Generalkommandos und neun Divisionen freizumachen, deren Verwendung wie folgt vorgesehen ist:

a) Die freiwerdenden Generalkommandos und Divisionen fließen ab 7. 10. nach besonderem Befehl der Heeresgruppe durch die Enge Riga-Schlock nach Westen ab und zwar voraussichtlich täglich zwei Divisionen. . . ."

Die Luftflotte 1 mußte sich den Bewegungen der Heeresgruppe anschließen. Die Luftflotte zählte im Herbst einen Bestand von 48 000 Offizieren, Unteroffizieren und Mannschaften. Diese Zahl entsprach ca. 60 Prozent der Personalstärke vom Juni 1941.

Die wenigen fliegenden Einheiten waren im September 1944 wieder etwas aufgefüllt, obwohl sie niemals in der Lage waren, den notwendigen Luftschutz für die Erdtruppen zu gewährleisten. Mit der Einbeziehung der 3. Pz.Armee in das Operationsgebiet wurde die 4. Flieger-D. der Luftflotte 1 auf Zusammenarbeit angewiesen. Die

Division blieb nach wie vor der Luftflotte 6 unterstellt. Diese „Zwitterlösung" führte naturgemäß zu verschiedenen Spannungen.

Die Luftflotte hatte im Sommer noch zwei Kommandostäbe gebildet, die jetzt aufgelöst wurden. Es handelte sich hierbei um die Luftw.-Legion „Estland" mit Nachtschlacht-Gr. 11, See-Aufkl.St. 1./127, Erg.Fl.Gr. Estland, Werft-Abt. 101/I, Flak-Abt. 617, Flugmelde-Abt. zbV. 12 und der Luftw.-Legion „Lettland" mit Nachtschlacht-Gr. 12 und Erg.Fl.Gr. Lettland. Die estnischen und lettischen Piloten hatten sich tapfer geschlagen, zeigten aber Ende September kämpferischen Unwillen. Einige estnische Besatzungen desertierten mit ihren Maschinen nach Schweden. Daraufhin wurde Startverbot und schließlich am 7. 10. die Auflösung der Legionen befohlen.

Die Luftflotte 1 verfügte am 3. 10. über 267 Maschinen, davon waren: 80 Schlacht-, 73 Nachtschlacht-, 19 Fernaufklärer-, 32 Nahaufklärer- und 63 Jagdmaschinen. Kein einziger Bomberverband stand im Norden der Ostfront!

Einsatz, Erfolg und Verlust von zwei Einheiten mögen ein Bild dieser Kämpfe im Luftraum über Riga geben:

Die III./Schlacht-G. 4 meldete in der Zeit vom 4. 7. — 27. 10. 44 folgende Zahlen:

76 Einsatztage mit 363 Einsätzen; dabei 709,45 to. Bomben geworfen, 10 Feindflugzeuge im Luftkampf abgeschossen, 7 am Boden zerstört; vernichtet: 16 Panzer, 36 Kettenfahrzeuge, 1889 Kraftfahrzeuge, 238 bespannte Fahrzeuge, 54 Geschütze und 10 Brücken.

Das JG. 54, das nicht immer vollständig im Bereich der Luftflotte 1 tätig war, sondern an allen Brennpunkten der Schlacht gebraucht wurde, schoß im Jahre 2 613 Feindmaschinen bei 310 Verlusten ab. Das Geschwader erzielte damit den 8 502. Abschuß im Osten. Es hatte bisher 9 141 feindliche Maschinen vernichtet und stand mit seinen Erfolgen an 2. Stelle aller deutschen Jagdgeschwader.

*

Die Absetzbewegungen der Heeresgruppe nach Riga waren noch nicht angelaufen, da schlugen die Sowjets zu.

Die 1. Baltische Front (Armeegen. Bagramjan) griff am 5. 10. nach einem stundenlangen Trommelfeuer mit drei Armeen westlich von Schaulen auf 90 km Breite an. Sowjetische Schützen- und Panzerrudel rannten seit 8.30 Uhr gegen die deutschen Stellungen.

Die 43. Armee (Glt. Tschistjakov) traf mit voller Wucht die kampfungewohnte 551. Stellungs-D. (Gm. Verhein). Die Division hielt sich drei Stunden lang in den zerschossenen und zerbombten Gräben. Dann war sie überrannt und zerstreut.

Ein Pz.K., 8 Pz.Br. und 29 Schtz.D. stießen in die Lücke hinein! Die deutsche Front riß bis zum Abend in 90 km (!) Breite auf. Die 43. Armee war 17 km tief in das Hinterland des XXVIII. AK. gedrungen! Die 2. Gd.Armee (Glt. Tschantschibadse) stand 7 km hinter der HKL des XXXX. Pz.K.!

Das Heeresgruppenkommando, das im Gegensatz zum OKH noch nicht an eine Offensive mit Ziel Ostpreußen glaubte, verschob eilig die erreichbaren Reserven an die Front der 3. Pz.Armee. Pz.Gren.D. „Großdeutschland" wurde zum XXVIII. AK., 5. PD. zum XXXX. Pz.K. und 21. ID. zum IX. AK. in Marsch gesetzt. Aus ihren bisherigen Stellungen wurden herausgelöst und zum Transport nach Süden befohlen: 14. PD., Pz.Abt. 502, Pz.Jäg.Abt. 752 und 753, Werfer-R. 3., schw. Art.Abt. 768 und 1./Art.Abt. 818.

Es war in der Nacht keine einheitliche Führung möglich. Offiziere und Unteroffiziere scharten die Reste ihrer Einheiten um sich, hielten noch einige Zeit irgendwelche Stützpunkte und versuchten, sich in der Nacht nach Westen durchzuschlagen. Die Front der 3. Pz.Armee brach am ersten Schlachttag zusammen!

Die Front platzte am nächsten Tag noch weiter auf.

Die Sowjets schoben die 5. Gd.Armee zwischen 2. Gd.- und 43. Armee. Gleichzeitig erhielt 2. Gd.Armee Verstärkung durch das I. Pz.K., während XIX. Pz.K. zur 6. Gd.Armee kam. Vier gutausgerüstete Armeen marschierten mit stärksten Panzerverbänden unaufhaltsam nach Westen. Es gab nichts und niemanden, der sich ihnen entgegenstellte!

Die Sowjets führten am 7. 10. noch einmal zwei neue Armeen ins Feld. Die 4. Stoß-Armee schob sich bei Papile über die Windau und übernahm den Flankenschutz der 1. Baltischen Front nach Norden. Die 51. Armee wurde im Schwerpunkt zwischen 6.Gd.- und 43.Armee eingeschoben. Das XXIX. Pz.K. (Gm. Malachov) fuhr unbekümmert davon und stand am Abend des 7. 10. an der ostpreußischen Grenze!

Hier hatte das Pz.AOK 3 keine aktive Truppe! Nur Feldjägerkommando II. unter Gen.d.Inf. von Oven übernahm notdürftig den Schutz gegen die vorpreschenden Feindpanzer. Es hatte gleichzeitig die Aufgabe, eigene Deserteure zu stellen und diese ihren Truppenteilen zuzuführen.

Das Heeresgruppenkommando erkannte die Gefahr, die mit dem Durchbruch der Sowjets nach Ostpreußen entstand. Das AOK 18 übergab am 7. 10. das Kommando über die Truppen ostwärts der Düna an das AOK 16. Gen.Ob. Schörner befahl dem freigewordenen AOK, das Vorgehen der 1. Baltischen Front nach Nordwesten und Westen zu verhindern. Ein Gegenangriff aus dem Raum Moscheiken nach Telsche sollte gestartet werden.

Gen.d.Inf. Boege, der seit 5. 9. die 18. Armee führte, hatte zur Verfügung:
X. AK. (Gen.d.Inf. Foertsch) mit 11., 30. und 61. ID.;
XXXIX. Pz.K. (Gen.d.Pz.Tr. von Saucken) mit 4., 12., 14. PD.
Diese Divisionen versuchten, zwischen Moscheiken und Skuodas einen Riegel vorzulegen, den die 4. feindliche Stoßarmee nicht mehr aufbrechen konnte!

„In dieser Lage eilte die 11. ID. im mot.-Marsch, teilweise unter Zuhilfenahme uralter Omnibusse aus Riga, über Goldingen — Grobin auf der Straße nach Memel gen Süden. ... Doch der Weg war bereits versperrt. Die Division wurde von verstörten Baubataillonen und anderen rückwärtigen Diensten erleichtert begrüßt und südostwärts von Libau zur Abriegelung eingesetzt. GR. 44 ging über die Brücke bei Kesteri vor und sperrte beiderseits Ozolmezi den kürzesten Weg nach Libau. ... Bei dem Angriff des Regiments aus der Bewegung heraus gegen den sich laufend verstärkenden Gegner entwickelte der Schützenzug des Ofw. Schureit einen Schwung wie in den Tagen von 1941 und stieß am weitesten nach Süden vor. ..." *)

Die Schlacht ging weiter.

Die 51. Armee (Glt. Krejser) erreichte am 10. 10. 1944 die Ostsee bei Polangen nördlich von Memel!

Die Heeresgruppe Nord war von der Heimat zum zweitenmal abgeschnitten — diesmal für immer!

Kein Gegenangriff stieß den feindlichen Frontkeil mehr auf!

Das XXVIII. AK. (Gen.d.Inf. Gollnick), gerade eben dem AOK 18 unterstellt, wurde mit 58. ID., Pz.Gren.D. „Großdeutschland" und 7. PD. um Memel eingeschlossen!

Die 3. Pz.Armee schied an diesem Tag aus ihrem Unterstellungsverhältnis aus und gehörte ab 11. 10. zur Heeresgruppe Mitte!

Die abgesplitterten Frontteile nördlich der Linie Telsche — Polangen verblieben bei der 18. Armee.

Die Heeresgruppe Nord mußte alles daransetzen, wenigstens die lebensnotwendigen Häfen Windau und Libau zu halten. Beide Städte wurden zu Festungen erklärt.

„In großer Eile wurden aus Alarmeinheiten (vor allem der Marine) und aus den vorgeworfenen Sperrverbänden der 83. und 122. ID. sowie aus den Pi.Btln. 327 und 667, der III. und IV./AR. 158 (deren Division noch unbehelligt bis Memel gekommen war) und mehreren Panzereinheiten eine behelfsmäßige Sicherungslinie südlich der Stadt Libau aufgebaut, die unter dem Befehl des Pi.R. Stabes 519 (Oberstlt.

---

*) Buxa, W.: Weg und Schicksal der 11. Infanterie-Division. 2. Aufl. Bad Nauheim. Podzun 1963. 163 S.

Kuhn) stand. Hier, unmittelbar an der Küste, sollte jetzt der Stab 126. ID. (Glt. Fischer) die Führung übernehmen, um in den nächsten Tagen nach Eintreffen der eigenen Truppe eine feste und widerstandsfähige Abwehrfront aufzubauen." *)

Mit dem Durchbruch der Sowjets zum Meer entschied sich das Schicksal Rigas.

Die Absetzbewegung „Unternehmen Donner" lief am 5. 10. an. Die ostpreußische 61. ID. ging als erste Division der 18. Armee über die Düna zurück. Später folgten Gen.Kdo. XXXVIII., 30. ID., 21. Lw.FD., 32., 11. und 225. ID. In Anbetracht des sowjetischen Durchbruchs bei der 3. Pz.Armee wurden diese Divisionen sofort nach Süden in Marsch gesetzt.

Heeres- und Baupioniere hatten neben den bestehenden zwei Brücken in Riga noch eine weitere Behelfsbrücke errichtet, um den Durchmarsch der Kolonnen zu beschleunigen. Ferner sorgten 40 Fähren der Marine und Heerespioniere dafür, daß marschierende Verbände übergesetzt wurden, während die Brücken den motorisierten Einheiten vorbehalten blieben.

Ein Verkehrsstab war von der Heeresgruppe eingesetzt, der das Durchschleusen der Verbände durch Riga zu organisieren und zu überwachen hatte. Glt. Frankewitz, Kdr. 215. ID., war mit seinem Stab von Riga bis 8 km ostwärts Dzukste verantwortlich. Von dort bis zum Vadukse-Übergang sorgte der Div.Stab der 329. ID. (Glt. Dr. Dr. Mayer) für eine reibungslose Abwicklung des Rückmarsches.

Die Truppentransporte bedingten u. a., daß z. B. in Riga-Ost allein 3 000 Eisenbahnwaggons mit Material festlagen, während zwischen Riga und Schlock noch einmal 40 vollbeladene Züge auf freier Strecke standen. Das OKH führte bis zum 11. 10. Transportdampfer nach Riga, wobei es gelang, die Eisenbahnwaggons zu entladen und die Güter auf die Schiffe zu bringen. Das geschah bereits unter dem Beschuß der feindlichen Artillerie!

Die Sicherung der Absetzbewegung war der 6. Flak-D. (Glt. Anton) übertragen. Die Division hatte vier Schwerpunkte gebildet, an denen sie ihre einsatzbereiten Geschütze aufstellte. So standen im Raum Riga 16 schwere, 14 leichte, 3 Heimatflak-, 3 Scheinwerfer-, 2 schwere und 2 leichte Eisenbahnflakbatterien. Dünamünde wurde von 8 schweren und 12 leichten Flakbatterien geschützt. Die Enge von Schlock sah 9 schwere und 11 leichte Batterien, und um Tuckum lagen feuerbereit 12 schwere und 9 leichte Batterien.

---

*) Lohse, G.: Geschichte der rheinisch-westfälischen 126. Infanterie-Division. Bad Nauheim: Podzun 1957. 223 S.

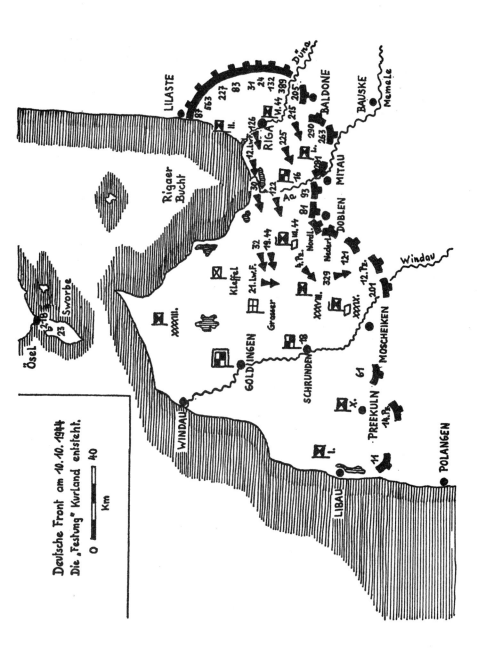

Die Lage wurde unhaltbar, als am 10.10. die 2. Baltische Front Riga frontal anzugreifen begann. Als die Meldung zum OKH gelangte, lehnte Hitler eine Aufgabe Rigas kategorisch ab! Gen.Ob. Schörner setzte sich über den „Führerbefehl" hinweg. Er befahl die beschleunigte Räumung der lettischen Hauptstadt!

Die Sowjets blieben den abziehenden Truppen dicht auf den Fersen. 87., 132., 205., 227. und 563. ID. mußten sich noch ihrer Haut wehren, bevor sie an die Düna kamen. Die 227. ID. (Gm. Wengler) war die letzte deutsche Division vor Riga. Sie verhielt noch auf dem Feinduferund hielt zwei Brückenköpfe, um den Durchzug der übrigen Verbände zu decken!

Die Heeresgruppe verlegte die freigewordenen Divisionen in die bedrohten Räume. 11., 30., 61., 126., 225. ID. und 14. PD. wurden dem AOK 18 unterstellt. 21. Lw.FD., 19. SS-D., 32., 122., 329. ID. kamen zur Armee-Abt. Grasser. 12. Lw.FD. und 83. ID. übernahmen den Küstenschutz in Nordkurland, der bisher von der aus Reval gekommenen Kampfgruppe Gm. Gerok ausgeführt wurde.

Das Heeresgruppenkommando erkannte die Sinnlosigkeit des Haltens der 16. Armee vorwärts der Kurländischen Aa. Das OKH lehnte brüsk eine Rücknahme dieser Armee ab. Gen.Ob. Schörner flog deshalb kurz entschlossen am 11. 10. ins Führerhauptquartier. Er zeichnete mit schonungsloser Offenheit die Situation seiner Heeresgruppe. Hitler gab nach! Er genehmigte den Rückzug der 16. Armee in die „Tuckum-Stellung" und unterstellte das in Memel eingeschlossene XXVIII. AK. der Heeresgruppe Mitte!

Der 12. 10. 1944 war der letzte Tag, an dem deutsche Soldaten durch Riga marschierten. Die 227. ID. gab ihre Brückenköpfe auf und zog ab, Die Sturmgesch.Br. 393 (Hptm. Barths) rollte als letzte Einheit über die große Dünabrücke. Die Behelfsbrücke war bereits versenkt. Nachdem das letzte Sturmgeschütz durch war, drückte der leitende Pionieroffizier auf den Zündknopf. Es war genau 1.44 Uhr am 13. 10. 1944, als die Eisenbahnbrücke in Riga mit donnerndem Knall in die rauschenden Wasser der Düna stürzte.

Die ersten sowjetischen Bataillone drangen in die lettische Hauptstadt ein. Die 245. Schtz.D. (Gm. Rodinov) stürmte von Norden her, während die 212. Schtz.D. (Ob. Kutschinev) von Osten kam.

Riga war russisch!

Noch stand die 87. ID. (Gm. Frhr. von Strachwitz) auf dem Feindufer der Düna. Die Division hatte den Flankenschutz der durch Riga ziehenden Truppen nach Norden übernommen. Mit einer Kampfgruppe schützte sie außerdem Dünamünde.

Jetzt war ihr Auftrag erfüllt. Pionier- und Marinefähren brachten die 5000 Mann, 132 Pkw, 160 Lkw, 3 Sturmgeschütze, 20 Geschütze und 462 Geschütze in der Nacht und am Morgen des 13. 10. über den Fluß. Die letzten beiden Nachhutkompanien setzten 5.05 Uhr mit Sturmbooten über.

Noch war der Rückmarsch der Heeresgruppe hinter die „Tuckum-Stellung" nicht beendet. Erst am 16. 10. hatten alle Einheiten den 45 km langen und 6 km breiten „Schlauch" bei Schlock überwunden. Drei AOKs, 20 Divisionen, 1 Brigade, 68 Heerespionier- und Polizeibataillone, 120 Flakbatterien, 200 to. Gerät, 13 Heeres-Panzerabteilungen und Sturmgeschützbrigaden, 28 Heeres-Artillerie-Abteilungen und 111 007 Fahrzeuge aller Art waren zwischen 23. 9. und 16. 10. 1944 aus dem Raum Riga nach Kurland gegangen.

Die „Tuckum-Stellung" zwischen Klapkalnice am Meer und Dzukste wurde von der Korpsgruppe Gen.d.Kav. Kleffel mit 205., 227. ID. und 281. Sich.D. besetzt. Anschließend bis Petseri stand das VI. SS-K. (SS-OGruf. Krüger) mit 290. ID. und 19. SS-D.

Die Masse der Heeresgruppe Nord befand sich hinter dieser Stellung in ihrem letzten Operationsgebiet — Kurland.

DAS MEER
Der Kampf um die Seeherrschaft in der Ostsee

Die Heeresgruppe Nord hatte seit Feldzugsbeginn ihre Operationen mit offener linken Flanke zu führen. Die Ostsee bildete nicht Abgrenzung der Front, sondern Verlängerung derselben ins Ungewisse. Es war bekannt, daß die „Baltische Rotbannerflotte" den stärksten Verband der sowjetischen Flotte darstellte. Die Schiffe konnten jederzeit offensiv gegen den Flügel des Ostheeres eingesetzt werden. Das Verhältnis der schwimmenden Einheiten der „Baltischen Rotbannerflotte" im Vergleich zu den anderen russischen Verbänden im Juni 1941 betrug:

	Gesamtbestand der sowj. Flotte:	davon in der Ostsee eingesetzt:
Schlachtschiffe:	3	2
moderne Kreuzer:	4	2
alte Kreuzer:	5	1
Flottillenführer:	7	2
moderne Zerstörer:	41	18
alte Zerstörer:	17	7
U-Boote:	241	93

Der Anteil der „Baltischen Rotbannerflotte" am Gesamtbestand wirkte erheblich, wenn berücksichtigt wurde, daß die Einheiten der sowjetischen Marine sonst noch im Schwarzen Meer, im Nordmeer, im Pazifik und im Kaspischen Meer (hier nur 10 kleinere U-Boote) eingesetzt waren.

Die Stärke des in der Ostsee stationierten Flottenverbandes beeindruckte bei Planungen zum „Unternehmen Barbarossa" selbstverständlich die deutsche Skl, die deshalb ihren Einheiten eine defensive Kriegführung befahl. Schon die ersten Wochen zeigten allerdings, daß die sowjetische Führung den Ostseekrieg ebenfalls defensiv gestaltete, so daß das Übergewicht der „Baltischen Rotbannerflotte" überhaupt nicht zur Geltung kam. Die deutsche Kriegsmarine hielt ihre schweren Einheiten in den ersten Monaten zurück, obwohl sie für eine offensiven Einsatz in der Ostsee zur Verfügung gestanden hätten!

Der Seekrieg in der Ostsee wurde ausschließlich von kleineren und mittleren Einheiten beider Flotten geführt.
Die Anfangsoperationen dieser Verbände wurden im Kapitel „Der Angriff" geschildert. Die nachfolgenden Berichte über den Seekrieg finden nur Berücksichtigung, so weit sie als Flankenschutz für die Heeresgruppe Nord anzusprechen sind. Der Einsatz der deutschen, finnischen und sowjetischen Marine ist bis heute mehrmals in verschiedenen Veröffentlichungen [siehe Anlage] beschrieben worden.

*

Der Krieg zur See schien im Herbst 1941 in ein neues Stadium getreten zu sein. Die 18. Armee und die Pz.Gruppe 4 standen kurz vor der Einnahme Leningrads. Die Baltischen Inseln wurden augenblicklich umkämpft. Die „Baltische Rotbannerflotte" hatte sich in die Kronstädter Bucht zurückgezogen.
Die deutschen Führungsstellen — OKW und OKM — hegten zu dieser Zeit Befürchtungen, daß die sowjetische Flotte aus dieser Einschließung entweder in die mittlere Ostsee ausbrechen oder sich nach Schweden durchschlagen könne. Hitler wies das OKM an, einen solchen Ausbruch mit allen Mitteln zu verhindern!
Die Skl befahl am 20. 9. 1941 die Bildung der sogenannten „Baltenflotte". Der Befh. d. Kreuzer, V.Adm. Schmundt, erhielt hierzu Schlachtschiff „Tirpitz", Panzerschiff „Admiral Scheer", die leichten Kreuzer „Nürnberg". „Köln", „Leipzig", „Emden", die Zerstörer „Z-25", „Z-26", „Z-27", die 2. Torpedobootsflottille und S-Boote unterstellt.
Die Masse der „Baltenflotte" sollte nach der Aalandsee verlegen, während „Leipzig", „Emden" und einige S-Boote nach Libau kommandiert wurden. Die Flotte versammelte sich in Swinemünde. Zur Vorbereitung des Anmarsches dieser starken Verbände wurde der Weg Swinemünde — Aalandsee von Räumbooten auf sowjetische Minen untersucht. Die Minenschiffe „Kaiser", „Cobra" und „Königin Luise" verstärkten die Jumindasperre mit 400 Minen als Sicherung des Anmarschweges. Der „Fliegerführer Ostsee" erhielt Zuführung von Fernaufklärungsmaschinen vom Typ „Ju-88", die die See beobachteten.
Beide Kampfgruppen der „Baltenflotte" traten am 23. 9. von Swinemünde an. Sie erreichten ohne jede Feindeinwirkung ihre Bestimmungsorte.
Die Aufklärungsflugzeuge meldeten am 24. 9., daß die schweren sowjetischen Einheiten durch Bombentreffer beschädigt in den Werften von Kronstadt und in der Newa lägen. Damit war ein eventueller Ausbruch der sowjetischen Flotte illusorisch geworden. Die Skl erteilte

noch am Abend den Befehl zur Rückkehr von „Tirpitz" und „Admiral Scheer" in die Heimat. „Nürnberg" und „Köln" blieben vorläufig mit den Zerstörern in der Aalandssee. Die in Libau stehende Südgruppe wurde durch die Torpedobootsflottille verstärkt.
Der Einsatz des stärksten deutschen Flottenverbandes im Ostfeldzug war am 29. 9. beendet. Er sollte sich in dieser Massierung bis zum Kriegsende nicht wiederholen.

*

Die „Baltische Rotbannerflotte" war mit der Aufgabe Revals und der Einschließung Leningrads endgültig aus dem Kampfgebiet verdrängt. Die noch einsatzbereiten Großkampfschiffe wurden nun zur artilleristischen Unterstützung der Landfront unter dem Befh. d. Küstenartillerie, K.Adm. Gren, zusammengefaßt. Die Schlachtschiffe, Kreuzer (darunter der ehemalige deutsche Kreuzer „Lützow", der jetzt den Namen „Petropavlovsk" trug), Flottillenführer und Zerstörer stellten sich in Kronstadt, im Seekanal und auf der Newa als schwimmende Batterien auf.
Die kleineren und mittleren Einheiten der „Baltischen Rotbannerflotte" wurden als Geschwader unter V.Adm. Drozd vereinigt. Dieser Verband kam mit Ausnahme der Räumung Hangös Ende November/ Anfang Dezember nicht zum operativen Einsatz.
Die Besatzungen und das Personal der Überwasserschiffe, das nicht für dringende Arbeiten und den artilleristischen Einsatz benötigt wurde, war zur Bildung von Marineinfanteriebrigaden herangezogen. Die Flotte stellte in den ersten beiden Kriegsjahren insgesamt 9 Marine-Br. mit 130 000 Mann auf. Diese Brigaden fanden vornehmlich ihre Verwendung im Oranienbaumer Brückenkopf und an der Newafront.

*

Der Krieg zur See blieb Minenschiffen, S- und U-Booten vorbehalten.
Nach der Verstärkung der „Juminda-Sperre" zur Absicherung der „Baltenflotte" Ende September wurde deutscherseits auf weitere Minensperren verzichtet, da ein Ausbruch der Sowjetflotte unwahrscheinlich schien. Minenräum-, R- und S-Boote mußten allerdings einen ständigen Bewachungsdienst einrichten, da sowjetische S-Boote immer wieder versuchten, die Sperren zu überlaufen und Angriffe auf deutsche Geleite zu führen. Es kam im Laufe des Jahres zu mehreren kleineren Gefechten mit feindlichen S-Booten, bei denen sich die gegenseitigen Verluste die Waage hielten.

Die meisten Ausfälle erfolgten durch Minenbeschädigungen. So sanken vom September 1941 bis zum Jahresende infolge Minentreffer auf deutscher Seite: Minenschiff „Königin Luise", Tender „Mosel", je 1 U-Jäger, Vorposten-, R-Boot und 4 Minensuchboote. Bei Geleitfahrten zwischen deutschen, baltischen und finnischen Häfen gingen im letzten Vierteljahr 1941 acht Dampfer, je 1 Schwimmkran, Schlepper und Küstenmotorschiff verloren. Beschädigungen trug 1 Dampfer davon. Durch direkte Feindeinwirkung auf See vom September bis Dezember gab es weder einen Kriegs- noch Handelsschiffsverlust!

Die deutschen Ausfälle im Jahr 1941 betrugen insgesamt 25 Kriegs- und 18 Handelsschiffe; beschädigt wurden 24 Kriegs- und 7 Handelsschiffe. Die sowjetischen Verluste, die eindeutig auf Konto der deutschen Flottenverbände kamen, beliefen sich auf 8 Zerstörer, 3 Torpedo-, 9 Minensuch-, 6 U-, 5 S-, 5 Wachboote, 2 Truppentransporter und 40 Handelsschiffe.

Die starke sowjetische U-Bootwaffe, die allein noch fähig zu einer operativen Seekriegführung im Finnbusen oder in der Ostsee gewesen wäre, trat kaum in Erscheinung. Erst am 23. 10. wurde der deutsche Dampfer „Baltenland" nordwestlich von Öland torpediert und am nächsten Tag wurde zwischen Reval und Helsinki der Dampfer „Hohenhörn" erfolglos von einem russischen U-Boot angegriffen.

Die sowjetischen U-Boote hatten bis Jahresende ihre Kampfkraft eingebüßt. 27 Boote waren verlorengegangen, davon sanken 15 infolge Minentreffer, 6 wurden von der eigenen Besatzung versenkt, 3 von deutschen U- und 2 von S-Booten vernichtet und 1 ging durch Bombentreffer verloren.

Der eisige Winter 1941/42 ließ vom Dezember an die Kronstädter Bucht und den Finnbusen zufrieren. Der U-Bootkrieg war beendet...

*

Die Wiederaufnahme des Seekrieges im Jahre 1942 erfolgte sehr spät. Beide Flotten beschränkten sich nach wie vor auf Warten und Verteidigung. Finnische und deutsche Landungstruppen besetzten im Frühjahr die beiden Inseln Hogland und Tytärsaari. Damit war zwar der innere Finnbusen zwischen Reval und Wiborg abgeschlossen. Der Seeraum konnte aber nicht lückenlos bewacht werden.

Der F.d.M. Ost (Führer der Minensuchstreitkräfte Ost), Kapt.z.S. (ab 1. 2. 1943 K.Adm.) Böhmer, mußte mit seinen Minensuch-, Räumbootflottillen, Sperrbrechern und Minenräumschiffen die Sicherung des Finnbusens durch Auslegen weiterer Sperren verstärken. Die deutschen Schiffe errichteten 1942 acht Sperren mit 12 873 Minen.

Die sowjetische Flottenführung legte nach wie vor Wert auf artilleristische Unterstützung der Leningraderfront. Lediglich die U-Boote zeigten sich in der zweiten Jahreshälfte offensiver.
Das russische U-Boot „S-303" (K.Kpt. Travkin) durchbrach am 13. 6. als erstes sowjetisches Schiff die deutschen Minensperren und gelangte in die freie See! Wenig später folgten „S-317" (Kaptlt. Mochov) und „S-406" (Kaptlt. Ossipov).
Weitere U-Boote erreichten in den nächsten Monaten ebenfalls die Ostsee und griffen wiederholt deutsche Geleite und Einzelfahrer an. Die deutschen Handelsschiffsverluste betrugen für das Jahr 1942 insgesamt 23 Dampfer mit 52 000 BRT.
Diese Zahl, mag sie auch noch so hoch erscheinen, verblaßte im Vergleich zu den durchgeführten Fahrten in der östlichen Ostsee. Der Geleitverkehr zwischen deutschen, finnischen und baltischen Häfen lief 1942 auf Hochtouren. Es waren hieran beteiligt: 203 Kriegsschiffe, 75 Lazarett- und 1868 Handelsschiffe mit einer Gesamttonnage von 5 592 189 BRT. Die Schiffe transportierten 405 459 Soldaten, 15 454 Pferde, 12 866 Kraftfahrzeuge und 377 856 to. Güter. Diese Geleitzüge wurden 17mal von feindlichen U-Booten angegriffen, wobei nur 7 Dampfer verlorengingen.

*

Die Befehlsführung über die eingesetzten deutschen Marinestreitkräfte lag beim Marine-Befh. Ostland (V.Adm. Burchardi, Chef d.St.: Kapt.z.S. Engelhardt), der sein Hauptqartier in Reval aufgeschlagen hatte. Sein Befehlsbereich erstreckte sich von der deutsch-litauischen Grenze bis zur HKL vor Leningrad und Oranienbaum.
Folgende ortsgebundene Einheiten waren direkt unterstellt:

Seetransportchef Ost mit den Seetransportstellen Riga, Libau, Windau, Baltischport, Pernau, Reval, Hangö und Abo;
Oberwerftstab Ostland;
Hafenkommandantur Riga;
Inselkommandantur Tytärsaari;
Marine-Art.Abt. 531;
Marine-Festungs-Pi.Btl. 311 und 321;
Marine-Kraftfahr-Abt. 6 und 9;
Marine-Einsatz-Abt. Ostland (seit 15. 1. 1943).

Der einzige schwimmende Verband war die Küstenschutzflottille Ostland. Diese war im September 1941 als Küstenschutzgruppe Ostland in Libau aufgestellt, wurde im Oktober nach Reval verlegt und erhielt am 21. 5. 1942 ihre neue Bezeichnung. Die Flottille war zu Sicherungsaufgaben entlang der baltischen Küste eingesetzt.

Der Befehlsbereich Ostland gliederte sich in zwei Seeverteidigungsbereiche. Der Bereich Lettland zog sich von der deutsch-litauischen bis zur lettisch-estnischen Grenze mit Ausnahme von Riga und dem Unterlauf der Düna. Der Seekommandant (Kapt.z.S. Dr. Kawelmacher, ab Januar 1942 Kapt.z.S. Karstens) hatte seinen Sitz in Libau. Ihm unterstanden die Hafenkapitäne Libau und Windau, die Marine-Flak-Abt. 712 (Libau), die 7. Ersatz-Marine-Art.Abt. und die Kriegsmarinewerft Libau.

Der Seekommandant Estland (F.Kapt. Terfloth, Kapt.z.S. Jörß, Kapt.z.S. von Dresky und Kapt.z.S. Mulsow) befahl über Hafenkommandantur Reval, Marine-Art.Abt. 530 und 532, Marine-Flak.Abt. 239 und 711, Marineausrüstungsstelle und Marineartilleriearsenal in Reval. Sein Befehlsbereich erstreckte sich von der estnisch-lettischen Grenze bis zur HKL und über die Baltischen Inseln.

Die Führung des operativen Seekriegs in der östlichen Ostsee lag in Händen des F.d.M. Ost, K.Adm. Böhmer. Er unterstand dem Marinegruppenkommando Nord. Seine Aufgabe war die Leitung aller Unternehmungen auf See, wobei ihm jeweils Zerstörer und Torpedoboote unterstellt wurden. Der F.d.M. Ost befand sich mit seinem Stab (1. Adm.St.Off.: K.Kapt. Forstmann) auf Flottentender „F-3", der zeitweise in Helsinki oder Reval stationiert war.

Die Unterstellung von Minensuch-, Räumboots-, Sperrbrecher-, Vorposten-, Sicherungs-, U-Jagd-, Geleit- und Hafenschutzflottillen sowie Minenräumschiffen und Schnellbooten wechselte je nach Lage auf dem Kriegsschauplatz. So befanden sich vom Frühjahr 1942 an in der östlichen Ostsee: 1. Räumboot-, 18., 31., 34. Minensuch-, 12. U-Jagd-, 3. Vorpostenboots-, 27. Landungsflottille, Minenräumschiffe 11 und 12, Minenschiff „Kaiser", „Roland" und 32 Küstenmotorboote.

*

Die sowjetische Flotte war zahlenmäßig nach wie vor überlegen. Sie war aber infolge des verstärkten Minensperrgürtels quer durch den Finnbusen zur Verteidigung verurteilt. Die 1943 zur Verfügung stehenden 33 U- und 29 S-Boote der „Baltischen Rotbannerflotte" wagten in diesem Jahr nicht, die Sperren zu überfahren.

Dafür nahm die Lufttätigkeit von Monat auf Monat zu. Die Verstärkung der sowjetischen Fliegerstreitkräfte machte sich unliebsam bemerkbar. Die deutschen Schiffe hatten sich jetzt weniger gegen Flotteneinheiten als vielmehr gegen die ständige Bedrohung aus der Luft zu wehren. Deutsche Schiffs- und Menschenverluste wurden fast ausschließlich durch Bombenangriffe erzielt. Die Sicherungsstreitkräfte des F.d.M. Ost büßten 139 Offiziere und Mannschaften als Gefallene und 199 Verwundete durch Angriffe sowjetischer Flugzeuge, von denen 26 abgeschossen wurden, ein.

Die bedeutendste seemännische Leistung 1943 war das Legen eines U-Bootnetzes im Finnbusen. Der „Netzsperrverband" (Chef: Kapt.z.S. Tschirch) legte im April 1943 mit 141 Schiffen (Netzlegern, Netztendern und Schleppern) der Netzsperrflottille Mitte (K.Kapt. Becker) ein bis auf 60 m Tiefe reichendes doppeltes Netz, das fas 60 km lang war. Dieses Netz wurde zwischen Naissaari und Porkkala in die Tiefe versenkt.

Minenschiffe erweiterten bis Anfang Mai die bereits existierenden Minensperren um weitere 9 834 Minen. Damit war ein Ausbruch sowjetischer U-Boote unmöglich gemacht. Es zeigte sich 1943 kein feindliches U-Boot in der östlichen Ostsee!

Die sowjetische Seekriegführung zog ihre Konsequenzen. Sie reorganisierte ihre U-Bootwaffe. Die Boote wurden zu einer Brigade mit vier Divisionen zusammengefaßt. Jede Division verfügte bis zu 25 U-Boote. Eine intensive Ausbildung erfolgte in der Kronstädter Bucht. Die russischen U-Boote sollten 1944 wieder offensiv werden.

Die deutschen Erfolge des Jahres 1943 wurden durch die Zahl der Geleitzüge zur Versorgung der Heeresgruppe Nord dokumentiert. 148 Handels- und 139 Lazarettschiffe mit einer Tonnage von 1 085 000 BRT waren zwischen deutschen und baltischen Häfen unterwegs. Die Geleite wehrten in den zwölf Monaten 318 Luftangriffe ab, bei denen 30 Feindflugzeuge abgeschossen wurden. 6 Handelsschiffe und 11 kleinere Kriegsschiffe gingen im selben Zeitraum verloren.

*

Der Krieg der schwimmenden Einheiten wurde nun nicht ausschließlich auf der östlichen Ostsee ausgetragen. Die großen russischen Binnenseen wurden in das Gesamtkonzept der Kriegführung eingeplant. Die Sowjets hatten seit jeher auf diesen Seen kleinere Sicherungs-, Wach- und Polizeiboote stehen, die von deutscher Seite vernichtet werden mußten, sollte sich die Front an diesen Seen etablieren.

Die Flottille von ca. 20 Booten auf dem 3500 qkm großen Peipussee war im Sommer 1941 durch deutsche Luftangriffe vernichtet worden. Als die Truppen der 18. Armee den See erreichten, fanden sie kein brauchbares Schiff mehr vor. Es wurden lediglich am Ostufer des Sees noch 2 Schlepper und 5 Kähne entdeckt, die sogleich zum Nachschub- und Verwundetentransport benutzt wurden. Diese Boote wurden später von zwei mit MGs und Pak bestückten Motorbooten beschützt und transportierten im ersten Monat 4 300 to. Material, 500 Verwundete und 600 Gefangene. Marine und Landungspioniere übernahmen im Herbst von Dorpat aus die Sicherung des Sees. Schutzpolizei mit Kampfbooten, auf denen eine 3,7 cm-Pak montiert war, löste die Wehrmacht schließlich ab.

Mit den ersten Rückzügen des Heeres von Leningrad wurde von Seiten der Heeresgruppe wie der Marine der Peipussee in die Operationspläne einkalkuliert. Die 4. Artillerieträger-Flottille (K.Kapt. Wasmuth) wurde über Land gebracht und auf dem See eingesetzt. Die Flottille bestand aus 24 Artillerie-Leichtern, 30 Verkehrs-, 4 Küstenmotor-, 4 Kommandobooten und einem bewaffneten Dampfer. Das Heer hatte stationiert: Feldwasser-Abt. 4 mit 12 Dampfern, 10 Schleppern und 7 Kähnen und das Pi.-Landungs-Btl. 772 mit 18 Siebelfähren, 12 Landungsbooten und 27 Sturmbooten.

Die Sowjets setzten sofort, nachdem sie die Ostküste des Sees erreichten, S-Boote und flache Kanonenboote ein. Die deutsche Flottille beschränkte sich nur auf Vorpostendienst. Zu ersten Gefechten kam es am 12. 6. 1944 zwischen 4 deutschen Küstenmotorbooten und kleinen sowjetischen Schiffen, bei denen „KM-8" verlorenging.

Die deutschen Schiffe verlegten im August nach Dorpat, da die Küstenstützpunkte vor Partisanen nicht sicher waren. Ende des Monats gingen durch Luftangriffe und infolge Selbstversenkung alle Schiffe bis auf 4 Küstenmotorboote verloren. Diese letzten Fahrzeuge wurden auseinandergenommen und konnten gerade noch rechtzeitig mit der Bahn aus Dorpat weggebracht werden, bevor die Sowjets den Bahnhof stürmten.

Der zweite größere Binnensee, auf dem Schiffe kämpften, war der 18 700 qkm große Ladogasee. Es kam zu Feindberührungen zwischen finnischen Booten und der sowjetischen Ladogaflottille. Der Winter 1941/42 brachte jede Kampftätigkeit zum Erliegen.

Deutsche Schiffe trafen am 7. 7. 1942 am See ein, als die Heeresgruppe Nord die Eroberung Leningrads durch die 11. Armee plante. Die Boote der 31. Minensuch-Flottille (F.Kapt. von Ramm) operierten von finnischen Häfen aus. Die Boote hatten weder im Minenkrieg noch in taktischen Vorstößen irgendwelche Erfolge, und da sie außerdem noch technische Mängel zeigten, wurden sie bereits im Oktober zurückbefohlen. Erfolgreicher war die 12. italienische MAS-Flottille, die gleichzeitig im selben Gebiet tätig war. Sie wurde im Oktober ebenfalls zurückgenommen.

Das Rückgrat der Ladogasee-Streitkräfte bildeten schließlich die „Siebelfähren". Diese Schiffe gehörten zur Luftwaffe! Sie waren als Flakträger gedacht und zum Großteil mit seemännisch unerfahrenem Personal besetzt. Es gelang jedoch Ob. Siebel, seine Fährenflottille so klug und sicher zu führen, daß sie mit ihren 8,8-cm-Flak-Geschützen den sowjetischen Kanonenbooten überlegen war. Die Fähren wurden ab August 1942 — wiederum vom karelischen Ufer aus — auf dem See eingesetzt.

Das einzige größere Gefecht — das für beide Teile unglücklich verlief — fand am 22./23. 10. 1942 statt. 16 deutsche Fähren, 7 Boote und ein italienisches MAS-Boot griffen in der Nacht zum 23. 10. die Küstenbatterie auf der Insel Suho an. Während die Fähren die Batterie beschossen, landeten vier Pionierstoßtrupps. Das Unternehmen wurde bereits nach 10 Minuten (!) abgebrochen, da zwei Fähren strandeten und eine durch Volltreffer vernichtet war. Als die sowjetische Batterie schließlich nach drei Stunden Artilleriefeuer zum Schweigen gebracht war, trat der deutsche Verband die Rückfahrt an. Unuterbrochen griffen sowjetische Flugzeuge an, die wiederum von den „Me-109" einer Staffel des JG. 54 in Kämpfe verwickelt wurden.

Hereinbrechende Herbst- und Winterstürme verhinderten weitere Einsätze deutscher und sowjetischer Schiffe.

Das Jahr 1943 brachte keine größeren Ereignisse. Nachdem die Sowjets die Landverbindung mit Leningrad herstellten, wurde eine Blockade der Stadt auf dem See sinnlos. Die deutschen Streitkräfte wurden nach und nach zurückgezogen. Die „Siebelfähren" hatten sich so gut bewährt, daß sie fortan als Begleit- oder Transportschiffe in der östlichen Ostsee Verwendung fanden.

Die sowjetischen Streitkräfte wurden im Frühjahr 1944 auf dem Ladogasee sehr aktiv. Sie setzten Landungsunternehmungen an und vertrieben bis September die letzten finnischen Boote. Der Ladogasee war wieder russisches Territorium geworden.

*

Das Jahr 1944 dämmerte herauf. Es wurde nicht nur das Schicksalsjahr für die deutschen Truppen auf dem Lande, sondern auch für die Einheiten der Kriegsmarine in der östlichen Ostsee. Der F.d.M. Ost, K.Adm. Böhmer, hatte zur Verfügung:

Minensuch-Flottillen 1, 3 und 25 (20 Boote);
Räumbootflottille 1 (15 Boote);
Landungsflottillen 13, 21 und 24 (40 Fährprähme);
Artillerieträger-Flottille 7 (17 Fährprähme);
Sicherungsflottillen 3, 14 und
Vorpostenbootsflottillen 3, 9 und 17 (120 Dampfer).

Diese wenigen Streitkräfte waren natürlich nicht in der Lage, dem mit Sicherheit im Sommer 1944 zu erwartenden sowjetischen Flottenausbruch aus der Kronstädter Bucht zu begegnen. Das OKM verlegte deshalb nach der feindlichen Offensive bis zur Narwa die 6. Zerstörerflottille mit „Z-25", „Z-28", „Z-35", „Z-36", „Z-39" und das Torpedoboot „T-30" nach Baltischport und Reval.

Es war Aufgabe dieser Streitkräfte, die linke Heeresflanke bei Narwa zu sichern. Das konnte am besten durch Verstärkung und Erweiterung der Minensperren geschehen. Die Minenschiffe „Linz", „Roland" und „Brummer" begannen ab 13. 3. nördlich Hungerburg an der Narwamündung die ersten Sperren zu werfen. Sowjetische Flugzeuge waren dauernd in der Luft und beobachteten die Schiffe und ihre Tätigkeit.

Die feindlichen Luftstreitkräfte griffen allein im März 137mal Schiffe in der Narwabucht an und warfen 7000 Bomben! 29 Maschinen wurden von der Marineflak und von Jägern abgeschossen. Ausfälle traten nur geringfügig ein.

Der erste schwere Verlust, der die Marine ereilte, erfolgte in der Nacht zum 21. 4., als das Minenschiff „Roland" — ein ehemaliges Seebäderschiff des Norddeutschen Lloyd — auf eine eigene Mine lief und in wenigen Minuten in den Fluten versank.

Der zweite Verlust traf das neu in dem Gebiet der finnischen Schären eingetroffene Torpedoboot „T-31". Das Boot kreuzte mit „T-30" im Seeraum der Insel Narvi und stieß in der Nacht zum 20. 6. auf ein Rudel sowjetischer Schnellboote. Die Deutschen konnten sich durch wohlgezieltes Feuer die Russen vom Leibe halten. „T-31" erhielt unglücklicherweise einen Torpedotreffer. Es sank bei seinem ersten Einsatz.

Die zunehmende Tätigkeit der gegnerischen Seestreitkräfte, die besonders im finnischen Schärengebiet offensiv wurden, erforderte entsprechende Maßnahmen der Kriegsmarine. Die Dienststelle des F.d.M. Ost wurde in 9. Sicherungsdivision umbenannt. K.Adm. Böhmer erhielt Verstärkung durch die Torpedoboote „T-8" und „T-10", die 10. S-Bootflottille und die U-Boote „U-481", „U-748" und „U-1193".

Der schärfste Gegner für die Schiffe waren nicht die tollkühn angreifenden Schnellboote der Sowjets, sondern die Flugzeuge. Tag für Tag brausten die Jagdbomber vom Typ „Il-2" heran, stürzten sich auf die Boote, warfen Bomben oder feuerten mit ihren Bordkanonen.

130 Maschinen mit dem roten Stern auf den Tragflächen griffen am 16. 7. in den finnischen Schären das Flakschiff „Niobe" — den ehemaligen holländischen Kreuzer „Gelderland" — an und versenkten es. Vier Tage später sank nach Bombentreffern „M-20", und nach weiteren 24 Stunden „M-13". Zwei Marinefährprähme (237 und 498) und das Vorpostenboot „V-1707" gingen ebenfalls im Juli verloren.

Das Kriegstagebuch der 3. Minensuchflottille (K.Kapt. Kieffer), die in der Narwabucht stand, verzeichnete folgende Sätze:

„30. 7.: Drei Gefechte mit je 30—40 Il-2 mit Jagdschutz. 6 Abschüsse durch Verband. Eigene Verluste: 1 Toter, 26 Verletzte. ...
31. 7.: Großangriffe durch rund 70 Maschinen. 2 Abschüsse, 7 Tote, 30 Verletzte, überwiegend durch schwere Bombentreffer auf Führerboot M-15. ... 1. 8.: Fünf Gefechte mit 85 feindlichen Flugzeugen. 6 Abschüsse. ..."

Trotz dieser laufenden Angriffe aus der Luft ließen sich die deutschen Flottillen nicht entmutigen. Sie legten weiterhin Minen, klärten das Küstenvorfeld auf, wehrten Flugzeuge und Schnellboote ab, sicherten Geleitzüge, die wertvolles Material zur Heeresgruppe Nord brachten oder Verwundete und Flüchtlinge in die Heimat transportierten. Allein im Monat August verkehrten 414 Dampfer mit einer Gesamttonnage von 2 390 970 BRT zwischen deutschen und baltischen Häfen, ohne daß ein Schiff verlorenging!

Die 9. Marine-Sicherungsdivision erhielt im Juli weitere Zuführungen. Die 6. Torpedobootsflottille (K.Kapt. Koppenhagen) lag mit „T-22", „T-23", „T-30", „T-32" und „T-33" in ihren gut getarnten Schlupfwinkeln bei Kotka in den finnischen Schären. Die Boote unternahmen von hier aus Minen- und Aufklärungsfahrten in den Finnbusen und bis zur estnischen Küste.

Die eingesetzten drei U-Boote wurden durch weitere Boote verstärkt, die bisher als Schul- oder Einsatzboote in Norwegen stationiert waren. Die neuen U-Boote waren anfangs nicht mit dem „Schnorchel" ausgerüstet. Da sie vorrangig als Bewacher der Minensperren eingesetzt wurden, mußten sie stets zum Aufladen ihrer Batterien auftauchen. Die Boote „U-250", „475", „1001" gelangten in der ersten Hälfte Juli zum Einsatz. Wenig später folgten „U-242", „U-348", „U-370", „U-479" und „U-679". Im August trafen noch einmal sechs Boote — 286, 290, 717, 745, 958, 1165 — ein, und im Oktober „U-676" und das Minen-Boot „U-218".

Der Einsatz der U-Boote wurde vom Einsatzleiter beim Admiral Östliche Ostsee, F.Kapt. Brandi (ab Januar 1945 Kaptlt. Gehlhaus), geleitet. Der erste Erfolg wurde von „U-475" (Kaptlt. Stoeffler) am 28. 7. erzielt, als ein sowjetisches R-Boot versenkt wurde. Schon zwei Tage später schickten „U-481" und „U-370" je ein weiteres R-Boot in die Tiefe. Am selben Tag wurde „U-250" beim Angriff auf den sowjetischen U-Jäger „MO-105" von dem zweiten U-Jäger „MO-103" gestellt und vernichtet.

Die stärkste Streitmacht in der Ostsee bildete die 2. Marine-Kampfgruppe unter V.Adm. Thiele. Schwerer Kreuzer „Prinz Eugen", Zerstörer „Z-25", „Z-28", „Z-35" und „Z-36", Torpedoboote „T-23" und „T-28" standen seit 30. 7. in Gotenhafen zum Einsatz bereit. Dieser führte die Schiffe am 20. 8. nach Tuckum, wo ihr gutliegendes Artilleriefeuer den Durchbruch des Pz.Verbandes Graf Strachwitz und damit die Verbindung zur Heeresgruppe Nord ermöglichte!

Der Erfolg wurde allerdings von einem tragischen Unglücksfall überschattet, der sich wenige Tage vorher in der Narwabucht unweit der Steilküste bei Valaste, zutrug.

Die vier großen Torpedoboote „T-22", „T-23", „T-30" und „T-32" verließen am 17. 8. ihre Schärenverstecke bei Kotka. Nur „T-30" war ein sogenannter „alter Hase" in der östlichen Ostsee. Die anderen Boote waren neu in diesem Kampfraum. K.Kapt. Koppenhagen, Chef der 6. Torpedobootsflottille, hatte den Auftrag, mit seinen Schiffen einen Mineneinsatz zu fahren. Die Boote näherten sich mit hoher Fahrt dem befohlenen Punkt unweit der estnischen Küste. Die Nacht war klar, so daß die Flottille bald im Wurfgebiet stand. Das bereits vorliegende Minenfeld sollte erweitert werden.

Das Sperrgebiet war erreicht. Das Spitzenboot — „T-30", auf dem sich der Flottillenchef eingeschifft hatte, — wendete um 90°. In diesem Augenblick erhielt das Boot einen Ruck. Eine Explosion brach aus. Das an vierter Stelle fahrende Boot — „T-32" — wurde ebenfalls von einer Explosion geschüttelt. Sein Bug riß weg.

„Torpedotreffer!" „S-Bootangriff!"

So gellten die Funksignale durch die Nacht. Die beiden übrigen Boote drehten mit äußerster Kraft rückwärts. Zu spät! „T-22" explodierte und brach wie ein Stein auseinander. In weniger als einer halben Stunde versanken drei große deutsche Torpedoboote, zerrissen von eigenen Minen! Die 6. Flottille war auf die alte Minensperre geraten und hatte dort ihr Ende gefunden!

Die im Wasser treibenden Schiffbrüchigen gerieten am nächsten Tag in Angriffe sowjetischer Tiefflieger, die mit Bordwaffen auf die Wehrlosen schossen! Eine deutsche Seenotrettungsmaschine „Do-24" erschien und landete zwischen den Schwimmern. Die Besatzung nahm statt 12 insgesamt 91 Matrosen an Bord! 420 Seeleute fanden den Tod in den Wellen!

Der Einsatz deutscher Schiffe im nördlichen Teil des Finnischen Meerbusens fand am 2. 9. sein Ende, als Finnland mit der UdSSR den Waffenstillstand abschloß. Die bisherige gemeinsame deutsch-finnische Waffenkameradschaft hörte mit einem Schlage auf.

Die deutschen Verbände räumten am 6. 9. ihren Stützpunkt Kotka sowie die Beobachtungsstellen auf den Inseln. Gleichzeitig transportierten Dampfer die 164. ID., Sturmgesch.Br. 303 und andere Dienststellen aus verschiedenen Häfen ab. Nun galt es noch die in Nordfinnland stehende 20. Gebirgs-Armee wegzuschaffen. Als Endtermin war der 15. 9. vorgesehen. Schwere Kreuzer „Lützow" und „Prinz Eugen" und die 3. Torpedobootsflottille kreuzten zwischen den

Aalandsinseln, um die Geleite zu sichern. Es wurden 4 049 Soldaten, 3 336 Verwundete, 746 Fahrzeuge und 42 144 to. Material evakuiert. Leider gingen noch 13 064 to. Material verloren, da die finnischen Dampfer neutrale Häfen anliefen. 100 000 to. Material konnten infolge der knappen Zeit nicht verschifft werden und wurden an Land vernichtet!

Die finnische Regierung und die finnische Marine reagierten „sauer", da die letzten deutschen Minensuchboote Kotka verminten und nachdem am 14. 9. die Landung auf Hogland erfolgte. Dieses für beide Seiten unglückliche Unternehmen — [siehe Kapitel 5] — machte plötzlich aus ehemaligen Waffenbrüdern Feinde. Beim Kampf um die Insel fielen 155 deutsche und 37 finnische Soldaten! 175 Deutsche und 79 Finnen wurden verwundet!

Damit war „de facto" der Krieg zwischen Deutschland und Finnland da!

In den nächsten Wochen kam es wiederholt zu Angriffen der deutschen U-Boote gegen finnische Geleite, die mit Kurs Sowjetunion fuhren. Mitte Oktober wurden bei Odensholm die drei ersten finnischen Küstenfahrzeuge durch Geschützfeuer der U-Boote versenkt. Ein Operieren deutscher Schiffe im nördlichen und östlichen Teil des Finnbusens versprach aber keinen Erfolg mehr.

Als sich die Heeresgruppe Nord aus Estland zurückzog, gingen die letzten Marinestützpunkte im Finnbusen verloren. Nach der Räumung von Reval und Baltischport — [siehe Kapitel 5] — wurden durch Minenschiffe „Linz", „Brummer", Torpedoboot „T-28", 1., 2. und 3. Minensuch-, 1. Räumboots-, 24. Landungs-, 5. S-Bootflottille, „U-242" und „U-1001" noch einmal sechs Minensperren geworfen. Da die Sperren nicht mehr bewacht werden konnten, gelang es den Sowjets, diese schnell zu überwinden und zu räumen.

Sowjetische U-Boote operierten seit Anfang Oktober in der östlichen und mittleren Ostsee!

Hauptaufgabe der 9. Sicherungsdivision, die ab 1. 10. F.Kapt. von Blanc übernahm — (K.Adm. Böhmer wurde an diesem Tag auf einem Pirschgang von Partisanen erschossen) — war nach wie vor Schutz der Geleite, die weiterhin Menschen und Material ins Baltikum und später nach Kurland brachten.

Die U-Boote, die von Libau, Memel und von Danzig aus operierten, waren mehr zu Beobachtungsaufgaben als zu taktischen Fahrten eingesetzt. Ihre Erfolge im Oktober und November gegen die sowjetische Schiffahrt beliefen sich auf Versenkung von zwei Bewachern durch „U-679" und „U-745", 1 R-Boot durch „U-1165", 1 Kanonenboot durch „U-370", 1 U-Jäger durch „U-475", 1 Vermessungsschiff durch „U-242", 1 Prahm durch „U-481", 1 Schlepper durch „U-745" und vier finnische Segler durch „U-481" und „U-958". „U-242" legte am 8. 10. außerdem eine weitere Minensperre.

Die Erfolge sowjetischer Boote gegen deutsche Geleite waren gleichfalls gering. 587 deutsche Dampfer mit 881 000 BRT transportierten im Oktober Material und Güter zur Heeresgruppe Nord. Nur 6 Schiffe gingen verloren. Der Monat November zeigte 764 Schiffe mit 1 577 000 BRT , die bei 2 Verlusten Güter fuhren. Im Dezember sank 1 Dampfer, während 575 Schiffe von 1 112 000 BRT mit Waffen, Munition, Verpflegung usw. ans Ziel kamen.

Die offensive deutsche Seekriegführung gegen die Sowjets kam Ende 1944 zum Abschluß. 2. und 5. S-Bootflottille unternahmen zwar einige Vorstöße in den Finnbusen, ohne auf russische Schiffe zu stoßen. Das letzte Unternehmen der Kriegsmarine endete mit einem Fiasko.

Mittlere Seestreitkräfte sollten auf Ersuchen der Heeresgruppe noch einmal die Minensperren bei Reval verstärken. Die 6. Zerstörerflottille unter Kapt.z.S. Koth verließ am 11. 12. mit den Zerstörern „Z-35", „Z-36", „Z-43", den Torpedobooten „T-23" und „T-28" Pillau. Als um Mitternacht die Leuchtfeuer von Baltischport erreicht wurden, gingen die Schiffe auf Wurfkurs.

Da geriet „Z-35" auf eine Mine und blieb liegen. Kurz darauf stiegen an „Z-36" Feuersäulen hoch. Der Zerstörer ging nach Kessel- und Munitionsexplosion in wenigen Minuten unter. „Z-35" fuhr auf eine zweite Mine. Das Schiff wurde so schwer beschädigt, daß es nicht mehr zu retten war. Die übrigen Schiffe drehten befehlsgemäß ab und verließen die nächtliche Unglücksstelle. Kapt.z.See Koth und 600 Offiziere und Mannschaften büßten ihr Leben ein. Nur 67 Matrosen wurden am nächsten Tag von finnischen und russischen Schiffen aufgenommen und gefangen.

Das Jahr 1944 war mit einem deutschen Mißerfolg zur See ausgeklungen.

*

Der größte deutsche Stützpunkt in der östlichen Ostsee — die Baltischen Inseln — war ebenfalls verloren.

Die Inseln erhielten nach der Räumung Estlands enorme Bedeutung zum Schutz der linken Flanke für die Heeresgruppe und zur Sicherung des Geleitverkehrs nach Riga. Die Heeresgruppe verlegte vom 9. 9. an Teile der 23. ID., Sturmgesch.Br. 202, Stab H.Küsten-AR. 1006, H.Art.Abt. 289 und 810, Marine-Art.Abt. 530 und Marine-Flak-Abt. 239 nach Ösel. Der Seekommandant Estland (Kapt.z.S. Mulsow) wurde Seekommandant Baltische Inseln. Glt. Schirmer, Kdr. 23. ID., war als Wehrmachtbefehlshaber eingesetzt. Die deutsche Zivilverwaltung wurde am 20. 9. dem Befehlshaber unterstellt.

Die Besatzung von Worms räumte am 25. 9. kampflos die Insel. Sowjetische Artillerie begann am nächsten Tage, sich von Virtsu (Werder) aus einzuschießen. Feindliche Flugzeuge griffen am 29. 9. die Hauptstadt Arensburg an. Gleichzeitig landeten russische Sturmtrupps auf Moon, das nicht verteidigt wurde.
Der Kampf um die Baltischen Inseln hatte begonnen.

Die Heeresgruppe befahl am 1.10. den Stab der 218. ID. (Gm. Lang) mit I./GR. 323 und I./GR. 386 nach Ösel. Später folgten die übrigen Grenadierbataillone, Teile des AR. 218, Nachr.Abt. 218 und Pi.Btl. 218. Marine-Art.Abt. 531 und 532 wurden ebenfalls nach Ösel geschafft.

Die Sowjets setzten am 2.10., von Tieffliegern unterstützt, auf Dagö über. Die hier stehenden Teile des Füs.R. 23 und wenige Batterien konnten dem Gegner keinen energischen Widerstand entgegensetzen und räumten mit Unterstützung von Landungspionieren am nächsten Tag die Insel.

Der sowjetische Sturm auf Ösel erfolgte am 5.10. durch das VIII. estn. Schtz.K., dem kurz darauf das CIX. Schtz.K. folgte. Beide Korps landeten an einer Stelle, wo sie die deutsche Führung nicht erwartet hatte. Frühnebel begünstigte weiterhin die Landungsboote, die auf einer Breite von 20 km an sechs Stellen die Schützen an die Küste zwischen Keksvere und Jaani im Nordosten der Insel landeten. Die breit angelegte Landung band schon in den ersten Stunden so viele deutsche Kräfte, daß kein starker Gegenangriff durchgeführt werden konnte. Teile der Marine-Einsatz-Abt. Ostland wurden eingeschlossen und konnten sich nur unter Verlusten durchschlagen. Ein erster energischer Widerstand wurde von Ob. Graf zu Eulenburg, Kdr. GR. 67, mit Marine-Einsatz-Abt., Marine-Art.Abt. 532, Teilen GR. 67 und II./GR. 323 in der Linie Saare — Peude geleistet.

Die Stärke des Feindes bewog Glt. Schirmer, den Norden und die Mitte der Insel aufzugeben und nach Sworbe auszuweichen. Russische Panzer stießen über den Moon-Ösel-Damm und brachen sofort nach Südwesten durch. Die deutschen Verbände kämpften sich am nächsten Tag bis zu einer Linie 20 km nördlich Arensburg zurück. Die Stadt wurde am Abend von allen Dienststellen geräumt und am nächsten Tag ganz aufgegeben.

Die 218. ID. bezog inzwischen ihre Auffangstellung im Salme-Brückenkopf vor Sworbe. Doch schon zwei Tage später tauchten feindliche Panzer auf und brachen an zwei Stellen ein. Die deutschen Kampfgruppen zogen sich auf die schmalste Stelle der Halbinsel zwischen Ranna — Kritsi zurück und verteidigten den Ariste-Riegel. Hier standen GR. 67 (Ob. Graf zu Eulenburg) und AR. 23.

Gm. Henke, Höh. Landungs-Pionier-Fhr., war mit seinen Bataillonen für die Versorgung der Baltischen Inseln und den Abtransport von Trossen, Verwundeten u. a. m. verantwortlich. Diese Transporte konnten infolge der feindlichen Luftüberlegenheit nur nachts erfolgen. Es standen ihm für diese Unternehmungen 20 Marine-Fährprähme, 17 Pionier-Landungsfähren, 23 Landungs- und 15 schwere Sturmboote zur Verfügung.

Die Sowjets versuchten — nachdem sie im ersten Anlauf den Ariste-Riegel nicht aufbrechen konnten — hinter der deutschen Front beim Leuchtturm Löu zu landen. Der Versuch wurde von den Grenadieren des Ob. Graf zu Eulenburg abgeschlagen. Eine zweite Landung des sowj. Schtz.R. 300 bei Teesso am 12. 10. konnte ebenso durch GR. 386, Pi.Btl. 218 und Marine-Art.Abt. 531 zunichte gemacht werden. 215 Gefangene blieben in deutscher Hand.

Stab 218. ID. und Teile der Division verluden am 13. 10. nach Windau. Teile der 12. Lw.FD. (Gm. Weber) kamen dafür auf die Insel.

Der Befh. auf den Baltischen Inseln plante eine Räumung, da angesichts der russischen Übermacht eine Verteidigung von Sworbe sinnlos erschien. Doch die Heeresgruppe bestand darauf, daß Ösel gehalten werden solle, um weitere sowjetische Kräfte zu binden. Das XXXXIII. AK. (Gen.d.Geb.Tr. Versock), dem die Verteidigung Nordkurlands unterstand, übernahm Befehl über alle auf Sworbe eingesetzten deutschen Verbände.

Die Sowjets — es waren VIII. estn. und XXX. Gd.K. — verhielten sich zwischen 13. und 17. 10. einigermaßen ruhig. Umgruppierungen waren vorgenommen, so daß ab 17. 10. die ersten vorfühlenden Spähtrupps gegen den Ariste-Riegel vorgeschickt werden konnten.

Starkes Trommelfeuer leitete am Mittag des 19. 10. die Schlacht um Sworbe ein. Jagd- und Kampfflugzeugstaffeln stürzten sich auf die deutschen Gräben und zwangen die Verteidiger in Deckung, während feindliche Schützen stürmten. Die Verluste unter den Deutschen waren hoch. Es existierten nur noch kleinere Kampfgruppen, die sich mühsam hinter den zerschossenen Drahtverhauen verteidigten. 50 Prozent der Offiziere fielen an diesem Tage aus. Glt. Schirmer und sein Ia, Oberstlt. i.G. Niepold, standen in vorderster Front. Ob. Reuter, Kdr. GR. 386, griff mit wenigen Soldaten, nur mit der Panzerfaust bewaffnet, die eingebrochenen Kampfwagen an.

Der Ariste-Riegel mußte aufgegeben werden.

Gegenangriffe wurden laufend geführt. Teile der Marine-Flak-Abt. 239 (K.Kapt. Schulz) drangen weit in die feindliche Front ein, konnten aber das Zurückweichen auf den Ranna- und später auf den Leo-Riegel nicht verhindern. Die Kampfstärke betrug deutscherseits 4 620

Mann, davon waren nur 2 740 infanteristisch eingesetzt. (Die Kopfstärke aller Wehrmachtteile belief sich auf 7 177 Soldaten.)
Die Verteidiger hielten am 23. 10. noch den Leo-Riegel. Verstärkungen der 12. Lw.FD., die infolge hohen Seegangs nur mit Minensuchbooten übergesetzt werden konnten, wurden sofort zur Front befohlen. Denn, der Feind kam! Er griff am 24. 10. den Leo-Riegel an und wurde abgewehrt!

Die erste Phase des Kampfes um Sworbe beendeten die Schiffsgeschütze der 2. Marine-Kampfgruppe unter V.Adm. Thiele. Der Verband stand mit Schwerem Kreuzer „Lützow", den Zerstörern „Z-28", „Z-35", den Torpodobooten „T-19", „T-21", „T-23", „T-28" und „T-31" vor Sworbe. Die Schiffe verschossen an diesem Tag 1 100 Granaten. Die Wirkung der Geschosse war derart, daß die Sowjets schockiert ihre Angriffe gegen den Leo-Riegel einstellten.

Die Kämpfe flauten etwas ab. Natürlich gab es keineswegs Ruhe und Stillstand, da der Gegner immer von neuem an irgendeiner Stelle einen Einbruch in die deutsche HKL zu erzielen gedachte. Das OKH forderte am 22. 10. noch in einer Weisung an die Heeresgruppe, daß Sworbe unter allen Umständen zu halten sei!

Die Sowjets verstärkten sich Ende Oktober. Allein am 29. 10. versuchten sie an fünf Stellen den Leo-Riegel aufzubrechen. 236 Feindbomber, denen deutscherseits nur die 3./JG. 54 entgegengestellt werden konnte, bombardierten pausenlos die Gräben, Unterstände und Verbindungswege. Das Lw.Jäg.R. 23 unter Ob. Jordan (12. Lw.FD.) und das GR. 323 (Ob. von Vietinghoff) der 218. ID. standen diesmal im Brennpunkt der Kämpfe. Eine Batterie der Sturmgesch.Br. 202 unter Oblt. Brandt schoß in diesen Tagen den 54. Panzer ab! Alle Angriffe wurden abgeschlagen!

Der Gegner stellte seine Durchbruchsversuche ein und ging zum Stellungskrieg über. Zwei Wochen lang lag „Ruhe" über dem Schlachtfeld, nur gelegentlich von Feuerüberfällen, Bombenangriffen, Späh- und Stoßtrupps unterbrochen.

Kleinere sowjetische und deutsche Schiffe versuchten in diesen Wochen, die jeweils vom Gegner besetzten Küsten zu beschießen. Dabei gelang es den russischen S-Booten mehrmals, die deutschen Bewacher zu überraschen und sich dann durch Einnebeln der Verfolgung durch S-Boote zu entziehen. Da sich allerdings das Wetter zunehmend verschlechterte, trat auf der Seefront eine Erlahmung der Unternehmungen ein.

Dann kam der 18. November.

Stärkstes Artilleriefeuer und pausenlose Bombenangriffe leiteten die letzte Phase im Kampf um die Baltischen Inseln ein. Das CIX. sowj. Schtz.K. griff mit 109. und 131. Schtz.D. in vorderster Front gegen die nur von vier deutschen Bataillonen (I. und II./GR. 67, Füs.Btl. 23 und I./GR. 397) gehaltene HKL an! Die zweite russische Welle rückte dichtauf. Hierbei handelte es sich um 64. Gd.- und 249. Schtz.D., Pz.R. 27 und 47.

Die Angreifer waren nicht aufzuhalten. Der Leo-Riegel wurde an drei Stellen durchbrochen, die im Westen der Front lagen. Die 23. ID. setzte sofort die zur Verfügung stehenden Reserven ein. I./GR. 239, Marine-Art.Abt. 531, Pi.Btl. 23 und 141 griffen konzentrisch die bis in 5 km Tiefe eingedrungenen Schützen- und Panzerverbände an. Es gelang nicht, die Feinde vom weiteren Angriff abzuhalten. Die eigenen Kräfte waren zu schwach. Es konnte nur in der Nacht eine einheitliche, durchgehende Abwehrfront gebildet werden.

Die Marine-Kampfgruppe unter V.Adm. Thiele war alarmiert. Panzerschiff „Admiral Scheer" und vier Schiffe der 2. Torpedobootsflottille — „T-5", „T-9", „T-13" und „T-16" — griffen seit 7.30 Uhr mit ihren Geschützen in die Landkämpfe ein. Die Schiffe fuhren bis 14.40 Uhr der Küste auf und ab und schossen ihre Granaten auf die angreifenden Sowjets.

Die russische Luftwaffe antwortete prompt. Gegen Mittag griffen 30 Bombenflugzeuge den deutschen Kampfverband noch einmal an, nachdem seit dem Morgen einzelne Staffeln bereits Bomben geworfen hatten. Drei Minensuchboote — „M-15", „M-204" und „M-328" — erhielten am Vormittag Treffer, während das Panzerschiff beim Mittagsangriff getroffen wurde. Die Schäden waren leichter Art.

Die Sowjets nahmen bei Morgengrauen des 19. 11. ihre Durchbruchsversuche auf. Der Schwerpunkt lag wiederum auf dem rechten Flügel. Die 23. ID. setzte zwischen Kulli an der Küste und Loupollu alle verfügbaren Kräfte ein. Reserven gab es nicht mehr! Der rechte deutsche Flügel wurde von GR. 386 (Ob. Reuter) südlich Teesso geschützt. Diese Gruppe war aber längst von der Masse der Verteidiger abgedrängt und geriet in Gefahr, eingeschlossen zu werden.

Glt. Schirmer gruppierte seine Truppen unter vielen Schwierigkeiten in der Nacht um. Er war sich klar, daß er sich nicht lange mehr verteidigen konnte. Die abgekämpften deutschen Soldaten hielten sich wirklich noch einen Tag. In der Nacht zum 21. 11. befahl die 23. ID. das Absetzen auf den Torkenhof-Riegel. Als am Morgen die sowjetischen Regimenter gegen diesen Riegel vorstießen, blieben sie im Abwehrfeuer liegen.

So verging der 22. November.

Da brach am 23. 11. noch einmal über die Verteidiger das Vernichtungsfeuer der aufmarschierten sowjetischen Artillerie herein. Vier Divisionen gingen mit Panzerunterstützung zum Angriff vor! Die HKL hielt bis gegen 11.00 Uhr. Dann erzielten die feindlichen Panzer

den ersten Einbruch. Die 64. Gd.D. brach in der Mitte in die Front ein. Gleichzeitig gelang es den Sowjets, an der Ostküste Boden zu gewinnen. Im Westteil der Halbinsel besetzten sie nach härtester Gegenwehr durch I./GR. 435 das Straßenkreuz bei Torkenhof.
Glt. Schirmer erbat gegen 11.00 Uhr Genehmigung zur Räumung. Gen.Ob. Schörner, der sich vor Tagen persönlich auf Sworbe vom Abwehrkampf der 23. ID. überzeugt hatte, gab diese Bitte nicht an das OKH weiter! Er befahl schon 12.05 Uhr:

„Die 23. ID. geht auf verengten Brückenkopf nördlich Zerel zurück. Kommende Nacht alles zurückführen, was zur Kampfführung nicht unbedingt erforderlich ist. Abholung Rest folgende Nacht."

Gm. Henke, Höh. Landungs-Pionier-Fhr., gab zu bedenken, daß ein Abtransport in zwei Nächten unmöglich sei. Er erbat Befehl zur Räumung der Halbinsel in einer Nacht! Gen.Ob. Schörner befahl schon wenige Minuten später:
„Räumung Sworbe heute nacht in einem Zuge!"
Gm. Henke hatte zu diesem Unternehmen folgende Einheiten zur Verfügung:

Landungs-Pi.Btl. 128 (Major Schäfer),
Landungs-Pi.Btl. 772 (Hptm. Banning),
Landungs-Pi.Kp. 772,
Landungs-Pi.-Fähren-Kp. 128, 772, 774;
Pi.Sturmboot-Kp. 128, 903.

Die Boote liefen unter Sicherung von Teilen der 9. Sicherungsdivision gegen 15.00 Uhr von Windau aus. Gm. Henke befand sich mit F.Kapt. von Blanc an Bord Vorpostenboot „V-317", um persönlich die Räumung der Truppen zu leiten.

Die Kampfgruppen hielten an diesem Tag gegen wütende Feindangriffe ihre Stellungen. Sie begannen sich erst in der Abenddämmerung befehlsgemäß nach Zerel zurückzuziehen. Eine Kampfgruppe unter Ob. Reuter verschleierte diese Absetzbewegungen bis nachts 3.15 Uhr.

Die Verladungen begannen 19.00 Uhr. Die Verwundeten brachte man zuerst auf die Fähren und Landungsboote. Zwar ergaben sich Stauungen, wenn die Boote nicht rechtzeitig herankamen. Die Truppe verhielt sich außerordentlich diszipliniert. Die Sowjets störten, obwohl die Verladestelle durch brennende Fahrzeuge taghell erleuchtet war, die Einschiffung kaum. Es war sogar möglich, einzelne Geschütze und

Fahrzeuge mit zu verladen. Kurz vor dem Einschiffen der Deckungstruppen (Ob. Reuter) ging der Stab 23. ID. an Bord einer Fähre, um, noch vor der Küste liegend, die Verladung der letzten Teile abzuwarten. Die Masse der Truppen konnte bis 5.40 Uhr aufgenommen werden.

Jetzt war es Morgen geworden. Die ersten feindlichen Stoß- und Spähtrupps tauchten auf. Nun merkte der Feind, was los war! Sofort gingen sowjetische MGs und Pakgeschütze in Stellung und beschossen die Boote.

Major Schäfer, Kdr. Landungs-Pi.Btl. 128, verließ als letzter das Land. Seine Fähe stieß nur wenige Meter ab. Denn noch lag die Fähre des Oblt. Buchholtz an der Küste. Sie sollte die letzten Versprengten aufnehmen. Gott sei Dank hing eine tiefe Wolkendecke über der See, so daß kein Flugzeug auftauchte. Zwar pfiffen die russischen MG-Geschosse — doch die Landungspioniere hielten aus. Oblt. Buchholtz setzte 6.15 Uhr seine Fähre ab.

Die Baltischen Inseln waren in russischer Hand.

Drüben auf der Insel blieb dem Gegner nur zerstörtes oder in der letzten Nacht gesprengtes Material: 205 Lkw, 105 Pkw, 30 Kräder, 5 Zgkw, 1 erbeuteter „T-34", 63 MG, 44 Granatwerfer, 12 IGs, 7 Pak, 21 lFH, 9 sFH und 1 403 Pferde.

Die Landungs-, Sturmboote und Fähren quälten sich am 24. 11 bei stürmischer See nach Windau zurück. Es war 18.10 Uhr, als die letzte Fähre in den sicheren Hafen einlief. 4 696 Mann, 7 Geschütze, 3 Flak, 18 Kfz, 1 Rohrwagen und 18 to. Material brachten die Landungspioniere mit. Kein Verwundeter war auf den Inseln geblieben.

Die 23. ID. hatte sich tapfer geschlagen. Sie war ausgeblutet. Sie zählte noch 81 Offiziere und 4 246 Mann, davon nur 842 Infanteristen! Die Division mußte in die Heimat zur Auffrischung verlegt werden.

Gen.d.Geb.Tr. Versock, Komm.Gen. XXXXIII. AK., erließ einen Tagesbefehl an die Verteidiger von Sworbe:

„... Die Kampfgemeinschaft aller Wehrmachtteile hat sich auf Sworbe bestens bewährt und hat gerade in den letzten Tagen bedeutende Abwehrerfolge erzielt. Allein 42 Panzer wurden in sechs Tagen vernichtet. Hervorragend unterstützt wurde der Kampf um Sworbe durch die 9. Marine-Sicherungs-Division und die Landungspioniere, die in kameradschaftlicher Verbundenheit im harten Angehen gegen Sturm und Wellen Eure Versorgung und den Nachschub geschafft, Eure Flanke zur See gesichert und Euch nun aufs Festland gebracht haben. ..."

DAS HINTERLAND
Militär- und Zivilverwaltung – Partisanenkrieg

Die Vorbereitung zum „Unternehmen Barbarossa" führten zwangsläufig zu Überlegungen, inwieweit die riesigen Gebiete des besetzten Landes militärisch zu schützen, politisch zu verwalten und wirtschaftlich auszunützen waren. Das OKH legte bereits im Januar 1941 erste Pläne für eine Militärverwaltung vor. Der Besatzungsraum sollte von Feld- und Ortskommandanturen bearbeitet werden und sich bis zu einer Tiefe von 200 km hinter der Front erstrecken. Jede Armee hatte in ihrem Hinterland über 3 bis 4 Feldkommandanturen zu verfügen, die wiederum dem Kommandanten d. rückw. Armeegebiets unterstellt waren. Die Kommandanten erhielten ihre Anweisungen vom Komm.Gen. d. rückw. Heeresgebietes bei der Heeresgruppe, der über weitgehende Selbständigkeit verfügte, aber an die fachlichen Weisungen des Generalquartiermeisters im OKH gebunden war.

Hitler erließ am 31. 3. 1941 die „Richtlinien auf Sondergebieten zur Weisung Nr. 21". Die Absätze 2 und 3 der Richtlinien lauteten:

„2. Das im Zuge der Operation zu besetzende russische Gebiet soll, sobald der Ablauf der Kampfhandlungen es erlaubt, nach besonderen Richtlinien in Staaten mit eigenen Regierungen aufgelöst werden. Hieraus folgt:
  a) Das mit dem Vorgehen des Heeres über die Grenzen des Reiches ... gebildete Operationsgebiet ... ist der Tiefe nach soweit als möglich zu beschränken. ...
  b) Im Operationsgebiet des Heeres erhält der Reichsführer-SS zur Vorbereitung der politischen Verwaltung Sonderaufgaben ...
  c) Sobald das Operationsgebiet eine ausreichende Tiefe erreicht hat, wird es rückwärts begrenzt. Das neubesetzte Gebiet rückwärts des Operationsgebietes erhält eine eigene politische Verwaltung. Es wird entsprechend den volkstumsmäßigen Grundlagen und in Anlehnung an die Grenzen der Heeresgruppen zunächst in Nord (Baltikum) ... unterteilt. In die-

sen Gebieten geht die politische Verwaltung auf Reichskommissare über ...
3. Zur Durchführung aller militärischen Aufgaben in den politischen Verwaltungsgebieten ... werden Wehrmachtbefh. eingesetzt ... Der Wehrmachtbefh. ist der oberste Vertreter der Wehrmacht ... und übt die militärischen Hoheitsrechte aus. Er hat die Aufgaben eines Territorialbefh. und die Befugnisse eines Armee-Oberbefehlshabers bzw. Komm.Gen. ..."

Die Richtlinien gingen weit über die Vorschläge des OKH hinaus. Das zu besetzende Gebiet sollte vorrangig politisch verwaltet werden. Die Wehrmacht hatte sich nur mit Verwaltungsgaufgaben in ihrem direkten Hinterland zu beschäftigen. Die größten Teile des Besatzungsgebietes — bei der Heeresgruppe Nord mußte es sich um die drei baltischen Republiken Litauen, Lettland und Estland handeln — wurden der militärischen Oberhoheit entzogen und politischen Organen unterstellt. Lediglich ein Wehrmachtbefh. hatte die Belange des Heeres zu wahren.

Diese Belange waren in den obengenannten Richtlinien angegeben:

„a) Enge Zusammenarbeit mit dem Reichskommissar, um ihn in seiner politischen Aufgabe zu unterstützen,
b) Ausnützung des Landes und Sicherung seiner wirtschaftlichen Werte für die Zwecke der deutschen Wirtschaft,
c) Ausnutzung des Landes für die Versorgung der Truppe nach den Anforderungen des OKH,
d) Militärische Sicherung des gesamten Gebietes ...,
e) Straßenverkehrsregelung,
f) Regelung der Unterkünfte für Wehrmacht, Polizei und Organisationen für Kriegsgefangene ..."

Diese Richtlinien blieben unverändert, auch nachdem am 22. Juni 1941 der Ostfeldzug begann.

*

Die baltische Bevölkerung begrüßte — bis auf ganz geringe Ausnahmen — die einrückenden deutschen Truppen. Die einheimischen Behörden waren sofort zur Zusammenarbeit bereit. Die vom Heer eingesetzten Ortskommandanturen unterstützten dieses Wollen. Das zivile Leben erlitt kaum Unterbrechung; nur dort, wo sich längere Kämpfe abspielten, wurde es selbstverständlich beeinträchtigt.

Eine litauische Zentralverwaltung konstituierte sich kurz nach dem Einzug der Truppe in Kowno. Die Selbständigkeit blieb noch erhalten, als bereits der Komm.Gen. des rückw. Heeresgebiets, Glt. von Roques, sein Hauptquartier in der litauischen Hauptstadt aufschlug. Das gute Einvernehmen wurde schon kurz darauf gestört durch den Eingriff der SS, die aufgrund der „Führer-Richtlinien" die Zentralverwaltung verhaften wollte. Glt. von Roques gelang es zwar, diese Gewalttat zu verhindern. Er mußte der Zentralverwaltung allerdings nahelegen, jede selbständige Handlung zu vermeiden.

Die ersten Differenzen zwischen Militär- und der späteren Zivilverwaltung zeigten sich schon, bevor diese ordnungsgemäß eingesetzt war!

*

Glt. von Roques übte ab 1. 7. seine Befehlsgewalt aus, nachdem das rückw. Frontgebiet auf die allgemeine Linie Libau — Schaulen — Jonava festgelegt war. Sechs Tage später wurde die Grenze auf die Linie Schlock — Bauske — Birsen — südwestlich Dünaburg vorverlegt. Eine dritte Verschiebung erfolgte am 14. 7. auf die Linie halbwegs zwischen Riga und Pernau — Wolmar — Wenden — Rositten — ostwärts Dünaburg.

Die 207. (Glt. von Tiedemann), 281. (Glt. Bayer) und 285. Sich.D. (Gm. Edler Herr von Plotho) übernahmen die Sicherung dieses Gebietes. Die 207. Sich.D. stand Mitte Juli im Raum Schaulen. Die 281. Sich.D. war um und in Kowno eingesetzt. Die 285. Sich.D. rückte von Kowno aus nach Osten weiter. Glt. von Roques übersiedelte mit seiner Dienststelle am 17. 7. nach Riga.

Die Sicherungsdivisionen bildeten Eingreifgruppen, die dicht hinter der Fronttruppe marschierten, um je nach Lage die in dem bereits durchschrittenen Gebiet verbliebenen oder versteckten sowjetischen Verbände aufzuspüren und zu vernichten. Daneben galt es, Straßen und Eisenbahnwege durch Baupioniere, RAD- und OT-Gruppen in Ordnung zu halten. Ein weiterer Auftrag war Sicherstellung wirtschaftlicher Werte und entsprechender Objektschutz. Schließlich mußten wehrmachteigene Unterkünfte gesichert werden. Die 207. Sich.D. übernahm zusätzlich den Schutz der Dünamündung.

Die Wehrmacht half der einheimischen Verwaltung — Hitler lehnte Mitte Juli noch eine Übergabe des besetzten Raumes an das neugebildete „Reichsministerium für die besetzten Ostgebiete" ab — beim Aufbau des wirtschaftlichen Lebens. Zum Zweck der raschen Ingangsetzung normaler Verhältnisse wurden überall Verkehrswege instandgesetzt und verbessert.

Der Ausbau der Verkehrswege war notwendig, um in kurzer Zeit den Armeen möglichst viel Nachschub zuzuführen. Die Brückenbaubataillone unter Ob. Bruns stellten z. B. bis 16. 7. im Abschnitt der 18. Armee 35, bei 16. Armee 15 und bei Pz.Gruppe 4 gleich 26 Brücken, darunter zwei 35-to.- und zehn 24-to.-Brücken her! Der Eisenbahnverkehr wurde in Gang gebracht. Die Bahnhöfe Schaulen, Riga, Schwanenburg, Kowno, Dünaburg, Rositten, Ostrow und Sebesh standen Mitte Juli unter deutscher Verwaltung. 323 Züge transportierten bis 19. 7. insgesamt 145 000 to. Wehrmachtgut. Die Strecken hatten noch russische Breitspur, lediglich Memel — Libau und Tauroggen — Schaulen waren schon auf deutsche Spurbreite umgebaut.

Eine verwaltungstechnische Teilung des bisher besetzten Landes wurde am 25. 7. vorgenommen. Die Düna war zur Grenze zwischen dem Gebiet des Komm.Gen. d. rückw. Heeresgebiets und der neu eingesetzten Dienststelle des „Wehrmacht-Befh. Ostland" geworden. Der Raum süd- bzw. westlich der Düna war dem Wehrmacht-Befh., Glt. Braemer, unterstellt.

Je weiter die Front nach Osten vorrückte, um so größer wurde der Raum, in dem der Wehrmacht-Befh. Ostland seine Funktion ausübte. Das rückw. Heeresgebiet erweiterte sich ebenso. Die Grenze war am 14. 8. in die Linie von halbwegs zwischen Riga und Pernau bis Mitte Wirz- und Peipussee verlegt worden. Sie verschob sich am 8. 9. bis zum Nordzipfel des Peipussees. Die Dienststelle Glt. von Roques befand sich zu diesem Zeitpunkt in Werro.

Die 207. Sich.D. übernahm die Sicherung der ehemaligen Republik Estland sowie eines Gebiets bis zu 30 km Tiefe ostwärts des Peipussees einschließlich der Stadt Pleskau. Dieser Raum wurde von sechs Feldkommandanturen mit 14 Ortskommandanturen verwaltet. Die Standorte der Dienststellen waren:

Feldkdtr. Pleskau (Gm. Hofmann) mit Ortskdtr. Pleskau;
Feldkdtr. Gdow (Ob. Lieser) mit Ortskdtrn. Jamm, Slanzy;
Feldkdtr. Dorpat (Major Gosebruch) mit Ortskdtrn. Petseri, Walk, Werro, Dorpat;
Feldkdtr. Wesenberg (Gm. Aschenbrandt) mit Ortskdtrn. Jöhvi;
Feldkdtr. Reval (Ob. Scultetus) mit Ortskdtrn. Nömme,
  Baltischport;
Feldkdtr. Pernau mit Ortskdtrn. Fellin, Arensburg.

Die übrigen beiden Sicherungsdivisionen hatten das baltische Gebiet verlassen und befanden sich in Nordwestrußland. Die 285. Sich.D. stand im Hinterland der 18. Armee und lag im Raum südlich des Finnbusens. Die 281. Sich.D. schützte das Gebiet ostwärts und südostwärts vom Peipussee.

Mit dem Überschreiten der alten russischen Grenze trat eine neue Aufgabe an die Sicherungsverbände heran: Partisanen! Nur einmal kam es im baltischen Raum zu Gefechten mit diesen Gruppen, als 140 Partisanen mit Fallschirmen bei Hungerburg landeten. Zur Niederkämpfung dieser Gruppe wurden nur estnische Schutzmannschaften eingesetzt, denen es in neun Tagen gelang, die Partisanen zu vernichten.

Die drei Sicherungsdivisionen meldeten am 9. 11. ihre Erfolge im Kampf gegen versteckte reguläre Verbände der „Roten Armee" und Partisanen:

Gefangene: 283 Offiziere, 4 457 Mann;
im Kampf getötet: 1 767 Partisanen;
standrechtlich hingerichtet: 1 813 Partisanen;
gefangene Zivilisten: 5 677, davon 648 an die Organe des
Höh. SS- u. Pol.Fhr. übergeben.

Die Sicherstellung des Nachschubs für die Heeresgruppe wurde intensiv erweitert. Das eingesetzte Feldeisenbahn-Kdo. 4 ließ in der Zeit vom 20. 7. bis 21. 10. folgende Züge fahren:

1 658 Versorgungszüge mit 746 100 to. für Heeresgruppe;
500 Versorgungszüge mit 225 000 to. für Luftflotte 1;
531 Truppentransportzüge;
360 Züge für Belange des Feldeisenbahn-Kdos.

Deutsche, einheimische Eisenbahnarbeiter und Pionierbataillone des Heeres hatten im gleichen Zeitraum 6 710 km Breitspur, 503 km Schmalspurgleise in Betrieb genommen, weitere 6 050 km Schienen umgenagelt und 186 Eisenbahnbrücken gebaut.

Die Grenze des rückwärtigen Heeresgebiets wurde am 15. 10. nach Nordost und Ost verschoben. Die vordere Grenze verlief: Pernau — Reval — Küste bis westlich Narwa — Slanzy — Luga und bog hier scharf nach Süden um.

Als sich der Herbst über das Land senkte, war es Gewißheit geworden, daß der Ostfeldzug nicht den erhofften Erfolg gebracht und daß mit einer längeren Feldzugsdauer gerechnet werden mußte. Die Sicherungstruppen richteten sich zur Überwinterung ein. Die vordere Grenze ihres Einsatzgebietes wurde bis zum Jahresende noch einmal verlegt. Die Linie erstreckte sich von Narwa — nach Osten einschließlich Siwerskaja — von hier scharf nach Süden in fast gerade Linie über Dno — weiter bis zur Grenze des rückw. Heeresgebiets Mitte. Diese Linie blieb konstant bis zur sowjetischen Sommeroffensive 1944.

Die rückwärtige Grenze war mittlerweile durch die Grenze des neuerrichteten Reichskommissariats Ostland gegeben. Die Befehlsbefugnisse der beiden militärischen Dienststellen — Komm.Gen. des rückw.

Heeresgebiets und Wehrmacht-Befh. Ostland — waren voneinander genau abgegrenzt.

Die Tätigkeit des Wehrmacht-Befh. Ostland und seiner Organe mußte nun mit der Lage im neuen Reichskommissariat koordiniert werden. Der Komm.Gen. des rückw. Heeresgebiets, der 1942 die Bezeichnung Komm.Gen. der Sicherungstruppen und Befh. im rückw. Heeresgebiet erhielt, richtete seine Anordnungen nach den Erfordernissen der Front.

Seine drei Sicherungsdivisionen übernahmen den Schutz aller rückwärtigen Verbindungen. Die 207. Sich.D. war ostwärts des Peipussees eingesetzt. Die 285. Sich.D. schützte den Raum zwischen Siwerskaja und Dno. Die 281. Sich.D. hielt Wacht in dem großen Wald- und Sumpfgebiet zwischen Dno und Newel. Die Kriegslage brachte es mit sich, daß alle drei Divisionen mehr oder minder mit abgestellten Regimentern und Kampfgruppen an der Front Verwendung fanden. So kämpften Offiziere und Mannschaften der Sicherungsdivisionen im Wolchowkessel, in Cholm, bei Nowgorod und Newel u. a. m.

Hauptanliegen des Befh. im rückw. Heeresgebiet war noch wie vor die Sicherung und der Ausbau der Nachschub- und Verbindungswege. Zur Erläuterung dieser immensen Aufgabe mögen die drei nachfolgenden Statistiken gelten:

Der Zugzulauf aus dem rückw. Heeresgebiet zur Front belief sich 1942 auf:
  3 238 Verpflegungszüge,
  1 291 Munitionszüge,
    563 Betriebsstoffzüge,
  2 895 Züge mit sonstigem Material.

Die Kraftfahrkolonnen fuhren im Jahr 1943 eine Gesamtstrecke von 11 045 262 km und beförderten 1 475 067 to. Güter. Die Gütermenge teilte sich in:
  358 540 to. Munition,
   69 251 to. Betriebsstoff,
  163 336 to. Verpflegung,
  883 940 to. Sonstiges.

Der Einsatz der Feldwasserstraßen-Abt. 4, deren Stab in Pleskau lag, erbrachte für das Jahr 1943:

Gewässer	Transport von Personen	Großvieh	Holz	Güter
Peipussee	114 850	62 000	78 510 to.	15 520 to
Narwa	305 450	—	43 390 to.	7 580 to.
Luga	5 300	—	1 276 to.	3 744 to.
obere Düna	6 150	—	—	9 300 to.

Eingesetzte Fahrzeuge und Hilfskräfte

Gewässer	Dampfer Schlepper	Kähne	einheim. Arbeiter
Peipussee	18	39	190
Narwa	11	17	90
Luga	7	6	35
obere Düna	3	4	20

Die dritte Aufgabe neben Sicherung des rückwärtigen Gebietes und Schutz der Verkehrswege galt der rein wirtschaftlichen Ausnutzung des Landes. Diese Obliegenheiten mußten aufgrund der genannten „Richtlinien auf Sondergebieten zur Weisung Nr. 21 vom 13. 3. 1941" von den Wirtschaftsinspektionen der Wehrmacht durchgeführt werden. Die Inspektionen erhielten ihre Anweisungen nicht vom OB. der Heeresgruppe sondern vom Wehrwirtschaftsamt beim OKW.

Bei Beginn des Ostfeldzuges war ein Wirtschaftsstab Ost (Glt. [Lw.] Dr. Schubert, ab 1942 Gen.d.Inf. Stapf) gebildet worden, dem die Wirtschaftsinspektionen der Heeresgruppen sowie die der Wehrmacht-Befh. in den Reichskommissariaten unterstanden. Die Heeresgruppe Nord erhielt im Sommer 1941 die Wirtschaftsinspektion Nord (Ob. [Lw.] Becker) zugeteilt.

Aufgabe der Wirtschaftsinspektion war, die im rückwärtigen Heeresgebiet existierenden Industriewerke zu übernehmen bzw. neue aufzubauen. Daneben galt es, die landwirtschaftlichen Erträge vorrangig der Heeresgruppe zugute kommen zu lassen. Ferner mußten einheimische Arbeitskräfte zum Einsatz in den örtlichen Betrieben aufgerufen und für Arbeiten im Reich angeworben werden.

Die Wirtschaftsinspektion Nord mit Sitz in Pleskau gliederte sich in die Wirtschaftskommandos Pleskau, Dno, Opotschka, Ostrow, Gdow, Narwa, Luga und Krasnowardeisk. Diese Kommandos beaufsichtigten u. a. die Arbeitsämter Pleskau, Dno, Utorgosh, Soltzy, Porchow, Suschtschewo, Loknja, Opotschka, Idriza, Ostrow, Gdow, Narwa, Kingisepp, Luga, Krasnowardeisk, Krassnoje, Selo, Wolossowo, Siwerskaja, Tossno, Ljuban und Oredesh.

Die größten Industrieunternehmen im rückwärtigen Heeresgebiet gliederten sich in vier Gruppen, die von der Wirtschaftsinspektion verwaltet wurden. Es handelte sich hierbei u. a. um 13 Elektrizitätswerke, 8 Mineralöl-, 19 Torf- und 11 Ziegeleibetriebe.

Der Einfluß der Wirtschaftsinspektion ging über die Grenzen des rückwärtigen Heeresgebiets hinaus bis zur vordersten Front.

Die Sicherung des hinter der Front liegenden Gebietes unterstand direkt dem jeweiligen Armee-Oberbefehlshaber. Feldkommandanturen und Ortskommandanturen bewältigten die verwaltungstechnischen und militärischen Belange, die das von Trossen belegte Land und seine einheimische Bevölkerung erforderten. Die beiden rückwärtigen Armeegebiete der Heeresgruppe waren gegeneinander abgegrenzt. Ein Kommandant des rückw. Armeegebiets — kurz Korück genannt — vertrat als Dienstvorgesetzter aller Kommandanturen und Sicherungstruppen den OB. der Armee.

Die rückwärtigen Armeegebiete waren am 31. 10. 1943 wie folgt eingeteilt.

16. Armee
Korück 584:
Feldkdtr.	607 Porchow mit
Ortskdtrn.	862 Porchow, 633 Dno, 526 Soltzy, 565 Schimsk, 865 Wolot, 360 Staraja Russa, 912 Dedowitschi, 311 Pashewitzy.
Feldkdtr.	820 Beshanitzy mit
Ortskdtrn.	321 Beshanitzy, 257 Dulowa, 329 Loknja.

18. Armee
Korück 583:
Feldkdtr.	819 Narwa mit
Ortskdtrn.	852 Narwa, 371 Kingisepp, 362 Koly.
Feldkdtr.	583 Wolossowo mit
Ortskdtrn.	574 Wolossowo, 315 Jaschtschera, 351 Wyritza, 299 Ljuban, 331 Tschudowo.
Feldkdtr.	312 Krasnowardeisk mit
Ortskdtrn.	305 Krasnowardeisk, 322 Krassnoje Selo, 255 Tossno, 341 Siwerskaja.
Feldkdtr.	605 Batezkaja mit
Ortskdtrn.	276 Oredesh, 361 Batezkaja, 864 Utorgosh.

Das Jahr 1944 brachte für die rückwärtigen Dienststellen vermehrte Aufgaben, um die Absetzbewegungen der Fronttruppen möglichst reibungslos laufen zu lassen. Das AOK 18 begann z. B. im Frühjahr 1944 mit der Aufstellung einheimischer Arbeitsdienstabteilungen. Diese sollten an der Lösung von vier Problemen mithelfen: Es galt die politische und moralische Verwahrlosung der Jugend einzudämmen. Weiter konnte durch Bildung von Arbeitsdienstgruppen der Übertritt junger Männer in die Partisanen- und Bandenabteilungen verhindert werden. Drittens sollten die wehrfähigen Jugendlichen möglichst dem Feind entzogen sein. Es hatte sich ja herausgestellt, daß die Sowjets sofort die männliche Bevölkerung der neubesetzten Dörfer bewaffneten und sie gegen die abziehenden Deutschen schickten. Der vierte und wichtigste Punkt war der Einsatz dieser Arbeitseinheiten zum Ausbau rückwärtiger Stellungen u. a. m.

Die sowjetische Offensive ließ eine Verwirklichung dieser Pläne nicht zu. AOK 18 und alle unterstellten Einheiten hatten im Frühjahr und Sommer 1944 genug mit sich allein zu tun. Als sich die Front schließlich an der Welikaja stabilisierte, war es zur Bildung dieser Einheiten zu spät!

„Zu spät!" Dieses bittere Wort stand über allen Maßnahmen der deutschen Ostpolitik!

Die Tapferkeit der Soldaten und ihr Verhältnis zur Zivilbevölkerung konnten daran nicht rütteln. Der Soldat war bestrebt, dieses Verhältnis gut zu gestalten, das allerdings von der politischen Führung ins Gegenteil verkehrt wurde.

Das „Merkblatt", das im Oktober 1943 vom Befh. im rückw. Heeresgebiet herausgegeben wurde, trug u. a. folgende Sätze:

> „Es ist daher selbstverständlich, daß jeder deutsche Soldat sich gegenüber allen Angehörigen des einheimischen Volkes, ganz besonders gegenüber der Frau, stets korrekt und höflich benimmt. Er muß sich stets bewußt sein, daß das Ansehen der Deutschen Wehrmacht und des deutschen Volkes von seinem Verhalten abhängig ist. . . ."

*

Die Kriegspläne für den Osten umfaßten nicht nur die militärischen Vorbereitungen, Kämpfe und Endziele, sondern waren vor allem wirtschaftspolitischen Erfordernissen unterworfen. Hitler beauftragte deshalb am 20. 4. 1941 den Reichsleiter Rosenberg, Pläne für eine politische Ordnung Osteuropas zu schaffen. Die ersten Instruktionen für die Neugestaltung des nordrussischen Raumes — in diesem Fall ausschließlich Baltikum — wurden am 8. 5. 1941 niedergelegt. Der Begriff „Ostland" wurde geprägt, der schließlich die ehemals baltischen Republiken und Weißruthenien umfassen sollte.

Die politische Führung betrachtete — im Gegensatz zur Wehrmacht — die Völker in den zu besetzenden Gebieten nicht als Partner im Kampf gegen den Bolschewismus, sondern als wirtschaftspolitisches „Objekt". Der „Erlaß des Führers über die Verwaltung der neu besetzten Ostgebiete vom 17. 7. 1941" brachte die ersten Ausführungsbestimmungen über die Zivilverwaltung.

Ein weiterer Erlaß vom selben Tage befaßte sich speziell mit den Gebieten, die von der Heeresgruppe Nord in den ersten Feldzugswochen besetzt waren. Dieser Erlaß bestimmte u. a.:

„... Das Gebiet der früheren Freistaaten Litauen, Lettland und Estland sowie der von Weißruthenen bewohnte Raum gehen in die dem Reichsminister für die besetzten Ostgebiete unterstehende Zivilverwaltung über. Dieses gesamte Gebiet bildet ein Reichskommissariat ... und erhält die Bezeichnung Ostland. ... Zum Reichskommissar für das Ostland bestelle ich den Gauleiter und Oberpräsidenten Hinrich Lohse. Er hat seinen Sitz in Riga."

*

Der Reichskommissar traf am 27. 7. in Kowno ein. Er übernahm hier aus der Hand des Komm.Gen. im rückw. Heeresgebiet die Verwaltung über alle Gebiete südlich der Düna. Lohse erließ am nächsten Tag an die Bevölkerung seinen ersten Aufruf, der nur nationalsozialistische Propagandathesen trug, die von den Litauern nicht verstanden wurden.

Die Zivilverwaltung richtete sich Ende August „häuslich" ein, nachdem am 20. 8. die Militärverwaltung die lettischen Gebiete übergab. Jetzt bestanden in Kowno das Generalkommissariat Litauen und in Riga das Generalkommissariat Lettland. Mit den Generalkommissariaten wurden Gebiets-, Haupt- und Kreiskommissariate eingerichtet. Deutsche Beamte, Angestellte und Parteifunktionäre nahmen ihre Arbeit auf. (Allein in Lettland waren 25 000 Beamte und Angestellte tätig!)

Die einheimische Bevölkerung war an der Verwaltung mitbeteiligt und stellte — mit Ausnahme von Riga — die Rayonchefs, Bürgermeister und Ortsvorsteher. Die baltischen Selbstverwaltungsorgane [— das Generalkommissariat Weißruthenien wird, da es zum Operationsgebiet der Heeresgruppe Mitte gehörte, nicht mehr beachtet! —] waren auf Zusammenarbeit mit den deutschen Behörden angewiesen, konnten aber keine eigenmächtigen Entscheidungen fällen. Eine deutliche Unterstellung der baltischen Behörden unter die Generalkommissare wurde besonders bei der Neugliederung der Verwaltung am 7. 3. 1942 deutlich.

Der Generalbezirk Litauen untergliederte sich in Dienststellen mit der Bezeichnung Generalrat, wobei der Generalrat für Inneres zugleich der 1. Generalrat und Vertreter seines Volkes beim Generalkommissar war. Der Generalbezirk Lettland wurde von Generaldirektoren geleitete, wobei wiederum der Generaldirektor für Inneres „primus inter pares" war. Die Behörden des erst am 5. 12. 1941 eingerichteten Generalbezirks Estland unterstanden Direktoren. Der erste Landesdirektor fungierte als Verwaltungschef.

Die landeseigenen Verwaltungen waren vollkommen von den Anordnungen des Reichskommissariats abhängig. Das Reichskommissariat gliederte sich in drei Hauptabteilungen (1. Personal und Organisation, 2. Politik und Verwaltung, 3. Wirtschaft). Das Reichskommissariat gab seine Weisungen an die Generalkommissariate (Dienststellen waren reichsdeutsche Mittelbehörden, also Regierungspräsidien) weiter. Der von der Zivilverwaltung bearbeitete Raum war in Gebietskommissariate [siehe Anlage] eingeteilt.

Zwei deutsche Dienststellen hatten neben dem Reichskommissar unumschränkte Vollmachten bei der Durchführung ihrer Arbeiten. Es handelte sich um den Beauftragten für den Vierjahresplan und um die Einsatzkommandos des Reichsführers-SS und Chefs d. deutschen Polizei.

Weitere Sonderverwaltungen verschiedener Reichsministerien etablierten sich und richteten Ämter und Vertretungen ein. Da fanden sich Abteilungen des Reichsministers für Bewaffnung und Munition, Technisches Zentralamt, Dienststelle des Generalinspekteurs für das Straßenwesen, Reichsbahn, Reichspost, RAD usw.

Der Reichskommissar hatte das Ostland nach den Richtlinien nationalsozialistischer Volkstumspolitik zu verwalten. Einschneidende Maßnahmen wurden dabei selbstverständlich auf wirtschaftlichem Gebiet getroffen. Schon am 19. 8. wurde eine „Anordnung über die Sicherstellung des Vermögens der UdSSR" erlassen sowie ein Erlaß über Beschlagnahme jüdischen Eigentums verkündet. Weitere wichtige Anordnungen der ersten Monate 1941 betrafen u. a.

11. 9. Preis- und Lohngestaltung;
13. 9. Aufhebung bolschewistischer Maßnahmen auf dem Gebiet der Landwirtschaft;
17. 9. Neugestaltung von Handwerk, Kleinindustrie usw.
24. 10. Errichtung einer Treuhandverwaltung u. a. m.

Der wichtigste Erlaß folgte am 29. 11. und behandelte den Wirtschaftsaufbau des Landes. Diese Anordnung verstieß gegen alle bisher in den baltischen Republiken durchgeführten Prinzipien. Es war einheimischen Industriellen und Kaufleuten unmöglich gemacht, Betriebe und Firmen zu erwerben. Damit wurde praktisch die von den Sowjets 1940 durchgeführte Enteignung beibehalten! Die neugegründete „Ostland-GmbH" riß alle Industrieunternehmungen an sich. Da die Landwirtschaftsverwaltung zentral geregelt wurde, blieb auch hier das sowjetische System bestehen!

Die baltische Bevölkerung, vor allem die Intelligenz, war von aller privaten Initiative ausgeschlossen! Litauer, Letten und Esten fanden sich als Menschen „zweiter Klasse" eingestuft!

Diese Einstufung wurde noch deutlicher bei der Einführung der deutschen Gerichtsbarkeit. Da für deutsche Verwaltungsbeamten eigene

Gerichte existierten, war auch hier eine deutliche Trennung zwischen den „Besatzern" und „Besetzten" hergestellt.

Das kulturelle Leben wurde zentral von den entsprechenden Referenten beim Reichskommissariat geleitet. Jede einheimische Eigenmächtigkeit — und wenn sie nur Volksschulfragen betraf — war ausgeschlossen. Im Herbst 1941 begannen Volks-, Fachschulen und Universitäten mit dem Unterricht. Theater, Kinos, Bibliotheken wurden geöffnet, der Hauptsender Ostland gegründet und die Presse ins Leben gerufen.

Die NSDAP beabsichtigte, ihre Doktrinen in dem neuen Land durchzuführen. Hitler erteilte am 7. 4. 1942 Befehl zum Aufbau der Landesleitung der NSDAP-Ostland. Die Partei wurde offiziell am 16. 5. 1942 gegründet. Mit ihr existierten bald Befehlsstellen der HJ, NSKK, NSFK, Frauenschaft u. a. m. Die deutschen Beamten waren nur infolge ihrer Parteizugehörigkeit und ihrer entsprechenden parteipolitischen Arbeit ausgesucht und ins Ostland geschickt.

Der Höh.SS- u. Pol.Fhr. Ostland war für die Sicherheit des Reichskommissariats verantwortlich. Er hatte hierzu das Pol.Rgt. Nord zur Verfügung. Mit dem Einmarsch des Heeres im Juni 1941 waren die ersten Polizeibataillone 11, 33, 69 und 105 ins Land gekommen, um Sicherheitsvorkehrungen zu treffen. Weitere drei Bataillone folgten und wurden als geschlossene Eingreifgruppen stationiert. Die letztgenannten Bataillone waren vor allem zum Einsatz gegen Banden und Partisanen gedacht.

Die Gliederung der deutschen Polizeikräfte im Bereich des Höh.SS- u. Pol.Fhr. Ostland und Rußland Nord wies im Juli 1942 folgende Einheiten auf:

Pol.R. 9 (Heimatstandorte Saarbrücken, Metz)
    mit Pol.Btle. 6, 112, 132;
Pol.R. 15 (Heimatstandorte Hamburg, Kiel, Bremen)
    mit Pol.Btle. 305, 306, 310;
Pol.R. 16 (Heimatstandorte Stuttgart, Karlsruhe)
    mit Pol.Btle. 56, 102, 121;
Pol.R. 17 (Heimatstandort Frankfurt/Main)
    mit Pol.Btle. 42, 74, 69.
Selbständige Pol.Btle.:
44 (Leipzig), 61 (Dortmund), 84 (Gleiwitz),
105 (Bremen), 319 (Köln) und 321 (Breslau).

Die beiden Pol.Btle. 11 und 33, die seit Juni 1941 im Nordabschnitt eingesetzt waren, hatten inzwischen das Operationsgebiet verlassen. Pol.Btl. 11 war nach Königsberg zurückgekehrt, während Pol.Btl. 33 in die Ukraine verlegt wurde. Das Pol.Btl. 105 ging noch im Juli 1942 nach Holland. Pol.Btl. 84 stand im Sommer und Herbst in der Front vor Leningrad und erlitt im Oktober 1942 so schwere Verluste, daß es aufgelöst wurde. Die Pol.Btle. 44, 319 und 321 bildeten im März 1943 das Pol.R. 27, das nach Norwegen kam.

Der Befh. d. Ordnungspolizei hatte mit seinen Einheiten für innere Ordnung zu sorgen. Kommandos der Ordnungspolizei waren in den drei Gebietshauptstädten eingerichtet. Weitere Standorte waren Libau, Dünaburg, Pleskau, Dorpat und Wilna. Gendarmeriekorps gab es außerdem in Riga, Mitau, Wolmar, Libau, Dünaburg, Pleskau und Dorpat.

Das deutsche Polizeipersonal war, abgesehen von den Bataillonen, nur als Rahmenpersonal gedacht. Deshalb mußten Hilfskräfte zur Mitarbeit herangezogen werden. Mit Erlaß des Reichsführers-SS und Chefs der deutschen Polizei vom 6. 11. 1941 wurden einheimische Polizeibataillone — sogenannte Schutzmannschafts-Bataillone — gebildet. Im Herbst 1941 gab es im Reichskommissariat — hier nur Baltikum — folgende Schuma-Btle.:

Schuma-Btl. 5 (Letten) in Riga,
—„— 37 (Esten) in Dorpat,
—„— 38 (Esten) in Fellin,
—„— 39 (Esten) in Poltsaama,
—„— 40 (Esten) in Pleskau,
—„— 41 (Esten) in Reval,
—„— 42 (Esten) in Reval,
—„— 270 (Letten) in Abrene,
—„— Litauen (Litauer) in Kowno.

Bis zum Ende der deutschen Besatzung waren 9000 Esten und 15 644 Letten Angehörige der Schuma-Btle., die mit Fortlaufen des Krieges zeitweise zum Fronteinsatz abkommandiert wurden.*)

*

Die baltische Bevölkerung, die anfangs die Wehrmacht als Befreier vom bolschewistischen Joch begrüßte, mußte bereits in wenigen Monaten einsehen, daß mit der deutschen Zivilverwaltung nicht die Freiheit gekommen war. Wirtschaftliche Zwangsmaßnahmen, Beibehaltung der sowjetischen Planwirtschaft und des Kolchosensystems, Behandlung der Bevölkerung als Menschen zweiter Klasse führten bald zur Entfremdung, die sich im Laufe der Jahre weiter vertiefte.

---

*) In diesem Werk finden keine Erwähnung die baltischen Freiwilligen, die als Angehörige der Waffen-SS an allen Fronten kämpften. Ihre Geschichte würde den Rahmen des Buches sprengen.

Der Generalkommissar von Estland, SA-OGruf. Litzmann, berichtete u. a. am 16. 9. 1942 an seine vorgesetzte Behörde:

„Der Grund für das Absinken der Moral der Bevölkerung liegt vor allem darin, daß die Landeseinwohner vom wirtschaftlichen Leben ausgeschlossen wurden. Ihre nahezu völlige Ausschaltung ... der noch unerfüllte Wunsch nach Reprivatisierung, die zahllosen Monopol- und Treuhandgesellschaften, Kommissariate usw., die Tag für Tag wie Pilze aus der Erde schießen, haben eine äußerst deprimierende Wirkung auf ihre Moral, was früher oder später zum passiven Widerstand führen wird. ..."

Diese Warnung des talentiertesten Generalkommissars im Ostland stieß auf taube Ohren beim Reichskommissar sowie beim Reichsministerium für die besetzten Ostgebiete. Das Ostland galt nach wie vor als „Kolonie", die von Menschen minderer Rasse bewohnt wurde.

Die einst ins Reich zurückgeholten deutsch-baltischen Gruppen durften nicht in ihre Heimat zurückkehren, obwohl gerade diese Schicht befähigt gewesen wäre, eine Verbindung zwischen Deutschtum und baltischen Völkern zu garantieren! Am Ende des Jahres 1942 wurde 36 000 Baltendeutschen erlaubt, nach Litauen zurückzukehren. Allerdings wurden sie nicht in geschlossenen Siedlungen untergebracht, sondern mußten Bauernhöfe bewirtschaften, die an den Nachschubstraßen lagen. Da die Siedler keinerlei Bindungen an diese ihnen fremden Höfe hatten und nicht in einer litauischen Umwelt leben wollten, weigerten sie sich, ins Land zu kommen!

Ein zweiter Plan, den das Reichsministerium ins Auge faßte, war noch sinnloser. Da war gedacht, 500 000 ha Land bei Libau durch holländische Bauern bewirtschaften zu lassen. Schon wurde am 11. 6. 1942 in Rotterdam eine „Niederländische Ost-Companie" gegründet. Doch aus dem Siedlungsplan wurde nichts. Lediglich bei Wilna wurden zwei Kolchosen in holländische Genossenschaftsmolkereien umgewandelt.

Erst im Jahre 1943 — als der Krieg sich zu Ungunsten Deutschlands neigte — wurde eine Reprivatisierung in Angriff genommen. Gleichzeitig schaffte man durch den 2. Agrarerlaß des Reichsministeriums die Kolchosen ab. Doch durften nur Kleinbauern ihre alten Höfe übernehmen. Die großen Güter verwalteten nach wie vor deutsche Gesellschaften.

Das größte Versagen auf wirtschaftlichem Gebiet machte sich in der Industrie bemerkbar. Zwar wurde unter deutscher Herrschaft nicht demontiert. Es lagen aber viele Betriebe still, weil man sich in den Behörden nicht über die Zuständigkeit einigen konnte. So wurden z. B.

in dem großen estnischen Brennschieferwerk von Kiviöli die einheimischen Ingenieure entlassen und durch deutsche Neulinge ersetzt, die keine Ahnung von den technischen Vorgängen hatten!

Der Ausbau der estnischen Ölschieferwerke erfolgte erst 1943 auf besonderen Befehl des Beauftragten für den Vierjahresplan. Nun mußte mit Hochdruck nachgeholt werden, was in zwei Jahren versäumt war. Die Leistung der Werke belief sich 1943 auf 160 000 to. Eine Steigerung bis auf 1,5 Mill. to. war geplant. Als Abnehmer für das Schieferöl fungierten vor allem Kriegsmarine, während Brennschiefer an die Heeresgruppe Nord und an die Reichsbahn geliefert wurde.

Der Verbrauch der im Lande erzeugten Lebensmittel verteilte sich im Wirtschaftsjahr 1942/43 wie folgt:

Entnahme für	Heeresgruppe	und Reichskommissariat
Brotgetreide	9 222 to.	131 526 to.
Fleisch	1 671 to.	47 074 to.
Fett	971 to.	13 954 to.
Kartoffeln	60 950 to.	202 760 to.

Eine weitere Entfremdung zwischen deutschen Behörden und Einwohnern brachten die Arbeitsverpflichtungen für Männer und Frauen. Arbeitsämter waren bereits im Herbst 1941 in allen größeren Städten eingerichtet worden. Es war deren Hauptaufgabe, möglichst viele Arbeiter für Industrieunternehmungen im Reich anzuwerben.

Eine Statistik des Heeresgruppenkommandos vom 30. 6. 1944 wies aus, daß bis zu diesem Datum aus dem Reichskommissariat insgesamt 128 724 Menschen, darunter 50 475 Russen, als Zwangsarbeiter nach Deutschland geschickt wurden!

Das Auseinanderleben zwischen Deutschen und Balten wuchs zusehends. Reichskommissar Lohse forderte selbst Ende 1942 in einer 51seitigen Denkschrift vom Reichsministerium eine öffentliche Erklärung über die politischen Ziele im Ostland. Er bekam keine Antwort; genau wie Generalkommissar Litzmann, der immer wieder Eingaben machte, um den baltischen Völkern ihre Selbstverwaltung zu garantieren.

Er erhielt „Schützenhilfe" von einer Seite, von der er diese niemals erwartet hätte. Der Reichsführer-SS schaltete sich ab Herbst 1943 stärker in die Verwaltung des Ostlands ein. Die SS wollte eine Erweiterung der Selbständigkeit einheimischer Behörden, da es sich gezeigt hatte, daß sich viele baltische Freiwillige zum Waffendienst in der SS meldeten. Himmler selbst beschloß, nach Estland zu kommen. Da griff Hitler ein — und alles blieb, wie es war!

Im Jahre 1944, als die Heeresgruppe Nord auf die Grenzen des Ostlands auswich, bequemte man sich in Berlin, den baltischen Völkern mehr Selbständigkeit als bisher einzuräumen. Generalkommissar Litzmann hatte sich über seine vorgesetzten Dienststellen hinweggesetzt und im Januar 1944 eine estnische Selbstverwaltung ins Leben gerufen! Die neue Landesbehörde rief schon am 31. 1. 1944 alle Jahrgänge von 1904—1923 zu den Waffen!

Die Zuständigkeit der estnischen und später auch lettischen Selbstverwaltung wurde am 18. 3. 1944 offiziell anerkannt und erweitert!

Doch — es war zu spät!

Der Krieg war ins Ostland zurückgekommen.

Estland und Litauen wurden zuerst von sowjetischen Panzerverbänden überrollt!

Reichskommissar Lohse verließ am 28. 7. 1944 — ohne Wissen des Heeresgruppenkommandos Nord — sein Gebiet, das er drei Jahre lang wie ein mittelalterlicher Patriarch beherrschte.

Gauleiter Koch wurde kommissarischer Nachfolger, ohne jemals über die Grenze Ostpreußens zu kommen. Die Grenze ließ er allerdings hermetisch abriegeln, so daß die estnischen und lettischen Flüchtlingstrecks liegenblieben und den Sowjets in die Hände fielen. Erst auf energische Einsprache von Gen.Ob. Schörner beim Reichsführer-SS wurde die Grenze geöffnet!

Das Reichskommissariat Ostland existierte im Herbst 1944 nicht mehr! Schuld daran trug nicht die Lage an der Front, sondern Schuld daran trug die deutsche Verwaltung, von der ein baltisches Sprichwort sagte: „Ich kann ein Land wie Estland mit 12 Mann gut regieren, mit 120 Mann schlecht verwalten und mit 1200 Mann nur ruinieren!"

Lediglich Kurland war noch deutscher Besitz und wurde von der deutschen Zivilbehörde verwaltet. Als Vertreter des Reichskommissars — das Reichskommissariat war ja nicht offiziell aufgelöst (!) — fungierte Verwaltungs-Vizechef Matthiessen. Ihm unterstand der Landesdirektor Lettland, Engels, und als letzter Rayonchef, der Gebietskommissar von Libau, Hansen.

Die starke politische Position dieser Rumpfdienststellen dokumentierte sich an der Tatsache, als das Heeresgruppenkommando am 16. 12. 1944 den Generalinspekteur der lettischen Freiwilligen, SS-Gruf. Bangerskis, zum Landesführer von Kurland einsetzte. Vizechef Matthiessen protestierte sofort gegen diese Maßnahme. Die Heeresgruppe mußte nachgeben! Ein Schein deutscher Zivilverwaltung blieb aufrecht erhalten ...

... auch, als alles schon „in Scherben fiel".

Die „Richtlinien auf Sondergebieten zur Weisung Nr. 21" brachten im Abschnitt 2b folgenden Hinweis:

> „Im Operationsgebiet des Heeres erhält der Reichsführer-SS zur Vorbereitung der politischen Verwaltung Sonderaufgaben, die sich aus dem endgültig auszutragenden Kampf zweier entgegengesetzter politischer Systeme ergeben. ..."

Die Sonderaufgaben richteten sich nicht gegen militärische Personen, sondern blieben naturgemäß auf das Hinterland beschränkt und trafen Zivilpersonen. Ein Führererlaß vom 13. 5. 1941 hatte die Kriegsgerichtsbarkeit in diesen Gebieten wie folgt umrissen:

> „1. Straftaten feindlicher Zivilpersonen sind der Zuständigkeit der Kriegsgerichte und Standgerichte bis auf weiteres entzogen.
> 2. ...
> 3. Auch alle anderen Angriffe feindlicher Zivilpersonen . . . sind von der Truppe auf der Stelle mit den äußersten Mitteln bis zur Vernichtung des Angreifers niederzukämpfen.
> 4. ... gegen Ortschaften, aus denen die Wehrmacht hinterlistig oder heimtückisch angegriffen wurde, werden unverzüglich ... kollektive Gewaltmaßnahmen durchgeführt, wenn die Umstände eine rasche Feststellung des Täters nicht gestatten. ..."

Dieser „Freibrief" für Vergeltungsaktionen wurde durch eine Ergänzung zur Führerweisung Nr. 31 vom 23. 7. 1941 erweitert. Hier hieß es u. a.:

> „... alle Widerstände nicht nur durch juristische Bestrafung der Schuldigen geahndet werden, sondern wenn die Besatzungsmacht denjenigen Schrecken verbreitet, der allein geeignet ist, der Bevölkerung jede Lust zur Widersetzlichkeit zu nehmen!"

Die Schrecken wurden deutscherseits, noch bevor dieser letzte Erlaß das Licht der Öffentlichkeit erblickte, bereits verbreitet. Nach dem Einrücken der Heeresverbände in Litauen folgten die Einsatzkommandos der Staatspolizei und des Sicherheitsdienstes. Ihre Aufgabe war, Juden und Kommunisten dingfest zu machen oder gegebenenfalls zu liquidieren.

Einsatzkommandos und Teile des SD (Sicherheitsdienstes) Tilsit gingen am 23. 6. über die Grenze. Ihr Auftrag, der allerdings vorerst nur den Einheitsführern bekannt war, richtete sich gegen die jüdische

Bevölkerung der Grenzgemeinden. Die schaurige Bilanz in der ersten Feldzugswoche wurde durch die „Erfolgsmeldungen" kundgetan:

am 23. 6.:	in Garsden	= 201 Erschießungen,
am 26. 6.:	in Krottingen	= 214 Erschießungen,
ab 26. 6. ff.:	in Augustowo	= 316 Erschießungen,
am 28. 6.:	in Krottingen	= 63 Erschießungen,
am 30. 6.:	in Polangen	= 111 Erschießungen.

Der Auftrag des SD war an diesem Tag noch nicht erledigt. Er ging bis weit in den Monat August hinein — und noch mußten 1480 Menschen unter den Kugeln deutscher Polizisten ihr Leben lassen!

Der Einsatz dieser Erschießungskommandos wurde nicht willkürlich durchgeführt, sondern lief nach einem „generalstabsmäßigen" Plan ab. Der Chef der Sicherheitspolizei und des SD, SS-Gruf. Heydrich, wies Mitte Juni die Führer der neu aufgestellten SS-Einsatzgruppen in ihre Sonderaufgaben ein.

Die Einsatzgruppe-A unter SS-Brig.Fhr. Dr. Stahlecker wurde im Operationsgebiet der Heeresgruppe Nord eingesetzt. Dieser Gruppe unterstanden vier Einsatzkommandos: IA (SS-Standartenfhr. Dr. Sandberger) für den Bereich der 18. Armee; IB (SS-Oberfhr. Ehrlinger) für das Hinterland der 16. Armee; II (SS-OSturmbannfhr. Strauch) in Lettland und Weißruthenien; III (SS-Standartenfhr. Jäger) in Litauen. Das Einsatzkommando Tilsit (SS-Sturmbannfhr. Böhme) war nur in der ersten Zeit in einem 25 km breiten Streifen jenseits der Reichsgrenze eingesetzt.

Die Tätigkeit der Einsatzkommandos wurde an dem Tag beendet, an dem die Zivilverwaltung eingerichtet wurde. Doch bis zu diesem Zeitpunkt hatten die Kommandos genug „Schrecken verbreitet, der allein geeignet ist, der Bevölkerung jede Lust zur Widersetzlichkeit zu nehmen".

Die Maßnahmen der Kommandos waren der deutschen Führung bekannt. Die Berichte von SS-Brig.Fhr. Dr. Stahlecker wiesen mehrmals das gute Einvernehmen zwischen seiner Dienststelle und den AOKs sowie dem Kommando der Pz.Gruppe 4 nach.

Die Einsatzkommandos machten sich die Judenfeindlichkeit einheimischer Kräfte zunutze und ließen durch diese Progrome veranstalten. So wurden allein in der Nacht zum 26. 6. in Kowno 1500 Juden durch Litauer beseitigt, mehrere Synagogen und 60 Wohnhäuser angezündet. Die „Litauische Sicherheits- und Kriminalpolizei" ging noch rigoroser vor, als die deutschen Auftraggeber wünschten. Allein durch solche Progrome fanden in Lettland und Litauen 5 500 Menschen den Tod. Im Grenzabschnitt wurden durch den SD-Tilsit ebenfalls 5 500 Juden und Kommunisten hingerichtet.

Die Zusammenstellung der Einsatzgruppe A vom 15. 10. 1941 brachte eine Aufstellung der bis dahin durchgeführten Exekutionen:

Litauen —	Gebiet Kowno:	31 914 Juden, 80 Kommunisten;
	Gebiet Schaulen:	41 382 Juden, 763 Kommunisten;
	Gebiet Wilna:	7 015 Juden, 860 Kommunisten;
Lettland —	Gebiet Riga:	6 378 Juden und Kommunisten;
	Gebiet Mitau:	3 576 Juden und Kommunisten;
	Gebiet Libau:	11 860 Juden und Kommunisten;
	Gebiet Wolmar:	209 Juden und Kommunisten;
	Gebiet Dünaburg:	9 845 Juden und Kommunisten;
Estland —	Gebiet Estland:	474 Juden, 684 Kommunisten.

Die Mehrzahl der im Lande ansässigen jüdischen Bevölkerung wurde in Ghettos gesteckt, um später in irgendeinem der Konzentrationslager in Polen zu landen. Die Ghettos in Riga und Wilna wurden im September 1941 eingerichtet und faßten jeweils bis zu 15 000 Menschen. Das Rigaer Ghetto wurde im Sommer 1943 aufgehoben. Die letzten Insassen nach Polen abtransportiert.

Die Drangsalierungen der jüdischen Bevölkerung fanden mit dem Einzug der Zivilverwaltung kein Ende. Die Ausrottung der sogenannten „Volkstumsfeinde" nahm so schreckliche Formen an, daß im Oktober 1941 Reichskommissar Lohse beim Chef der Sicherheitspolizei Einspruch erhob. Einen Monat später meldeten Wehrmachtdienststellen u. a.: „Der Höh. SS- u. Pol.Fhr. hat inzwischen eine Erschießungsaktion in Angriff genommen und am Sonntag, den 30. 11. 1941 ca. 4000 Juden des Rigaer Ghettos und eines Evakuierungstransportes aus dem Reich beseitigt!"

Wenn auch die Einsatzkommandos des SD nicht mehr im Reichskommissariat tätig waren, so wurde die makabre „Arbeit" von den Organen des Höh. SS- und Pol.Fhr. wahrgenommen.

*

Die deutsche Besatzungsmacht, die mit solchen Methoden ihren Herrschaftsanspruch unter Beweis stellte, konnte sich auf die Dauer die einheimische Bevölkerung nicht zum Freund machen. Diese Tatsache war u. a. der Grund, daß sich der Ostfeldzug schon wenige Wochen nach seinem Beginn durch einen Krieg im Hinterland ausweitete. Der Partisanenkrieg — der in den ersten Jahren kaum im Reichskommissariat Ostland zu spüren war — ließ den Ostfeldzug zu einem Krieg ohne Fronten werden. Es war ein Kampf, bei dem sich Freund und Feind nicht auskannten.

„Die Partisanen verfügen über unauffällige Vorposten vor ihrem Lager, harmlos erscheinende Bauern, die im Dorf und zwischen der deutschen Truppe untertauchen können. Der Landser weiß nicht, wer sich in dem Pflüger am Berghang, in holzsuchenden Bauern, in dem zerlumpten Pferdehüter, in dem rastenden Greis an der Hausmauer oder dem Mädchen am Wassertrog verbirgt. Wer ahnt, was der Rauch eines Kamins, eines Feldfeuerchens bedeuten kann, ein zum Partisanenwald hin geöffnetes Fenster, was die Tabakbeutel am Hausgiebel, der mit Gerümpel beladene Schlitten, dessen vorgespanntes Pferdchen stundenlang in einer Richtung steht! Wer achtet auf geknickte Zweige oder Baumrinde an den Wegkreuzen als Zeichen für Begehbarkeit oder als Weiser zum Partisanenlager!" *)

Die Direktive des ZK (Zentralkomitees) der KPdSU vom 29. 6. 1941 lautete u. a.:

„In dem vom Feind besetzten Gebiet sind Partisanenabteilungen und Diversionsgruppen zu schaffen für den Kampf gegen die Einheiten der faschistischen Armee zur Entfachung des Partisanenkrieges überall und allerorts ..."

Drei Wochen später erließ das ZK einen weiteren Aufruf:

„Die Aufgabe besteht darin, für die deutschen Interventen unerträgliche Zustände zu schaffen, ihre Nachrichtenverbindungen, den Nachschub und die Truppenverbände selbst zu desorganisieren, die von ihnen getroffenen Maßnahmen zu sabotieren, die Eindringlinge und ihre Helfershelfer zu vernichten, mit allen Kräften die Bildung von Partisanengruppen zu Pferde und zu Fuß zu fördern ..."

Das Gebietskomitee der KPdSU in Leningrad bildete im Juli 1941 eine Organisationsabteilung für Partisanen. Die ersten 191 Partisanenabteilungen wurden ins Leben gerufen, noch bevor die Kampfwagen der Pz.Gruppe 4 den Vorraum von Leningrad erreichten. Im September existierten im Raum Leningrad 400 Abteilungen mit 18 000 Mann! Diese Abteilungen meldeten bis Ende des gleichen Monats die Erfolge:

1 713 Deutsche getötet; zerstört: 8 Panzer, 178 Kfz, 47 Brücken, 101 Motorräder u. a. m.

---

*) 290. Infanterie-Division. 1940 — 1945. [Auslfg.] Bad Nauheim: Podzun 1960. 428 S.

Die hauptsächlichsten Operationsräume der Partisanen im Jahr 1941 waren Pleskau, Nowgorod und Staraja Russa. Die Tätigkeit der Gruppen litt selbstverständlich im strengen Winter, nahm aber im Frühjahr 1942 vermehrt zu. Es wurden die ersten Partisanenbrigaden gebildet, die vom Politleiter des Stabes der Nordwestfront, später der Leningraderfront, organisiert und zielbewußt eingesetzt wurden.

Die drei Leningrader Partisanenbrigaden unter ihren Führern Buinov, German, Glebov und das Partisanenregiment unter Laivin legten vom Sommer 1942 an ihren Schwerpunkt auf die Zerstörung der Verkehrswege. Die Eisenbahnlinien Pleskau — Dno und Dno — Staraja Russa wurden mehrmals zerstört. Allein 115 Militärzüge wurden in neun Monaten in die Luft gesprengt.

Der Partisanenkrieg nahm 1943 weiter zu. Es traten in diesem Jahr die ersten organisierten Gruppen im Reichskommissariat selbst auf, das bisher von jedem Partisanenüberfall verschont blieb. Es entstanden gleichzeitig in allen Generalkommissariaten illegale Ortsgruppen der KPdSU. In Litauen existierten 20 dieser Ortsgruppen, in Lettland 8. Die hier tätigen Funktionäre waren die Organisatoren von Überfällen, Anschlägen usw.

Das erste bemerkenswerte Auftreten von Partisanen im baltischen Raum erfolgte am 1. 9. 1943 in Kowno, als ein Munitionslager in die Luft gesprengt und 22 Lokomotiven zerstört wurden. Am 16. 11. 1943 kam es sogar in Riga, dem Sitz des Reichskommissars, während einer Kundgebung auf dem Rathausplatz zu Bombenwürfen.

Das waren zwar vorerst Einzelfälle, die aber immerhin den Beweis erbrachten, daß die Partisanenbewegung selbst in den großen, von Deutschen verwalteten Städten Fuß faßte.

Das Hauptoperationsgebiet der Partisanen war nach wie vor das Hinterland der Front. Der Lageatlas des Heeresgruppenkommandos Nord wies im Mai 1943 folgende Einsatzräume auf:

Das rückwärtige Gebiet der 18. Armee wurde von 1 deutschen Sicherungs-Btl., 1 Ost-Btl., 12 selbständigen Ost-Kpn. und 8 baltischen Kompanien gesichert. Der Schwerpunkt lag an den Bahnlinien Luga — Krasnowardeisk, Narwa — Krasnowardeisk, Soltzy — Puschkin und Luga — Nowgorod. Eine Partisanenbrigade war gemeldet, die u. a. die letztgenannte Strecke zweimal im Berichtsmonat sprengte.

Das Hinterland der 16. Armee wurde von 6 deutschen Sicherungs-Btln., 10 Sicherungs-Kpn., 23 Ost- und 8 baltischen Kompanien bewacht. Die Eisenbahnlinien Nowosokolniki — Dno, Pleskau — Staraja Russa und das Sumpfgebiet südlich Dno waren Ansatzpunkte von 5 Partisanenbrigaden, die z. B. die Strecke Nowosokolniki — Dno im Mai dreimal sprengten und auf derselben Strecke drei Transportzüge zum Entgleisen brachten.

Das rückw. Heeresgebiet wurde von den drei Sicherungsdivisionen besetzt. Die 207. Sich.D. befand sich mit 7 unterstellten baltischen und 6 Ostkompanien im Raum Pleskau — Narwa — Kingisepp. Es traten in diesem Gebiet nur geringfügige Partisanengruppen auf, die allerdings die Eisenbahn Pleskau — Kingisepp an elf Stellen verminten. Die 285. Sich.D. stand im Kampf mit fünf Partisanenbrigaden, die vornehmlich im Raum Pleskau operierten. Die Bahnlinie Luga — Pleskau wurde im Mai fünfmal zerstört. Die 281. Sich.D., die zwischen Ostrow — Rositten — lettischer Grenze in Unterkünften lag, hatte 12 Brigaden als Gegner. Der Hauptgefahrenpunkt war die Eisenbahn Rositten — Pleskau, die im Mai mehrmals vermint wurde, so daß acht Züge entgleisten.

Eine Vermehrung der Partisanenüberfälle wurde im Herbst 1943 überall im Hinterland der Heeresgruppe Nord festgestellt. Deutsche Stützpunkte, Polizeistationen und Gemeindeverwaltungen wurden z. B. in Pljussa, Utorgosh, Soltzy, Luga, Dno, Porchow, Gdow, Pleskau, Seredka u. a. m. überfallen und die Besatzungen niedergemacht. Die Eisenbahnstrecke Siwerskaja — Tschudowo war 208mal gesprengt, wobei 219 Züge auf Minen liefen. Die Strecke Pleskau — Dno wurde an 319 Stellen unterbrochen und die Linie Pleskau — Narwa sogar an 447 Stellen! Die letzten drei Monate des Jahres 1943 brachten insgesamt 3 079 Streckensprengungen im rückwärtigen Heeresgebiet!

Die Partisanentätigkeit erlebte ihren Höhepunkt mit Beginn der sowjetischen Sommeroffensive 1944. Die feindliche Führung hatte die Partisanenabteilungen und -brigaden bewußt auf empfindliche Verkehrswege angesetzt, die am Angriffstag zerstört werden sollten. Die ersten vorbereitenden Einsätze erfolgten in der Nacht zum 20. Juni am rechten Flügel der 16. Armee, also auf der Naht zur Heeresgruppe Mitte. Gleichzeitig flogen an mehreren Stellen die Gleise der Eisenbahnstrecken Dünaburg — Polozk und Wilna — Dünaburg in die Luft.

Die Zerstörungen im Hinterland der deutschen Front nahmen mit Beginn der Offensive gewaltig zu. Nach sowjetischen Quellen wurden in diesen Tagen 58 563 Schienen und 300 Brücken gesprengt, 133 Züge zum Entgleisen gebracht, 1 620 Kfz erbeutet und 15 Bahnhöfe zerstört. Eine besondere Leistung lettischer Partisanen war am 28. 6. die Inbrandsteckung des Fernmeldeamts Riga, das bis Kriegsende nicht wieder hergestellt werden konnte.

Der Rückzug der Heeresgruppe ins Baltikum ließ naturgemäß die Partisanengefahr geringer werden, je näher die Front den Grenzen des Reichskommissariats kam. Im September 1944 wurden hinter der Front keine geschlossenen Partisanenabteilungen mehr gemeldet! Selbstverständlich gab es allenthalben kleinere Gruppen, die aber für sich allein operierten. So wurden im lettischen Raum drei Gruppen, vornehmlich südostwärts von Riga, und in Litauen mehrere Einzelverbände gemeldet.

Die Heeresgruppe bildete nach Absetzen in den kurländischen Raum eine besondere Kampfgruppe, die die restlichen Partisanenverbände aufstöbern und vernichten sollte. SS-OGruf. Jeckeln und sein Chef d. Stabes, Ob. von Braunschweig, wurden mit der Aufstellung der Kampfgruppe, die direkt dem Heeresgruppenkommando unterstellt blieb, beauftragt. Der Stab Pol.R. 16 war als Führungsstab übernommen. (Alle anderen deutschen Polizeistäbe waren in die Heimat abgeschoben.)

Zwei Bataillone unter Hptm. Held und SS-Hauptsturmfhr. Schatz mit je drei Kompanien wurden zur Kampfgruppe zusammengefaßt. Die Bataillone waren motorisiert und hatten je 4 mittlere Granatwerfer, zwei schwere und zwei mittlere Pakgeschütze. Das Btl. SS-Hauptsturmfhr. Schatz war als Beobachtungs-, das Btl. Hptm. Held als Eingreif-Btl. gedacht. Beide Bataillone fanden Unterkunft im Raum Talsen.

Es kam im Kurland kaum zu Kämpfen mit Partisanen. Es existierten schließlich nur noch Grüppchen von lettischen Deserteuren, die sich nur durch Raub und Mord ihr eigenes Leben erhalten wollten und weniger die Absicht hatten, den Deutschen Schaden zuzufügen. Der letzte Einsatz der Kampfgruppe des SS-OGruf. Jeckeln erfolgte Ende Oktober westlich Engure, 23 km nördlich von Tuckum. Nach Vernichtung dieser Gruppe war der Partisanenkrieg im Bereich der Heeresgruppe Nord zu Ende. Das Btl. Schatz wurde aufgelöst.

Eine tragikomische Episode schloß das Kapitel „Partisanenkrieg" endgültig ab.

Das Heeresgruppenkommando plante Anfang November 1944 die Aufstellung eines Spezialverbandes unter dem lettischen General Kureils, der bisher für die deutsche Abwehr gearbeitet hatte. Dieser Verband sollte u. a. hinter die feindliche Front gelangen, um sowjetische Verbindungswege zu zerstören, Lagemeldungen über Truppenbewegungen geben usw.

Das AOK 16, das die Bildung des Verbands in die Wege leiten mußte, stellte bald seine Bemühungen ein. Es wurde nämlich bemerkt, daß es sich bei den Freiwilligen meistens um Deserteure handelte, die schnellstens auf die „andere Seite" überwechseln wollten. Der Verband Kureils wurde am 14. 11. aufgelöst. 595 Offiziere und Soldaten verhaftet, General Kureils nach Deutschland abgeschoben.

Die Heeresgruppe dachte nie mehr an die Aufstellung eines solchen oder ähnlichen Verbandes. Sie hatte jetzt mit sich selbst genug zu tun. Sie rüstete zum Endkampf um Kurland...

DIE KAPITULATION
Der Endkampf in Kurland 1945

„Kurljandskaja gruppirovka protivnika ostalaš blokirovannoj na poluostrove do konca vojny i kapitulirovala v mae 1945 g." [Die kurländische Gruppierung des Feindes blieb bis zum Ende des Krieges auf der Halbinsel blockiert und kapitulierte im Mai 1945.]
Dieser Satz findet sich in dem offiziellen Werk des sowjetischen Verteidigungsministeriums über den 2. Weltkrieg. 16 Worte berichten über die letzten sieben Kriegsmonate im kurländischen Raum. Ein einziger Satz handelt den Einsatz von zwei deutschen Armeen und einer Armeegruppe belanglos ab. 16 Worte genügen aber auch, um den Kampf von drei eigenen Heeresgruppen mit zeitweise 19 Armeen für das russische Volk vergessen zu lassen! *)
Der Krieg in Kurland zwischen Oktober 1944 und Mai 1945 scheint für die Geschichtsschreibung bedeutungs- oder gar sinnlos zu sein. War er es wirklich?

*

Die „Rote Armee" stand Mitte Oktober 1944 auf 120 km Breite zwischen Memelmündung und Küste wenige Kilometer südlich von Libau an der Ostsee. Nur das XXVIII. deutsche AK. hielt mit Pz.-Gren.D. „Großdeutschland", 7. PD. und 58. ID. die Stadt Memel umklammert.
Die Heeresgruppe Nord war endgültig vom Reich abgetrennt!
Das OKH gab Befehl, daß der Brückenkopf Memel auf jeden Fall freigekämpft werden mußte. Heeresgruppe Nord sollte den Angriff — das „Unternehmen Geier" — am 17. 10. beginnen. Das XXXIX. Pz.K. (Gen.d.Pz.Tr. von Saucken) hatte mit 4., 12., 14. PD., 11. und 126. ID. den Durchbruch auf Memel und weiter auf Ostpreußen zu erzwingen. Die Verbindung mit der Heeresruppe Mitte war das Ziel!

---

*) Istorija Velikoj Otečestvennoj Vojny Sovetskogo Sojuza, 1941 — 1945. Tom 4, S. 363. Moskva: Voennoe Izdat. Ministerstva Oborony Sojuza SSR 1962.

Gen.d.Inf. Boege, OB. der 18. Armee, führte am 15. 10. mit den verantwortlichen Kommandeuren in seinem Hauptquartier bei Hasenpoth die erforderliche Einsatzbesprechung durch. Es wurde dabei festgestellt, daß sich der Gegner vor der Front der Armee zu einer neuen Offensive vorbereitete. Ein Antreten hatte deshalb schnellstens zu erfolgen. Die drei Panzerdivisionen wurden eilig in ihre Bereitstellungsräume — 4. PD. Grobin, 14. PD. Preekuln, 12. PD. südostwärts Hasenpoth — befohlen.

Die „Rote Armee" richtete sich zur selben Zeit für den letzten Angriff gegen die Heeresgruppe Nord ein. Die 2. Baltische Front (Armeegen. Eremenko) hatte mit 3. Stoß-, 42. und 22. Armee aus dem Raum Doblen nach Westen, mit 1. Stoßarmee entlang der Küste in Richtung Tuckum zu stoßen. Die 1. Baltische Front (Armeegen. Bagramjan) sollte mit 6. Gd.- und 51. Armee von Vainode — Skuodas nach Libau durchbrechen. Die 61. Armee und 5. Gd.Pz.Armee wurden zur Verstärkung nachgeschoben.

Die 1. Kurlandschlacht begann am 16. 10.

Der Schwerpunkt der feindlichen Offensive lag am rechten Flügel. Die sowjetischen Armeen rannten zwischen Rigaer Meerbusen und der Windau gegen die Stellungen der 16. Armee und der Armee-Abt. Grasser. Die 1. Stoßarmee (Glt. Sachwatajev) stürmte aus dem Raum Schlock gegen den äußersten linken deutschen Flügel. Der Widerstand der Verteidiger war hart. Die Panzer und Schützen kamen nur langsam voran. Sie konnten am 18. 10. Kemmern besetzen; blieben am nächsten Tag endgültig 10 km ostwärts Tuckum liegen!

Der Raum beiderseits Doblen war zweiter Schwerpunkt. Der Gegner wollte hier nicht nur die 16. Armee und die Armee-Abt. Grasser voneinander trennen, sondern mit einem Durchbruch zwischen Autz und Frauenburg die Front der Heeresgruppe zusammenstürzen lassen. Die beiden russischen Korps — XII. und CXXII. — kämpften mit 13 Divisionen drei Tage lang gegen drei deutsche Divisionen. 24., 93. und 122. ID. stemmten sich mit aller Gewalt gegen die Feinde. Die drei Divisionen verloren in diesen Tagen 1 050 Mann — aber hielten!

Nun griff die 1. Baltische Front an.

Schlachtflugzeuge und Trommelfeuer eröffneten zwischen Moscheiken und Skuodas die Schlacht, an deren Ende die Eroberung Libaus stehen sollte. Der Angriff bei Moscheiken wurde von der 12. PD. (Glt. Frhr. von Bodenhausen) gestoppt. 30. ID. und SS-D. „Nordland" wehrten zwischen Vainode und Skuodas die Gegner ab. Eine Lücke zwischen den Divisionen wurde durch 4. PD. (Gm. Betzel) geschlossen. 14. PD. und 563. ID. verstärkten später die HKL.

Der Feind kam nirgendswo mehr durch!

Seine einzigen Geländegewinne lagen am äußersten rechten Flügel bei Kemmern und beiderseits Doblen.
Der sowjetische Angriffsschwung ließ nach.
Es war nicht gelungen, die Heeresgruppe Nord im Anlauf zu überrennen.
Die 1. Kurlandschlacht klang am 20. Oktober aus. ...
Die Sowjets verbuchten trotzdem einen Erfolg: Sie hatten den Ausbruch der Heeresgruppe nach Ostpreußen verhindert! Die deutsche Führung mußte einsehen, daß das „Unternehmen Geier" nicht mehr durchgeführt werden konnte. Das Gen.Kdo. XXXIX. Pz.K., die Restteile 58., 61. ID. und Pz.Gren.D. „Großdeutschland" wurden in die Heimat transportiert.
Das Heeresgruppenkommando erließ am 21. 10. folgenden Tagesbefehl:

„Der Führer hat befohlen, daß Kurland gehalten und in der jetzigen HKL zunächst zur Verteidigung übergegangen wird. Unsere Aufgabe ist es, jetzt erst recht, keinen Fußbreit Bodens des von uns gehaltenen Gebiets aufzugeben, die uns gegenüberliegenden 150 Feindverbände zu fesseln, sie zu schlagen, wo immer sich eine Gelegenheit dazu bietet und damit die Verteidigung der Heimat zu erleichtern. —
Sofort alle Mittel restlos ausschöpfen, um unsere Abwehr zu verstärken. Es muß eine Tiefe des Hauptkampffeldes entstehen, die unüberwindlich ist. Hierzu heißt es bauen, bauen und nochmals bauen! Jeder Soldat, der nicht mit der Waffe in der Hand in der Stellung eingesetzt ist, muß täglich mehrere Stunden mit dem Spaten arbeiten. Im Hauptkampffeld, an den Straßen und Wegen kann gar nicht genug geschanzt und gearbeitet werden! 2. und 3. Stellung, Straßensperren, Hinterhalte, Wohnbunker müssen in kürzester Frist entstehen. Pioniere müssen aus der HKL herausgezogen und zum Stellungsbau eingesetzt, die Zivilbevölkerung muß restlos erfaßt werden! ..."

*

Das OKH gab am nächsten Tag noch einmal eine Weisung an die Heeresgruppe, die klipp und klar ihren letzten Auftrag mit wenigen Worten umriß: „Jetzige Front halten! Ersatz im Kampf ausbilden, auch Flieger haben schießen gelernt! Auftrag insgesamt: Kräfte binden!"
Die Lage der Heeresgruppe Nord sah an diesem Tag von links nach rechts wie folgt aus:
Die 16. Armee (Gen.d.Inf. Hilpert) stand im Norden. Das XXXXIII. AK. war für den Küstenschutz und die Baltischen Inseln

verantwortlich. 23. und 218. ID. verteidigten Sworbe, 207. Sich.D. schützte die Küste beiderseits Windau, 12. Lw.FD. und Feld-Ausb.-Nord die Nordspitze Kurlands, 83. ID. die Küste an der Rigaer Bucht. Die Korpsgruppe Glt. von Mellenthin (früher Korpsgruppe Kleffel) stand mit 205., 227. ID. und 281. Sich.D. ost- und südostwärts von Tuckum. Das VI. SS-K. lag mit 290. ID., 19. SS-D. und 389. ID. im Raum Dzukste — Doblen.

Die Armee-Abt. Gen.d.Inf. Grasser hatte die HKL zwischen Doblen und der Windau besetzt. Die Front verlief vom Zeres-See im Norden, hart westlich Bene, ostwärts von Autz nach Vieksniai an der Windau und bog hier nach Moscheiken ab. Das L. AK. hielt mit 24., 122., 121. und 329. ID. den linken, das XXXVIII. AK. mit 81. ID., 21. Lw.FD., 201. Sich.D., 32. und 225. ID. den rechten Abschnitt. 93. und 215. ID. waren herausgelöst und befanden sich im Hinterland auf dem Marsch nach Südwesten.

Die Front von der Windau bis zur Küste war Operationsgebiet der 18. Armee (Gen.d.Inf. Boege). Das II. AK. mit 12. PD., 132., 263., 31. ID. kämpfte im Raum zwischen Moscheiken und Vainode. Das X. AK. lag mit 563., 30. ID. und 4. PD. bei Vainode. Das III. SS-Pz.K. focht mit den beiden Divisionen „Nordland" und „Nederlande" südlich und südwestlich von Preekuln. Das I. AK. sicherte mit 11., 87. und 126. ID. das Gebiet südlich von Libau.

Hier, an der Küste, lag der gefährlichste Eckpunkt der gesamten Front. Denn, wenn es den Sowjets gelang, einmal durchzustoßen und Libau zu besetzen, war die Heeresgruppe verloren. Libau, die Stadt mit 50 000 Einwohnern, war Sammelpunkt aller kurländischen Verkehrslinien. Der Hafen galt als Umschlagplatz für Heer, Luftwaffe und Zivilverwaltung. Jedes Schiff, das aus der Heimat mit Menschen und Material eintraf, stärkte die eigene Front.

Die 18. Armee kannte ihre Aufgabe und wollte sie meistern. Die Armee setzte zur Verbesserung der HKL am 24. 10. einen begrenzten Angriff im Abschnitt Vainode an. Das X. AK. (Gen.d.Inf. Foertsch) ging mit 31., 563. ID. und 14. PD. in einem 10 km breiten Streifen gegen die feindlichen Stellungen vor.

Der erste Tag brachte etwa 3 km Bodengewinn, 200 Gefangene und die Vernichtung von 38 Geschützen ein. Noch einmal traten die Divisionen an, bissen sich durch die sowjetischen Gräben, erkämpften sich Geschützstellungen — und blieben am 26. 10. im starken Abwehrfeuer liegen!

Der Erfolg dieses Unternehmens brachte die bittere Erkenntnis, daß sich die sowjetische Front durch Zuführungen weiterer Truppenverbände verstärkt hatte. Es wurde erkannt, daß sich die 1. Baltische Front zur neuen Offensive bereitstellte.

Das Ziel war klar!
Ein überraschender Luftangriff hatte es bereits kenntlich gemacht. Starke sowjetische Kampffliegerverbände griffen am 22. 10., nachmittags, Libau an. Häuserblocks gingen in Flammen auf. Das Waffenamt befand sich darunter. Die meisten Beschädigungen erlitt das Hafengebiet. Bomben rissen die Bordwände des Torpedobootes „T-23", des Dampfers „Diedenhofen" (6 621 BRT), eines Schleppers und zweier Marinefähren auf. Noch loderten die Brände in den Abendhimmel, als der zweite Bombenangriff erfolgte.

Die 2. Kurlandschlacht begann fünf Tage später.

2 000 Geschütze aller Kaliber schleuderten am 27. 10. ab 6.00 Uhr ein 1½stündiges Trommelfeuer auf die Stellungen der 18. Armee und Armee-Abt. Grasser. 60 Sowjetdivisionen traten zum Sturm an. Die Front zwischen der Küste und der Windau, zwischen Autz und Doblen, stand an diesem Morgen in Flammen!

Die 5. Gd.Pz.Armee (Marschall Rotmistrow) setzte 400 Kampfwagen zwischen Skuodas und Vainode ein. Die dünnen deutschen Linien konnten diesen massierten Kräften kaum Widerstand leisten. Die ersten Einbrüche erfolgten. Sofort schoben sich Panzer in die Lücken und rollten die Gräben des III. SS-Pz.K. und X. AK. nach allen Richtungen auf.

„Die kleinen Bunker schwanken wie Boote in der See. Bäume zersplittern, ganze Wipfel werden abgerissen und schlagen über die Schützenlöcher und Gräben. Die Stellung ist im Qualm der Einschläge nicht mehr zu erkennen. Niemand weiß, wo der Russe zuerst angreift, wo er schon eingebrochen ist und wer von den Soldaten der Schützenkompanien noch lebt. Erst allmählich zeigt sich aus den Meldungen, daß auf der ganzen Front die HKL an vielen Stellen durchbrochen ist. . . .

Zwei Stunden nach Beginn des Trommelfeuers Funkspruch von der 2./Füs.Btl. 215: „Russe greift Höhe 94,1 mit drei Panzern an. Kompanie hat starke Ausfälle. Lt. Schmid gefallen." Eine halbe Stunde später: „Russischer Einbruch bei 94,1!" Wieder eine halbe Stunde später: „HKL im Gegenstoß wieder besetzt!"

Nach einem schweren Feuerschlag Funkspruch der 1./Füs.Btl. 215: „Gegner greift auf breiter Front an. Wir halten!" Kurz darauf Funkspruch: „Gegner greift mit 20 Panzern an . . ." Hier brach der Funkspruch ab. Es blieb die letzte Meldung dieser Kompanie überhaupt. . . ." *)

---

*) Schelm, W. und H. Mehrle: Von den Kämpfen der 215. württ.-badischen Infanterie-Division. [Auslfg.] Bad Nauheim: Podzun 1955. 334 S.

Örtlich begrenzte Gegenangriffe brachten zwar vorübergehende Erfolge. Der Feind war stärker. Sein III. Gd.- und XIX. Pz.K. rissen die HKL der 30. ID. (Ob. Barth) auf und drängten die Grenadiere bis auf die bewaldeten Höhen von Mikeli zurück. Ein Durchbruch wurde nicht erzielt. Gewittrige Regenfälle verwandelten das Gelände in morastigen Brei aus Sand und Lehm. Da blieben die „T-34" und „Stalin"-Panzer stecken.

Der zweite Angriffspunkt dieses Tages lag bei Autz. Die 10. Gd.-Armee (Glt. Korotkov) griff hier an. Die 21. Lw.FD. (Gm. Henze) konnte diesen Stoß nicht widerstehen und brach auseinander. Teile verteidigten sich krampfhaft in der Stadt Autz, die vom Gegner eingeschlossen wurde. Das Heeresgruppenkommando setzte sofort die 12. PD. und Kampfgruppen der 389. ID. an diese bedrohte Stelle in Marsch.

Die Schlacht ging mit äußerster Härte am 28. 10. weiter. Sie Sowjets schoben in der Nacht neue Panzerkräfte in die Front. Diese sollten am nächsten Tag die deutsche HKL endgültig aufreißen. Wieder kam es zum Kampf um einzelne Gehöfte, Stützpunkte, Straßenkreuzungen. Grenadiere, Pioniere, Funker gingen mit Panzerfäusten und Hafthohlladungen gegen die Panzer vor, als die Pakgeschütze ausfielen.

Die Männer des GR. 6 (Ob. Hoffmeister) der 30. I.D. brachten allein im Nahkampf 21 Kampfwagen zur Strecke. Vier „Tiger"-Panzer der Pz.Abt. 510 (Oblt. Gerlach) lieferten an der Straße Auderi — Asite — Bruvelini feindlichen Kampfwagen ein sechsstündiges Gefecht. 14 „Stalin"-Panzer und „T-34" blieben schließlich brennend liegen.

So wie hier brandete und loderte die Front zwischen Autz und Skuodas den ganzen Tag und die ganze Nacht.

Der 29. 10. wurde ein Großkampftag wie nie zuvor. Feindliche Geschütze und Werfer leiteten die Angriffe ein. Starke Verbände der Luftwaffe unterstützten die Erdtruppen. 1 817 Maschinen mit dem roten Stern flogen zwischen Libau und Autz ins Hinterland, bombardierten Bahnhöfe, Straßen, Truppenkolonnen. Die wenigen Jäger des JG. 54 stürzten sich immer wieder auf die russischen Staffeln. Sie schossen am 27. 10. 57 Flugzeuge ab. Major Rudorffer, Kdr. III./JG. 54, holte allein am 29. 10. elf Bomber herunter und erhöhte seine Luftsiege auf 206.

Die härtesten Kämpfe spielten sich im Raum der 18. Armee bei Preekuln und nördlich Skuodas ab. 30., 31. ID., SS-D. „Nordland" und 14. PD. standen im Mittelpunkt der Schlacht. Die Divisionen zählten in zwei Tagen 1 440 Mann Ausfälle. Die wenigen Panzer der 14. PD. (Ob. Munzel) mußten als letzte Reserven eingesetzt werden. Die Kampfwagen des Pz.R. 36 (Major Molinari) hielten zwischen Jagmani und Bruvelini die „Stalin"-Panzer auf. Eine Flakbatterie schoß bei Dinzdurbe, bis der letzte Kanonier gefallen war. Dieser Einsatz ermöglichte die Rettung des Hauptverbandplatzes. Die 4. PD. (Gm. Betzel) stoppte einen Angriff an den Letilahöhen und vernichtete 73 Feindpanzer.

Die Armee-Abt. Grasser, die am 29. 10. Gen.d.Kav. Kleffel übernahm, wehrte sich genau so verzweifelt wie 18. Armee. Der Schwerpunkt lag beiderseits Autz, das an diesem Tag verlorenging. Die Verbindung der Divisionen untereinander riß. Die Regimenter wurden auseinandergetrieben, Kompanien von ihren Bataillonen gesprengt. Krampfhaft wurde von allen versucht, in der Nacht die Verbindungen wieder herzustellen, was kaum gelang.

Die Schwere der Kämpfe dokumentierte sich an der Zahl der abgeschossenen Panzer. In der Zeit vom 1. bis 31. 10. vernichteten 18. Armee 681, 16. Armee 246 und Armee-Abt. Kleffel 216 Kampfwagen!

Die Sowjets legten am 1. 11. eine kurze Atempause ein. Sie griffen erst ab Mittag wieder gegen 18. Armee und Armee-Abt. Kleffel an. Das XXXVIII. AK. (Gen.d.Art. Herzog) hatte zwischen Lielauce- und Zebres-See schwerste Angriffe abzuwehren. 83., 329. ID. und 21. Lw.-FD. wichen langsam auf die „Brunhilde-Stellung" zwischen den Seen aus. Das Korps brachte dort die Feindoffensive zum Stehen.

Die Schlacht bei Preekuln spielte sich mit gleicher Härte ab. Das X. AK. (Gen.d.Inf. Foertsch) hielt mit 4., 14. PD., 30., 31., 263., 563. ID. und Flak-R. 60 die 5. Gd.Pz.Armee auf. Der Bericht des OKW meldete:

„... im Raum südostwärts Libau wurde der erstrebte sowjetische Durchbruch von unseren Truppen in vorbildlicher Standhaftigkeit unter Abschuß von 62 Panzern vereitelt."

Es war wie ein Wunder: Die Sowjets gaben auf! Kampfruhe lag über den Gräben, die in Regen und Schlamm versanken. Fieberhaft wurde an der Verstärkung der HKL gearbeitet, neue Unterkünfte wurden gebaut, Munitionslager aufgefüllt, 10 Prozent aller Offiziere und Mannschaften der Stäbe wurden zur Front versetzt.

Das X. AK., das vom 27. 10. bis 2. 11. im Schwerpunkt der feindlichen Offensive stand, verlor in diesen Tagen 4 012 Mann, das waren 50 Prozent seiner Kampfstärke! Der Durchgang von Verwundeten auf den Hauptverbandplätzen der Heeresgruppe war bezeichnend für die Schwere der Schlacht:

27. 10. = 776 Verwundete,   31. 10. = 883 Verwundete,
28. 10. = 480 Verwundete,   1. 11. = 662 Verwundete,
29. 10. = 560 Verwundete,   2. 11. = 1 017 Verwundete,
30. 10. = 450 Verwundete,   3. 11. = 566 Verwundete.

Die Gesamtverluste vom 1. 10. bis 7. 11. beliefen sich auf 44 000 Offiziere und Mannschaften, wovon 19 000 erst ab 1. 11. gezählt wurden. Die Heeresgruppe war auf Nachschub aus der Heimat angewiesen. Doch zwischen 1. 10. und 7. 11. waren nur 28 000 Mann Ersatz gekommen! Ein schwerer Verlust für Kurland war der Untergang des Dampfers „Schiffbeck" vor Libau, mit dem 12 lFH, 3 sFH, eine 15-cm-Kanone, 6 sIG, 17 2-cm-Flak und 1 800 MPi für immer in den Fluten der Ostsee versanken.

Die Heeresgruppe fand Zeit zur Umgruppierung. Stab und Armeetruppen der Armee-Abt. Kleffel verluden in Libau und Windau zur Fahrt nach Danzig und Gotenhafen. Der Stab verlegte weiter nach Holland und bildete Gen.Kdo. XXX. AK. Gm. Walter, bisher Feldkommandant 182, wurde in Danzig mit der Führung aller eintreffenden Trosse und sonstigen Verbände der Armeen beauftragt. Die Korpsgruppe Glt. von Mellenthin erhielt Bezeichnung XVI. AK. Die 207. und 285. Sich.D. wurden aufgelöst. Ihre Regimenter rückten in die vorderste Front. Die Reste der von Sworbe kommenden 23. ID. waren der 218. ID. unterstellt, die den Küstenschutz in Nordkurland übernahm. Die 21. Lw.FD. existierte nicht mehr, nur der Stab blieb zur Neuaufstellung bestehen. Die drei Panzerdivisionen — 4., 12. und 14. PD. — verließen die HKL. Sie bildeten die beweglichen Reserven der Heeresgruppe. Libau wurde zur Festung eingerichtet. Bevorratung für 40 000 Menschen auf drei Monate war angeordnet. Der Transportoffizier bei der Heeresgruppe, Oberstlt. i.G. Fester, trug hierfür die Verantwortung. Glt. Baron Digeon von Monteton wurde zum Festungskommandanten ernannt. Das rückwärtige Gebiet war in Verteidigungszustand gesetzt. Die Nachschub- und Verkehrswege erhielten Verbesserungen. Pionierkräfte erbauten eine Eisenbahnverbindung zwischen Libau und Windau, die am 15. 11. in Betrieb genommen wurde.

Die Sowjets nutzten gleichermaßen die Kampfpause. Sie hatten am 19. 11. ihre Umgruppierungen beendet. Schwerstes Trommelfeuer ging an diesem Tag ab 10.30 Uhr auf die Stellungen der 18. Armee zwischen Engelspusi und der Windau nieder. Es war genau die Naht zwischen den beiden Armeen. (Der Operationsraum der 16. Armee hatte sich bis hierher ausgedehnt, nachdem Stab Armee-Abt. Kleffel abtransportiert war.)

Das Feuer der Geschütze, „Stalinorgeln" und der Hagel der Bomben brach auf die Gräben der 31., 32., 121. und 263. ID. nieder. Eine Stunde später stürmten die sowjetischen Divisionen los. Der Angriff wurde zwar abgeschlagen. Doch zwischen Sepenisee, Dzelgaleskrogs und Engelspusi klaffte eine Frontlücke!

Wieder traten Kampfgruppen zu Gegenstößen an. Blutend, müde, entkräftet arbeiteten sich die feldgrauen Gestalten durch eisiges

Schneewasser und morastigen Wald. Für Hunderte solcher Gegenstöße und Einzelaktionen mag ein Beispiel stehen:

Am Sepenisee ging die Höhe 107,5 verloren. Sie sollte in der folgenden Nacht genommen werden. Batterien des AR. 30 (30. ID.) schossen eine Sturmgasse. Noch während die letzten Granaten durch die Luft orgelten, schob sich die Kampfgruppe des Hptm. Stein — ein Pionierzug und eine Gruppe Fahnenjunker, die ihren ersten Einsatz erlebten — in den Wald. Die Männer waren nur mit MPi ausgerüstet, hielten sich gegenseitig an den Händen, um den Anschluß in den zahllosen wassergefüllten Granattrichtern nicht zu verlieren. Dann schafften sie es. Sie stürmten im Nahkampf die Höhe!

Die Sowjets blieben hartnäckig. Klappte hier der Durchbruch nicht, dann an anderer Stelle. Die 4. Stoßarmee (Glt. Malyschev) stürmte gegen die Venta. Die Gegner nutzten das ungünstige Wetter für sich aus. Sie drückten die Stellungen der 83., 132. und 225. ID. am linken Flügel der Armee ein.

Das Heeresgruppenkommando beauftragte den Höh.Artillerie-Kdr. Glt. Thomaschki mit Ob. i.G. Reinhardt als Stabschef, die Führung in dem bedrohten Raum zu übernehmen. Doch, was nutzte alle Tapferkeit, wenn z. B. am 21. 11. allein 35 000 Granaten auf die HKL des II. AK. schlugen? Die Sowjets brachen auf 5 km Breite an der Venta ein und erzielten einen Raumgewinn von 2 km Tiefe!

Das feindliche Feuer steigerte sich noch am nächsten Tag. Jetzt griffen 6. Gd.- (Gen.Ob. Tschistjakov) und 5. Gd.Pz.Armee (Marschall Rotmistrov) zwischen Preekuln und der Windau an. Gleichzeitig stürmten 15 Schützendivisionen gegen das XXXVIII. deutsche AK. Diese Feindgruppe hatte Frauenburg als Ziel.

Die 290. ID. mußte die härtesten Kämpfe ihrer Geschichte meistern. Die Grenadiere der 215. ID. und des Pz.Gren.R. 5 (12. PD.) rangen tagelang um die Kalvashöhen. Die Bataillone der 24. ID. und 12. PD. krampften sich in die Wälder am Zebres- und Lielaucesee. Die 205. ID. wehrte südlich Frauenburg sechs Feinddivisionen ab!

Die Lage war zum Zerreißen gespannt. Die Heeresgruppe hatte keine Reserven mehr! Jeder Schreiber und Funker, jeder Sanitäter und Troßfahrer mußte mit dem Karabiner und der Panzerfaust in die vorderste Front. Keiner wußte, wo sich dieselbe befand. Die Situation änderte sich alle Stunden. Einmal saßen die Russen auf einer Höhe, dann kamen die Deutschen und schließlich wieder die Gegner.

Die Verluste auf beiden Seiten waren enorm. Die Hauptverbandplätze des XXXVIII. und L. AK. meldeten vom 22. bis 24. 11. den Durchgang von 1 413 Mann! Das X. AK. bestand nur noch aus Kampfgruppen. Das SPW-Btl. der 14. PD. zählte 40 Mann. Die Bataillone der 32. ID. gaben am 28. 11. folgende Tagesmeldung: I./GR. 4 = 80,

II./GR. 4 = 40, I./GR. 94 = 90, I./GR. 96 = 105 Mann; II./GR. 94 und II./GR. 96 waren bereits aufgelöst!

Heftige Regenfälle gingen in den letzten Tagen auf das Land nieder. Sie verhinderten jede weitere Kampfführung. Das Gebiet an und in der HKL war Sumpf. Da mußten selbst die Sowjets kapitulieren! Die Russen gaben sogar Gelände auf und zogen sich zwischen Vainode und Pikeliai zurück. Der Feind brach die 2. Kurlandschlacht ab!

Die Heeresgruppe meldete ihre Verluste vom 1. bis 30. 11.: Danach waren 33 181 Offiziere, Unteroffiziere und Mannschaften gefallen, verwundet und vermißt. An Waffen waren verlorengegangen: 1 226 Pistolen, 733 MPi, 5 760 Karabiner, 1 181 MG, 96 leichte und 27 schwere Granatwerfer, 92 Pak, 18 IG, 19 Flak, 34 leichte und 14 schwere Feldhaubitzen.

Die Feindverluste — soweit sie von deutscher Seite festgestellt werden konnten — beliefen sich auf 4 410 gezählte Tote, 12 550 geschätzte Tote, 25 100 geschätzte Verwundete, 961 Gefangene, darunter 105 Überläufer. Weiter wurden als vernichtet bzw. erbeutet gemeldet: 23 Geschütze, 166 Panzer, 82 Pak, 303 MG und 8 Granatwerfer. Die Gesamtverluste der feindlichen Kampfwagen im Abschnitt der Heeresgruppe Nord betrugen seit 22. 6. 1944 insgesamt 4 722.

Die Truppe war abgekämpft und erschöpft. Die HKL bestand meistens aus Erdlöchern, die mit Schneewasser gefüllt waren. Verpflegung kam in Krisentagen kaum nach vorn. Viele Ruhrkranke mußten in diesen Wochen versorgt werden. Sobald einmal Ruhe an der Front war, griffen die Soldaten zu Spaten und Schaufel. Die Losung der Heeresgruppe lautete:

„Gräben statt Gräber!"

Die wenigen Tage und Wochen, an denen die Sowjets keine Großangriffe durchführten, wurden zu Ablösungen, Verschiebungen, Transporten in die Heimat und Zuführung neuen Ersatzes benutzt. Ende November wurde im Hinterland der HKL das Unternehmen „Autoklau" durchgeführt. Alle nicht für die Fronttruppe gebrauchten Kraftfahrzeuge wurden gesammelt und per Schiff in die Heimat verfrachtet. So gingen am 25. 11. von Libau vier Dampfer mit 91 Lkw, 70 Pkw und 39 Kräder auf Fahrt nach Danzig.

Der Bereich der Heeresgruppe war vom 24. 9. bis 25. 11. von folgenden Personengruppen verlassen worden: 69 409 Soldaten, 68 562 Verwundete, 7 558 lettische Rekruten, 3 108 lettische und estnische Soldaten, 5 809 Männer der OT, 75 319 evakuierte Balten, 1 791 evakuierte Russen. Gleichzeitig waren 11 626 Pferde, 6 432 Kraftfahrzeuge und 290 Geschütze ins Reich überführt.

*

Die Luftflotte 1 (OB.: Gen.d.Flieger Pflugbeil) unterstützte trotz zahlenmäßiger Unterlegenheit den Kampf der beiden Armeen in den vergangenen beiden Kurlandschlachten, so gut sie es mit ihren Einheiten vermochte. Die Luftflotte hatte vom 25. 7. bis 23. 9. weitere 5 643 Offiziere und Mannschaften dem Heer zur Verfügung gestellt. Die nicht unbedingt erforderlichen Bodenkommandos wurden im Oktober nach Deutschland abgeschoben. Es blieben allein die fliegenden Besatzungen mit dem notwendigen technischen Personal auf den Flugplätzen Kurlands.

Die Luftflotte verfügte über keine Bomberkräfte. Nur noch JG. 54 und einige Aufklärungsstaffeln befanden sich im Bereich der Heeresgruppe. JG. 54 hatte im November die I. Gruppe in Tuckum, später in Cirava stationiert. II. und III./JG. 54 lagen auf Plätzen bei Libau.

Die sowjetische Luftwaffe war die unumschränkte Herrscherin in der Luft. Tag und Nacht flogen ihre Bomberstaffeln die Transportwege an, bombardierten Bahnhöfe, Straßen und Häfen. Die wenigen eigenen Jäger standen dauernd einsatzbereit.

60 Feindmaschinen griffen in zwei Angriffen am 14. 12. Stadt und Hafen Libau an. Der erste Einflug zwischen 11.00 und 12.00 Uhr rief gewaltige Schäden hervor. Sieben Schiffe sanken! Der zweite Angriff wurde zwischen 16.50 und 18.00 Uhr geflogen. Diesmal wurden vier Schiffe beschädigt. Die deutschen „FW-190" waren sofort gestartet. Sie schossen an diesem Tag 44 Flugzeuge ab! Die Sowjets wiederholten ihren Angriff auf Libau am 15. 12. Diesmal brausten 200 Kampfflugzeuge heran und warfen Bomben auf das Bahnhofsgebiet und auf die Flugplätze Libau und Grobin. JG. 54 (Oberstlt. Hrabak) brachte 56 Feindmaschinen zum Absturz. Elf eigene Flugzeuge gingen auf den Flugplätzen durch Bombenwurf verloren.

Die dezimierten Batterien der 6. Flak-D. konnten vom 29. 10. bis 7. 11. gleichfalls 110 sowjetische Flugzeuge abschießen. Die Luftflotte hatte einige Batterien dem Heer zur Verfügung gestellt. Die I./Flak-R. 2 unterstand der 18., die I./Flak-R. 51 der 16. Armee. Die Flak-Abt. 219 war für die Luftverteidigung über Windau verantwortlich.

*

Der Dezember war gekommen. Die Witterung verschlechterte sich. Mitte des Monats trat Frost ein. Schlamm und Modder gefroren zu steinhartem Boden. Straßen und Wege wurden wieder passierbar. Die Kampftätigkeit lebte allenthalben auf. Stoßtrupps der 3. Gd.- und 4. Stoßarmee klärten gewaltsam bei Schrunden auf. Deutsche Artillerie und Gegenstöße der Grenadiere wehrten die ersten Vorboten einer neuen Offensive ab.

Die deutschen Kräfte in Kurland zählten am 1. 12.:

	Heer	SS u. Polizei	Luftwaffe	Marine	Gesamt
AOK 16:	126 011	19 731	7 680	4	153 426
AOK 18:	302 179	18 716	25 039	6 186	352 120
	428 190	38 447	32 719	6 190	505 546

Die Sowjets brauchten diesmal lange, ehe sie die Vorbereitungen zur 3. Kurlandschlacht beendeten. Am 21. 12. war es soweit: Punkt 7.20 Uhr brach auf einer Breite von 35 km ein gewaltiger Feuerorkan los. 170 000 Granaten aller Kaliber fielen auf die Stellungen des I. und XXXVIII. AK. Die Gräben und Bunker der 205., 215., 225. und 563. ID. wurden an diesem Morgen umgepflügt. Dann — es war 8.30 Uhr — traten 3. Stoß- (Gen.Ob. Kasakov), 4. Stoß- (Glt. Malyschev), 10. Gd.- (Glt. Korotkov) und 42. Armee (Glt. Swiridov) zum Sturm an. Ihr Ziel war, nach Frauenburg und Libau zu gelangen.

Schon eine halbe Stunde nach Angriffsbeginn riß die Verbindung zur 225. ID. Die 329. ID. mußte sich zur gleichen Zeit einem überlegenen Panzerangriff erwehren. Die 205. ID. brach unter den Schlägen feindlicher Kampfwagen und Schützen bei Frauenburg zusammen.

Die Heeresgruppe verlegte schnellstens 12. PD. und 227. ID. in den bedrohten Raum nach Frauenburg. Die Gegenstöße verpufften wirkungslos, auch wenn die Männer der Pz.Gren.Rgter 5 und 25 noch so tapfer kämpften. Der Feind war stärker!

Die Sowjets ließen im Raume Pampali, südlich von Frauenburg, deutlich den Schwerpunkt erkennen. Sie wollten von hier aus in einem Stoß nach Nordwesten die Bahnlinie Frauenburg — Libau gewinnen und damit die beiden deutschen Armeen auseinandersprengen. Panzer mit dem roten Stern drangen bis in 4 km Tiefe vor. Sie fanden erst Halt vor den Geschützen der Sturmgesch.Br. 912 (Hptm. Brandner). Die 1. Batterie (Oblt. Schubert) schoß in den kommenden Tagen 37 „T-34" und „Stalin" ab. Die 132. ID. (Glt. Wagner) konnte nicht standhalten und wich vor der Masse der anrollenden Panzer aus. Das GR. 438 (Ob. Sierts) wurde mit Teilen auf Pampali zurückgedrängt.

„... in den Nachmittagsstunden erfolgte die vollkommene Einschließung. Zahl der Toten und Verwundeten steigt ständig. Munition, Verbandsmaterial und Verpflegung gehen zur Neige. Verbindung zum Regiment und zur Division nur mehr durch Funk möglich. Befehl zum Halten wird wiederholt durchgegeben. Ring wird enger. Igelbildung um den Gefechtsstand. Für 24.00 Uhr Einstellung der Verteidigung und Versuch eines Rückzugs an Division angekündigt, ohne Munition, keinerlei schwere Waffen mehr, dazu eine große Zahl von Verwundeten. Antwort bleibt aus. Funkverbindung reißt ab. Warten bis 3 Uhr. Beschließen, vor Tagesanbruch auch ohne Befehl auszubrechen. Einteilung der Trägerkolonnen für die Verwundeten. Einige Schlitten werden organisiert, der Rest kommt in Zeltbahnen. Wir machen uns fertig. ..." *)

Die Sowjets waren beim I. und beim XXXVIII. AK. eingebrochen. Die 11. ID. wurde zwischen 132. und 225. ID., die beide schwerste Verluste erlitten, eingeschoben. Die 12. PD. konnte in der Nacht die Lücke zwischen 215. und 290. ID notdürftig schließen. Noch war nirgendswo ein Durchbruch erfolgt. Die deutsche HKL war überall zum Zerreißen gespannt.

Die von den beiden AOKs am nächsten Tag angesetzten Gegenstöße schlugen nirgendswo durch. Feindliche Sturzkampfflieger, Panzer und Artillerie ließen die deutschen Soldaten nicht über die eigenen Gräben kommen. Allein am ersten Schlachttag waren 2 491 Flugzeuge der „roten" Luftwaffe über den Linien der Heeresgruppe. 42 wurden abgeschossen. Am nächsten Tag flogen 1 800 Kampfmaschinen, von denen 39 verlorengingen, ihre Angriffe auf die Stellungen in Kurland. Der 23. 12. brachte erneute Zunahme sowjetischer Lufttätigkeit. Diesmal wurden 2 415 Flugzeuge gezählt!

Der feindliche Schwerpunkt lag nach wie vor im Raum südlich Frauenburg. Die 4. Stoßarmee griff beiderseits Pampali mit 119., 360., 357., 378., 145., 239., 306., 164. und 158. Schtz.D. gegen die dünne HKL der 18. Armee an.

Die 16. Armee wehrte sich im Raum Zvardes gegen die 10. Gd.-Armee mit 56., 65., 53., 85., 30., 29., 119. und 7. Gd.D. und gegen 42. Armee, die 2., 268., 256. und 48. Schtz.D. eingesetzt hatte.

Die Überlegenheit war enorm. Deutsche Grenadiere, Pioniere, Kanoniere, Panzerfahrer, Funker und Sanitäter wußten sich zu verteidigen. Aus der Vielzahl der Einsätze seien u. a. genannt: Die baden-württembergische 205. ID. (Glt. von Mellenthin) wehrte den Angriff von drei Feinddivisionen ab. Die norddeutsche 290. ID. (Gm. Baurmeister) schlug 52 Feindvorstöße ab. Die 11. ostpreußische ID. (Gm. Feyerabend) ließ 11 Panzerangriffe vor ihrer HKL zerschellen.

Endlich — in der Nacht zum 23. 12. war die deutsche Front überall wieder dicht!

Da begannen die Sowjets ihre Offensive weiter auszubauen. Die 22. Armee (Glt. Juschkevitz) trat nördlich Doblen zum Sturm gegen

---

*) Bidermann, G. H.: Krim — Kurland. Mit der 132. Infanterie-Division. [Auslieferg.] Bad Nauheim: Podzun 1966, 360 S.

das VI. SS-K. (SS-OGruf. Krüger) an. Der Gegner konnte hier die deutsche Front bis auf 3 km Tiefe zurückdrücken. Die 19. SS-D. — die lettische Freiwilligendivision — wehrte sich erbittert. Die Angriffe wurden dicht ostwärts von Dzukste vorerst zum Stehen gebracht. Der nächste Tag war der 24. Dezember.

Doch gab es weder für Feind noch Freund Zeit und Gelegenheit, auf den Kalender zu sehen. Sowjetische Artillerie trommelte, russische Panzer fuhren, deutsche MGs knatterten, Verwundete stöhnten, Befehle wurden geschrieben — der Kampf ging weiter.

„Etwa gegen 17.00 Uhr setzte das russische Feuer plötzlich aus. Der Kampflärm verstummte. Die unheimlich anmutende Ruhe hielt an, und nichts ließ darauf schließen, daß weitere Angriffe zu erwarten sein würden. So kam im ganzen Abschnitt doch noch weihnachtliche Stimmung auf. Bei Pinkas versammelte Pastor Sauerbrek eine kleine Gemeinde um sich. Der Divisionskommandeur besuchte seine Regimenter in den Stellungen. Durch die Stille der verschneiten sternenklaren Nacht drang „Stille Nacht, heilige Nacht". des Füsilierbataillons, das dieses Lied vor dem Abrücken in die vordere Linie angestimmt hatte. Eine ganze Kompanie, durch Verluste zusammengeschmolzen, fand in einem kleinen Bunker Platz, um mit ihrem verwundeten Chef eine Hindenburgkerze zwischen Tannenzweigen anzuzünden, während auf dem Gefechtsstand einer anderen Kompanie der Weihnachtsbaum mit Grünstift der Kartentasche auf einen aufgestellten Munikastendeckel gemalt wurde. So erlebten die Soldaten die 6. Kriegsweihnacht, die letzte und erschütterndste." *)

Die Heilige Nacht 1944 blieb ruhig — der Krieg hielt für wenige Stunden den Atem an.

Die sowjetischen Geschütze brüllten am 25. 12. wieder los.

Schwerpunkt der neuen Offensive war diesmal Dzukste südlich von Tuckum. Während sich hier 227. ID. (Gm. Wengler), 81. ID. (Gm. von Bentivegni), 12. Lw.FD. (Gm. Weber) und die lettischen SS-Verbände (Gm. Henze) mit aller Kraft gegen die anstürmenden Sowjets stemmten, brach an entgegengesetzter Stelle der Front ebenfalls der Angriff los!

Die 6. Gd.-Armee (Gen.Ob. Tschistjakov) stürmte von Süden her auf Libau. Das II. AK. (Gen.d.Inf. Hasse) stand hier mit 126. ID. (Glt. Fischer), 31. ID. (Gm. v. Stolzmann) und 14. PD. (Glt. Unrein). Die drei bewährten Divisionen gaben keinen Fußbreit Boden auf. Sie ließen die 6. Gd.-Armee nur in die ersten Gräben kommen, weiter nicht! Die Front vor Libau blieb standhaft!

---

*) Buxa, W.: Weg und Schicksal der 11. Infanterie-Division. 2. Aufl. Bad Nauheim: Podzun 1963. 163 S.

Schlimmer gestaltete sich die Entwicklung im Raum Dzukste. Hier gelang es, nach einem Trommelfeuer von 60 Batterien den sowjetischen V. und XIX. Pz.K. mit 101. und 202. Pz.Br., die 19. SS-D. zu überrennen. AOK 16 holte sofort aus allen Teilen der Front Eingreifreserven heran, um die kritische Lage zu meistern. GR. 272 (93. ID.), GR. 366 (227. ID.) und Lw.Jäg.R. 24 (12. Lw.FD.) verhinderten am 1. Weihnachtsfeiertag den Zusammenbruch der Front vor Dzukste! Gegen Abend trafen erste Teile der 4. PD. und das am Morgen in Libau angekommene MG-Btl. „Stettin" als Verstärkung ein.

Die Schlacht ging am nächsten Tag weiter. Die Sowjets versuchten auf der gesamten Front, irgendwo eine weiche Stelle bei den Verteidigern zu finden. Granaten wühlten die Erde um, Panzer überrollten letzte Sicherungen, Flammenwerfer räucherten Unterstände aus, Fliegerbomben zerfetzten die Straßen. Die Schlacht wogte hin und her. Eine besondere Kampfführung legte die 22. sowjetische Gd.D. an den Tag. Sie griff die 205. ID. an. Die erste Welle der vorgehenden Schützen trug deutsche Uniformen! Damit wurden die Vorposten getäuscht. Die Panzerjäger waren aber auf ihrem Posten. Sie schossen von den nachfolgenden Kampfwagen 18 ab.

Die Heeresgruppe vernichtete an diesem Tag insgesamt 111 feindliche Panzer!

Der Kampf um Dzukste spielte sich am 27. 12. mit derselben Härte ab wie die Tage vorher. Die Sowjets wollten auf jeden Fall einen Erfolg erzielen, nachdem ihnen ein solcher weder vor Frauenburg noch vor Libau beschieden war. Diesmal kannten sie keine Pause. Panzer auf Panzer warfen sie in die Schlacht. Die Verluste stiegen. Die HKL riß an einzelnen Stellen auf. Die Gegner brachen bis in 2 km Tiefe durch. Überall auf dem Gefechtsfeld hielten sich Stützpunkte und kämpften bis zur letzten Patrone. Die Divisionsgefechtsstände der 19. SS-D. (SS-Brig.Fhr. Streckenbach) und der 227. ID. (Gm. Wengler) wurden erbittert verteidigt. Das Lw.Jäg.R. 24 unter seinem hervorragenden Kdr., Ob. Kretzschmar, stand wie ein Fels in der Brandung. Die Luftwaffensoldaten gaben keinen Boden preis. Ob. Kretzschmar starb mit der Waffe in der Hand den Soldatentod.

Am Abend flaute die Schlacht ab.

Die Sowjets stellten ihre Durchbruchsversuche ein.

Die 3. Kurlandschlacht war beendet!

Der Bericht des OKW am letzten Tag des Jahres 1944 brachte das Ergebnis:

„Die Heeresgruppe Kurland hat 513 Panzer, 79 Geschütze und 267 Maschinengewehre der Roten Armee vernichtet und 145 Flugzeuge abgeschossen!"

Die Verluste für diese letzte Schlacht des Jahres betrugen bei der 16. Armee 15 237 Gefallene, Verwundete und Vermißte. Die 18. Armee büßte 11 907 Offiziere und Mannschaften ein.

*

Der Winter war im allgemeinen milde und der Schneefall gering. Die abgekämpfte Truppe begann erneut, ihre Stellungen zu vertiefen und zu verbessern. Der Soldat fand sich mit dem Feind und dem Wetter ab, aber nicht mit der Lage im allgemeinen. Er wußte, daß über See noch die Verbindung mit der Heimat und damit für seine Rettung existierte. Die wenigen Nachrichten, die die Männer der 16., 18. Armee und der Luftflotte 1 erfuhren, kamen von Woche zu Woche spärlicher aus Deutschland. Nur die Wehrmachtberichte, Meldungen des Heeresgruppensenders in Libau, Frontzeitungen und Vorträge der NSFO (Nationalsozialistische Führungsoffiziere) gaben Kunde von den Bombenangriffen daheim und von dem Geschehen in der weiten Welt.

Die „Festung Kurland" — offiziell durfte diese Bezeichnung nicht gebraucht werden (!) — blieb an der Jahreswende 1945 allein auf sich gestellt.

Die Heeresgruppe war zum Aushalten befohlen. Hitler hatte wiederholt in den Lagebesprechungen betont: „Die Heeresgruppe steht, wo sie ist. Ich rechne bald mit einer Änderung der Lage und brauche dann Kurland . . ."

Gen.Ob. Guderian, Chef d.Gen.St. OKH, war gegen diesen „Führerbefehl" machtlos, obwohl er laufend den Abtransport der Heeresgruppe ins Reich forderte. Er konnte wenigstens Teile in die Heimat zurückholen. Ende 1944 wurde die 83. ID., in Libau verladen. Im Januar folgten 4. PD., 32., 227., 389. ID., 15. lett. SS-D. und Gen. Kdo. III. SS-Pz.K.

Gen.Ob. Schörner, OB. der Heeresgruppe Nord, erhielt für den Kampf seiner Truppe Anfang Januar die Schwerter mit Brillanten zum Eichenlaub des Ritterkreuzes. Wenige Tage später verließ er mit seinem Generalstabschef, Gm. von Natzmer, Kurland. Er übernahm die Heeresgruppe Mitte. Gen.Ob. Dr. Rendulic, der bisherige OB. der 20. Gebirgsarmee in Nordnorwegen, wurde neuer OB. der Heeresgruppe Nord. Gm. Foertsch, bisher Chef d. Gen.St. 18. Armee, wurde Generalstabschef der Heeresgruppe.

Der Heeresgruppe wurde am 25. 1. 1945 die Bezeichnung „Heeresgruppe Kurland" verliehen.

Die in Ostpreußen eingeschlossenen Verbände der 2. und 4. Armee bildeten die Heeresgruppe Nord unter dem Oberbefehl des Gen.Ob.

Reinhardt. (Die Geschichte dieser beiden Armeen wurde in der Literatur mehrfach beschrieben und fand deshalb in diesem Buch keinen Niederschlag. Die Schlacht um Ostpreußen und den Raum Danzig — Gotenhafen spielte sich im bisherigen Operationsbereich der Heeresgruppe Mitte ab und muß folgerichtig in deren Rahmen gesehen werden.)

Der Ärmelstreifen „Kurland" wurde als Auszeichnung für die Soldaten zwischen Libau und Tuckum gestiftet. Dieses Band stellte eine einheimische Weberei in Goldingen her. Lettische Frauen nähten in vielen Stunden in Heimarbeit den letzten deutschen Kriegsorden. Das 3,8 cm breite Band trug auf silbergrauem Stoff das Hochmeisterwappen des Ritterordens und den Elchkopf aus dem Stadtwappen von Mitau. Dazwischen stand das Wort KURLAND.

*

Die Stärkemeldung der Heeresgruppe vom Januar 1945 lautete:

Heer	=	357 000 Mann
Luftwaffe	=	20 500 Mann
SS u. Polizei	=	12 000 Mann
Zivil	=	10 000 Mann

399 500 Mann.

Der Kraftfahrzeugbestand belief sich beim Heer auf 10 050 und bei der Luftflotte auf 2 265 Kfz. Pferde waren 8 778 vorhanden. Ferner befanden sich ca. 10 000 Gefangene im Gewahrsam der Heeresgruppe.

Die Front der Heeresgruppe verlief von der Küste, 20 km südlich Libau, 10 km nach Osten, knickte dann scharf nach Nordosten ein, um dicht südlich Durben und Schrunden bis in Höhe Frauenburg zu führen, von hier reichte die HKL wiederum nach Nordosten, hart ostwärts Tuckum vorbei und stieß bei Klapkalnice an den Rigaer Meerbusen.

Die sowjetischen Kräfte hatten bei Jahresanfang ebenfalls Veränderungen erfahren. Einige Armeen wurden nach Ostpreußen abgezogen. Es verblieben Mitte Januar in den drei großen Abschnitten der kurländischen Front unter dem Oberbefehl von Marschall Goworow:

Raum Libau:
51. Armee mit 11 Divisionen,
6. Gd.Armee mit 10 Divisionen,
4. Stoßarmee mit 7 Divisionen,
III. mech. Gd.K. mit 18 Brigaden.

Raum Pampali — Frauenburg: 42. Armee mit 7 Divisionen,
10. Gd.Armee mit 12 Divisionen,
XIV. Gd.Schtz.K. mit 3 Divisionen,
XIX. Pz.K. mit 2 Brigaden.
Raum Tuckum: 22. Armee mit 5 Divisionen,
1. Stoßarmee mit 5 Divisionen,
67. Armee mit 5 Divisionen,
V. Pz.K. mit 2 Brigaden.

Die Umgruppierung der feindlichen Streitkräfte war in der zweiten Hälfte Januar abgeschlossen. Dann begann die 4. Kurlandschlacht.
Kurze schwere Feuerschläge der sowjetischen Artillerie leiteten am Morgen des 24. 1. die neue Offensive ein.
Elf Schützendivisionen brachen beiderseits Preekuln gegen die deutsche Front vor. Ziel blieb nach wie vor Libau und ferner die Trennung der beiden Armeen an der Straße Schrunden — Frauenburg. Die Wucht des ersten Angriffs traf die 30. ID. (Gm. Barth) und die SS-D. „Nordland" (SS-Brig.Fhr. Ziegler). Der Gegner drang in die HKL ein, um die sich erbitterte Nahkämpfe abspielten.

Drei Tage lang wogten die Gefechte, bei denen weder Freund noch Feind Pardon kannten und gaben. Die Verteidiger wichen auf die zweite Stellung aus. Dort griffen die deutschen Reserven ein. Die Heeresgruppe hatte gleich nach Beginn der Offensive die 14. PD. (Glt. Unrein) alarmiert und in Marsch gesetzt.

„Gegen Mittag rückten die Regimenter in den vorgesehenen Bereitstellungsraum ab. Es waren oft recht bunt und abenteuerlich zusammengestellte Fahrzeuggruppen, die über Waldwege und Knüppeldämme auf die Hauptstraße hinausrollten und sich in die Marschkolonne einfädelten. Volkswagenkübel, Schwimmwagen, einzelne Beiwagenkräder, Zugmaschinen und „Maultiere", dazu deutsche Opel, Ford-, Henschel- und Kruppwagen, französische Peugeot-, Berliet- und Renault-Lkw, englische und amerikanische Morris-, Badford-, MG- und Studebaker-Beutefahrzeuge. Alle bis zur Grenze ihrer Tragfähigkeit mit Waffen, Munition und Gerät beladen. Darüber hinaus war alles, was für den Stellungs- und Bunkerbau benötigt wurde, mitgenommen worden: Schanzgerät, Brechstangen, Schaufeln, Beilpicken, Sägen, Äxte, Öfen samt den dazugehörigen Rohren, Deckenstapel . . . Hoch über allem — vielfach war kaum noch Platz zwischen Ladung und Wagenplane — thronten stolz die Panzergrenadiere . . ." *)

---

*) Grams, R.: Die 14. Panzer-Division, 1940—1945. — Bad Nauheim: Podzun 1957. 359 S.

Die Männer der sächsischen 14. PD., unterstützt von den „Tigern" der Pz.Abt. 510 (Major Gilbert), traten am 25. 1. zum Gegenangriff in die Wälder von Kaleti und Purmsati südlich Preekuln an. Sie gewannen bis zum Abend die alte HKL zurück. 63 Russenpanzer lagen als verkohlte Wracks auf ihrem Weg!
Die Schlacht kam hier zum Stehen. Die Sowjets gruppierten erneut um. Sie bereiteten den zweiten Teil ihrer Offensive mit intensivem Werferfeuer vor. Die Verteidiger waren durch Verluste so geschwächt, daß sie zum zweitenmal die HKL verloren. Feindliche Panzer drangen bis zum Höhengelände an der Vartaja vor und bildeten zwei Brückenköpfe. Gleichzeitig stürmten Kampfwagen und Schützen nördlich Preekuln vorbei. Hier wurden die Angreifer von 121. (Gm. Rank) und 126. ID. (Ob. Hähling) gestoppt.
Der Durchbruch auf Libau kam über Anfangserfolge nicht hinaus!
Da versuchten die Sowjets noch einmal ihr Glück bei Frauenburg. Sie wollten die direkte Bahnlinie nach Libau als Richtschnur ihrer Offensive benutzen. Neun Schützendivisionen rannten gegen die beiden baden-württembergischen 205. (Glt. von Mellenthin) und 215. ID. (Glt. Frankewitz) an. Vergebens! Die 205. ID. vernichtete innerhalb von fünf Tagen 117 Kampfwagen! Hervorragend schlugen sich 225. (Glt. Risse) und 122. ID. (Glt. Fangohr). Die Oberschlesier der 81. ID. (Glt. von Bentivegni) und Teile der 12. PD. (Glt. Frhr. von Bodenhausen) bereinigten einen Einbruch südlich Tuckum.
Ende Januar versickerte die 4. Kurlandschlacht in Schnee und erstem Schlamm.
Die Sowjets gingen zur Verteidigung über! Sie verloren zwischen 24. 1. und 3. 2. ca. 40 000 Mann, 541 Panzer und 178 Flugzeuge.

*

Die Heeresgruppe Kurland hatte wiederum einen sichtbaren Erfolg errungen. Die Verluste waren allerdings so hoch, daß ihr Kampf nur noch eine Zeitfrage sein konnte. Es bestand feste Gewißheit, daß beide Armeen nicht mehr lange den feindlichen Großoffensiven standhalten konnten. Der Ausfall an Menschen und Material wurde auch nicht durch hervorragenden Einsatz der Transportschiffe und der 9. Marine-Sicherungsdivision wettgemacht. In der Zeit vom 1.—13. 2. gelangten nur 13 000 to. Nachschub über See nach Kurland. Das war zu wenig!
Gen.Ob. von Vietinghoff übernahm am 29. 1. die Heeresgruppe. Er ließ gleich am Anfang seiner neuen Tätigkeit eine Studie entwerfen. die den Abtransport der Heeresgruppe über See zum Inhalt hatte.

Oberstlt.i.G. Hoefer vom Heeresgruppenkommando legte bereits am nächsten Tag die Studie „Laura" vor, die u. a. besagte:

„Bei Festhalten am bisherigen Auftrag besteht die große Gefahr der allmählichen Aushöhlung der Heeresgruppe, so daß der Russe zu gegebener Zeit . . . die eigene dünne Sicherungslinie wird leicht durchbrechen können. ... Der Ausbruch nach Süden ist nach Aufgabe von Memel und Zurücknahme der Front in Ostpreußen gegenstandslos geworden. Es kommt daher nur noch eine Verkleinerung des Brückenkopfes unter Abtransport möglichst vieler Divisionen mit vollem Gerät in Frage. ... Die Lösung, die die meisten Kräfte freimacht, ist die Zurücknahme zunächst auf einen größeren Brückenkopf Libau. ... und auf einen kleineren Brückenkopf Windau ... Es gehen auf Libau zurück: 18. Armee und die drei rechten Korps der 16. Armee; auf Windau: XVI. AK. und Küstenschutz."

Die Studie behandelte weiterhin den genauen Transportplan, nach dem innerhalb von 15 Tagen bei einem täglichen Schiffszulauf von drei Transportern und 9 Frachtdampfern die Heeresgruppe mit allen Fahrzeugen verladen sein könnte.

Dieser Plan wurde nach Berlin weitergeleitet und bildete u. a. bei den Besprechungen am 15. und 17. 2. die Unterlage, nach der Gen.Ob. Guderian den Abtransport der Heeresgruppe für dringend erachtete. Großadmiral Dönitz, OB. der Kriegsmarine, schloß sich diesen Vorstellungen an. Er berichtete wörtlich:

„Der Plan für die Rückführung ist ausgearbeitet. Bei rücksichtslosem Einsatz der verfügbaren Schiffe, Drosselung aller übrigen Anforderungen an Schiffsraum und stärkster Unterstützung durch die Luftwaffe rechne ich mit vier Wochen für die Rückführung der Mannschaften und des notwendigen Materials. ... Die Verladekapazität von Windau und Libau ist ausreichend."

Hitler starrte den Großadmiral wortlos an, dann wendete er seinen Blick zu Gen.Ob. Guderian:

„Eine Rückführung der Kurlandtruppen kommt überhaupt nicht in Frage!"

*

Der Feind wurde von Tag zu Tag in Kurland stärker. Seine Kampffliegerstaffeln überwachten den gesamten Luftraum. Die Geschwader flogen wiederholt die Häfen Libau, Windau und die einfahrenden Geleitzüge an. Ein Großangriff im Februar auf Libau brach im Feuer der Batterien der 6. Flak-D. (Glt. Anton) zusammen. 40 Maschinen stürzten vor Erreichen ihres Zieles brennend ab. Dann waren die „FW-190" der I./JG. 54 (Major Eisenach) da. Die Gruppe des „Grünherzgeschwaders" war der einzige fliegende Verband in Kurland! Die Jäger stürzten sich wie Habichte auf die Sowjets und schossen 60 Flugzeuge ab. Oblt. Kittel, Chef der 2./JG. 54 — der erfolgreichste Jagdflieger im Nordabschnitt der Ostfront — errang seinen 267. Luftsieg! Dann traf auch ihn die tödliche Kugel.

Die Luftangriffe auf Libau und Windau — über diesem Hafen wurden in zwei Tagen 48 Feindmaschinen zum Absturz gebracht — waren Vorboten einer Offensive. Die Heeresgruppe mußte sich darauf einstellen. Überall wurden bewegliche Reserven ausgeschieden, die sich in der 2. oder 3. Stellung bereithielten. Die HKL war nur stützpunktartig besetzt.

Neue Einheiten — wie Pz.Br. Kurland, Fahnenjunker-Rgt. Kurland Feld-Ausbildungs-D. Kurland — waren gebildet. Sie sollten als motorisierte Eingreifverbände zur Verfügung stehen, wenn der neue Angriff begann.

Am 20. 2. war es so weit!

Morgens 7.00 Uhr brüllten die sowjetischen Geschütze zwischen Dzukste und Preekuln auf. Die 5. Kurlandschlacht nahm ihren Anfang.

Der Schwerpunkt im Süden lag wiederum bei Preekuln. Von hier war der kürzeste Weg nach Libau zurückzulegen. 21 Schützendivisionen und mehrere Panzerbrigaden stürmten unter der Feuerglocke unzähliger Batterien und Werfer gegen die HKL beiderseits Preekuln. Die Soldaten der 12. Lw.FD., 121., 126., 263. und 290. ID. spürten die Wucht der Offensive.

Die 126. ID. (Gm. Hähling) kämpfte um Preekuln. Die Soldaten aus dem Rheinland und Westfalen waren der feindlichen Übermacht gegenüber zum Nachgeben gezwungen. Das GR. 426 (Ob. Daubert) krampfte sich um eine Kiesgrube und verteidigte diese drei volle Tage. GR. 422 und 424 sollten Preekuln als Festung halten. Der Gegner war längst an der Stadt vorbei. Die Reste der Regimenter schlugen sich befehlsgemäß in der Nacht zum 22. 2. nach Westen.

Die deutsche Front stabilisierte sich auf den Höhen vor der Vartaja. Der Gegner kam auch diesmal nicht durch. Nördlich von Preekuln fügten ihm 11. ID. (Gm. Feyerabend), 14. PD. (Glt. Unrein) und Sturmgesch.Br. 912 (Major Brandner) schwere Verluste zu. Die 121. ID. (Gm. Rank) wich nur schrittweise zurück. Die Division hatte enorme Verluste. Sämtliche Bataillonskommandeure waren gefallen. Die Soldaten aus Ostpreußen gaben nicht auf. Sie schossen in dieser Schlacht 250 Panzer und Kfz ab!

AOK 18 schob 132. (Ob. Demme) und 225. ID. (Glt. Risse) in die Front an der Vartaja ein. Die Sowjets blieben weit vor dem Fluß liegen. Nur bei Krote gelangten sie an das Steilufer. Damit war ihre Kraft erschöpft! Die 18. Armee hatte 5 400 Mann Ausfälle zu beklagen, davon allein 41 Prozent beim I. AK. Der Durchbruch auf Libau blieb nach wie vor den sowjetischen Truppen verwehrt!

Die „Rote Armee" versuchte ab 1. 3. bei Frauenburg das Schlachtenglück auf ihre Seite zu ziehen. Das VI. SS-K. (SS-OGruf. Krüger) hielt beiderseits der Stadt die HKL. Die 122. ID. (Glt. Fangohr) wurde in tagelangen Kämpfen bei schneidendem Frost auf den Lemzeresee zurückgedrückt. Die 24. (Gm. Schultz), 19. SS.D. (SS-Brig.Fhr Streckenbach) und die Pz.Br. Kurland (Ob. von Usedom) brachten in den dichten Wäldern bei Lieblidiene und Upesmuiza sowie an der Eisenbahn Doblen — Frauenburg der Feindangriff zum Erliegen. Die 21. Lw.FD. (Gm. Barth) verteidigte verbissen den Raum um Dungaga.

Mitte März setzte überraschend Tauwetter ein. Das Land verwandelte sich innerhalb weniger Stunden in Schlamm und Modder. Da blieben Panzer, Geschütze und Lkws rettungslos stecken. Die Sowjets brachen die Schlacht ab! Sie hatten 70 000 Soldaten, 608 Panzer, 436 Geschütze und 178 Flugzeuge verloren. Ihr einziger Erfolg war die Einnahme der Stadt Dzukste.

Wenige Tage blieb das Kampfgeschehen ruhig. Die Heeresgruppe ordnete ihre teilweise schwer angeschlagenen Verbände neu. Die beiden SS-Divisionen „Nederlande" und „Nordland" und die 215. ID. wurden in die Heimat verlegt. Nachschub an neuen Verbänden gab es nicht.

Schiffe der Kriegsmarine und Transportdampfer liefen zwar immer wieder in Libau und Windau ein. Sie brachten Munition, Waffen und Verpflegung. Der Krieg zur See war ebenfalls härter geworden. Nicht nur, daß sich die Schiffe der vielen Luftangriffe zu erwehren hatten. Sowjetische U- und S-Boote wurden aktiver. Die deutschen U-Boote waren nicht mehr einsatzfähig. Bei Beginn des Jahres 1945 operierten noch 14 eigene U-Boote in der östlichen Ostsee, Ende Januar waren es nur noch fünf: U-242, 370, 475, 676 und 745. Die übrigen kehrten zum Einbau des „Schnorchels" in ihre Stützpunkte zurück. „U-475" verließ am 17. 3. als letztes U-Boot die Ostsee.

Großadmiral Dönitz unterbreitete in der Lagebesprechung am 18. 3. im Führerhauptquartier, die zum letztenmal Kurland betraf, die Pläne zur endgültigen Rückführung der Heeresgruppe. Er hatte noch 28 Schiffe mit 110 729 BRT zur Verfügung. Diese Dampfer konnten in 9 Tagen 23 250 Mann, 4 520 Pferde und 3 610 Kfz zurückbringen. Hitler lehnte wiederum ab.

Das Schicksal der Heeresgruppe war damit entschieden!

Gen.Ob. von Vietinghoff wurde nach Italien versetzt. Gen.Ob. Rendulic kehrte nach Kurland zurück. Er blieb nur 24 Stunden. Das OKH hatte ihn wieder nach Nordnorwegen befohlen. Gen.d.Inf. Hilpert, bisher OB. der 16. Armee, übernahm am 14. 3. die Führung der

Heeresgruppe. An seine Stelle als OB. der 16. Armee trat Gen.d.Inf. von Krosigk, der bereits am nächsten Tag bei einem Luftangriff ums Leben kam. Gen.d.Geb.Tr. Volckamer von Kirchensittenbach wurde OB. der 16. Armee.

*

Die sowjetische Führung wollte endgültig die Heeresgruppe Kurland ausschalten. Sie bereitete Anfang März eine Offensive vor, die über Frauenburg direkt nach Westen in Richtung Libau zielte. Die 10. Gd.-Armee (Glt. Korotkov) wurde voll mit Schützendivisionen und Pz.Brigaden eingesetzt. Starke Luftwaffenverbände waren bereitgestellt, die in vorbereitenden Störangriffen die Verkehrsverbindungen im Hinterland lahmzulegen versuchten.

Der 18. 3. war ein Tag voller Grauen und Entsetzen, voller Feuer und Tod. Hunderte von Batterien und Werfern schleuderten ihre Granaten auf die Stellungen zwischen Dangas und Skutini. Noch bevor sich der Qualm auf die todwunde Erde legte, brachen Pranzer und Schützen vor. Die feindliche Artillerie sparte Stellen aus, durch die die „T-34" und „Stalin"-Panzer auf die deutsche HKL zurollten.

Die abgekämpften Verteidiger fanden nicht mehr Kraft, sich zu behaupten. Die ersten Einbrüche erfolgten. Die Sowjets schoben neue Panzerrudel in die Lücke und rollten die Gräben auf. Das Heeresgruppenkommando führte von allen Stellen der weiten Front Reserven heran. Es waren die tatkräftigen „Feuerwehren": die ostpreußische 11. ID. (Glt. Feyerabend), die pommersche 12. PD. (Glt. Frhr. von Bodenhausen) und die sächsische 14. PD. (Glt. Unrein).

Die motorisierten Verbände bildeten einen Abwehrriegel, der vorerst hielt. Doch bald riß überall die Verbindung untereinander. Einzelne Bataillone und Stützpunkte wurden abgesplittert. Sie kämpften tage- und nächtelang in den Wäldern beiderseits der Straße nach Frauenburg.

Die Sowjets hatten dort ihren Schwerpunkt konzentriert — und hier lagen am Abend des ersten Schlachttages 92 Panzer verkohlt, verbrannt und zerrissen!

Die 10. Gd.-Armee gab nicht auf! Sie wiederholte ihre Durchbruchsversuche in den nächsten Tagen. Das XXXVIII. AK. (Gen.d.Inf. Herzog) geriet in einen Strudel von Gefechten südlich Frauenburg. Die Schlacht löste sich in Einzelkämpfe auf. Es wurde um Wälder, niedergebrannte Bauernhöfe, um Straßenkreuzungen, um letzte Bunker erbarmungslos gestritten. Das GR. 44 (Oberstlt. Laebe) der 11. ID. verteidigte den kleinen Ort Bezzobij wie eine Festung. GR. 386 (Ob. Reuter) der 218. ID. blieb in Struteli eingeschlossen. Es bildete einen

Wellenbrecher in der anstürmenden Flut. Die 12. PD. hielt einen Panzerdurchbruch bei Mezalazi auf.

Die blutigen Verluste waren für Freund und Feind gleichermaßen hoch. Die 10. Gd.-Armee spürte sie empfindlicher. Ihr Oberkommando hielt am 23. 3. die Truppen südlich von Frauenburg an. Die Schlacht klang aus.

Die Kämpfe im Norden der Stadt tobten weiter. Hier gelang es dem Gegner, die Bahnlinie Doblen — Frauenburg zu überschreiten. Die Verteidiger wichen auf die „Burgstellung" an der Viesate zurück. Teile der 24. ID. (Gm. Schultz) verschanzten sich noch vier Tage lang als Nachhut am Bahnhof Josta. Sie verhinderten damit ein Zusammenbrechen der Front.

Dann gaben auch hier die Sowjets auf.

Sie ließen 533 Gefangene in deutschen Händen und verloren 263 Panzer, 249 MGs, 185 Geschütze, 29 Granatwerfer und 27 Flugzeuge. Die 6. Kurlandschlacht war Ende März beendet.

*

Das Heeresgruppenkommando sandte am 1. 4. eine Beurteilung des inneren Kampfwertes seiner Divisionen an das OKH. Die Meldung (Ia Nr. 46/45 gKdos Chefs.) beleuchtete den schweren Einsatz in den letzten sechs Kurlandschlachten. Die Einstufung der Divisionen war wie folgt vorgenommen:

Gruppe 1 (Sehr gut):	11. ID.	In jeder Krisenlage besonders bewährte Division mit hoher Kampfmoral. In den letzten Kämpfen wiederum voll bewährt. Kampferfahrene, leistungsfähige Führung.
Gruppe 2 (Gut):	12. PD.	Erfahrene, bewährte PD. mit mehreren schwungvollen, hervorragenden Kommandeuren...
	24. ID.	... in den letzten Kämpfen bewiesene Standhaftigkeit. Gute, sichere Führung.
	81. ID.	In den Krisenlagen der 5. und 6. Kurlandschlacht voll bewährt. Führung fest und klar.
	121. ID.	In Krisenlagen bewährt. Sichere, wendige Führung.

	126. ID. Division hat sich . . . erneut bewährt. Kampfmoral . . . gestiegen. Zuverlässige, wendige Führung.
	205. ID. Bewährte Division . . . Straffe und wendige Führung.
	225. ID. Standhafte, zähe Division von hervorragendem Geist und Haltung. Harte und entschlossene Führung, zuversichtlich und krisenfest.
	263. ID. Kampfkraft und Ausbildungsstand gehoben. Zuverlässige, straffe Führung.
	329. ID. . . . Führung klar, sicher und hart.
Gruppe 3 (Genügend):	Hier waren 30., 122., 132., 218., 290. ID., 19. SS-D., 14. PD. eingestuft.
Gruppe 4 (Ungenügend):	563. ID.

(Die 563. ID. war durch die harten Kämpfe der letzten Zeit angeschlagen und hatte teilweise den Zusammenhalt verloren. An ihrer Front wurden die ersten und einzigen Überläufer gemeldet, die freiwillig zu den Sowjets gingen!)

Trotz aller Entbehrungen und der drückenden physischen und psychischen Belastungen kam es nur einmal zu Disziplinlosigkeit in Kurland. Die Besatzung des Hafenschutzbootes „31" meuterte am 16. 3. Die fünf Matrosen ermordeten ihren jungen Kommandanten und flohen mit dem Boot nach Schweden.

*

Gen.d.Inf. Hilpert sandte am 13. 4. gleichlautende Briefe an den OB. der Luftflotte 1 und an den Seekommandanten Lettland. Er bat um Zurverfügungstellung von Einheiten für den Erdkampf. Die Verluste der Heeresgruppe konnten nicht mehr durch Ersatzzuführung aus der Heimat ausgeglichen werden.

Gen.d.Inf. Hilpert schrieb (Ia Nr. 49/45 gKdos Chefs):

„ . . . der Auftrag der Heeresgruppe Kurland unverändert bleibt, d. h. mit allen verfügbaren Mitteln zu kämpfen und damit die russische Menschenkraft zu schwächen und ein Eingreifen weiterer russischer Kräfte im Reich selbst zu verhindern. . . ."

Schon einen Tag später ging ein Befehl des OKH betreffs der Kampfführung ein. Hier hieß es u. a.:

„2.) Um auch die 7. Kurlandschlacht zu einem vollen Abwehrerfolg zu führen, muß die Heeresgruppe wie bisher an nicht angegriffenen Fronten erhebliche Streckungen in Kauf nehmen, um an den Schwerpunktabschnitten, insbesondere im Raum ostwärts Libau, stark zu sein. ..."

Das Heeresgruppenkommando funkte noch am 14. 4. seine getroffenen Pläne und Maßnahmen nach Berlin:

„1.) Im Großen: Annahme kommender Schlacht in jetziger Front. HGr. entschlossen, durch zähe Abwehr und aktive Kampfführung augenblicklich Front zu halten. Grundbedingung jedoch ausreichende Munition und Betriebsstoff.
2.) Im Einzelnen:
   a) Raum nordwestlich und nordostwärts Preekuln: Verstärkung der infanteristischen Abwehrkraft durch die nächst eintreffenden Ersatztransporte. Einsatz 14. PD. einschl. schw. Pz.Kp. 510 und 126. ID. vorbereitet. ...
   b) Raum südwestlich Frauenburg: Ein GR. 11. ID. als HGr.-Reserve dahinter. Besondere Abstützung durch Artillerie, Flak, Sturmgeschütze. ... Infanteristisch kein besonderer Schwerpunkt wegen Kräftemangels zu schaffen. ..."

Der Kräftemangel war so enorm, daß die Front nicht mehr durchgehend geschützt werden konnte. An manchen Stellen standen nur alle 100 (!) Meter Doppelposten! Die Sowjets sickerten oft durch diese Lücken und stifteten Unruhe im Hinterland.

Die Luftflotte 1 stellte im April noch einmal 17 Bataillone aus ihren Reihen auf, um sie für den Erdkampf bereitzuhalten. Es waren insgesamt 257 Offiziere, 6 735 Unteroffiziere und Mannschaften sowie 127 Beamte. Die Bataillone wurden vornehmlich zum Objekt- und Flugplatzschutz eingesetzt, ein Bataillon hatte Pionieraufgaben übernommen und war über das ganze Land verteilt.

*

Eine 7. Kurlandschlacht gab es nicht mehr!
Die Sowjets hatten die Masse ihrer Truppen abgezogen. Im kurländischen Raum beließen sie nur: 1. Stoßarmee zwischen Rigaer Meerbusen und Tuckum, 22. Armee westlich Dzukste, 42. Armee vor

Frauenburg, 4. Stoßarmee beiderseits der Windau, 6. Gd.Armee zwischen Vainode und Skuodas und 51. Armee südlich Libau.
Diese Armeen standen „Gewehr bei Fuß". Sie konnten warten. Kurland mußte ihnen ja wie eine reife Frucht von selbst in die Hand fallen. Die Entscheidung spielte sich in Deutschland ab!
Sowjetische Lautsprecher brüllten am 1. 5. überall an der Front auf. Sie brachten die Meldung, daß Hitler tot war! Schon zwei Tage später dröhnte von neuem Musik durch den Äther, und dann erklangen die Worte: „Berlin ist unser!"
Der Krieg war zu Ende!
Großadmiral Dönitz, der neue Oberste Befehlshaber der Wehrmacht, ließ am 3. 5., 19.30 Uhr, folgenden Funkspruch an das Hauptquartier des Gen.Ob. (am 1. 5. zu diesem Dienstgrad befördert) Hilpert nach Schloß Pelci durchgeben:

„Die veränderte Lage im Reich erfordert den beschleunigten Abtransport zahlreicher Truppenteile aus den ost- und westpreußischen Räumen sowie aus Kurland. Die Kampfführung der Armee Ostpreußen und der Heeresgruppe Kurland hat sich diesen Forderungen anzupassen.

Von den zurückführenden Truppenteilen ist das Personal mit leichten Infanteriewaffen zu verladen. Alles übrige Material, einschließlich Pferde, sind zurückzulassen und zu vernichten. Heeresgruppe Kurland erhält Operationsfreiheit zur Zurücknahme der HKL in vorgeschobene Brückenköpfe um die Häfen Libau und Windau."

Die Heeresgruppe konnte die Rückführung nicht durchführen, da kein Schiffsraum zur Verfügung stand. Es wurde lediglich der 16. Armee befohlen, Tuckum am 6. 5. zu räumen und eine rückwärtige Linie zu beziehen. Die 18. Armee gab vorsorglich Frontvorsprünge auf. Teile ihrer Verbände gingen auf den Vartajaabschnitt zurück.
Die Heeresgruppe wartete auf die Transportschiffe.
Diese kamen nicht mehr! Die Regierung in Schweden stoppte entgegen allen Abmachungen die notwendigen Kohlelieferungen. Die Dampfer blieben in mecklenburgischen und schleswig-holsteinischen Häfen liegen!
Da gelangten Meldungen nach Kurland, daß zwischen deutschen und britischen Befehlshabern ein Waffenstillstand geschlossen sei. Gen.Ob. Hilpert erließ daraufhin einen Tagesbefehl:

„... Der Krieg im Osten geht weiter! Offiziere und Mannschaften müssen ihre Zuversicht bewahren!"

Die kleinen und kleinsten Schiffe der 9. Marinesicherungsdivision verluden unterdessen in Libau und Windau Menschen und Material, was sie fassen konnten. Die Boote wurden bis obenhin vollgepfropft. Der Marine-Befh. Östliche Ostsee, Adm. Burchardi, verließ am Abend des 5. 5. Libau und begab sich mit seinem Stab nach Hela, um von hier aus die Gesamttransporte zu organisieren und zu leiten. Ununterbrochen fuhren S-, R-, Vorpostenboote, Kriegsfischkutter und Marinefährprähme. Die 5. S-Bootflottille stieß in der Nacht zum 7. 5. auf angreifende sowjetische Motortorpedoboote, von denen eins versenkt wurde.

Die deutsche Wehrmacht kapitulierte am 7. Mai 1945.

Ein Funkspruch traf bei der Heeresgruppe ein:

„... Infolge Kapitulation müssen sämtliche See- und Sicherungsstreitkräfte sowie Handelsschiffe die Häfen in Kurland und Hela bis 9. Mai 0.00 Uhr verlassen haben. Transporte deutscher Menschen aus dem Osten daher mit höchster Beschleunigung."

Gen.Ob. Hilpert setzte sich am 7. 5. funktelegraphisch mit dem OB. der sowjetischen Streitkräfte in Kurland, Marschall Goworow, in Verbindung. Er bot die Kapitulation der Heeresgruppe an!

Die Sowjets antworteten sofort. Sie waren einverstanden. Das Heeresgruppenkommando gab in der folgenden Nacht den letzten Befehl an alle Truppenteile des Heeres und der Luftwaffe:

„An Alle! Marschall Goworow hat zugestimmt, daß Waffenruhe bereits 8. Mai, 14.00 Uhr, beginnt. Truppen sofort unterrichten. Weiße Flaggen in Stellungen zeigen. Oberbefehlshaber erwartet loyale Durchführung, da davon weiteres Schicksal aller Kurlandkämpfer entscheidend abhängt!"

Ob. von Amsberg, Kdr. GR. 502 der 290. ID., erhielt den Auftrag, die Straße nach Pampali zu überschreiten und die Vorbereitungen zur Kapitulation durchzuführen. Der Oberst, ein Hornist, ein Dolmetscher und ein Unteroffizier mit der weißen Fahne begaben sich genau 14.00 Uhr durch die Linien zu den Sowjets.

Rechts und links der Straße wehten zerfetzte Hemden, ein Stück Verbandsstoff, eine Unterhose — denn weiße Fahnen gab es nicht!

Der Kampf war aus!

Die Geschütze schwiegen!

Die Heeresgruppe Kurland legte die Waffen nieder!

Sie stand am Mittag des 8. 5. als einzige deutsche Heeresgruppe in einer festgefügten Front! Diese verlief und war besetzt wie folgt:

18. Armee	(OB.: Gen.d.Inf. Boege, Chef d. Gen.St.: Gm. Merk)
X. AK.	(Gen.d.Art. Thomaschki) südlich Libau mit 30. (Glt. Henze), 132. (Gm. Demme), 126. ID. (Gm. Hähling);
I. AK.	(Glt. Usinger) südwestlich Durben mit 225. (Glt. Risse), 87. ID. (Glt. Frhr. von Strachwitz);
II. AK.	(Glt. Gause) von südwestlich Schrunden bis zur Windau mit 263. (Glt. Hemmann), 563. ID. (Gm. Neumann).
16. Armee	(OB.: Gen.d.Geb.Tr. Volckamer von Kirchensittenbach, Chef d. Gen.St.: Gm. von Gersdorff)
XXXVIII. AK.	(Gen.d.Art. Herzog) beiderseits Frauenburg mit 290. (Ob. Frotscher), 329. (Glt. Menkel), 122. ID. (Gm. Schatz);
L. AK.	(Glt. Frhr. von Bodenhausen) nordostwärts Frauenburg mit 218. (Gm. Rank), 24. ID. (Gm. Schultz);
VI. SS-K.	(SS-OGruf. Krüger) südwestlich Tuckum mit 19. SS- (SS-Brig.Fhr. Streckenbach), 205. ID. (Gm. Giese);
XVI. AK.	(Glt. Weber) von westlich Tuckum bis Meer mit 21. Lw.FD. (Gm. Barth), 81. ID. (Glt. von Bentivegni), 300. ID. (Gm. Eberth).

Die 12. PD. (Ob. von Usedom) stand als einzige Reserve der Heeresgruppe nördlich Frauenburg.

Die 14. PD. (Ob. Grässel), 11. (Glt. Feyerabend) und Teile der 126. ID. befanden sich in Libau und Windau. Diese drei Divisionen waren zur Einschiffung vorgesehen.

Sechs deutsche Geleite sammelten sich am 8. 5. unter Führung von F.Kapt. von Blanc in Libau und Windau. Das 1. Geleit (Vorpostenboot „1450" und 26 Boote der 14. Sicherungsflottille) hatte 2 900 Mann an Bord. Das 2. Geleit („M-3", 8 Fischkutter, 3 Schlepper, 1 Tanker, 3 Siebelfähren, 2 Marinefährprähme, 1 Leichter, 2 Prähme, 1 R-, 1 Motorboot, Artillerieprähme „34", Artillerieträger „Nienburg" und Küstenmotorschiff „Kurland") brachte 5 720 Soldaten in die Heimat. Das 3. Geleit (Dampfer „Tsingtau", 3 R- und 2 Flugsicherungsboote) nahm 3 780 Mann auf. Das 4. Geleit (1., 2. und 5. S-Boot-Flottille) schaffte 2 000 Soldaten nach Westen. 5. und 6. Geleit verließen als letzte Gruppe der deutschen Kriegsmarine (15 Fischkutter, 45 Pionierlandungsboote und Tanker „Rudolf Albrecht") mit 11 300 Mann kurz vor Mitternacht den Hafen Windau.

Die sechs Geleite wurden unterwegs wiederholt von sowjetischen Flugzeugen und S-Booten angegriffen, obwohl bereits Waffenstillstand

existierte! Doch alle Geleite kamen — mit wenigen Ausnahmen — sicher in die Heimat!
In Kurland wurde es 0.00 Uhr am 9. Mai!
42 Generale, 8 038 Offiziere, 181 032 Unteroffiziere und Mannschaften der Heeresgruppe Nord und Luftflotte 1 sowie 14 000 lettische Freiwillige blieben zurück. Sie hörten noch aus den Rundfunkgeräten den letzten Wehrmachtbericht:

„... Unsere Heeresgruppe in Kurland, die monatelang stark überlegenen sowjetischen Panzer- und Infanterieformationen Widerstand geleistet hat und in sechs großen Schlachten tapfer standhielt, hat unsterblichen Ruhm errungen. ..."

Doch, was halfen jetzt Worte?
Der Krieg war aus!
Die Geschichte der Heeresgruppe Nord beendet!
Es begann der Marsch der 203 000 Soldaten in die sumpfigen Wälder des Waldaigebirges und von da weiter und weiter in die Unendlichkeit des Ostens ...

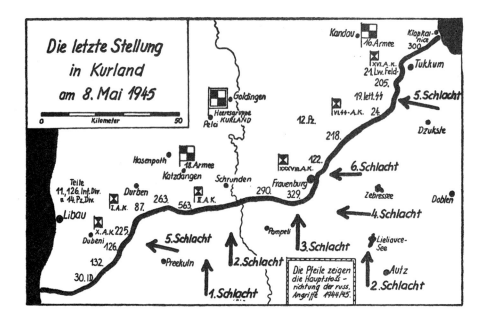

ANLAGEN

Anlage 1

DEUTSCHE BEFEHLSHABER

a) Das Heeresgruppenkommando Nord

	22. 6. 1941	15. 12. 1942	15. 12. 1943	8. 5. 1945
OB.	Ritter v. Leeb Feldmarschall	von Küchler Feldmarschall	von Küchler Feldmarschall	Hilpert Gen.Ob.
Chef d. Gen.St.	Brennecke Glt.	Kinzel Glt.	Kinzel Glt.	Foertsch Glt.
Ia	Hermann Oberstlt. i. G.	v. Gersdorff Ob. i. G.	v. Gersdorff Ob. i. G.	Richter Ob. i. G.
Ic	Jessel Mj. i. G.	Frhr. v. Süßkind Ob. i. G.	Frhr. v. Süßkind Ob. i. G.	Frhr. v. d. Recke Mj.
OQu.	Toppe Mj. i. G.	Bucher Ob. i. G.	Rauser Ob. i. G.	Rauser Gm.
Nachr.Fhr.	Schrader Gm.	Schrader Glt.	Schrader Glt.	Negendanck Gm.
Gen.d.Pi.	van Schaewen Glt.	Medem Glt.	Medem Glt.	Medem Glt.
Gen. zbV.	— —	Veith Glt.	Veith Glt.	Pawel Gm.
HGr.Arzt	Dr. Uter O.St.Arzt	Dr. Gunderloch GenSt.Arzt	Dr. Wagner GenSt.Arzt	Dr. Wagner GenSt.Arzt
HGr.Vet.	Dr. Klingler GenSt.Vet.	Dr. Klingler GenSt.Vet.	Dr. Klingler GenSt.Vet.	Dr. Köhler GenSt.Vet.
HGr.Intend.	Schreiner GenSt.Int.	Schreiner GenSt.Int.	Schreiner GenSt.Int.	Schreiner GenSt.Int.
HGr.Richter	Hentschel Ob.Kr.Ger.R.	Wunderlich Gen.Richter	Wunderlich Gen.Richter	Wunderlich Gen.Richter

b) Die Oberbefehlshaber der Heeresgrupppe

Feldmarschall Ritter von Leeb	22. 4. 1941 — 16. 1. 1942
Feldmarschall von Küchler	17. 1. 1942 — 8. 1. 1944
Feldmarschall Model	9. 1. 1944 — 30. 3. 1944
Generaloberst Lindemann	31. 3. 1944 — 4. 7. 1944
Generaloberst Frießner	5. 7. 1944 — 24. 7. 1944
Generaloberst Schörner	25. 7. 1944 — 14. 1. 1945
Generaloberst Rendulic	15. 1. 1945 — 25. 1. 1945
Generaloberst von Vietinghoff-Scheel	26. 1. 1945 — 9. 3. 1945
Generaloberst Rendulic	10. 3. 1945 — 14. 3. 1945
Generaloberst Hilpert	15. 3. 1945 — 8. 5. 1945

c) Die Chefs des Generalstabes der Heeresgruppe

Generalleutnant Brennecke	22. 4. 1941 — 17. 1. 1942
Generalmajor Hasse	18. 1. 1942 — 30. 11. 1942
Generalleutnant Kinzel	1. 12. 1942 — 18. 7. 1944
Generalmajor von Natzmer	19. 7. 1944 — 27. 1. 1945
Generalleutnant Foertsch	28. 1. 1945 — 8. 5. 1945

d) Die Oberbefehlshaber der Armeen und der Luftflotte

16. Armee:

Feldmarschall Busch	Febr. 1940 — 11. 10. 1943
General d. Art. Hansen	12. 10. 1943 — 1. 6. 1944
General d. Inf. Laux	2. 6. 1944 — 3. 9. 1944
General d. Inf. Hilpert	4. 9. 1944 — 14. 3. 1945
General d. Inf. von Krosigk	15. 3. 1945 — 16. 3. 1945
General d. Geb.Tr. Volckamer von Kirchensittenbach	17. 3. 1945 — 8. 5. 1945

18. Armee:

Generaloberst von Küchler	Nov. 1939 — 16. 1. 1942
Generaloberst Lindemann	17. 1. 1942 — 30. 3. 1944
General d. Art. Loch	31. 3. 1944 — 4. 9. 1944
General d. Inf. Boege	5. 9. 1944 — 8. 5. 1945

zeitweise unterstellt

11. Armee:

Feldmarschall von Manstein	Sommer — Herbst 1942

3. Pz.Armee:

Generaloberst Raus	Sommer — Herbst 1944

Pz.Gruppe 4:
Generaloberst Hoepner　　　　　　　　　　Sommer — Herbst 1941

Luftflotte 1:
Generaloberst Keller	Febr. 1941 — 31. 7. 1941
General d. Flieger Korten	1. 8. 1941 — 23. 8. 1943
General d. Flieger Pflugbeil	24. 8. 1943 — 8. 5. 1945

e) **Die Befehlshaber der rückwärtigen Gebiete**

Befehlshaber des rückwärtigen Heeresgebiets [ab 1942:] *Kommandierender General der Sicherungstruppen und Befehlshaber im rückw. Heeresgebiet:*

General d. Inf. von Roques	15. 3. 1941 — 31. 3. 1943
General d. Inf. von Both	1. 4. 1943 — 26. 3. 1944

Kommandeure der rückwärtigen Armeegebiete:

Korück 583 (18. Armee):
Generalleutnant Knuth	20. 1. 1941 — 20. 6. 1943
Generalleutnant van Ginkel	21. 6. 1943 — 8. 5. 1945

Korück 584 (16. Armee):
Generalleutnant Spemann	1. 9. 1939 — 24. 7. 1943
Generalleutnant Pflugradt	25. 7. 1943 — 31. 8. 1943
Generalleutnant von Krenzki	1. 9. 1943 — 31. 10. 1944
Generalleutnant Fischer	1. 11. 1944 — 8. 5. 1945

Anlage 2

GLIEDERUNG DER HEERESGRUPPE NORD

a) 22. Juni 1941

Heeresgruppenkommando
Reserve: XXIII. AK. (nur Gen.Kdo.)

AOK 16
Reserve: 206., 251., 253. ID.
    II. AK. mit 12., 32., 121. ID.
    X. AK. mit 30., 126. ID.
    XXVIII. AK. mit 122., 123. ID.

AOK 18
Reserve: XXXVIII. AK. mit 58., 254. ID.
    I. AK. mit 1., 11., 21. ID.
    XXVI. AK. mit 61., 217. ID.
    291. ID. (direkt unterstellt)

Pz.Gr. 4
Reserve: 3., 36. ID.mot., SS-T-D.
    XXXXI. AK. mot. mit 1., 6. PD., 269. ID.
    LVI. AK. mot. mit 8. PD., 290. ID.

Gen.Kdo. rückw. Heeresgebiet 101
    mit 207., 281., 285. Sich.D.

b) 30. Juni 1942

Heeresgruppenkommando
Reserve: 12. PD.

AOK 18
Reserve: SS-Pol.-D.
    I. AK. mit 11., 21., 93., 96., 217., 269. ID.
    XXVI. AK. mit 223., 227. ID.
    XXVIII. AK. mit 61., 121., 215., 254., 291. ID.
    XXXVIII. AK. mit 58., 126., 250. ID., 2. SS-Br.
    L. AK. mit 212., 225. ID., 5. Geb.D., Gr. Jeckeln

AOK 16
  II. AK. mit 12., 30., 32., 123., 290. ID., SS-T-D.
  X. AK. mit 81., 122., 329. ID., 18. ID.mot., 5., 8. Jäg.D., 21. LwFD.
XXXIX. AK.mot. mit 8. PD., 218. ID.

Befh. rückw. Heeresgebiet
  207., 281., 285. Sich.D., Landes-Schtz.R. 107

c) 30. Juni 1943

Heeresgruppenkommando
Reserve: 18. Pz.Gr.D.

AOK 18
Reserve: 23., 121. ID.
  I. AK. mit 1., 69., 212., 290. ID., 5. Geb.D., 28. Jäg.D.
  XXVI. AK. mit 61., 81., 96., 132., 225. ID., 12. LwFD.
  L. AK. mit 170., 215., 250. ID.
  LIV. AK. mit 21., 24., 58., 254. ID., SS-Pol.-D.
  III. LwFK. mit 9., 10. LwFD.

AOK 16
Reserve: 223. ID., 8. Jäg.D.
  II. AK. mit 12., 93., 123., 218., 331. ID.
  X. AK. mit 30., 329. ID., 5. Jäg.D.
  K.G. Höhne mit 32., 122. ID., 21. LwFD.

Befh. rückw. Heeresgebiet
  207., 281., 285. Sich.D.

d) 13. Oktober 1944

Heeresgruppenkommando
Reserve: III. SS-PzK. mit SS-Pz.Gr.D. „Nordland",
  20. SS-Gr.D., SS-Pz.Gr.Br. „Nederland",
  Feld-Ausb.D. Nord

AOK 18
  I. AK. mit 11., 126. ID.
  X. AK. mit 30. ID., 14. PD.
  XXXIX. PzK. mit 61., 225. ID., 4., 12. PD.

AOK 16
Reserve: 24.,. 31., 87., 132., 263. ID., Div. zbV 300
  II. AK. mit 227., 563. ID.
  XXXIII. AK. mit 23., 83., 218. ID., 12. LwFD., 207., 390. Sich.D.
  L. AK. mit 290. ID., 281. Sich.D
  K.Gr. Kleffel mit 19. SS-Gr.D.

Armee-Abt. Grasser
  XXXVIII. AK. mit 32., 81., 121., 122., 329. ID., 201. Sich.D., 21. LwFD.

e) 1. März 1945

Heeresgruppenkommando
Reserve: 201. Sich.D., Feld-Ausb.D. Nord

AOK 18
Reserve: 121. ID., 12., 14. PD., Fest. Libau
   I. AK. mit 132., 218. ID.
  II. AK. mit 263., 290., 563. ID.
  X. AK. mit 30., 87., 126. ID., 12. LwFD.
  L. AK. mit 11., 205., 215. ID.

AOK 16
  XVI. AK. mit 81. ID., Div. zbV. 300, 21. LwFD.
XXXVIII. AK. mit 122., 329. ID.
XXXXIII. AK. mit Fest. Windau. Kdt. Küste, 207. Sich.D
  VI. SS.AK. mit 24. ID.,. 19. SS-Gr.D.

Anlage 3

RÜCKWÄRTIGE DIENSTE
DER HEERESGRUPPE NORD

a) **Verbände des Oberquartiermeisters 1941 — 1944**

Fahr-Div. 4 (Pleskau)
Feld-Eisenbahn-Kdo. 4 (Pleskau)
Nachschubführer 56 (Dünaburg), 207 (Pleskau), 507 (Luga), 550 (Reval)
Feldzeugamt für 16. Armee: 26 und 36 (Dorogostizy)
              18. Armee: 24 (Grjasno), 34 (Roshdjestweno)
Fahrkolonnen-Abt. 503 (Pleskau), 986 (Riga), 813 mot. (Riga)
Pionierpark TA-11 (Pleskau), TB-7 mot. (Krasnowardeisk)
Kraftfahrpark 564 (Cholm), 990 (Pleskau)
Kfz-Instands.Btl. 597 (Schimsk)

b) **Verbände des Generals zbV 1941 — 1944**

Kdr. d. Heeresstreifendienstes mit 3 mot. Offiziers- u. 5 mot. Feldwebelstreifen
Kdr. f. Urlaubsüberwachung (Urlaubersammelkompanien, Zugwachabteilung)
    Kdo. 1 (Riga), 3 (Pleskau), 4 (Luga), 5 (Reval), 51 (Libau),
        53 (Dünaburg), 54 (Walk), 102 (Rositten)
Zugwachabt. 101 (Schaulen), 510 (Reval), 513 (Riga)
Kdr. d. Heeresbetreuungsabt. 5 (Dorpat)
Kdr. d. Frontleitstelle Nord (Pleskau) mit Frontleitstelle 2 (Pleskau),
    4 (Luga), 11 (Dünaburg), 21 (Riga), 62 (Dno)
Entlausungskompanien 52 (Pleskau), 61 (Dünaburg), 62 (Riga), 63 (Kowno),
    72 (Krasnowardeisk)
Propaganda-Kompanien 501 (für 16. Armee), 621 (für 18. Armee),
    694 (für Pz.Gr. 4)

c) **Verbände des Höheren Nachrichtenführers 1941 — 1944**

Heeresgruppen-Nachr.R. 639
Nachr.Abt. zbV. 685
Eisenbahn-Nachr.Abt. zbV. 314
Armee-Nachr.Rgter 501 (AOK 16), 520 (AOK 18), 558 (AOK 11),
Pz.Gr.Nachr.R. 4 (Pz.Gr. 4)

Anlage 4

GLIEDERUNG DER LUFTFLOTTE 1

a) 22. Juni 1941

Luftflottenkdo.
I. Fl.K.
    JG. 54 mit I.—III./JG. 54, II./JG. 53
    KG. 1 mit II., III./KG. 1
    KG. 76 mit I.—III./KG. 76
    KG. 77 mit I.—III./KG. 77
    Aufkl.St. 5 (F)/122
Fliegerführer Ostsee
    KGr. 806
    Aufkl.Gr. 125
Flak-Verbände
    Flak-R. 133 mit I./3, II./23, II./36, lei. 83., lei. 92, II./411
    Flak-R. 151 mit I./13, I.,/291, I./411
    Flak-R. 164 mit I./51
Nachrichtenverbände
    Luft-Nachr.R. 1, 10, 11, 21, 31

b) 31. März 1942

Luftflottenkdo.
    JG. 54 mit I.—III./JG. 54, I./JG. 51, III./JG. 3
    KG. 1 mit II., III./KG. 1, I./KG. 3, I./KG. 77
    KG. 4 mit I., II./KG. 4, I./KG. 53, II./KG. 27
    Stuka-G. 1 mit III./St.G. 1, I., II./St.G. 2
    Aufkl.St. 3. (F)/22, 5. (F)/122, 3./Ob.d.L., 3. Nacht/3
    Wettererk.St. 1
    San.St. 1
    Transport-Gr. II./1, 4, 5, 8, 9, I./172, 211, 600, 700, 900, 999,
          Öls, Posen
2. Flak-D.
    Flak-R. 41 mit Abt. 116, 127, 245, 323, 431, 517, lei. 92, 743, 745,
          833, 994
    Flak-R. 151 mit Abt. I./13, I./111, I./411
    Flak-R. 164 mot. mit Abt. I./51, II./36, I./291, lei. 75

c) 22. Juni 1943

Luftflottenkdo.

3. *Flieger-D.*
    JG. 54 mit I., II./JG. 54
    KG. 53 mit I., III./KG. 53, II./KG. 101
    KG. 102 mit IV./KG. 1
    Stuka-G. 1 mit I., II./St.G. 1
    1./Störkampf-Gr.
    Fern-Aufkl.Gr. 1
    Nah-Aufkl.Gr. 8, 11, 127
    Seenotverb. 7
    Verb.St. 5, 51, 2./zbV. 7
    Kurierst. 2, 9, 12

2. *Flak-D.*
    Flak-R. 43 mit Abt. 245, 323, 341, lei. 833
    Flak-R. 41 mit Abt. 116, lei. 745, lei. 834, lei. 994
    Flak-R. 182 mit Abt. 127, 431, 517

6. *Flak-D.*
    Flak-R. 151 mit Abt. I./13, I./411, I./111, lei. 92
    Flak-R. 164 mot. mit Abt. I./51, II./36, I./291, lei. 75

d) 1. Oktober 1944

Luftflottenkdo.

3. *Flieger-D.*
    JG. 54 mit I., II./JG. 54
    Schlacht-G. 3 mit II., III./SG. 3, III./SG. 4
    Nacht-Schlacht-Gr. 3
    Nah-Aufkl.-Gr. 5

2. *Flak-D.*
    [Gliederung wie oben]

6. *Flak-D.*
    [Gliederung wie oben]

Flak-Gr. Ostland

e) **Stellenbesetzung der Luftflotte am 22. 6. 1941**

Luftflottenkdo.	Befh.	Generaloberst Keller
	Chef d. GenSt.	Ob. i. G. Rieckhoff
	O.Qu.	Ob. i. G. von Criegern
	Höh.Nachr.Fhr.	Glt. Fahnert
I. Flieger-K.	Kdr.Gen.	General d. Flieger Förster
	Chef d. GenSt.	Ob. i. G. Boenicke
	Ia	Oberstlt. i. G. Kreipe
	Nachr.Fhr.	Oberstlt. Pusch

331

	JG. 54	Major Trautloft
	KG. 1	Gm. Angerstein
	KG. 76	Ob. Bormann
	KG. 77	Ob. Raithel
Flieger-Fhr. Ostsee	Kdr.	Oberstlt. von Wild
	KGr. 806	Oberstlt. Emig
	Aufkl.Gr. 125	Oberstlt. Kolbe
Luft-Nachr.-Rgt.	1	Oberstlt. Schlabach
	10	Ob. Schleich
	11	Oberstlt. Köhler
	21	Oberstlt. Eckstein
	31	Oberstlt. Pusch

Stellenbesetzung des Luftflottenkommandos, Ende September 1944

Befh.	General d. Flieger Pflugbeil
Chef d. GenSt.	Gm. Uebe
Ia/op.	Oberstlt. i. G. Hozzel
Ia/Flieger	Oberstlt. i. G. Wöhlermann
Ia/Flak	Oberstlt. i. G. Wendt
Ic	Oberstlt. i. G. Allolio
O.Qu.	Oberstlt. i. G. Pape
Höh.Nachr.Fhr.	Glt. Sattler
Kdr. der 3. Flieger-D.	Gm. Frhr. von Falkenstein
Kdr. der 2. Flak-D.	Glt. Luczny
Kdr. der 6. Flak-D.	Glt. Anton

f) Stellenbesetzung und Erfolge des Jagdgeschwaders 54

1. Die Kommodore

Ob. Trautloft	14. 8.1940 — 14. 7.1943
Mj. von Bonin	15. 7.1943 — 17.12.1943
Oberstlt. Mader	18.12.1943 — Okt. 1944
Ob. Hrabak	Okt. 1944 — 8. 5.1945

2. Die Gruppenkommandeure

	22. 6. 1941	1. 5. 1943
I./54	Hptm. von Bonin	Mj. Seiler
II./54	Hptm. Hrabak	Hptm. Jung
III./54	Hptm. Lignitz	Hptm. Schnell
II./53	Hptm. Bretnütz	— —

3. Die Kommandeure der I./JG. 54

Hptm. von Bonin	[bis 1. 7.1941]	Mj. Hohmuth	[ab 2. 8.1943]
Hptm. von Selle	[ab 2. 7.1941]	Hptm. Nowotny	[ab 1. 9.1943]
Hptm. Eckerle	[ab 18.12.1941]	Hptm. Ademeit	[ab 5. 2.1944]
Mj. Philipp	[ab 17. 2.1942]	Mj. Eisenach	[ab 21. 8.1944]
Mj. Seiler	[ab 15. 5.1943]		

4. Die erfolgreichsten Jagdflieger des Geschwaders

14. 4. 1943		31. 12. 1944			
Mj. Philipp	203 Abschüsse	Oblt. Kittel		264 Abschüsse	
Oblt. Stotz	161 Abschüsse	Mj. Nowotny		255 Abschüsse	
Oblt. Beißwenger	152 Abschüsse	Hptm. Rudorffer		212 Abschüsse	
Mj. Hahn	108 Abschüsse	Oberstlt. Philipp		203 Abschüsse	
Oblt. Ostermann	102 Abschüsse	Hptm. Stotz		182 Abschüsse	
Lt. Hannig	90 Abschüsse	Mj. Ademeit		166 Abschüsse	
Mj. Seiler	82 Abschüsse	Hptm. Lang		159 Abschüsse	
Oblt. Nowotny	81 Abschüsse	Oblt. Beißwenger		152 Abschüsse	
Hptm. Späte	80 Abschüsse	Lt. Wolf		142 Abschüsse	

5. Die Luftsiege des Geschwaders

am	1. 8. 1941	der 1 000. Abschuß
am	4. 4. 1942	der 2 000. Abschuß
am	23. 2. 1943	der 4 000. Abschuß
am	11. 10. 1943	der 6 000. Abschuß
am	31. 12. 1944	der 9 141. Abschuß

Anlage 5

GLIEDERUNG DER KRIEGSMARINE

IM OSTSEERAUM

a) 22. Juni 1941

Marinegruppenkdo. Nord	OB.	Generaladm. Carls
	Chef d. Adm.St.	K.Adm. Klüber
	1. Adm.St.Off.	Kpt.z.S. Freymadl
Befh. d. Kreuzer	Befh.	V.Adm. Schmundt
	1. Adm.St.Off.	K.Kpt. Marks
Fhr. d. Torpedoboote	FdT.	Kpt.z.S. Bütow
	1. Adm.St.Off.	K.Kpt. Schultz

Minenschiffgruppe COBRA (K.Kpt. Dr. Brill)
    mit „Cobra", „Kaiser", „Königin Luise"
Minenschiffgruppe NORD (F.Kpt. von Schönermark)
    mit „Tannenberg", „Brummer",
    „Hansestadt Danzig"
Schnellbootflottillen 1, 2, 3, 6
Räumbootflottille 5
U-Jagdflottille 11
Vorpostenbootsflottille 3

Fhr. d. Minensuchstreitkräfte Nord
	FdM.	Kpt.z.S. Böhmer
	1. Adm.St.Off.	K.Kpt. von Grumbkow

Minensuchflottillen 5, 15, 17, 18, 31
Räumbootflottille 1
Sperrbrecher 6, 11, 138
Minenräumschiffe 11, 12

Fhr. d. Minenschiffe	FdM.	Kpt.z.S. Bentlage
	1. Adm.St.Off.	Kptlt. Engel

Minenschiffe „Preußen", „Grille", „Versailles", „Skagerrak"
selbständig operierend:
Linienschiff „Schlesien"   (Kpt.z.S. Lindenau)
Linienschiff „Schleswig-Holstein"   (Kpt.z.S. Hennecke)
U-Bootflottille 22   (K.Kpt. Ambrosius)

b) Juni 1944 — Mai 1945

Der Kommandierende Admiral Östliche Ostsee
Kdr.Adm.:	Admiral Burchardi
	V.Adm. Thiele [ab April 1945]
Chef d. St.:	F.Kpt. Forstmann

unmittelbar unterstellt:	Hafenkommandantur Riga Küstenschutzflottille Ostland 4. Artillerieträgerflottille 5. Marineflugmeldeabteilung Inselkommandantur Tyttärsaari

Kommandant Seeverteidigung Estland [nur bis Sept. 1944]

Kdt.:	Kapt.z.S. Mulsow
AI:	Kptlt. Köster
unmittelbar unterstellt:	Hafenkommandant Reval Marine-Art. Abt. 530, 532 Marine-Flak-Abt. 239, 711 Marineausrüstungsstelle Reval Marineartilleriearsenal Reval

Kommandant Seeverteidigung Baltische Inseln [Sept. — Nov. 1944]

Kdt.:	Kpt.z.S. Mulsow
AI:	F.Kpt. Schmeling
unmittelbar unterstellt:	Marineeinsatz-Abt. Ostland Marine-Art.-Verband 531, 532 Marine-Flak-Abt. 239

Kommandant Seeverteidigung Lettland

Kdt.:	Kpt.z.S. Karstens K.Adm. v. Arnswaldt [ab Aug. 1944]
AI:	K.Kpt. Steeckicht K.Kpt. Soiné [ab Oktober 1944] F.Kpt. Schmeling [ab. Nov. 1944]
unmittelbar unterstellt:	Hafenkommandant Libau, Windau Marine-Art.-R. 10 Marine-Flak-Abt. 712 9. Marine-Kraftfahr-Abt. Marine-Fest.Pi.Btl. 321 Marineausrüstungsstelle Libau Marine-Artilleriearsenal Libau

9. Marine-Sicherungsdivision

Chef:	F.Kpt. von Blanc
unterstellt:	Minensuchflottillen 1, 3, 12, 25, 31 Räumbootflottillen 1, 17 Vorpostenbottflottillen 3, 9, 17 Sicherungsflottillen 3, 14 Landungsflottillen 13, 21, 24 Artillerieträgerflottille 7 U-Jagdflottillen 3, 11 S-Boot-Schulflottillen 1, 2, 3

[Ferner gehörten zum Befehlsbereich des Kommandierenden Admirals noch folgende Dienststellungen, die nicht zum Operationsgebiet der Heeresgruppe Nord, später Kurland, gehörten:
Kommandant der Seeverteidigung Ost- und Westpreußen,
Kommandant im Abschnitt Memel;
es fanden keine Erwähnung die zeitweise unterstellten Transportflottillen, Lazarettschiffe, Marinelazarette u.a.m.]

Anlage 6

GLIEDERUNG DER ROTEN ARMEE
IM NORDABSCHNITT

a) 22. Juni 1941

Baltischer Besonderer Militärbezirk

        OB.: Gen.Ob. Kusnecov
        Kriegsrat: Dibrova
        Chef d. GenSt.: Gm. Kljonov

AOK 8 (OB.: Gm. Sobennikov)
    XVI. Schtz.K.   mit 67., 181. SD.
    XXIV. Schtz.K.   mit 5. SD., 33. SD. mot.
    III. mech.K.   mit 2., 23., 84. PzBr., 23. SD.
    XII. mech.K.   mit 28., 202. Pz.Br.
    direkt unterstellt: 10., 90., 125. SD.

AOK 11 (OB.: Glt. Morosov)
    II. Schtz.K.   mit 126., 128., 188. SD., 5. Pz.Br.
    XI. Schtz.K.   mit 179., 184. SD.
    XXIX. Schtz.K.   mit 56.,. 129. SD.

AOK 27 (OB.: Gm. Bersarin)
    XXII. Schtz.K.   mit 180., 182. SD.
    LXV. Schtz.K.   mit 16. SD., 12., 18. Pz.Br.
    I. mech. K.   mit 1., 3. PzBr.,. 163. SD., 25., 30. KD.

b) 30. September 1942

Leningrader Front (OB.: Glt. Goworow)

AOK Primorski (Oranienbaum)
    mit 48., 168. SD., 3., 50., 71. SBr., 2., 5. Mar.Br.

AOK 42 (OB.: Gm. Nikolaev)
    mit 48., 168. SD., 3., 50., 71. SBr., 2., 5. Mar.Br.

AOK 55 (OB.: Glt. Sviridov)
    mit 43., 46., 56., 72., 85., 125., 136., 268. SD.

Armee-Abt. Newa
    mit 70., 142. SD., 11., 86. SBr., 220. Pz.Br.

Wolchowfront (OB.: Armeegen. Meretzkov)

AOK 8 (OB.: Gm. Stanikow)
19., 24. Gd.-D., 11., 36., 191., 259., 265., 286., 318. SD., 22., 23., 32:, 33., 53., 73. SBr., 16., 21., 29., 98., 122. Pz.Br.

AOK 2. Stoß-A. (OB.: Glt. Klykov)
mit 294., 314., 327., 372., 374., 376. SD., 1. Gd.-Br., 137., 140. SBr.

AOK 54 (OB.: Gm. Suchomlin)
mit 115., 177., 198., 281., 285., 311. SD., 80., 124. SBr., 2. Mar.Br.

AOK 4 (OB.: Gm. Gusev)
mit 44., 288., 310. SD., 20. KD., 7. Gd.-Pz.Br., 126. Pz.Br., 24., 58. SBr.

AOK 59 (OB.: Gm. Korovnikov)
mit 2., 377., 378., 382. SD., 193. Pz.Btl.

AOK 52 (OB.: Gm. Klykov)
mit 65., 225. SD., 165., 305. SBr., 336., 377. SBtl., 340., 345. MG-Btl

Nordwestfront (OB.: Marschall Timoschenko)

AOK 27 (OB.: Gm. Ozerov)
mit 26., 162., 188., 254. SD., 38., 117., 177. Pz.Br.

AOK 11 (OB.: Glt. Morozov)
mit 22., 28. Gd.-D., 32., 55., 200., 201., 202., 282., 370., 384. SD., 127., 145. SBr.

AOK 34 (OB.: Gm. Bersarin)
mit 133., 163., 170., 245. SD., 19., 37., 46., 126., 144., 147., 151., 245. SBr., 83., 105. Pz.Br., 4. Mar.Br.

AOK 53 (OB.: Gm. Knesofontov)
mit 166., 235., 241., 250. SD., 86. SBr.

AOK 1. Stoß-A. (OB.: Gm. Korotkov)
mit 7. Gd.-D., 129., 130., 364., 391., 397. SD., 14., 44., 45., 47., 121. SBr.

II. Gd.K. mit 8. Gd.-D., 33., 117. SD., 54. SBr.

c) 20. November 1944

1. Baltische Front (OB.: Armeegen. Bagramjan)

AOK 43 (OB.: Glt. Beloborodov)
mit 26., 32., 70., 145., 179., 182., 235., 344. SD.
Reserve: 222., 357. SD., 8. Art.D., 2. Gd.Gr.W.D., 10. Gd.Pz.D., Stu.Gesch.Rgt. 306, 377, 1203

AOK 51 (OB.: Glt. Krejser)
mit 77., 87., 91., 156., 204., 257., 267., 279., 346., 347., 417. SD.
Reserve: 315. SD., 15. Gd.D., Stu.Gesch.Rgt. 1032, 1102, 1489, 1492

AOK 61 (OB.: Gen.Ob. Belov)
mit 12. Gd.D., 23., 82., 217., 356., 397., 415. SD., 2. Art.D.

AOK 6. Gd.A. (OB.: Gen.Ob. Tschistjakov)
mit 9., 46., 47., 51., 67., 71., 90. Gd.D., 154., 166., 270. SD.

AOK 2. *Gd.A.* (OB.: Glt. Tschantschibadse)
 mit 16. lit. D., 32., 33. Gd.D.
 Reserve: 2., 24, 87. Gd.D., 126., 208., 263. SD.
AOK 5. *Gd.Pz.A.* (OB.: Marschall Rotmistrov)
 mit III. Gd.PK. (3., 18. Gd.D., 2. Gd.D.mot., 19. Gd.Pz.Br,)
 XXIX. PK. (25., 31., 32. Pz.Br., 53. mech.Br.)
 Reserve: 47. Pz.Br.
AOK 4. *Stoß-A.* (OB.: Glt. Malyschev)
 mit 119., 158., 164., 216., 239., 251., 311., 332., 334., 360., 378. SD., 20. Art.D.
selbständig: I. PK. (89., 117., 159. Pz.Br., 44. mech.Br.)
 Reserve: 39. Gd.Pz.Br., Stu.Gesch.Rgt. 1437, 1491
 XIX. PK. (28., 79., 101., 202. Pz.Br., 26. mech.Br.
 Reserve: 29., 105. SD., 24. Gd.D., 14., 34. Pz.Br., Stu.Gesch.Rgt. 867, 1048, 1049, 1050, 1452, 1824
 III. Gd.mech.K. (7., 8. GD., 35. Gd.PD., 9. Gd.mech.Br.)

2. Baltische Front (OB.: Armeegen. Jeremenko)
AOK 22 (OB.: Glt. Juschlewitsch)
 mit 21. Gd.D., 200., 391. SD., Stu.Gesch.Rgt. 15, 1476
 Reserve: 2., 28. SD., 43. Gd.D., 219., 308. SD.
AOK 42 (OB.: Glt. Sviridov)
 mit 11., 43., 48., 123., 168., 256., 288. SD.
 Reserve: 37. SD., 19. Sturm-Pi.Br.
AOK 3. *Stoß-A.* (OB.: Gen.Ob. Kasakov)
 mit 23., 52., 53. Gd.D., 146., 150., 171., 198., 207., 265., 364. SD., 78. Pz.Br.
 Reserve: 33., 229., 379. SD., 21. Art.D.
AOK 10. *Gd.A.* (OB.: Glt. Korotkov)
 mit 7., 8., 29., 30., 85., 119. Gd.D., 27. SD.
 V. PK. (24., 41., 70. Pz.Br., 5. mech.Br.)
 X. PK. (176., 183., 186. Pz.Br., 11. mech.Br., Stu.Gesch.Rgt. 1199)
 Reserve: 22., 29., 48., 56., 65. Gd.D., 6. mech.Gd.Br., 37., 227., 236., 239., 249. SD., 221. Art.D., Stu.Gesch.Rgt. 1261, 1281, 1297, 1453, 1498, 1515

3. Baltische Front (OB.: Armeegen. Masslenikov)
AOK 54 (OB.: Glt. Roginskij)
 mit 98., 374., 376., 377. SD.
 Reserve: 225., 285. SD., 2. Art.Br.
AOK 67 (OB.:)
 mit 85., 189., 196. SD., 16. Pz.Br., Stu.Gesch.Rgt. 1047, 1450
AOK 1. *Stoß-A.* (OB.: Glt. Sachwatajev)
 mit 191., 354., 364., 395., 417., 487. SD., 155. Fest.Br., 336. MG-Br.
 Reserve: 33., 229., 379. SD., 21. Art.D.
AOK 2. *Stoß-A.* (OB.: Glt. Fedjuninskij)
 mit 44., 352., 396., 523., 525., 526. SD., 118. Pz.Br.
 Reserve: 64., 72., 86., 90., 128., 282., 291., 321., 326., 327. SD., 14. Fest.Br., 125. Pz.Br., Stu.Gesch.Rgt. 1453

Leningrader Front (OB.: Marschall Goworow)
AOK 23 (OB.: Glt. Tscherepanow)
   mit 10., 13., 92., 142., 286., 327., 381. SD.
AOK 8 (OB.: Glt. Starikov)
   mit 64. Gd.D., 109., 131. SD., 249. estb.D.
   Reserve: 30., 45. Gd.D., 7. estn.D., 1., 120., 125., 152. SD., 23. Art.D,,
   80. Art.Br., 16. Fest.Br.,
   220. Pz.Br., Stu.Gesch.Rgt. 12, 397, 1811

d) Stellenbesetzung der Fronten und Armeen am 31. 12. 1941

Nordwestfront	OB.:	Glt. Kurotschkin
	Kriegsrat:	Korpskomm. Bogatkin
	Chef d. St.:	Glt. Watutin
Leningrader Front	OB.:	Glt. Chosin
	Kriegsrat:	Armeekomm. Shdanow
	Chef d. St.:	Gm. Gusew
Wolchowfront	OB.:	Armeegen. Meretzkov
	Kriegsrat:	Korpskomm. Zaporoschetz
	Chef d. St.:	Gm. Stelmach

Armee	OB.	Chef d. St.	Kriegsrat
4.	Glt. Ivanov	Ob. Alferov	Zelenkov
8.	Glt. Schevaldin	Ob. Smirnov	Tschuchnov
11.	Glt. Morozov	Gm. Schlemin	Kolonin
23.	Glt. Gerasimov	Gm. Ivanov	Pojidaev
34.	Gm. Bersarin	Gm. Jarmoschkevitz	Bazilevskij
42.	Gm. Nikolaev	Gm. Buchovetz	Klementev
52.	Glt. Klykov	Ob. Rojdestvenskij	Pantas
54.	Gm. Suchomlin	Gm. Beresinskij	Sytschev
55.	Gm. Sviridov	Gm. Ljubbovtschev	Kurotschkin
59.	Gm. Galanin	Gm. Tokarev	Dubrova
2. Stoß	Glt. Sokolov	Gm. Vizjalin	Michailov

e) Stellenbesetzung der Luftarmeen 1942 — 1944

7. Luftarmee (1. 12. 1942 — 10. 8. 1944)
   OB.: Gm. Sokolov
   Chef. d. St.: Ob. Belov
   Ob. Sveschnikov [ab 3. 2. 1943]
   Gm. Belov [ab 30. 6. 1944]

13. Luftarmee (25. 11. 1942 — 10. 8. 1944)
   OB.: Gm. Rybaltschenko
   Chef d. St.: Ob. Alekseev
   Gm. Lavrik [ab 11. 7. 1944]

14. Luftarmee (15. 8. 1942 — 1. 3. 1944)
   OB.: Gm. Tschuravlev
   Chef d. St.: Ob. Murgonov
   Ob. Abramov [ab Febr. 1943]
   Gm. Storotschenko [ab Dez. 1943]
   Gm. Gluchov [ab 27. 2. 1944]

15. Luftarmee (20. 10. 1943 — 1. 3. 1944)
   OB.: Glt. Naumenko
   Chef d. St.: Gm. Sakornin

Anlage 7

GLIEDERUNG DER BALTISCHEN ROTBANNERFLOTTE AM 22.6.1941

Stab: Befh.: V.Adm. Tribuc
Chef d. St.: K.Adm. Panteleev
Kriegsrat: Div.Komm. Lebedev
Geschwader: Befh.: K.Adm. Vdovičenko
Linienschiffbrigade mit Linienschiffe „Marat", „Oktjabrskaja Revoljuzija"
Sicherungsdivision mit Wachboote „Taifun", „Sneg", „Tuča", „Ciklon",
„Burja", „Vicht"
Kreuzerbrigade mit Schwere Kreuzer „Kirov", „Maksim Gorkij"
1. Zerstörerdivision mit Zerstörer „Gnevnyj", „Grozjaščij", „Gordyj",
„Smetlivyj", „Stereguščij"
Leichte Seestreitkräfte: Befh.: K.Adm. Drozd
Flottillenführer „Leningrad", „Minsk"
2. Zerstörerdivision mit Zerstörer „Stojkij", „Silnyj", „Serdityj", „Surovyj",
„Smelyj", „Storoževoy"
3. Zerstörerdivision mit Zerstörer „Straśnyj", „Statnyj", „Slavnyj", „Skoryj",
„Strogyj", „Svirepyj", „Opytnyj"
4. Zerstörerdivision mit Zerstörer „Jakov Sverdlov", „Artem", „Engels", „Lenin",
„Volodarskij", „Kalinin", „Karl Marks"
direkt unterstellt
U-Bootbrigade 1, 2, 3, 4
Torpedokutter-Brigade 1, 2
Küstenschutzverband mit Minenkreuzer „Martij", Minenschiffe „Amur", „Ural"
und vier kleinere Minenleger
Minensuchbrigade mit Minensuchdivision 1, 2, 5 und Minenräumdivision.

Anlage 8

STATISTISCHE ANGABEN

a) Iststärke der Heeresgruppe am 1. Juni 1944

	Iststärke	Fehlstellen
16. Armee	265 432 Soldaten 18 450 Hilfswillige	5 867 Soldaten 18 585 Hilfswillige
18. Armee	195 303 Soldaten 13 560 Hilfswillige	3 269 Soldaten 10 659 Hilfswillige
Armee-Abt. Narwa	156 942 Soldaten 10 089 Hilfswillige	1 029 Soldaten 7 888 Hilfswillige
unterst. Einheiten	77 850 Soldaten 13 396 Hilfswillige	5 937 Soldaten 4 256 Hilfswillige
	695 527 Soldaten 55 495 Hilfswillige	16 102 Soldaten 41 388 Hilfswillige

b) Verluste und Ersatz der Heeresgruppe im Jahr 1942

	16. Armee		18. Armee	
	Verlust	Ersatz	Verlust	Ersatz
Januar	17 500	650	9 300	2 250
Februar	16 280	5 700	15 200	20 300
März	16 700	13 250	20 200	24 600
April	14 000	5 150	16 650	16 800
Mai	11 100	16 200	11 000	18 450
Juni	9 350	25 750	16 400	20 100
Juli	10 400	15 400	8 150	17 800
August	11 050	9 250	7 150	6 600
September	8 500	9 250	3 550	7 800
Oktober	8 750	9 850	2 000	5 750
November	6 000	5 750	4 750	11 000
Dezember	11 400	9 400	3 600	10 750
	141 000	125 600	118 950	162 200

Heeresgruppe insgesamt = 259 950 Verlust, 287 800 Ersatz

341

c) Verluste und Ersatz der Heeresgruppe im Jahr 1943

	16. Armee		18. Armee	
	Verlust	Ersatz	Verlust	Ersatz
Januar	9 100	9 200	23 200	12 400
Februar	8 100	6 600	28 400	27 000
März	16 500	17 600	21 000	33 500
April	2 450	22 100	9 200	23 800
Mai	3 200	19 000	8 400	30 600
Juni	2 800	8 400	7 400	17 600
Juli	2 600	7 200	18 800	15 800
August	6 200	6 600	20 400	15 400
September	2 200	7 800	11 800	22 400
Oktober	7 600	8 400	9 200	10 800
November	8 800	8 800	4 500	10 800
Dezember	12 600	10 600	4 200	8 000
	82 150	132 300	166 500	228 100

Heeresgruppe insgesamt = Verluste 248 650, Ersatz 360 400

d) Munitionsverbrauch der Heeresgruppe 1942/43

	16. Armee		18. Armee	
	1942	1943	1942	1943
Januar	10 050 t	20 641 t	18 831 t	40 794 t
Februar	10 780 t	20 913 t	21 619 t	49 099 t
März	11 891 t	23 798 t	30 302 t	44 629 t
April	9 374 t	6 250 t	21 632 t	21 145 t
Mai	9 823 t	8 065 t	16 664 t	16 915 t
Juni	7 696 t	6 594 t	22 690 t	17 524 t
Juli	9 514 t	6 322 t	14 019 t	40 645 t
August	12 399 t	14 850 t	37 842 t	43 178 t
September	12 596 t	8 077 t	40 980 t	23 813 t
Oktober	11 124 t	12 801 t	21 830 t	24 134 t
November	8 736 t	14 019 t	15 512 t	12 082 t
Dezember	19 453 t	14 136 t	14 075 t	11 527 t

Heeresgruppe 1942 Verbrauch 397 034 t
1943 Verbrauch 501 951 t

e) Deutsche Gefangene nach der Kapitulation 1945

42 Generale
8 038 Offiziere
181 032 Soldaten
14 000 lettische SS-Freiwillige

f) Von den Sowjets nach der Kapitulation erbeutetes Material

325 Selbstfahrlafetten und Sturmgeschütze
136 Flugzeuge
1 548 Geschütze
557 Granatwerfer
4 363 MGs
57 646 Gewehre

224 gepanzerte Fahrzeuge
310 Funkanlagen
5 825 Kraftfahrzeuge
240 Zugmaschinen
3 442 Gespanne
16 543 Pferde

g) Iststärke der Sowjets im Januar 1944

Leningrader Front = 33 Divisionen, 12 Brigaden
Wolchowfront = 22 Divisionen, 12 Brigaden
Beide Fronten verfügten über 375 000 Mann
14 300 Geschütze
1 200 Panzer
1 240 Flugzeuge

h) Sowjetische Verluste Oktober 1944 — Mai 1945

90 000 Gefallene
300 000 Verwundete
4 000 Gefangene

2 651 Panzer
1 389 MGs
1 091 Geschütze
722 Flugzeuge

Anlage 9

DAS REICHSKOMMISSARIAT OSTLAND

a) Die Verwaltungsbezirke, Stand 1. 1. 1944

Generalbezirke und Kreisgebiete	Zahl der Stadtkreise	Zahl der Landkreise	Umfang in qkm	Einwohnerzahl
I. *Estland* [2]	4	11	47 549	1 017 811 [1]
1. Reval/Stadt	1	—	87	140 911
2. Reval/Land	—	2	8 582	132 344
3. Dorpat/Land	1	3	12 573	272 164
4. Pernau/Land	1	2	9 285	156 124
5. Narwa/Land	1	1	7 387	126 307
6. Arensburg	—	2	7 744	112 803
7. Petschur	—	1	1 891	59 231
II. *Lettland* [3]	4	19	65 791	1 803 104
8. Riga/Stadt	1	—	210	308 342
9. Riga/Land	—	2	10 424	187 447
10. Wolmar/Land	—	3	12 646	222 918
11. Mitau/Land	1	5	14 184	316 510
12. Libau/Land	1	5	13 210	267 964
13. Dünaburg/Land	1	4	15 117	499 923
III. *Litauen* [4]	4	25	67 199	2 797 840
14. Wilna/Stadt	1	—	104	146 273
15. Wilna/Land	—	6	15 840	600 161
16. Kauen/Stadt	1	—	40	113 870
17. Kauen/Land	—	7	14 801	614 829
18. Schaulen/Land	1	6	19 628	720 818
19. Ponewesch/Land	1	6	16 786	601 889
IV. *Weißruthenien* [5]	1	69	53 662	2 411 333
20. Minsk/Stadt	1	—	42	103 110
21. Minsk/Land	—	9	5 429	304 241
22. Slonim/Land	—	5	4 704	171 563
23. Sluzk/Land	—	8	5 242	220 603
24. Wilejka/Land	—	8	7 530	299 553
25. Lida/Land	—	8	4 641	278 508
26. Barisau/Land	—	5	1 248	32 717
27. Hancewitze/Land	—	4	6 085	114 595
28. Glubokoje/Land	—	10	8 746	340 217
29. Baranowitschi	—	7	5 694	341 522
30. Nowogrodek/Land	—	5	4 301	194 504
5 Stadtkreisgebiete	5	—	483	812 506
25 Landkreisgebiete	8	124	233 718	7 217 582
Ostland zusammen	13	124	234 201	8 030 088

[1]) Die Speziellgezählten 17 927 sind nicht in Kreisgebiete aufgeteilt.
[5]) Einwohnerzahlen nach dem Stand von Ende 1942 / Anfang 1943.
[3]) Einwohnerzahlen nach der Volkszählung vom 24. 2. 1943.
[4]) Einwohnerzahlen nach der Volkszählung vom 27. 5. 1942.
[2]) Einwohnerzahlen nach dem Stande vom 1. 12. 1941.

b) Die Behörde des Reichskommissars (Sitz Riga)

Der Reichskommissar:	Gauleiter Lohse
Stellvertreter im Amt:	Ministerialrat Fruend
	NSKK-OGruf. Pröhl
	Ministerialrat Burmeister
Landesverwaltungspräsident:	Ministerialrat Burmeister
	Kriegsverw.Vizechef Mathiesen
Landesleiter der NSDAP:	Gauleiter Lohse
Stellvertreter des Landesleiters:	Reichsleiter Ziegenbein
Höh. SS- und Polizeiführer:	Glt. d. Waffen-SS Jeckeln
Befh. d. Ordnungspolizei:	Glt. d. Ordn.-Pol. Jedicke
Inspekteur d. RAD-Insp. I.:	Gen.Arb.Fhr. Eisenbeck
DRK-Beauftragter Ostland:	Generalfhr. Boehm-Tettelbach
Einsatzleiter Organisation Todt:	Generalingenieur Klugar
	Hauptbauleiter Ludewig
Generaldirektor Baltöl-Werke:	Generaldir. Schröder

c) Generalkommissare und Chefs der Landeseigenen Verwaltung

Generalkommissariat Litauen (Sitz Kowno)

Generalkomm.:	Reichshauptamtsleiter Dr. v. Rentelen
1. Generalrat:	General Kubiliunas

Generalkommissariat Lettland (Sitz Riga)

Generalkomm.:	Oberbürgermeister Dr. Drechsler
Generaldirektor:	General Dankers

Generalkommissariat Estland (Sitz Reval)

Generalkomm.:	SA-OGruf. Litzmann
1. Landesdirektor:	Dr. Mäe

Generalkommissariat Weißruthenien (Sitz Minsk)
[wurde hier nicht genannt, da es in den Operationsbereich der Heeresgruppe Mitte gehörte]

d) Stab Wehrmachtbefehlshaber Ostland

Der Befehlshaber:	General d. Kav. Braemer [bis 30. 4. 1944)
	General d. Pz.Tr. Kempf [bis 31. 8. 1944]

Stellenbesetzung am 10. 6. 1944

Der Befehlshaber:	General d. Pz.Tr. Kempf
Der Stellvertreter:	General d. Art. Ziegler
Der Chef d. Stabes:	Gm. (Lw.) Vodepp
Inspekteur Küstenschutz:	Glt. Scherer
Ia (Operationsabt.):	Oberstlt. Schallehn
IIa (Adjutantur):	Oberstlt. Sellin

Anlage 10

ABKÜRZUNGEN

Zusammengesetzte Abkürzungen sind nicht aufgeführt, können aber selbständig aufgeschlüsselt werden.

AA.	— Aufklärungs-Abteilung	GR.	— Grenadier-Regiment
Abt.	— Abteilung	Gren.D.	— Grenadier-Division
Adm.	— Admiral	Gruf.	— Gruppenführer
AK.	— Armeekorps	H./	— Heeres-
AOK.	— Armee-Oberkommando	Harko.	— Höherer Artillerie-Kommandeur
AR.	— Artillerie-Regiment	HGr.	— Heeresgruppe
Arko.	— Artilleriekommandeur	HKL.	— Hauptkampflinie
		Hptm.	— Hauptmann
Art.	— Artillerie-	HQu.	— Hauptquartier
Aufkl.	— Aufklärung	I	— Infanterie-
Batt.	— Batterie	ID.	— Infanteriedivision
Befh.	— Befehlshaber	ID.mot.	— Infanteriedivision motorisiert
Br.	— Brigade	IG.	— Infanteriegeschütz
Brig.Fhr.	— Brigadeführer	i.G.	— im Generalstab
Btl.	— Bataillon	Inf.	— Infanterie-
D.	— Division	IR.	— Infanterie-Regiment
F.d.M.	— Führer d. Minensuchkräfte	Jäg.	— Jäger-
		JG.	— Jagdgeschwader
F.d.T.	— Führer d. Torpedoboote	K.	— Korps
		K.Adm.	— Konteradmiral
F.Kapt.	— Fregattenkapitän	Kapt.	— Kapitän
Fla.	— Heeresflak	Kaptlt.	— Kapitänleutnant
Füs.	— Füsilier-	Kdr.	— Kommandeur
Fw.	— Feldwebel	Kdtr.	— Kommandantur
G.	— Geschwader	Kfz.	— Kraftfahrzeug
Gd.	— Garde-	KG.	— Kampffliegergeschwader
Geb.	— Gebirgs-		
Gefr.	— Gefreiter	KGr.	— Kampffliegergruppe
Gen.Adm.	— Generaladmiral	K.Kapt.	— Korvettenkapitän
Gen.d.	— General d.	Komm.Gen.	— Kommandierender General
Gen.Kdo.	— Generalkommando		
Gen.Ob.	— Generaloberst	Kp.	— Kompanie
Gen.St.	— Generalstab	lFH.	— leichte Feldhaubitze
Glt.	— Generalleutnant	Lkw.	— Lastkraftwagen
Gm.	— Generalmajor	Lt.	— Leutnant

Lw.	— Luftwaffe	Pz.Jäg.	— Panzerjäger
Lw.FD.	— Luftwaffen-Felddivision	Pz.K.	— Panzerkorps
		Pz.Tr.	— Panzertruppe
mech.	— mechanisiert	R.	— Regiment (nur bei Zusammensetzungen)
MG.	— Maschinengewehr		
mot.	— motorisiert		
MPi.	— Maschinenpistole	RAD.	— Reichsarbeitsdienst
Nachr.	— Nachrichten-	Radf.	— Radfahrer-
OB.	— Oberbefehlshaber	Rgt.	— Regiment
Ob.	— Oberst	rückw.	— rückwärtig
Oberstlt.	— Oberstleutnant	San.	— Sanitäts-
Oblt.	— Oberleutnant	Schlacht-G.	— Schlachtgeschwader
Ofw.	— Oberfeldwebel	schw.	— schwer
OGruf.	— Obergruppenführer	SD.	— Sicherheitsdienst
OKH.	— Oberkommado d. Heeres	sFH.	— schwere Feldhaubitze
		Sfl.	— Selbstfahrlafette
OKL.	— Oberkommando d. Luftwaffe	Sich.D.	— Sicherungsdivision
		Skl.	— Seekriegsleitung
OKM.	— Oberkommando d. Kriegsmarine	sowj.	— sowjetisch
		SS.	— Waffen-SS
OKW.	— Oberkommando d. Wehrmacht	SS-Pol.D.	— SS-Polizeidivision
		SS-T-D.	— SS-Totenkopfdivision
OQu.	— Oberquartiermeister	Stand.Fhr.	— Standartenführer
OT.	— Organisation Todt	Sturmbannf.	— Sturmbannführer
PD.	— Panzerdivision	Uffz.	— Unteroffizier
Pi.	— Pionier-	V-Abt.	— Vorausabteilung
PK.	— Propagandakompanie	V-Adm.	— Vizeadmiral
Pol.	— Polizei-	VB.	— Vorgeschobener Beobachter
Pz.	— Panzer-		
Pz.Gren.	— Panzergrenadier-	z.S.	— zur See

Bezeichnungen der Schiffsgattungen:

M	— Minensuchboot
R	— Räumboot
S	— Schnellboot
T	— Torpedoboot
U	— Unterseeboot
UJ	— Unterseebootsjäger
V	— Vorpostenboot
Z	— Zerstörer

Anlage 11

LITERATUR-VERZEICHNIS
AUSWAHL

Die nachfolgende Auswahl der Quellen- und Buchliteratur kann keine zusammenfassende Bibliographie zur Geschichte der Heeresgruppe Nord sein. Es wurden bei der Aufzählung absichtlich außer acht gelassen: Allgemeine Geschichte des 2. Weltkrieges, Erlebnisberichte, historische Erzählungen, Truppengeschichten, Zeitschriften- und Zeitungsartikel.
Die Aufzählung dieser Literaturgattungen würde den Rahmen des Buches sprengen. Es darf nur darauf hingewiesen werden, daß heute bereits weit über 100 Divisions- und Regimentsgeschichten der deutschen und sowjetischen Armee vorliegen.

Der Verfasser dankt für die Zurverfügungstellung der benutzten Buch- und Quellenliteratur ganz besonders der Bibliothek für Zeitgeschichte in Stuttgart und dem Bundesarchiv/Militärarchiv in Koblenz.

Ferner ist der Autor vielen ehemaligen Angehörigen der Heeresgruppe Nord, Luftflotte 1 und der Kriegsmarine zu Dank verpflichtet, die ihm bei der Abfassung seiner Arbeiten durch Hinweise, Briefe, persönliche Tagebücher, Aufzeichnungen oder in Gesprächen unterstützten. Der Dank gilt gleichermaßen dem Herrn Großadmiral, den Oberbefehlshabern der Heeresgruppe und Armeen, den Kommandierenden Generalen, den Kommandeuren der verschiedensten Einheiten, den Kompanie-, Zug-, Gruppenführern und einfachen Soldaten, die alle irgendwie beitrugen, daß die Geschichte der Heeresgruppe Nord entstehen konnte.

1. Unveröffentlichte Quellen

Heeresgruppe Nord: Der Feldzug gegen die Sowjetunion. Karten- und Textband. Für das Jahr 1941, 1942, 1943;
Kriegstagebuch für das 2. Halbjahr 1944;
Kriegstagebuch OQu vom August 1942 — März 1943;
Akte gKdos, Chefsache, April 1945;
Kriegslagekarten Estland 1941;
Lagekarten Juli 1944;
Lagekarten während der 5 Kurlandschlachten;
Studie „Laura" (Seetransport) vom 30. 1. 1945.

AOK 16: Armeebefehle 1941;
Studie über die Kämpfe um die Landbrücke Demjansk.

AOK 18: Hauptdaten Ostfeldzug;

OKM:
ferner

Befehlsgliederung Ostfeldzug;
Übersichtskarten zum Ostfeldzug;
Kampf um Leningrad (Studie);
Kriegstagebuch 1. 1. — 31. 3. 1945.
Skl/Lagebetrachtung für den Fall „Barbarossa";
Skl/Stellungnahme Großadmiral Raeder zu
„Seelöwe" und „Baubarossa";
Kriegswissensch. Abt./Operationen und Taktik. H. 12.
Der Ostseekrieg gegen Rußland 1941.
Kriegstagebücher (auch im Auszug) von verschiedenen Armeekorps, Divisionen, Jagd-Geschwader 54, des Lufttransportführers, sowie private Tagebücher.

2. Memoiren

Eremenko, A. I.: Na zapadnom napravlenii. — Moskva: Voennoe Izd. Minist. Oborony SSSR 1959. 188 S.

Fedjuninskij, I. I.: Podnjatye po trevoge. Izd. 2. — Moskva: Voennoe Izd. Minist. Oborony SSSR 1964. 245 S.

Guderian, H.: Erinnerungen eines Soldaten. — Heidelberg: Vowinckel 1951. 464 S.

Halder, Fr.: Kriegstagebuch. Tägliche Aufzeichnungen des Chefs des Generalstabes des Heeres 1939 — 1942. Bd. 2. 3. — Stuttgart: Kohlhammer 1962 — 1963. XII, 503, 589 S.

Kurzenkov, S. G.: Pod nami — zemlja i more. — Moskva: Voennoe Izd. Minist. Oborony SSSR 1960. 160 S.

Kuznecov, P. G.: Dni boevye. — Moskva: Voennoe Izd. Minist. Oborony SSSR 1964. 324 S.

Generaloberst a. D. Georg Lindemann. [Daten und milit. Laufbahn.] Freudenstadt 1955. 14 S.

Manstein, E. v.: Verlorene Siege. — Bonn: Athenäum 1955. 664 S.

Rendulic, L.: Gekämpft, gesiegt, geschlagen. — Wels, Heidelberg: Welsermühl 1952. 384 S.

Tribuc, V. F.: Podvodniki Baltiki atakujut. Voennye memuary. — Leningrad: Lenizdat 1963. 333 S.

Wagner, E.: Der Generalquartiermeister. Briefe und Tagebuchaufzeichnungen d. Generalquartiermeister. d. Heeres. — München, Wien: Olzog 1963. 318 S.

Warlimont, W.: Im Hauptquartier der deutschen Wehrmacht 1939 — 1945. Grundlagen, Formen, Gestalten. — Frankfurt/M.: Bernard u. Graefe 1962. 570 S.

3. Allgemeine Werke

The German Campaign in Russia. Planning and operations (1940 — 1942). — Washington: Department of the Army 1955. VIII, 187 S.

Carell, P.: Unternehmen Barbarossa. Der Marsch nach Rußland. — Frankfurt/M., Berlin, Wien: Ullstein 1963. 559 S.

Clark, A.: Barbarossa. The Russian-German conflict 1941 — 45. — New York: Morrow 1965. XXII, 522 S.

Deborin, G. A.: Vtoraja Mirovaja Vojna. Voenno-polit. očerk. — Moskva: Voennoe Izd. Minist. Oborony SSSR 1958. 430 S.
Desroches, A.: La Campagne de Russie d'Adolf Hitler. — Paris: Maisonneuve et Larose 1964. 295 S.
Deutschland im Kampf. Hrsg. von A. I. Berndt u. H. v. Wedel. Nr. 43—116. — Berlin: Stolberg 1941—1944.
Golikov, S.: Vydajuščiesja Pobedy sovetskoj armii v Velikoj Otečestvennoj Vojne. — Moskva: Gosud. Izd. Polit. Liter. 1952. 278 S.
Guillaume, A. La Guerre germano—soviétique 1941 — 45. — Paris: Payot 1949. 219 S.
Hillgruber, A.: Hitlers Strategie. Politik und Kriegführung 1940 — 1941. — Frankfurt/M.: Bernard u. Graefe 1965. 715 S.
Jacobsen, H.-A.: 1939 — 1945. Der Zweite Weltkrieg in Chronik und Dokumenten. 5. Aufl. — Darmstadt: Wehr u. Wissen 1961. 764 S.
Istorija Velikoj Otečestvennoj Vojny Sovetskogo Sojuza 1941—1945. Tom 1—6. Moskva: Voennoe Izd. Minist. Oborony SSSR 1960—1965.
Kriegstagebuch des Oberkommandos der Wehrmacht 1940—1945. Bd. 1 — 4. — Frankfurt/M.: Bernard u. Graefe 1961 — 1965.
Hitlers Lagebesprechungen. Die Protokollfragmente seiner militärischen Konferenzen 1942 — 1945. Hrsg. v. H. Heiber. — Stuttgart: Deutsche Verlagsanstalt 1962. 970 S.
Murawski, E.: Der deutsche Wehrmachtsbericht 1939 — 1945. Ein Beitrag zur Unters. d. geistigen Kriegführung. — Boppard a. Rh.: Boldt 1962. IX, 768 S. (Schriften des Bundesarchivs. Bd. 9.)
Očerki istorii Velikoj Otečestvennoj Vojny 1941—1945. — Moskva: Izd. Akademii Nauk SSSR 1955. 534 S.
Važnejšie Operacii Velikoj Otečestvennoj Vojny 1941 — 1945 gg. — Moskva: Voennoe Izd. Minist. Oborony Sojuza SSSR 1956. 622 S.
Philippi, A. u. Heim, F.: Der Feldzug gegen Sowjetrußland 1941 bis 1945. Ein operativer Überblick. — Stuttgart: Kohlhammer 1962. 293 S.
Stalin, I. V.: O Velikoj Otečestvennoj Vojne Sovetskogo Sojuza. — Moskva: Ogiz Gos. Izd. Polit. Lit. 1946. 182 S.
Tel'puchovskij, V. S.: Velikaja Otečestvennaja Vojna Sovetskogo Sojuza 1941—1945. — Moskva: Gos. Izd. Polit. Lit. 1959. 574 S.
Velikaja Otečestvennaja Vojna Sovetskogo Sojuza 1941 — 1945. — Moskva: Voennoe Izd. Minist. Oborony SSSR 1965. 617 S.
(Vtoraja Mirovaja Vojna 1939 — 1945, [Dt.]). Geschichte des Zweiten Weltkrieges 1939 — 1945. Bd. 1—6. — Berlin: Dt. Militärverlag 1961 — 1966.
Werth, A.: Russia at war 1941 — 1945. — New York: Dutton 1964. XXV, 1100 S.

4. Werke zu einzelnen Themen

Anfilov, V. A.: Načalo Velikoj Otečestvennoj Vojny. — Moskva: Voenne Izd. Minist. Oborony SSSR 1962. 221 S.
Combat in Russian forests and swamps. — Washington: U. S. Gov. Pr. Off. 1951. VII, 39 S.

Russian C o m b a t M e t h o d s in World War II. — Washington: Department of the Army 1950. VI, 116 S.

German D e f e n s e T a c t i c s against Russian break-throughs. — Washington: U. S. Gov. Pr. Off. 1951. V, 80 S.

V D n i vojny. (Iz istoriii Latvii perioda Velikoj Otečestvennoj Vojny 1941 — 1945 gg.) — Riga: Izd. Akad. Nauk Latvijskoj SSSR 1964. 292 S.

H e y s i n g , G.: Nordpfeiler der Ostfront. — Berlin-Schöneberg: Riffarth 1944. 123 S.

J u n i 1941. Beiträge zur Geschichte des hitlerfaschistischen Überfalls auf die Sowjetunion. Red.: A. Anderle u. W. Basler. — Berlin: Rütten u. Loening 1961. 367 S.

M i d d e l d o r f , E.: Taktik im Rußlandfeldzug. — Darmstadt: Mittler 1956. 239 S.

P o t t g i e s s e r , H.: Die Deutsche Reichsbahn im Ostfeldzug 1939 — 1944. — Neckargemünd: Scharnhorst Buchkameradschaft 1960. 152 S.

Eesti R i i k ja rahvas teises maailmasojas. [Bd] 1 — 10. — Stockholm: Kirjastus EMP. 1954 — 1962.

S a m s o n o v , A. M.: Ot Volgi do Baltiki. Očerk istorii 3-go Gvardejskogo mechanizirovannog Korpusa 1942 — 1945 gg. — Moskva: Izd. Akad. Nauk SSSR 1963. 448 S.

B r ä u t i g a m , O.: Überblick über die besetzten Ostgebiete während des 2. Weltkrieges. — Tübingen: Institut für Besatzungsfragen 1954. VI, 97 Bl.

B y č k o v , L. N.: Partizanskoe dviženie v gody Velikoj Otečestvennoj Vojny 1941 — 1945. — Moskva: Izd. Soc.-ekonom. Liter. „Mysl'" 1965. 453 S.

D a l l i n , A.: Deutsche Herrschaft in Rußland 1941 — 1945. — Düsseldorf: Droste 1958. 727 S.

T o s a n k a , F. W.: Modern Guerrilla Warfare. Fighting Communist guerrilla movements, 1961—1961. — New York: Free Press of Glencoe 1962. XXII, 519 S.

H e r z o g , R.: Grundzüge der deutschen Besatzungsverwaltung in den ost- und südosteuropäischen Ländern während des 2. Weltkrieges. — Tübingen: Institut f. Besatzungsfragen 1955. XXII, 200 Bl.

H o w e l l , E. M.: The Soviet Partisan Movement 1941 — 1944. — Washington: Dep. of the Army 1956. X, 217 S.

K ü h n r i c h , H.: Der Partisanenkrieg in Europa 1939 — 1945. — Berlin: Dietz 1965. 603 S.

Morvarid M a s k i t a. — Tallinn: Eesti Riiklik Kirjastus 1961. 155 S.

Hitlerine O k u p a c i j a Lietuvoje. — Vilnius: Gospolitnaučizdat Lit. SSR 1961. 544 S.

R e i t l i n g e r , G.: The House built on sand. The conflicts of German policy in Russia, 1939 — 1945. — London: Weidenfeld and Nicolson 1960. 459 S.

A č k a s o v, V. I. u. V a j n e r , B. A.: Krasnoznamennyj Baltijskij Flot v Velikoj Otečestvennoj Vojne. — Moskva: Voennoe Izd. Minist. Obor. SSSR 1957. 399 S.

Bekker, Ostsee — deutsches Schicksal 1944/45. — Oldenburg, Hamburg: Stalling 1959. 319 S.
Krylatye Bogatyri. — Leningrad: Lenizdat 1965. 349 S.
Grečanjuk, N.: Baltijskij Flot. Istoričeskij očerk. — Moskva: Voennoe Izd. Minist. Oborony SSSR 1960. 373 S.
Isakov, I. S.: The Red Fleet in the Second World War. — London: Hutchinson. 124 S.
Meister, J.: Der Seekrieg in den osteuropäischen Gewässern 1941 — 45. — München: Lehmann 1958. 392 S.
Operationsgebiet östliche Ostsee und der finnisch-baltische Raum 1944. — Stuttgart: Dt. Verl.-Anst. 1961. 186 S.
(Beiträge zur Militär- und Kriegsgeschichte. Bd. 2.)
Piterskij, N. A.: Die Sowjetflotte im Zweiten Weltkrieg. [Dt.] Im Auftr. d. Arbeitskreises f. Wehrforschung hrsg.... von J. Rohwer. — Oldenburg: Stalling 1966. 530 S.
Boevoj Put' Sovetskogo voenno-morskogo flota. Avtorskij Kollektiv: V. I. Ačkasov. — Moskva: Voennoe Izd. Minist. Oborony SSSR 1964. 620 S.
Šadskij, P. I.: Sovetskaja aviacija v bojach za rodinu. — Moskva: Izd. Dosaaf 1958. 84 S.
Wir kämpften gegen die Sowjets. 1941/42. VIII. Fliegerkorps. Dresden 1942: Güntz-Druck. 248 S.

5. Werke zu einzelnen Schlachten usw.

Abwehrkämpfe am Nordflügel der Ostfront 1944 — 1945. Hrsg.: H. Meier-Welcker. — Stuttgart: Deutsche Verlags-Anstalt 1963. 459 S. (Beiträge zur Militär- und Kriegsgeschichte. Bd. 5.)
Barbašin, I.P. u. Charitonow, A.D.: Boevye dejstvija sovetskoj armii pod Tichvinom v. 1941 g. — Moskva: Voennoe Izd. Minist. Oborony SSSR 1958. 78 S.
Barbašin, I. P. [u. a.]: Bitva za Leningrad 1941 — 1944. — Moskva: Voennoe Izd. Minist. Oborony SSSR 1964. 607 S.
Byčevskij, B. V.: Gorod-front. O bojach pod Leningradom v 1941 — 1943 gg. — Moskva: Voennoe Izd. Minist. Oborony SSSR 1963. 197 S.
Černov, J.: Oni oboronjali Moonzund. — Moskva: Gosud. Izd. Polit. Lit. 1959. 86 S.
Chales de Beaulieu, W.: Der Vorstoß der Panzergruppe 4 auf Leningrad. — Neckargemünd: Vowinckel 1961. 175 S. (Die Wehrmacht im Kampf. Bd. 29.)
The Defence of Leningrad. Eye-witness accounts of the siege (1942/43). — London: Hutchinson 1943. 136 S.
Dmitriev, V. I.: Saljut Leningrada. — Moskva: Voennoe Izd. Minist. Oborony SSSR 1959. 160 S.
Devjat'sot Dnej. Literaturno-chudožestvennyj i dokumental'nyj sbornik, posvjaščennyj geroičeskoj oborone Leningrada. [Hrsg.:] Michajlovskij, N. G. — Leningrad: Lenizdat. 1957. 595 S.

Freivalds, O.: Kurzemes Cietoksnis. Bd. 1. 2. — Kopenhagena: Imanta 1954. 183, 219 S.

Goure, L.: The Siege of Leningrad. — Stanford: Stanford Univ. Press 1962. XII, 563 S.

Haupt, W.: Baltikum 1941. Die Geschichte eines ungelösten Problems. — Neckargemünd: Scharnhorst Buchkameradschaft 1963. 200 S. (Die Wehrmacht im Kampf. Bd. 37.)

Haupt, W.: Demjansk 1942. Ein Bollwerk im Osten. 2. Aufl. — Bad Nauheim: Podzun-Verlag 1963. 230 S.

Haupt, W.: Kurland. Die letzte Front — Schicksal für zwei Armeen. 4. Aufl. — Bad Nauheim: Podzun 1964. 134 S.

Jarchunov, V. M.: Čerez Nevu. — Moskva: Voennoe Izd. Minist. Oborony SSSR 1960. 94 S.

Karaev, G. N.: Geroičeskaja Oborona Leningrada. — Leningrad: Gosud. Izd. Detskoj Lit. Minist. Prosveščenija RSFSR 1960. 110 S.

Karasev, A. V.: Leningradcy v gody blokady 1941 — 1943. — Moskva: Izd. Akad. Nauk SSSR 1959. 313 S.

Korovnikov, I. T.: Novgorodsko-Lužskaja Operacija. Nastuplenie vojsk 59-j armii. — Moskva: Voennoe Izd. Minist. Oborony SSSR 1960. 177 S.

Südlich des Ladogasees. Winter 1943. Hrsg. von d. Armee vor Leningrad. — Riga 1943: Tevija. 223 S.

Luknickij, P. N.: Na Beregach Nevy. — Moskva: Voennoe Izd. Minist. Oborony SSSR 1961. 262 S.

Luknickij, P. N.: Skvoz vsju Blokadu. — Leningrad: Lenizdat 1964. 605 S.

Melzer, W.: Kampf um die Baltischen Inseln 1917 — 1941 — 1944. — Neckargemünd: Scharnhorst Buchkameradschaft 1960. 197 S. (Die Wehrmacht im Kampf. Bd. 24.)

Muck, R.: Kampfgruppe Scherer 105 Tage eingeschlossen. — Oldenburg: Stalling 1943. 130 S.

Pohlman, H.: Wolchow. 900 Tage Kampf um Leningrad 1941 bis 1944. — Bad Nauheim: Podzun-Verlag 1962. 136 S.

Sachs, G.: Südlich des Ilmensees. Ein Kriegsbericht. — Berlin: West-Ost-Verlag 1943. 227 S.

Schlacht am Wolchow. Hrsg. v. d. Propaganda-Kompanie einer Armee. — Riga 1942: 210 S.

Sirota, F. I.: Leningrad gorod-geroj. — Leningrad: Lenizdat 1960. 181 S.

Werth, A.: Leningrad.. — London: Hamilton 1944. 189 S.

Sviridov, V. P., Jakutovic, V. P., Vasilenko, V. E.: Bitva za Leningrad. — Leningrad: Lenizdat 1962. 553 S.

Zubakov, V. E.: Proryv blokady Leningrada. — Moskva: Voennoe Izd. Minist. Oborony SSSR 1963. 47 S.

Zubakov, V. E.: Nevskaja Tverdynja. Bitva za Leningrad v gody Velikoj Oteč. Vojny 1941 — 1944. — Moskva: Voennoe Izd. Minist. Oborony SSSR 1960. 201 S.